DIREITOS HUMANOS

PODER JUDICIÁRIO

e sociedade

JOSÉ RICARDO CUNHA
ORGANIZADOR

DIREITOS HUMANOS

PODER JUDICIÁRIO

e sociedade

Copyright © 2011 José Ricardo Cunha

Direitos desta edição reservados à
EDITORA FGV
Rua Jornalista Orlando Dantas, 37
22231-010 — Rio de Janeiro, RJ — Brasil
Tels.: 0800-021-7777 — 21-3799-4427
Fax: 21-3799-4430
E-mail: editora@fgv.br — pedidoseditora@fgv.br
www.fgv.br/editora

Impresso no Brasil/*Printed in Brazil*

Todos os direitos reservados. A reprodução não autorizada desta publicação, no todo ou em parte, constitui violação do copyright (Lei nº 9.610/98).

Os conceitos emitidos neste livro são de inteira responsabilidade dos autores.

1ª edição — 2011

Preparação de originais: Luiz Alberto Monjardim

Editoração eletrônica: FA Editoração Eletrônica

Revisão: Aleidis de Beltran, Andréa Bivar, Marco Antonio Corrêa, Tathyana Viana

Capa: Marcus Handofsky

**Ficha catalográfica elaborada pela
Biblioteca Mario Henrique Simonsen**

Direitos humanos, Poder Judiciário e sociedade / Organização José Ricardo Cunha. — Rio de Janeiro : Editora FGV, 2011.
    292 p.

    ISBN 978-85-225-0825-9
    Inclui bibliografia

    1. Direitos humanos. 2. Poder Judiciário. I. Cunha, José Ricardo. II. Fundação Getulio Vargas.

CDD — 341.27

Sumário

Apresentação, 7

1 Direitos humanos globais e Poder Judiciário: uma investigação empírica sobre o conhecimento e a aplicação das normas dos sistemas ONU e OEA no Tribunal de Justiça do Rio de Janeiro — análise da primeira instância
 Alexandre Garrido da Silva • Andréa Diniz • Diana Felgueiras das Neves • Isolda Abreu de Carvalho Mattos Sant'Anna • José Ricardo Cunha • Lia Motta Gould • Lívia Fernandes França • Priscila de Santana • Rodrigo da Fonseca Chauvet • Tamara Moreira Vaz de Melo • Vinicius da Silva Scarpi, 13

2 Direitos humanos globais e Poder Judiciário: uma investigação empírica sobre o conhecimento e a aplicação das normas dos sistemas ONU e OEA no Tribunal de Justiça do Rio de Janeiro — análise da segunda instância e comparações
 Alexandre Garrido da Silva • Diana Felgueiras das Neves • Joana El-Jaick Andrade • José Ricardo Cunha • Lívia Fernandes França • Maria Lúcia Navarro Lins Brzezinski • Rodrigo da Fonseca Chauvet • Tamara Moreira Vaz de Melo • Vinicius da Silva Scarpi, 53

3 ONGs, direitos humanos e Judiciário: uma observação empírica sobre organizações não governamentais da cidade do Rio de Janeiro na sua atuação em face do Poder Judiciário e na utilização — ou não — de normas de direitos humanos dos sistemas ONU e OEA
Ana Maria Esteves de Souza • Carolina Alves Vestena • Francisco Ubiratan Conde Barreto Júnior • José Ricardo Cunha • Lívia Fernandes França • Marcela Munch de Oliveira e Silva • Nadine Borges • Pedro Antônio Sarno Bomfim • Rafael Barcelos Tristão • Rafael Almeida Jatahy Ferreira • Rodolfo Noronha • Tamara Moreira Vaz de Melo, 115

4 ONGs: transformadoras ou mantenedoras do *status quo*?
Ana Maria Esteves de Souza • Joana El-Jaick Andrade • Lívia Fernandes França • Luz Nelcy Martínez Laguna • Rodolfo Noronha, 185

5 Direitos humanos, (não) realização do estado de direito e o problema da exclusão
José Ricardo Cunha • Nadine Borges, 207

6 Possibilidades e limites da criatividade judicial: a relação entre estado de direito e argumentação jurídica razoável (e o problema do desconhecimento dos direitos humanos)
Alexandre Garrido da Silva • Ana Carolina Cerqueira Vargas • Ana Claudia da Silva Frade • Andréa da Silva Frade • Bruno Gazzaneo Belsito • Cecília Maria Barcellos Zerbini • Diana Felgueiras das Neves • Diego Werneck Arguelhes • Joaquim Cerqueira Neto • José Ricardo Cunha • Priscila de Santana • Tamara Moreira Vaz de Melo, 249

Sobre os autores, 287

Apresentação

Este livro é o resultado de cinco anos de trabalho de pesquisa empírica levada a cabo no âmbito do grupo de pesquisa Direitos Humanos, Poder Judiciário e Sociedade (DHPJS). Para que o leitor melhor entenda o contexto do trabalho realizado, esta apresentação será organizada em três breves seções: do grupo, do tema e da pesquisa.

Do grupo

No Brasil, é comum que as pesquisas, especialmente na área das ciências sociais, resultem da atividade individual do professor que atua como pesquisador solitário. São várias as razões para que isso aconteça, mas elas não serão debatidas aqui. O fato é que as pesquisas produzidas em grupo, em todas as suas etapas, são uma realidade menos corrente. No entanto, aconteceu o contrário no grupo DHPJS. Todas as atividades da pesquisa foram discutidas, aprovadas e realizadas coletivamente. Desde a preparação para o campo até a elaboração de artigos e relatórios, tudo foi feito em grupo. Portanto, todos os créditos e críticas pertencem ao grupo. Claro que o trabalho coletivo impõe certas dificuldades de tempo e agenda. De fato, o ônus de uma demora maior nas atividades é inevitável. Porém, o debate coletivo refina as ideias e aprimora os argumentos. Além disso, a satisfação da produção conjunta é sempre maior.

Outra característica do grupo DHPJS é que ele permitiu a reunião de professores e alunos de diferentes instituições de ensino do Rio de Janeiro, a saber:

FGV, Uerj, PUC, UFF, Ucam e Ibmec. O convívio interinstitucional permitiu uma salutar troca de culturas institucionais de maneira a enriquecer a vivência acadêmica de todos.

Por fim, uma última e interessante peculiaridade do grupo é ser ele constituído de estudantes de todas as faixas do ensino superior: graduação, mestrado e doutorado. Aliás, não apenas do ensino superior, pois uma bolsa de iniciação científica para o ensino médio permitiu também a participação de uma aluna do Colégio de Aplicação da Uerj. À primeira vista, essa convivência de alunos em etapas diferentes de sua formação acadêmica poderia parecer confusa e pouco produtiva, mas, ao contrário, revelou-se profícua e interessante. Graças ao interesse e à generosidade de todos, os debates foram sempre dinâmicos, profundos e amistosos, mesmo quando marcado pelas divergências. Como dizia Paulo Freire, ninguém ensina ninguém; as pessoas aprendem em comunhão.

Do tema

Os direitos humanos resultam, em última instância, de uma luta contra a arrogância e a opressão do poder. Trata-se de erigir um campo de proteção a pessoas e grupos sociais em face de um domínio no mais das vezes revestido de postura oficial. O poder pode, mas não deve fazer tudo que pode. Assim, os direitos humanos decorrem de uma necessária confluência de ética, direito e política. O poder do Estado ou do capital, mesmo que juridicamente organizado, deve conhecer limites éticos que salvaguardem a liberdade, a autonomia e a dignidade de pessoas e povos. Essa é a tradição dos direitos humanos!

Contudo, é importante reconhecer que muitas vezes essa mesma tradição foi em parte colonizada por práticas governamentais que visam apenas à autolegitimação. Ou seja, fala-se mais em direitos humanos do que se pratica esses direitos. Os mais empobrecidos e socialmente vulneráveis são os que mais sentem essa grave distorção. E é exatamente em nome deles que a luta pelos direitos humanos deve ser travada na forma de um permanente bom combate. Como afirma Costas Douzinas: "toda vez que um pobre, ou oprimido, ou torturado emprega a linguagem do direito — porque não existe nenhuma outra disponível atualmente — para protestar, resistir, lutar, essa pessoa recorre e se conecta à mais honrada metafísica, moralidade e política do mundo ocidental".*

---

* Douzinas, Costas. *O fim dos direitos humanos*. São Leopoldo: Unisinos, 2009. p. 17.

Nesse contexto, é possível dizer que o mundo contemporâneo tem assistido a dois fenômenos importantes: uma adesão crescente à ideia de direitos humanos; e uma protagonização do Poder Judiciário em processos decisórios de matérias políticas. Em relação ao primeiro fenômeno, podemos falar, conforme a conhecida sentença de Norberto Bobbio em seu livro *A era dos direitos*, que hoje é necessário sobretudo a busca da efetivação dos direitos humanos, isto é, da consolidação de seus mecanismos de aplicação. Em relação ao segundo fenômeno, podemos falar de um movimento de judicialização da política em que o Poder Judiciário, trazido para o centro da arena política, é responsável por tomadas de decisões que devem buscar conciliar direitos individuais com exigências de caráter coletivo e difuso. Dessa relação intrínseca entre direitos humanos e Poder Judiciário resulta um sofisticado e, às vezes, pouco perceptível processo de calibragem da democracia. Além disso, o Judiciário ocupa o lugar estratégico de guardião institucional dos direitos fundamentais de pessoas e grupos sociais vulnerabilizados e subalternizados por longínquos processos de dominação e opressão. Daí a necessidade de uma magistratura bem preparada e socialmente sensível, assim como de uma organização judiciária que favoreça a luta contra todas as formas de dominação e exclusão.

Da pesquisa

Uma das questões centrais no debate atual sobre os direitos humanos é o problema de sua *justiciabilidade*, ou seja, da utilização concreta das normas de direitos humanos no âmbito da prestação jurisdicional. Por vezes afirma-se, especialmente em sede de direitos econômicos e sociais, que não é possível requerer eficácia plena de certas normas de direitos humanos, porquanto sua realização depende não apenas de decisão legislativa ou judicial, mas também de outras circunstâncias políticas e econômicas para sua realização. Por outro lado, alguns buscam extrair um mínimo existencial das normas de direitos humanos que gozem de plena efetividade, seja por decisão administrativa, legislativa ou judicial.

Contudo, a presente pesquisa trabalhou com uma outra variável, qual seja: a justiciabilidade das normas de direitos humanos não decorre de uma alma metafísica da própria norma, mas, antes de tudo, do conhecimento que os operadores do direito em geral e os juízes em particular possuam a respeito delas. Claro que não basta conhecê-las, é necessário aplicá-las. Mas, o conhecimento dessas normas, ou sua aplicação efetiva, existe ou não? Acaso a própria sociedade civil organizada na luta pelos direitos humanos conhece e busca a tutela jurisdicional de tais normas? Essas são as questões que a presente pesquisa procurou responder.

O primeiro problema a ser enfrentado é a maneira difusa como o ordenamento jurídico alberga normas que podem ser consideradas garantidoras de direitos humanos. Em outras palavras, as normas de direitos humanos estão dispersas e presentes em todo o ordenamento jurídico, desde a Constituição até decretos e portarias. Assim, um juiz ou desembargador que aplica o código penal ou o código civil poderia, de certo modo, dizer que aplica norma de direitos humanos. Por isso decidimos restringir nossa pesquisa a um conjunto normativo que revelasse um inconfundível compromisso com os direitos humanos: as normas dos sistemas de proteção dos direitos humanos da ONU e da OEA. Para tanto, deixamos claro que todas as normas dos sistemas ONU e OEA sobre as quais perguntávamos estavam devidamente ratificadas pelo Estado brasileiro e, portanto, incorporadas ao direito positivo pátrio.

Assim, a pesquisa foi conduzida em três fases, a saber: primeira instância da comarca da capital do Tribunal de Justiça do Rio de Janeiro; segunda instância do Tribunal de Justiça do Rio de Janeiro; organizações não governamentais da cidade do Rio de Janeiro atuantes na defesa e promoção dos direitos humanos. Em todas as fases, buscamos saber dos entrevistados se eles conheciam as normas de direitos humanos dos sistemas ONU e OEA, e se as utilizavam em suas sentenças, acórdãos ou demandas (no caso das ONGs). A pesquisa também procurou saber a eventual formação que os entrevistados poderiam ter em matéria de direitos humanos e, até mesmo, a concepção deles sobre a aplicabilidade em tese de tais normas. No caso específico das ONGs, propôs-se uma escala sociométrica onde os entrevistados puderam manifestar sua opinião quanto ao Poder Judiciário relativamente à sua função de guardião dos direitos humanos.

Sob o aspecto metodológico é relevante dizer que se optou por coletar os dados diretamente em fonte primária. Assim, foram realizadas pesquisas de campo com entrevistas diretas com juízes e desembargadores do Tribunal de Justiça e com dirigentes de ONGs com atuação na cidade do Rio de Janeiro. Como foi dito, nas entrevistas, além do perfil e formação dos magistrados de primeira e segunda instâncias e dos dirigentes das ONG, foram investigados o modo como cada magistrado responsável pela prestação jurisdicional concebe e aplica os direitos humanos, e também as estratégias e práticas das ONG que desenvolvem ações voltadas para a defesa e garantia desses direitos.

As entrevistas duraram cerca de seis meses em cada uma das três fases. Na primeira fase foram visitadas 225 das 244 varas então em funcionamento na cidade do Rio de Janeiro. Nessa fase foram entrevistados 104 juízes. Já na segunda fase foram visitadas as 26 câmaras do Tribunal de Justiça em funcionamento no momento da pesquisa, nas quais foram entrevistados 39 desembargadores. Vale esclarecer que nessas fases a pesquisa teve caráter censitário e não amostral. Isso porque a técnica da amostragem não se aplica satisfatoriamente a universos de proporções quantitativas como as que estávamos pesquisando. Na terceira fase foram contatadas 42 ONGs e realizadas entrevistas com dirigentes de 36 dessas organizações.

Os cadastros utilizados nas duas primeiras etapas da pesquisa, ou seja, de varas e de câmaras, foram constituídos a partir das listas obtidas no *site* do Tribunal de Justiça do Rio de Janeiro (www.tj.rj.gov.br). Todavia, o cadastro de varas foi complementado em campo, uma vez que foram encontradas varas em funcionamento que não constavam da lista disponível no *website*. Por seu turno, o cadastro de ONGs foi constituído a partir da lista da Associação Brasileira de Organizações Não Governamentais (Abong) e complementado a partir de indicações feitas por profissionais que atuam na área de defesa e garantia dos direitos humanos. Tais indicações apontaram para algumas outras ONGs não cadastradas na Abong, mas com igual perfil e forma de atuação.

Decidimos aplicar o mesmo questionário nas duas primeiras etapas da pesquisa para possibilitar a comparação entre os resultados das entrevistas feitas com juízes e desembargadores. Dada a natureza dos trabalhos desenvolvidos pelas ONGs, elaboramos um questionário específico para a coleta dos dados com esse público.

Para os dados obtidos na primeira fase, portanto referentes aos magistrados de primeira instância, foram aplicados modelos estatísticos que ajudassem a entender o que influencia a utilização das normas internacionais de proteção aos direitos humanos na fundamentação das sentenças proferidas, além de sua relação com as demais variáveis investigadas. O procedimento utilizado consistiu em aplicar testes de hipótese acerca da contribuição de cada variável para o poder de explicação do modelo, em um nível de 5% de significância. Foram excluídas do modelo as variáveis cuja contribuição não foi considerada significativa, no nível fixado, para explicar a utilização das normativas na fundamentação das sentenças. Com os dados obtidos na segunda e terceira fases foi feita análise exploratória.

Feita a apresentação, não poderíamos terminar sem registrar aqui dois importantes agradecimentos: à Fundação Carlos Chagas Filho de Amparo à Pesquisa do Estado do Rio de Janeiro (Faperj), que apoiou a realização da pesquisa por meio de seu edital específico de direitos humanos de 2004; e à Fundação Ford, que apoiou a publicação do presente livro.

Como dizia a grande Cora Coralina, "feliz é aquele que transfere o que sabe e aprende o que ensina".

Boa leitura!

José Ricardo Cunha

1 Direitos humanos globais e Poder Judiciário: uma investigação empírica sobre o conhecimento e a aplicação das normas dos sistemas ONU e OEA no Tribunal de Justiça do Rio de Janeiro — análise da primeira instância

Alexandre Garrido da Silva • *Andréa Diniz* • *Diana Felgueiras das Neves* • *Isolda Abreu de Carvalho Mattos Sant'Anna* • *José Ricardo Cunha* • *Lia Motta Gould* • *Lívia Fernandes França* • *Priscila de Santana* • *Rodrigo da Fonseca Chauvet* • *Tamara Moreira Vaz de Melo* • *Vinicius da Silva Scarpi*

Os direitos humanos consistem no principal instrumento de defesa, garantia e promoção das liberdades públicas e das condições materiais essenciais para uma vida digna. Os poderes Executivo e Legislativo são sempre solicitados a atuar conforme esses direitos. Contudo, o último guardião e esperança de proteção de tais direitos é o Poder Judiciário. Por isso, é imperioso lutar pela efetividade de sua tutela jurisdicional.

A busca de efetividade dos direitos humanos na esfera judiciária torna necessária a averiguação da maneira pela qual os juízes concebem e aplicam as normas de direitos humanos, especialmente as que protegem os direitos econômico-sociais.

Para tanto foi criada a pesquisa "Direitos humanos no Tribunal de Justiça do Rio de Janeiro: concepção, aplicação e formação", que tem por objetivo investigar o grau de efetividade — *justiciabilidade* — dos direitos humanos na prestação da tutela jurisdicional. Em sua primeira fase, cuja análise é o objeto do presente trabalho, investigou-se a primeira instância da Comarca da Capital do Tribunal de Justiça do Estado do Rio de Janeiro.

A pesquisa foi organizada em duas vertentes: uma teórica e outra prática. Na vertente teórica, realizou-se um estudo sistemático acerca dos fundamentos jurídicos, filosóficos e políticos dos direitos humanos. Na vertente empírica, efetuou-se um levantamento em 225 das 244 varas em funcionamento de primeira instância do Tribunal de Justiça na cidade do Rio de Janeiro, com aplicação de questionário aos juízes, a fim de investigar o modo de concepção e aplicação dos direitos humanos por magistrado responsável pela prestação jurisdicional naquela vara. O questionário também procurou levantar o nível de formação dos juízes na área de direitos humanos. Para a análise principal dos dados coletados, estes foram estatisticamente tratados por meio de modelos de regressão logísticos multinomiais, buscando-se, especialmente, a explicação para a utilização das normativas internacionais de proteção aos direitos humanos na fundamentação das sentenças proferidas pelos juízes através das demais variáveis envolvidas. Basicamente, o procedimento utilizado consistiu em aplicar testes de hipótese acerca da contribuição de cada variável para o poder de explicação do modelo, a um nível de 5% de significância. Foram excluídas do modelo as variáveis cuja contribuição não foi considerada significativa, ao nível fixado, para explicar a utilização das normativas na fundamentação das sentenças.

Considerando que o objeto primordial da pesquisa é a tutela jurisdicional levada a cabo pela ação do juiz, os dados tiveram de ser coletados diretamente em fonte primária, ou seja, através de entrevistas diretas com os juízes.[1] Optou-se pela comarca da capital do Rio de Janeiro, tanto pela sua representatividade em relação às demais do estado, como pelo maior fluxo e maior diversidade de processos.

A unidade de pesquisa considerada foi a vara, uma vez que é por meio dela que o juiz atua e que o usuário tem a possibilidade de acesso à Justiça. Sendo assim, o questionário corresponde à vara, e não ao juiz, não obstante seja este seu interlocutor. Nas varas com mais de um juiz, titular e substituto(s), foi preenchido apenas um questionário. Nos casos em que foi verificado acúmulo de varas pelo juiz, as respostas dadas por ele foram repetidas e relacionadas às duas varas. O cadastro das unidades de pesquisa foi feito a partir da relação de varas extraída da página do Tribunal de Justiça na *web*,[2] em novembro de 2003, quando nela constavam 255 varas, incluindo-se os fóruns central e regionais. Com a atualização do cadastro, feita no campo, quando do contato para as entrevistas, constatou-se que algumas varas não haviam sido instaladas, ou haviam sido fundidas com outras já existentes. Sendo assim, o cadastro final contém 244 varas. A coleta dos dados foi realizada no período de janeiro a maio de 2004, quando foi possível visitar 225[3]

---

[1] A entrevista foi realizada, sempre que possível, com o juiz titular da vara. Em caso de impossibilidade, entrevistou-se o juiz substituto. No caso de impossibilidade ou recusa de ambos, considerou-se como "não resposta".
[2] Disponível em: <www.tj.rj.gov.br>.
[3] Em razão de limitações inesperadas, não foi possível fazer o trabalho nos fóruns regionais de Campo Grande (11 varas) e Santa Cruz (oito varas).

das 244 varas cadastradas. Contudo, em cerca de 40% das varas o questionário não foi preenchido. Os principais motivos da perda das unidades informantes foram: recusa não justificada do juiz ao preenchimento do questionário; recusa do juiz ao preenchimento do questionário sob a alegação de que direitos humanos não fazem parte do seu trabalho; não recebimento do pesquisador pelo juiz.

Para melhor apreensão dos indícios de salvaguarda jurisdicional dos direitos humanos, foram elaboradas questões que pudessem compor os elementos tanto subjetivos como objetivos conformadores das condições reais de decidibilidade acerca da matéria. Com efeito, o desenho final do questionário contemplou questões relacionadas às características do juiz, sua formação pré-universitária e universitária, sua concepção de direitos humanos e sua atuação na prestação da tutela jurisdicional. O instrumento de coleta foi desenvolvido para que pudesse ser utilizado em entrevista realizada pelos pesquisadores, diretamente com o juiz responsável por cada uma das varas, e, ainda, para autopreenchimento, quando houvesse recusa do juiz a recebê-los.

Análise dos dados

A seguir apresentamos uma sistematização das informações coletadas nos questionários, bem como uma análise das respostas obtidas.

Perfil dos juízes

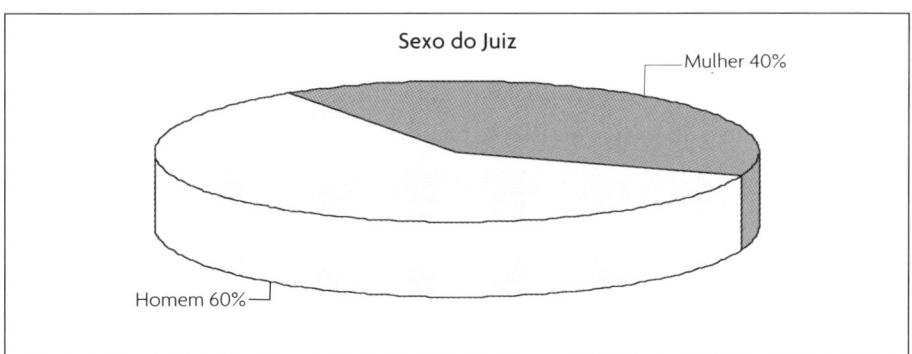

Figura 1

O Judiciário, como instituição social, ainda reflete uma predominância masculina nas relações de poder. Pode-se perceber que a maioria dos juízes é homem, totalizando um percentual de 60%. Mas já se pode notar uma significativa aproximação entre os dois percentuais. As instituições vêm-se feminizando ao longo dos anos, graças a uma mudança na sociedade. Esse fenômeno é mais bem percebido nos juízos de primeira instância, onde vão os recém-juízes iniciar o exercício de sua função. Acredita-se que, quanto mais elevada a instância de julgamento, menor a percentagem de mulheres juízas atuantes, pois nestas laboram os magistrados mais antigos.

Quadro 1
Distribuição dos juízes participantes da pesquisa por tempo de magistratura, segundo sua classe de idade

Classes de idade	Tempo de magistratura (em anos)			
	menos de 5	de 5 a 10	de 11 a 20	mais de 20
Até 30	2	0	0	0
31 a 50	5	28	44	0
Mais de 50	2	4	19	3
NR	0	1	1	0
Total	9	33	64	3

Observando-se o quadro 1, é possível notar que são pequenas as chances de alguém se tornar juiz titular antes de completar 30 anos. Do total de juízes, apenas dois (2%) encontram-se nessa faixa de idade. Dos 77 juízes na faixa de 31 a 50 anos, representando quase 75% dos entrevistados, 44 têm de 11 a 20 anos de magistratura. Essa classe de idade figura como maioria relevante da primeira instância do Tribunal de Justiça do Rio de Janeiro. Nenhum juiz dessa classe de idade tem mais de 20 anos de carreira, o que nos leva a crer que os juízes com mais de 20 anos de magistratura costumam ser promovidos e, portanto, encontram-se nos órgãos de segunda instância. Os juízes com mais de 50 anos, em sua maioria, têm de 11 a 20 anos de magistratura. Entre estes, apenas dois possuem menos de cinco anos de carreira. É raro alguém iniciar o ofício de magistrado nessa faixa etária, como raro, também, é um juiz titular continuar exercendo atividades magistrais na primeira instância depois de 50 anos.

Figura 2

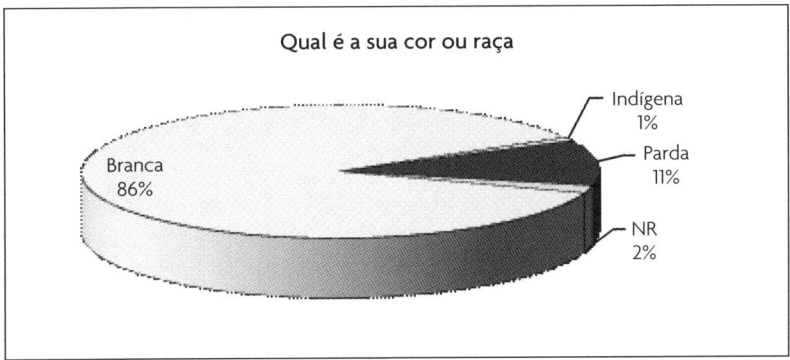

Os percentuais mais impressionantes — porém não surpreendentes — são os relativos à cor ou raça dos magistrados. Os autodeclarados brancos representam 86% do total de juízes. Isso confirma a existência de uma intensa exclusão da população negra/parda da carreira da magistratura, visto que, segundo o Censo 2000, os negros[4] e pardos representam 44,6% da população brasileira.

Formação específica em direitos humanos

Considerando-se que a inclusão do tema direitos humanos na formação — sobretudo na graduação — dos juízes é fator capaz de influenciar a aplicação, pelos magistrados, das normas que asseguram tais direitos, questionou-se a existência de tal disciplina nas faculdades.

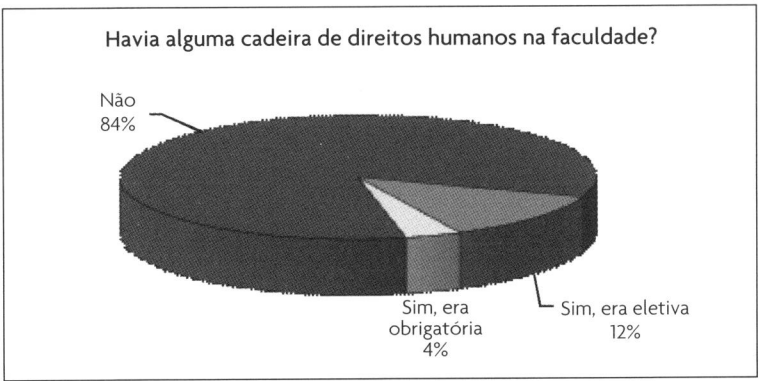

---

[4] O IBGE adota a categoria preto, em vez de negro. Para a aplicação na pesquisa foi feita a substituição do termo, mantendo-se na íntegra as demais categorias adotadas pelo órgão oficial.

Preliminarmente, constata-se que as disciplinas relacionadas à temática dos direitos humanos em geral não gozam de grande prestígio nos cursos de graduação das universidades. Quando perguntados acerca da existência de alguma cadeira de direitos humanos durante o bacharelado, 84% dos magistrados responderam negativamente. Entre as respostas afirmativas, apenas 4% dos juízes disseram que a disciplina cursada era obrigatória.

A despeito da quase inexistência de oferta da disciplina nas faculdades, tendo em vista a relevância do tema, questionou-se o interesse dos juízes nos estudos relacionados aos direitos humanos.

Figura 4

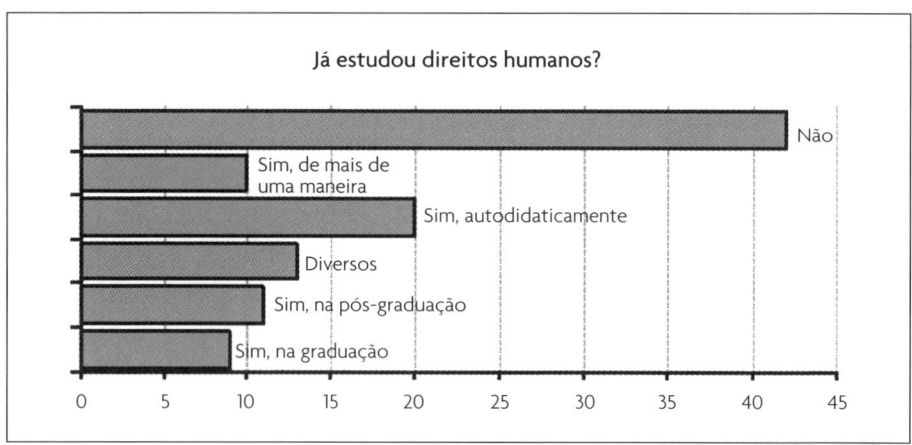

Da análise da figura 4 é possível depreender o seguinte raciocínio: 42 magistrados (40%) *nunca* estudaram direitos humanos. Essa informação revela que quatro entre 10 juízes não tiveram espaço formal para um aprofundamento sistemático das questões fundamentais relativas aos direitos humanos.

Vale destacar que, apesar de seu relativo distanciamento da temática ora abordada, muitos dos juízes demonstraram interesse em participar de cursos relacionados aos direitos humanos. Cerca de 73% dos magistrados estariam dispostos a estudar o tema.

Quando indagados sobre algum tipo de vivência pessoal que pudesse fornecer uma experiência prática relacionada aos direitos humanos, constatou-se um abismo ainda maior entre os juízes e o tema. Apenas 6% dos entrevistados revelaram já ter tido algum tipo de engajamento nessa área.

Figura 5

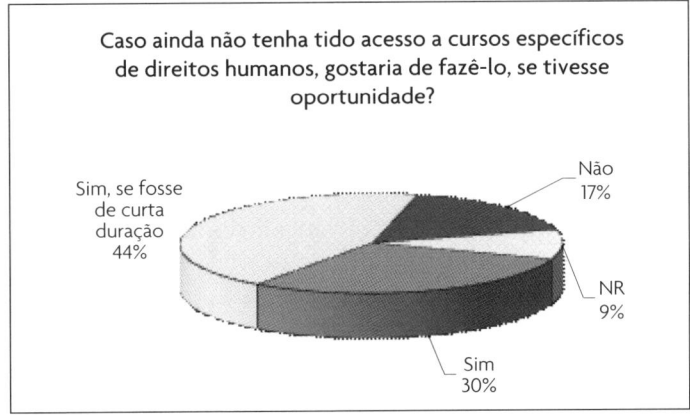

Analisando-se os dados aqui expostos é possível compreender, ao menos preliminarmente, a pouca utilização das normativas de direitos humanos dos sistemas ONU e OEA nas sentenças dos magistrados. Resta prejudicada a utilização de normas sobre um tema tão afastado da realidade deles.

Figura 6

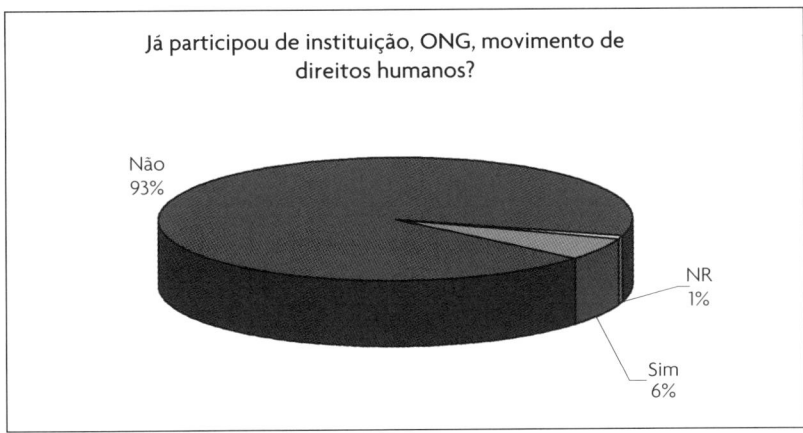

Concepção dos direitos humanos

Há um consenso razoável, no plano da teoria jurídica e política, de que o tema dos direitos humanos é fundamental para o correto entendimento do estado democrático de direito. Nessa perspectiva, Jürgen Habermas (2003), ao propor a "equiprimordialidade", isto é, o nexo interno entre direitos humanos e democracia (soberania popular), afirma que não se pode pensar um estado verdadeiramente democrático sem uma efetiva implementação dos direitos humanos. Isso quer dizer que os cidadãos somente poderão fazer uso efetivo de sua autonomia pública se forem suficientemente independentes em razão dos direitos humanos uniformemente assegurados. Assim, o Brasil só poderá concretizar seu projeto de democratização prescrito pela Constituição quando os direitos humanos alcançarem concretamente o cotidiano dos indivíduos com plena força normativa. Para tanto, espera-se do Estado uma ação efetiva de promoção dos direitos, seja na linha de frente da ação política, por intermédio dos poderes Legislativo e Executivo, seja na retaguarda, por meio da ação garantista do Poder Judiciário. Contudo, é necessário, preliminarmente, saber como os juízes — guardiões últimos da justiça — compreendem os direitos humanos.

Quadro 2

Para você os direitos humanos são

Opinião	Frequência (questionário)	Percentual	Frequência acumulada	Percentual acumulado
Total	105	100		
Valores que instruem o ordenamento jurídico, mas não têm aplicabilidade efetiva	8	7,6	8	7,62
Princípios que podem ser aplicados subsidiariamente na falta de regra específica	36	34,3	44	41,90
Normas jurídicas plenamente aplicáveis quando o caso concreto assim demandar	57	54,3	101	96,19
Combinação de mais de um dos conceitos acima	3	2,9	104	99,05

Ao serem questionados sobre qual seria a natureza dos direitos humanos, 7,6% dos juízes afirmaram serem os direitos humanos "valores sem aplicabilidade efetiva". Para outros 34,3%, constituiriam "princípios aplicados na falta de regra específica", e para 54,3%, configurariam "regras plenamente aplicáveis". É importante ressaltar que cerca de 7% dos juízes concebem os direitos humanos apenas como valores sem nenhuma força jurídica, mesmo após todos os esforços jurídicos e políticos de afirmação de tais direitos. Entendimento relativamente semelhante têm os 34,3% dos juízes que acreditam que os direitos humanos são princípios que possuem caráter subsidiário, podendo ser aplicados apenas diante da ausência de norma específica. Para esses juízes, qualquer ponderação com norma mais específica, inclusive com conteúdo antagônico, levaria à não aplicação das normas de direitos humanos. Porém, a posição majoritária revelou uma concepção forte de direitos humanos, pois mais de 50% dos juízes concebem os direitos humanos como regras plenamente aplicáveis.

Indivisibilidade dos direitos humanos

A execução de sentenças que assegurem a aplicação efetiva das diferentes gerações dos direitos humanos, bem como a defesa desses direitos dentro de um Estado democrático com limitação de recursos financeiros envolvem importantes questões, as quais devem ser objeto de reflexão e ponderação pelos aplicadores do direito. É sabido que, historicamente, os direitos humanos surgem como direitos civis opostos à ação invasiva do Estado na esfera das liberdades individuais e do patrimônio privado, exigindo, portanto, uma abstenção estatal. Entretanto, considerando a não exaustividade dos direitos, uma vez que estes surgem e evoluem dentro de determinado contexto social, novas gerações de direitos desenvolveram-se e passaram a integrar o conjunto dos direitos humanos. Consoante Norberto Bobbio (2004:53), os direitos consagrados pela Declaração Universal dos Direitos do Homem de 1948 representam "uma síntese do passado e uma inspiração para o futuro: mas suas tábuas não foram gravadas de uma vez para sempre", pois tais direitos são históricos e constituem um conjunto permanentemente aberto a novas articulações, especificações e atualizações.

De um contexto de estado liberal de direito passamos ao Estado de bem-estar social com a respectiva tutela de outros direitos, tais como os direitos à saúde, à educação, à moradia, à defesa do meio ambiente, entre outros, fato que passou a demandar uma atuação positiva do Estado, reguladora e, por vezes, interventora na realidade social e econômica. É neste ponto que surgem algumas controvérsias quanto à efetividade desses direitos sociais e econômicos, pois muitos defendem que a promoção desses direitos depende exclusivamente da ação política dos poderes Executivo e/ou Legislativo, não cabendo ao Poder Judiciário tutelar tais direitos quando isso acarretasse obrigação para o Poder Legislativo, autônomo em seus juízos de oportunidade e de conveniência. O problema colocado é se há argumentos jurídicos aceitáveis para a não garantia judicial desses direitos, ou seja, se o Judiciário, como poder do Estado, pode abster-se de assegurar direitos capazes de dotar os cidadãos das condições mínimas de existência, especialmente no contexto de uma sociedade profundamente desigual como a brasileira. Em última instância, trata-se da relevante questão acerca da indivisibilidade dos direitos humanos. A despeito das diferentes classificações que recebem, sejam direitos civis ou políticos — à vida, à liberdade, à igualdade ou à igual participação política — ou direitos econômicos e sociais — à moradia, ao trabalho, à educação, à saúde —, os direitos humanos são complementares e interdependentes. Neste sentido, podemos citar a Resolução nº 32 da Assembleia Geral da ONU, de 1977, que assevera a indivisibilidade dos direitos humanos, o seu caráter inalienável, e ratifica a obrigatoriedade dos direitos econômicos e sociais (Mello, 2001:816). A Declaração de Direitos Humanos de Viena, de 1993, reitera a concepção indivisível dos direitos humanos ao afirmar, em seu § 5º, a universalidade, a interdependência e o inter-relacionamento dos direitos civis e políticos e dos direitos econômicos, sociais e culturais. A garantia integral da dignidade da pessoa humana pressupõe a efetividade de todos esses direitos. O exercício da cidadania restaria prejudicado se, embora garantido o direito ao voto, não houvesse a mesma garantia em relação a uma educação e saúde públicas de qualidade. Com base nessas considerações, cabe examinar o posicionamento dos 105 juízes que se dispuseram a responder à seguinte questão.

Figura 7

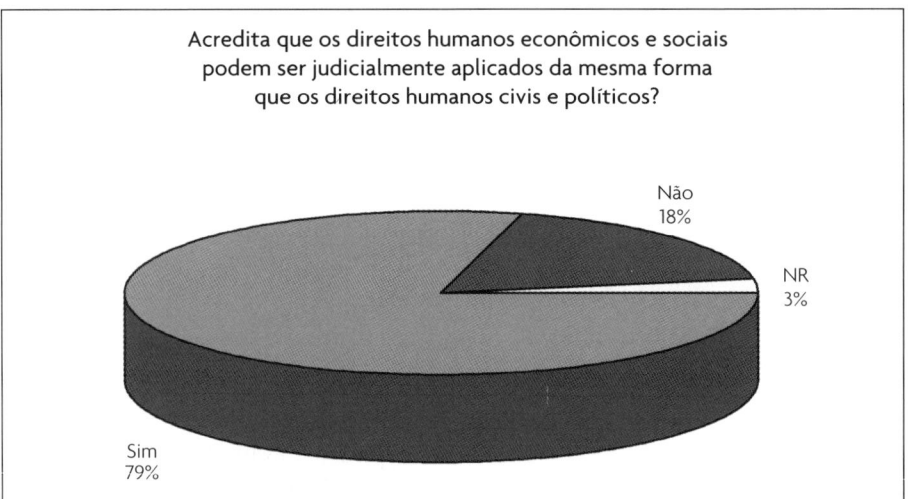

Um pequeno número de juízes considera que a aplicação judicial dos direitos econômicos e sociais não pode ocorrer da mesma forma que a dos direitos civis e políticos. Uma minoria também de magistrados acredita que o Poder Judiciário não deve interferir para promover a efetivação dos direitos de segunda geração, justificando não caber ao Judiciário a implementação de políticas públicas. Outros, ainda, acreditam que a tutela desses direitos é de competência dos demais poderes da

República, ou que tal aplicação resultaria no fenômeno do juiz-legislador. Porém, a ampla maioria dos magistrados (79%) defende a aplicação complementar dos direitos econômicos e sociais e dos direitos civis e políticos. Além disso, consideram que mesmo aqueles direitos que impõem uma atuação estatal devem ser judicialmente tutelados. Portanto, essa ampla parcela da magistratura entrevistada, aproximadamente 80%, delega aos direitos humanos, pelo menos teoricamente, a condição de normas plenamente aplicáveis e considera que mesmo aquelas que venham a interferir no orçamento estatal devem ser garantidas por meio das decisões judiciais.

Aplicação das normas de direitos humanos

Na pesquisa empreendida, uma das questões mais expressivas foi aquela referente à justiciabilidade dos direitos humanos, revelada através da atuação do magistrado em processos cujo desate dependesse de normas de tal natureza.

Visou-se à averiguação do reconhecimento, por parte dos entrevistados, da presença, nos casos sob seu exame, de normas de direitos humanos, já que estas se evidenciam de múltiplas formas no ordenamento jurídico brasileiro, configurando-se como verdadeiros desdobramentos normativos da tutela jurídica da dignidade.

Interrogados sobre a atuação em processos nos quais incidissem normas de direitos humanos, 24% dos juízes responderam negativamente, enquanto outros 25% revelaram haver atuado em vários feitos com aplicabilidade de normas dessa natureza. Por sua vez, 30% informaram ter atuado em alguns processos em que as normas de direitos humanos eram aplicáveis, enquanto 22% afirmaram ter atuado em poucos casos.

Figura 8

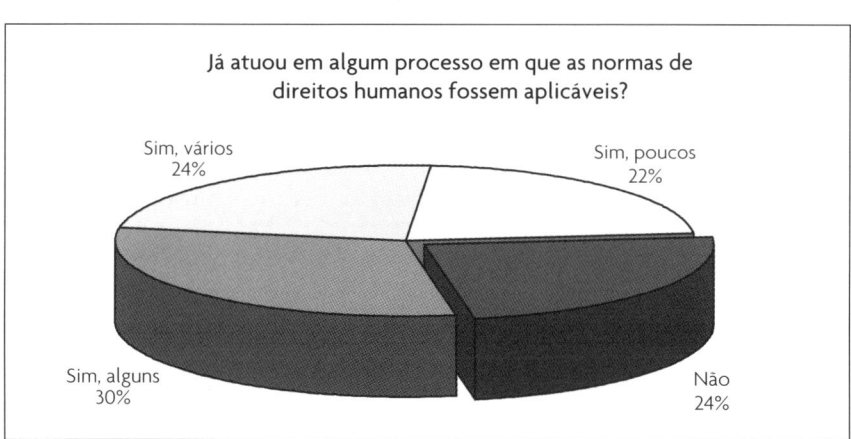

Observa-se, então, que 52% dos magistrados entrevistados atuaram esporadicamente no julgamento de demandas em que eram suscitadas normas de direitos humanos. Assim, totalizam 76% os que apenas ocasionalmente atuaram em tais feitos ou que nestes nunca exerceram seu mister. Por outro lado, paradoxalmente, a maioria dos juízes entrevistados declarou que os direitos humanos são normas plenamente aplicáveis no ordenamento jurídico brasileiro, entendendo que não são aplicadas efetivamente, no entanto, por não serem imanentes aos casos judiciais que lhes foram submetidos.

Destaque-se, contudo, que tal inferência não pode ser considerada verdadeira, eis que grande parte das controvérsias submetidas à apreciação do Poder Judiciário versa sobre conflitos cujo cerne é exatamente situado na seara dos direitos humanos e, muitas vezes, envolve mais precisamente os direitos fundamentais.

Desse modo, aventa-se a hipótese de desconhecimento dos direitos humanos, pelo que os entrevistados, em razão da pouca intimidade com o conceito geral e as normas de direitos humanos, teriam velada sua percepção, o que dificultaria seu reconhecimento no que tange aos casos afeitos à matéria em menção.

Não se pode olvidar, por outro lado, que, em qualquer caso concreto submetido ao Poder Judiciário, deverá o julgador levar em consideração todo o ordenamento jurídico, promovendo uma interpretação sistemática. Isso porque as normas jurídicas não são os textos nem o conjunto deles, mas os sentidos construídos a partir da interpretação sistemática de textos normativos.

De tal sorte, em qualquer demanda submetida ao magistrado, deve este ter em conta a dignidade da pessoa humana, verdadeiro valor fundamental do Estado democrático brasileiro, consignado no inciso III do art. 1º da Carta Constitucional de 1988.

Assim, afigura-se razoável que, quando uma situação subjetiva existencial estiver em questão, a norma jurídica seja construída em função dos direitos humanos, sejam estes oriundos da Constituição ou mesmo de normas internacionais, ainda que possam ser considerados aí diferentes níveis de intensidade dessa vinculação (Sarlet, 2002:85). O fato de não se reconhecer tal aplicabilidade pode estar, portanto, relacionado a um conhecimento precário sobre o tema, ou mesmo ao seu desconhecimento.

Ações afirmativas

Um dos princípios mais caros consagrados na Constituição Federal de 1988 é o princípio da isonomia, insculpido no *caput* do art. 5º, segundo o qual todos devem ser submetidos às mesmas regras jurídicas. No entanto, há que se ter em mente que o princípio da isonomia, historicamente, foi uma conquista das revoluções francesa e norte-americana, no final do século XVIII, a fim de abolir os privilégios da nobreza e do clero.

Naquele momento foi importante a formalização dessa igualdade, mas, ao longo do tempo, observou-se que a mera consagração do direito na lei não garante que os indivíduos tenham as mesmas oportunidades de efetivo acesso às prerrogativas disponibilizadas pela sociedade.

Como exemplo, pode-se citar, no que tange ao ensino fundamental e médio brasileiro, a dicotomia entre as instituições públicas gratuitas e as particulares, relacionando-se as primeiras ao ensino precário oferecido aos estudantes com parcos recursos financeiros, enquanto as instituições particulares, em maior número, atendem com excelência aos estudantes abastados. Paradoxalmente, a situação inverte-se no vestibular: dos estudantes que obtêm sucesso quando prestam o vestibular para instituições públicas gratuitas de ensino superior, consideradas de excelência, a grande maioria é oriunda de instituições particulares de ensino médio.

Por outro lado, quando da seleção para ingresso em curso superior, as instituições sempre a fizeram com base tão somente no conhecimento do candidato sobre os conteúdos da avaliação. No entanto, eram desconsideradas desigualdades históricas e também as diferenciadas possibilidades de acesso ao ensino por parte dos candidatos. Foi estabelecida, então, em algumas universidades brasileiras, uma política de reserva de cotas, bastante polêmica, levando-se em conta, inicialmente, critérios socioeconômicos aos quais vieram somar-se, posteriormente, parâmetros étnicos, sempre observada a ordem de classificação dos candidatos em sua categoria, obtida a partir de sua pontuação no exame.

A situação descrita é apenas uma das abrangidas pela política de ação afirmativa, que denota uma busca de superação do modelo liberal pela atuação social da instituição pública. Assim, a igualdade passa a ser concebida em sua dupla dimensão: formal e material. Do tratamento formal conferido ao princípio da isonomia, expresso na máxima "todos são iguais perante a lei", passa-se à tentativa de materialização das garantias. E nesse contexto

> o Estado abandona a sua tradicional posição de neutralidade e de mero espectador dos embates que se travam no campo da convivência entre os homens e passa a atuar ativamente na busca de concretização da igualdade positivada nos textos constitucionais (Gomes, 2001:20).

Pode-se dizer, então, que as políticas públicas de ação afirmativa almejam combater as desigualdades político-sociais, consistindo em qualquer meio de incentivo que venha a distribuir direitos não atingíveis pelos grupos discriminados. Mas é importante ressaltar que isto se dá no âmbito da ordem constitucional brasileira vigente, que textualmente se insere no contexto do estado democrático de direito, visando ao desenvolvimento, à igualdade e à justiça como valores supremos a reger uma sociedade fraterna, pluralista e sem preconceitos.

Nessa perspectiva, tornou-se relevante a indagação dos magistrados acerca da constitucionalidade ou não das ações afirmativas, já que elas se apresentam como meio apto à materialização dos direitos humanos.

Quadro 3

Em princípio, qual a sua opinião sobre as políticas de ação afirmativa?

Opinião	Frequência (questionário)	Percentual	Frequência acumulada	Percentual acumulado
Total	105	100		
São inconstitucionais, pois feririam o princípio da isonomia	24	22,9	24	22,86
São constitucionais em razão da necessidade de superação de desigualdades sociais históricas	70	66,7	94	89,52
NR	11	10,5	105	100,00

Em resposta, 22,9% dos juízes disseram considerar as políticas de ação afirmativa inconstitucionais, por ferirem o princípio da isonomia, o que revela que consideraram tão somente a igualdade em seu sentido formal. Por sua vez, 10,5% dos entrevistados não quiseram opinar, enquanto 66,7% entenderam pela constitucionalidade das ações afirmativas, em razão da necessidade de superação de desigualdades sociais históricas.

Tais dados permitem concluir que a concepção jurídica acerca da isonomia encontra-se ainda dicotômica, sendo preponderante, contudo, a sua dimensão material, pois a expressiva maioria dos entrevistados demonstra haver incorporado o princípio do estado democrático de direito, presente ao longo de todo o texto constitucional e expressamente consignado no art. 1º da Carta Constitucional.

Ressalte-se, ademais, que o juízo de constitucionalidade não implica necessariamente a concordância política com as ações afirmativas, mas tão somente sua admissibilidade no plano jurídico-constitucional.

Sistemas de proteção da ONU e da OEA

Com o advento da Declaração Universal dos Direitos Humanos (em dezembro de 1948) e a Declaração Americana de Direitos e Deveres do Homem (em abril de 1948), iniciou-se o desenvolvimento dos sistemas de proteção internacional dos direitos humanos da ONU e da OEA. O sistema de proteção da ONU é constituído tanto de normas de alcance geral, que visam a todos os indivíduos de forma genérica e abstrata, como de normas de alcance especial, destinadas a sujeitos específicos e a violações que necessitam de resposta diferenciada. O Brasil ratificou a maior parte desses instrumentos de proteção, tais como: a Convenção Internacional sobre a Eliminação de todas as Formas de Discriminação Racial, em 27 de março de 1968; a Convenção sobre a Eliminação de todas as Formas de Discriminação contra a Mulher, em 1º de fevereiro de 1984; a Convenção sobre os Direitos da Criança, em 24 de setembro de 1990; o Pacto Internacional sobre Direitos Civis e Políticos, em 24 de janeiro de 1992; e o Pacto Internacional sobre Direitos Econômicos Sociais e Culturais, em 24 de janeiro de 1992. No entanto, o Brasil não reconhece a competência de seus órgãos de supervisão e monitoramento no caso de apreciação de denúncias individuais, como o Comitê de Direitos Humanos, o Comitê contra Tortura e o Comitê contra Discriminação Racial. Juntamente com o sistema de proteção da ONU existe um sistema de proteção no plano regional, que é o sistema de proteção interamericano da OEA. Os sistemas de proteção da ONU e da OEA tutelam os mesmos direitos, e a escolha de seu instrumento mais propício é de competência da vítima. Esses sistemas se complementam, visando uma garantia adicional, a maior promoção e efetivação dos direitos fundamentais à dignidade do ser humano. O sistema regional de proteção é constituído, além do sistema interamericano, pelos sistemas europeu e africano de proteção dos direitos humanos.

Indagados os juízes se sabem como funcionam os sistemas de proteção da ONU e da OEA, obtiveram-se os percentuais mostrados na figura 9: 59% conhecem superficialmente o funcionamento dos sistemas de proteção internacional; 20% não sabem como eles funcionam. Considerando-se os percentuais mais altos, em que o primeiro corresponde a um conhecimento superficial e o segundo a um desconhecimento dos sistemas, temos que 79% dos magistrados não estão informados sobre os sistemas internacionais de proteção dos direitos humanos.

Figura 9

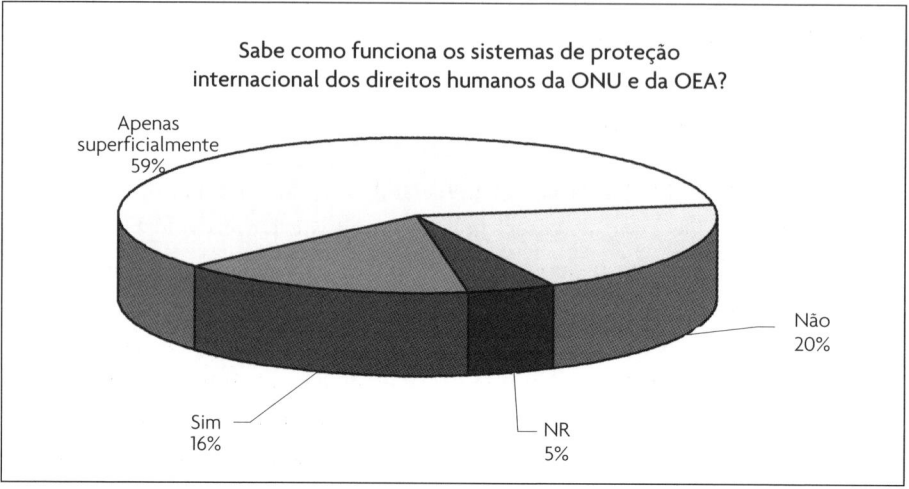

O desconhecimento dos sistemas internacionais de proteção aos direitos humanos se apresenta como obstáculo à plena efetivação dos direitos dessa natureza no cotidiano do Poder Judiciário. E isso porque o desconhecimento de tais sistemas de proteção se mostra intimamente ligado à não aplicação das normativas relativas aos direitos humanos.

Figura 10

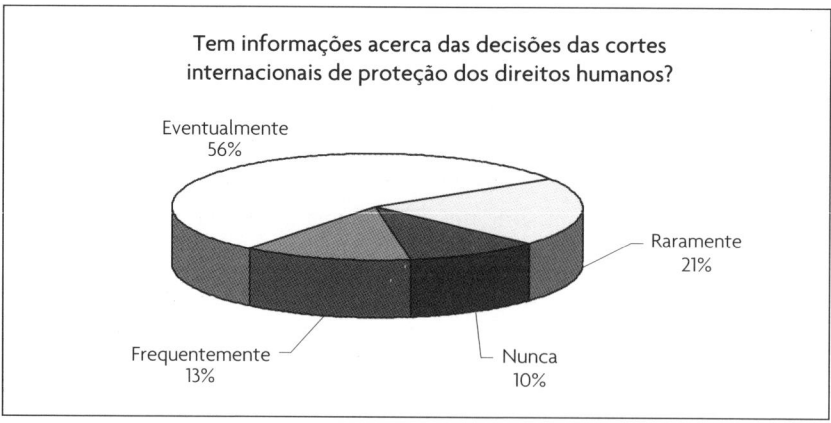

Perguntados se tinham conhecimento das decisões das cortes internacionais de proteção dos direitos humanos, obteve-se o seguinte percentual: 56% responderam que eventualmente possuem tais informações; 21% responderam que raramente; 13% responderam que frequentemente; e 10% que nunca obtiveram informações acerca de tais decisões.

Não há dúvida de que um percentual de apenas 13% para os juízes que frequentemente têm acesso a tais decisões é muito reduzido para uma profusão real de uma cultura dos direitos humanos.

Figura 11

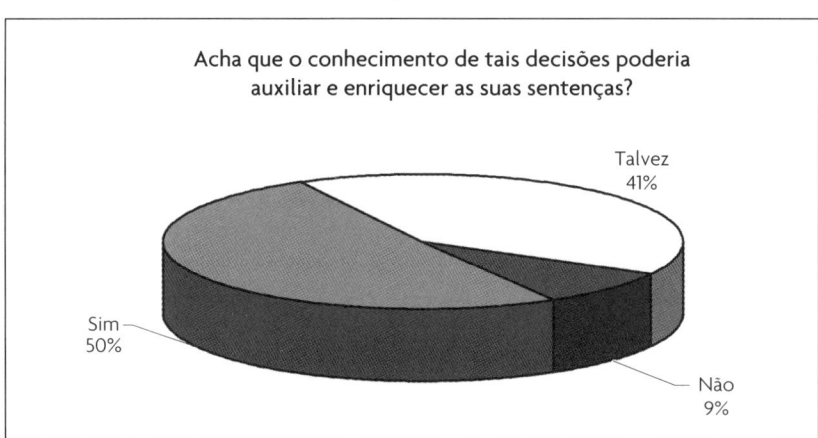

Quando questionados sobre o auxílio e o enriquecimento que essas decisões poderiam produzir nas suas sentenças, obteve-se o seguinte resultado: 50% disseram que sim; 41% disseram que talvez; e 9% responderam que não. Assim, poucos conhecem o conteúdo dessas decisões, mas a maioria acredita que seria relevante esse conhecimento. Acredita-se que seria importante a institucionalização de canais de divulgação, no âmbito do Tribunal de Justiça, acerca das decisões das cortes internacionais de direitos humanos, inclusive como parte de um processo que busque maior efetividade e aplicabilidade de tais direitos.

Utilização específica das normas de direitos humanos

Pacto dos direitos civis e políticos e pacto dos direitos econômicos e sociais

A Assembleia Geral das Nações Unidas aprovou, em 16 de dezembro de 1966, o Pacto Internacional sobre Direitos Civis e Políticos e o Pacto Internacional sobre os Direitos Econômicos, Sociais e Culturais, ambos ratificados pelo Brasil pelo Decreto-legislativo nº 226, de 12 de dezembro de 1991, e promulgados pelo Decreto nº 592, de 6 de janeiro de 1992. Pode-se afirmar que o Pacto Internacional sobre os Direitos Civis e Políticos se aproxima das primeiras Declarações do Estado Liberal, ao passo que o Pacto Internacional sobre os Direitos Econômicos, Sociais e Culturais se coaduna diretamente com as cartas do Estado de bem-estar social. Ambos os textos especificam o conteúdo da Declaração Universal de 1948, e a elaboração de dois pactos, e não de um só, como bem ressalta Fábio Konder Comparato (1999:276), foi resultado da natural divergência entre os dois blocos de países, capitalista e socialista, no bojo da bipolaridade característica da época.

Figura 12

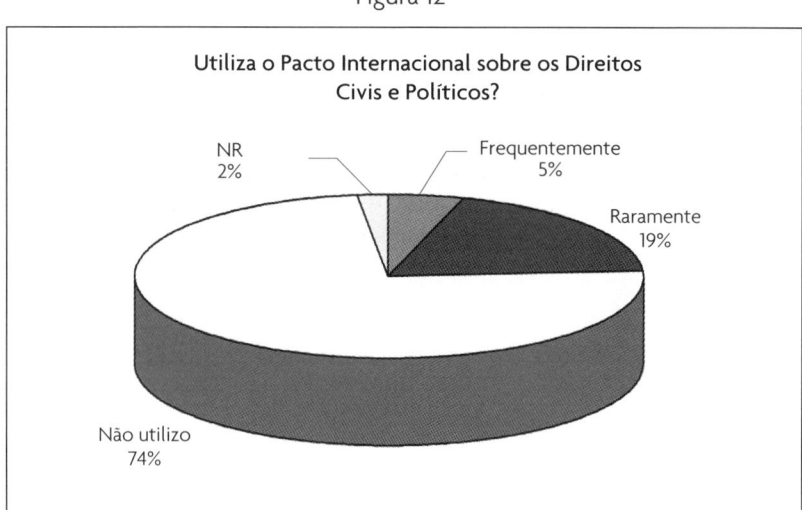

No que tange ao Pacto Internacional sobre os Direitos Civis e Políticos, observou-se que somente 5% dos magistrados aplicam-no com constância. No caminho oposto, 74% nunca utilizaram o Pacto, e 19% fazem-no raramente.

Em relação ao Pacto Internacional sobre os Direitos Econômicos, Sociais e Culturais os dados são ainda mais preocupantes. Apenas 3% dos juízes utilizam-se dele frequentemente em suas sentenças, 20% raramente, e 75% nunca empregaram essa normativa no deslinde de litígios.

Causa certa surpresa a constatação de que somente 5% dos juízes do Tribunal de Justiça do Estado do Rio de Janeiro utilizam o Pacto Internacional sobre os Direitos Civis e Políticos ou que cerca de 75% deles nunca aplicaram o Pacto Internacional sobre os Direitos Econômicos, Sociais e Culturais. Além de todas as questões materiais e morais envolvidas, vale ainda considerar que a aplicação das normativas de direitos humanos tem função não somente jurídico-formal, mas também *simbólica*. Aplicá-las é estampar que os agentes públicos e a própria comunidade estão atentos para o fato de que a tutela e a promoção dos direitos humanos se desenvolvem em duas dimensões intimamente relacionadas: a nacional e a internacional.

Figura 13

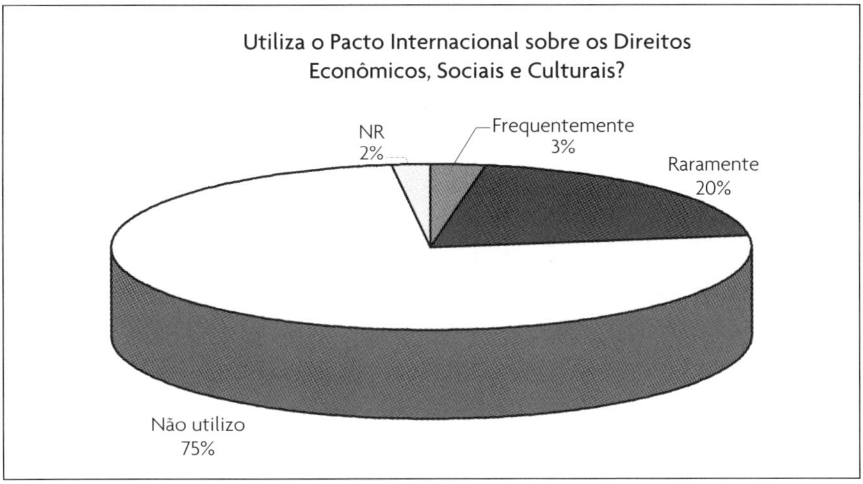

Utiliza o Pacto Internacional sobre os Direitos Econômicos, Sociais e Culturais?

- NR 2%
- Frequentemente 3%
- Raramente 20%
- Não utilizo 75%

Convenção Americana e Protocolo de San Salvador

O sistema de direitos humanos da Organização dos Estados Americanos afirmou a responsabilidade internacional do Estado diante das violações a direitos dessa natureza. Assim, a invasão da esfera juridicamente protegida de um sujeito pelo Estado passou a acarretar sua responsabilidade internacional. Criaram-se a Comissão e a Corte Interamericana de Direitos Humanos, formadas por pessoas imparciais e independentes, com o fim de evitar a seletividade do sistema, de forma que o Estado ofendido não seja juiz e parte no mesmo processo.

Sobre esse tema, 66% dos magistrados afirmaram que não utilizam a convenção mencionada. Essa constatação revela que, não obstante os significativos avanços da comunidade internacional no sentido de estabelecer um consenso mínimo sobre os direitos humanos e de fornecer ferramentas normativas para assegurá-los na prática, muitos magistrados ainda ignoram esse processo e suas conquistas para o fortalecimento da democracia.

Figura 14

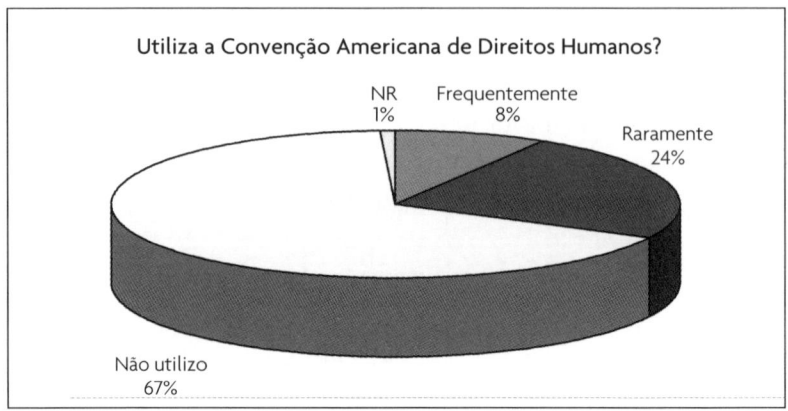

Relativamente ao sistema interamericano, como este inicialmente relegou a segundo plano os direitos econômicos, sociais e culturais, adotou-se o Protocolo Adicional à Convenção Americana de Direitos Humanos em Matéria de Direitos Econômicos, Sociais e Culturais, ou Protocolo de San Salvador, em 17 de novembro de 1988.[5]

Figura 15

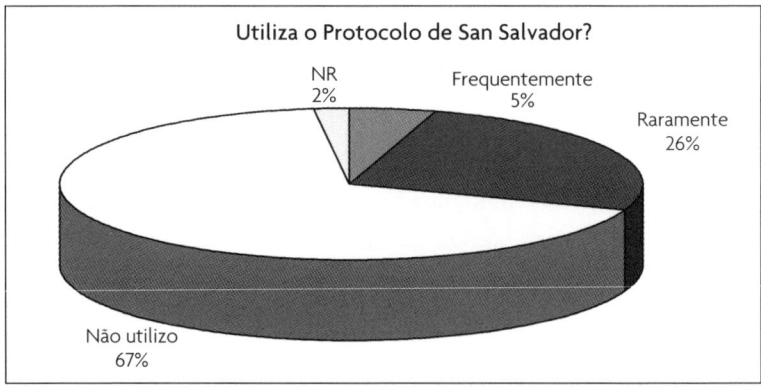

Questionados sobre o Protocolo de San Salvador, 93% dos magistrados responderam que não o utilizam ou o fazem raramente. Ora, é preocupante quando

---
[5] Adotado pelo Brasil por meio do Decreto Legislativo nº 56/95 e do Decreto Executivo nº 3.321/99.

se confronta essa informação com a realidade brasileira, marcada por profundas desigualdades sociais. Não há dúvida da importância dos direitos econômicos, sociais e culturais como forma legítima para se garantir um mínimo de bem-estar social. É curioso que 79% dos juízes tenham afirmado que consideram as normas de direitos econômicos, sociais e culturais tão eficazes e aplicáveis como aquelas que asseguram direitos civis e políticos, mas, na prática concreta, não recorrem a tais normas para a motivação de suas decisões.

Convenção Internacional sobre a Eliminação de todas as Formas de Discriminação Racial

Impulsionada por relevantes fatores históricos da década de 1960, entre os quais o ingresso de 17 novos países africanos na ONU, a realização da Primeira Conferência de Cúpula dos Países Não Aliados em Belgrado, em 1961, e o ressurgimento de atividades nazifascistas na Europa, a Convenção sobre a Eliminação de todas as Formas de Discriminação Racial foi adotada pelas Nações Unidas em 21 de dezembro de 1965 e ratificada pelo Brasil em 27 de março de 1968. A convenção é parte do denominado sistema especial de proteção dos direitos humanos. Especial porque, ao contrário do sistema geral, que visa à proteção de qualquer pessoa, abstrata e genericamente considerada, o sistema especial de proteção dos direitos humanos destina-se a um determinado sujeito de direito, considerado em sua especificidade e na concretude de suas relações sociais. Esse sistema especial de proteção teria uma função complementar ao sistema geral, objetivando a proteção e a promoção da igualdade de grupos e indivíduos historicamente discriminados. Está calcado num princípio de equidade, segundo o qual se deve conferir tratamento diferenciado a determinados grupos ou indivíduos, a fim de que desigualdades possam ser superadas. Registre-se a ausência de qualquer normativa internacional no plano da OEA para eliminação de formas de discriminação racial.

Segundo o resultado da pesquisa, 75% dos juízes disseram nunca ter utilizado essa normativa internacional para a eliminação das formas de discriminação racial, enquanto 15% afirmaram que raramente a usam. Tal resultado é especialmente preocupante num país onde ainda se podem observar em seu cotidiano comportamentos racistas. O primeiro passo para que o racismo possa ser banido de nossa realidade social é o reconhecimento de que é um problema real e merecedor de tratamento urgente. E essa questão não pode estar alheia ao Poder Judiciário. Deixar de usar essa convenção é abrir mão de um poderoso instrumento de combate ao racismo em todas as suas manifestações. Não se trata de ignorar o papel fundamental da Constituição nessa matéria, mas de somar a esta um importante instrumento de eliminação do racismo.

Figura 16

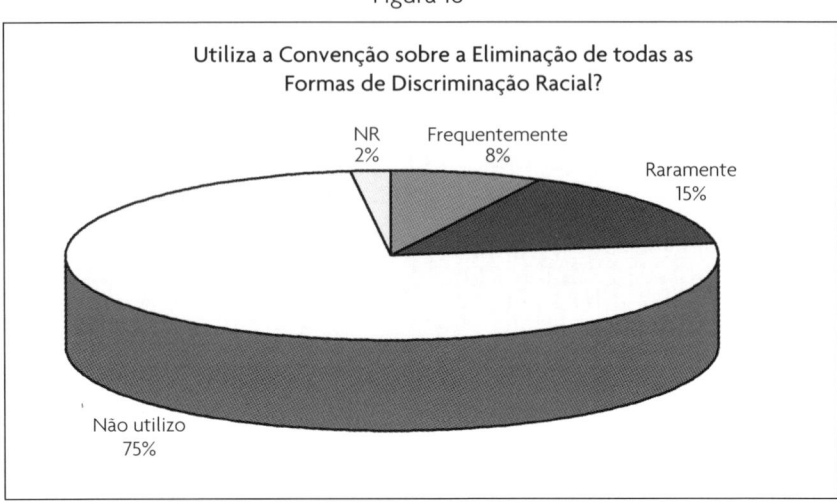

Convenção sobre a Eliminação de todas as Formas de Discriminação contra a Mulher

Homens e mulheres são iguais em direitos e em obrigações. Nesse sentido dispõe o inciso I do art. 5º da Constituição Federal, o que demonstra a preocupação do constituinte originário em corrigir uma situação que se encontra ainda incrustada nas práticas sociais mais cotidianas. Em pleno século XXI, fato é que as mulheres ainda não gozam do mesmo tratamento destinado aos homens, muito embora tenha havido um amadurecimento doutrinário e legislativo inquestionável nas últimas décadas.

Na presente pesquisa, constatou-se que somente 8% dos magistrados trazem para o plano concreto a Convenção da ONU sobre a Eliminação de todas as Formas de Discriminação contra a Mulher, bem como a Convenção Interamericana para Prevenir, Punir e Erradicar a Violência contra a Mulher, da OEA. Ao revés, 73% nunca fizeram uso de tais convenções e 17% o fizeram apenas algumas vezes. Esse resultado pode ser interpretado como óbice para a real efetivação dos direitos fundamentais e, também, como barreira para a consagração efetiva da isonomia entre homem e mulher. Esta somente pode ser atingida por meio da conjugação de dois movimentos paralelos: um cultural, mais complexo e de longo prazo, e outro jurídico, de resultados mais imediatos, concernente à valorização e à aplicação da legislação existente.

Figura 17

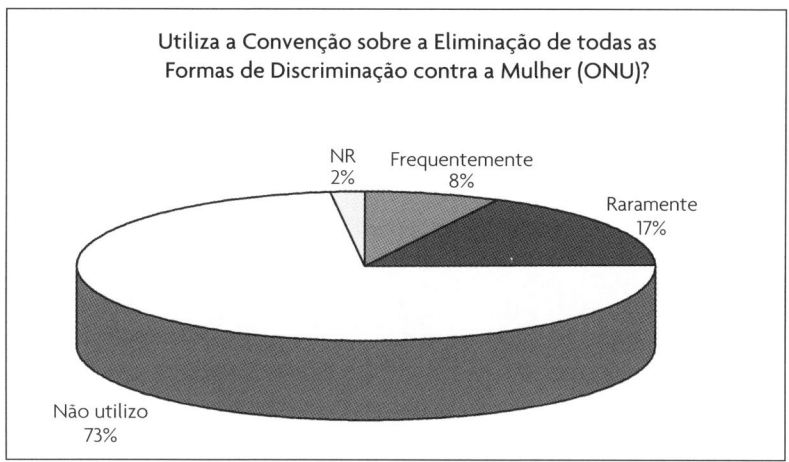

Figura 18

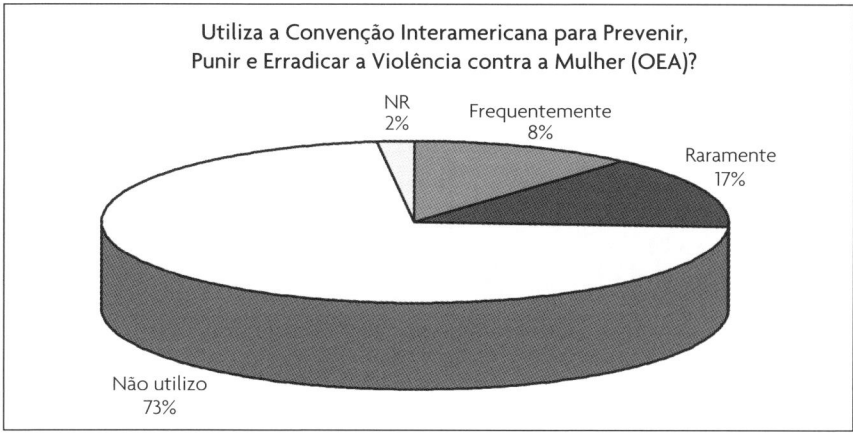

Convenção contra a Tortura e outros Tratamentos ou Penas Cruéis, Desumanas ou Degradantes

A Declaração Universal de 1948 é certamente o texto mais importante de banimento da prática de tortura. A partir daí, o repúdio a essa prática foi reafirmado por uma série de pactos e convenções de alcance geral, tais como a Convenção Europeia de Direitos Humanos, de 4 de novembro de 1950, o Pacto Internacional sobre os Direitos Civis e Políticos, de dezembro de 1966, a Convenção Americana de Direitos Humanos (Pacto San José da Costa Rica), de novembro de 1969, a Convenção da ONU, de 1984, e a Convenção da OEA, de 1985. Reconheceu-se a tortura como delito previsto no direito internacional positivo, impondo-se aos Estados a obrigação de reprimi-la e a previsão de penas aos violadores da norma.

Figura 19

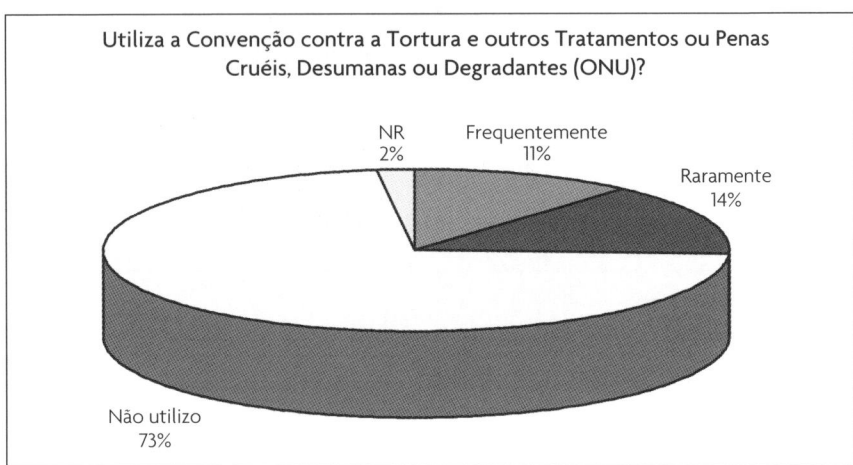

Figura 20

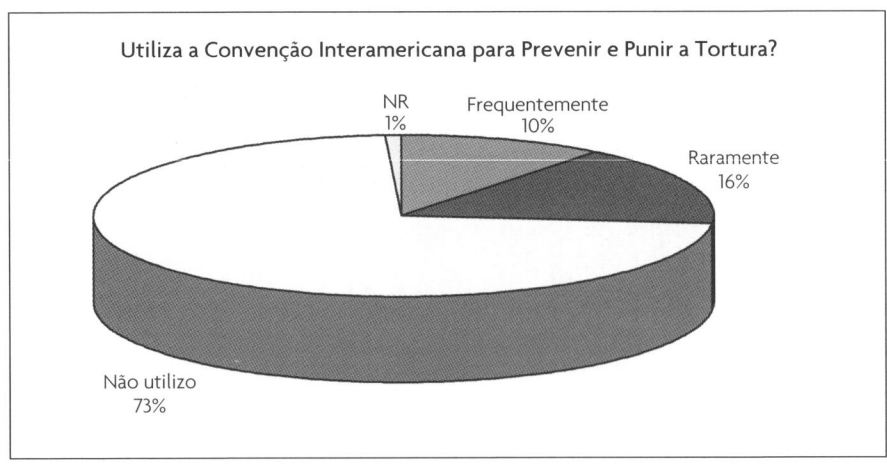

Apesar de a Constituição Federal de 1988, em seus arts. 1º, III; 4º, II; 5º, §§1º e 2º, demonstrar sua inserção na tendência das demais Constituições da América Latina para conceder aos direitos e garantias internacionalmente consagrados tratamento especial ou diferenciado, os juízes, ao serem questionados sobre a aplicação de tais convenções, assim responderam: apenas 10% afirmaram utilizar frequentemente a Convenção Interamericana para Prevenir e Punir a Tortura, enquanto 11% responderam utilizar frequentemente a Convenção do Sistema de Proteção da ONU. Um percentual um pouco maior declara utilizar raramente essas convenções, respectivamente 16% e 14%, enquanto 1% e 2% não responderam à pergunta. Já o percentual de não utilização dessas convenções nas sentenças proferidas pelos juízes é altíssimo: 73% .

Apesar de tais normas criarem direitos para os cidadãos brasileiros e obrigações para o Brasil perante a comunidade internacional, pouco valem se os operadores do direito mantêm-se silentes.

Convenção sobre os Direitos da Criança

Após a Declaração dos Direitos da Criança, de 20 de novembro de 1959, e do Ano Internacional da Criança, em 1979, veio a doutrina da proteção integral da criança, expressa por meio da Convenção sobre os Direitos da Criança, de 20 de novembro de 1989. Já preconizava a Declaração de 1959 que "a humanidade deve dar à criança o melhor de seus esforços", fixando um compromisso moral a ser assumido pelas gerações futuras. Contudo, a realidade histórica mostrou-se especialmente cruel com a população infanto-juvenil. Assim, por exemplo, milhares de crianças são constrangidas a abandonar a escola todos os anos para ajudar no sustento da família.

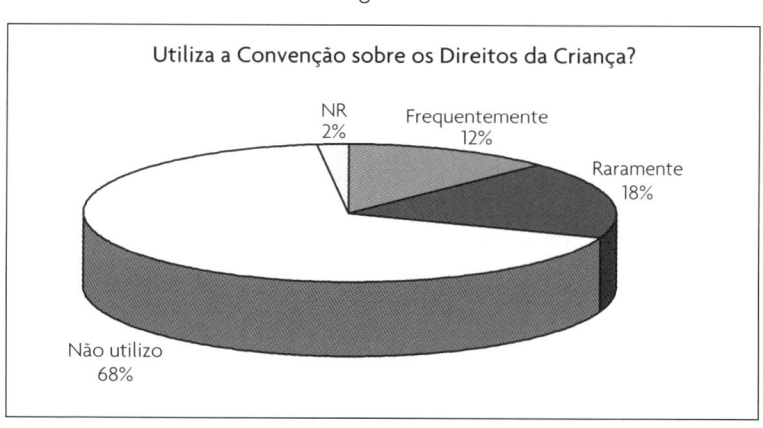

Figura 21

Utiliza a Convenção sobre os Direitos da Criança?

NR 2%
Frequentemente 12%
Raramente 18%
Não utilizo 68%

O trabalho de campo revelou que apenas 30% dos juízes nas varas pesquisadas aplicam a convenção em tela, sendo tal número obtido por meio do somatório dos 12% que a utilizam constantemente e dos 18% que o fazem raramente. Por seu turno, 68% jamais tutelaram a situação das crianças brasileiras com base na normativa. Não obstante o Brasil conte com a Lei nº 8.069/90 (o ECA), uma avançada e sofisticada legislação de proteção à infância e à juventude, não há motivos para que não se aplique a convenção, especialmente considerando-se a importância simbólica da utilização dos sistemas interamericano e da ONU de garantia dos direitos humanos.

O contexto social e histórico delineado realça a importância e a necessidade da Convenção das Nações Unidas sobre os Direitos da Criança, que foi ratificada pelo Brasil em 24 de setembro de 1990. Vale registrar que, até a presente data, os únicos países que não ratificaram a convenção foram os Estados Unidos e a Somália.

Convenção Interamericana para Eliminação de todas as Formas de Discriminação contra as Pessoas Portadoras de Deficiência

A constituição de uma sociedade fraterna, pluralista e sem preconceitos, fundada na harmonia social, como prescreve o preâmbulo da Constituição brasileira de 1988, exige de todas as pessoas um esforço radical de reconhecimento e respeito às diferenças. No caso específico das pessoas portadoras de deficiência, a demanda pelo respeito não é apenas de ordem moral, no sentido de substituir sentimentos de comiseração por aqueles de solidariedade, mas também de ordem social e política, no sentido de substituir os discursos retóricos por ações efetivas de inclusão.

Para tanto é necessário que haja a implantação de políticas que visem à superação das várias barreiras que enfrentam todos os tipos de deficientes, incluindo o acesso ao ensino e ao mercado de trabalho. É exatamente essa a linha seguida pelo ordenamento jurídico quando apresenta, desde a própria Constituição, dispositivos especiais direcionados aos portadores de deficiência, tais como os arts. 7º, 23, 37 e 203.

Com esses dispositivos, a Constituição possuía todas as condições para efetuar a recepção da Convenção Interamericana para a Eliminação de todas as Formas de Discriminação contra as Pessoas Portadoras de Deficiência. Assim, por meio do Decreto Legislativo nº 198/2001 e do Decreto Executivo nº 3.956/2001, foi ratificada a referida convenção. Contudo, ainda não se popularizou entre os aplicadores do direito como instrumento eficaz na luta pelos direitos dos portadores de deficiência, como revelam os dados da pesquisa.

Figura 22

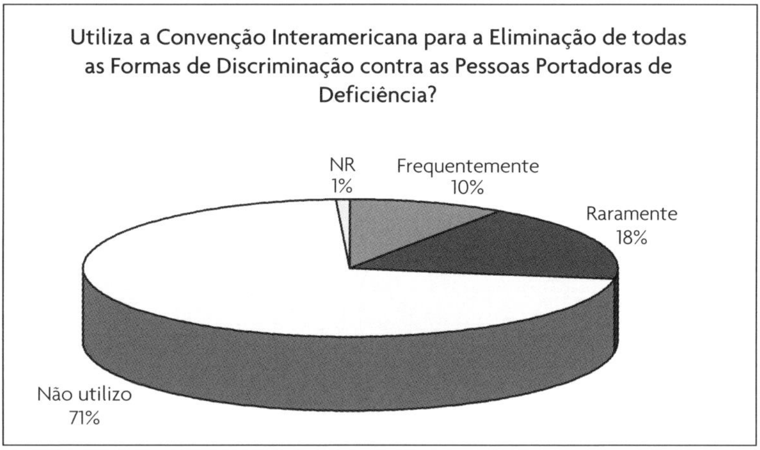

Utiliza a Convenção Interamericana para a Eliminação de todas as Formas de Discriminação contra as Pessoas Portadoras de Deficiência?

- NR 1%
- Frequentemente 10%
- Raramente 18%
- Não utilizo 71%

Quando indagados se utilizam a convenção na fundamentação das sentenças, apenas 10% afirmaram fazê-lo frequentemente. Do total dos juízes questionados, 71% responderam nunca terem utilizado a convenção e 18% responderam que raramente a utilizam. Num país com cerca de 24 milhões de pessoas com algum tipo de deficiência[6] e com tão poucas políticas sociais efetivas de superação de barreiras, é realmente impressionante que uma ferramenta jurídico-social tão importante como essa convenção tenha esse baixo índice de aplicação. Pode-se aventar, numa hipótese explicativa, a conjunção de duas variáveis fundamentais: baixo nível de demandas judiciais para a garantia dos interesses das pessoas portadoras de deficiência; baixo nível de conhecimento da magistratura acerca das normas dos sistemas internacionais de proteção dos direitos humanos, das quais o Brasil é signatário.

Variáveis determinantes da aplicação dos direitos humanos

A escolha de modelos de regressão como ferramenta para subsidiar a análise dos dados vistos está relacionada à sua aplicabilidade em testes de hipótese, utilizados para testar se a efetivação dos direitos humanos no Tribunal de Justiça do

---

[6] IBGE, Censo Demográfico 2000.

Estado do Rio de Janeiro é influenciada pelas características do juiz, sua formação e sua concepção acerca do tema.

Para o ajuste de modelos logísticos multinomiais foi utilizada como variável resposta indicadora do uso de normativa na fundamentação das sentenças proferidas. Tal variável foi construída a partir das respostas "frequentemente", "raramente" ou "não utilizo" dadas a cada uma das 11 normativas utilizadas na pesquisa. A variável indicadora foi considerada "frequentemente" quando havia tal resposta em pelo menos uma das normativas mencionadas. Considerou-se "raramente" quando não havia nenhuma resposta igual a "frequentemente" e pelo menos uma igual a "raramente". A resposta "não utilizo" foi associada sempre que havia tal resposta para todas as normativas mencionadas.

O procedimento adotado para a modelagem dos dados consistiu em aplicar testes de hipótese acerca da contribuição de cada variável para o poder de explicação do modelo, em um nível de 5% de significância. As variáveis consideradas significativas, no nível fixado, foram utilizadas na composição de um único modelo, e novos testes de hipóteses foram aplicados. Por fim, excluindo-se as variáveis que juntamente com as demais não contribuíam significativamente para o poder de explicação do modelo, foi obtido o modelo ajustado.

Os valores das estatísticas[7] utilizadas para testar a significância de cada variável nos respectivos modelos podem ser vistos no quadro 4.

Quadro 4
Estatísticas de teste da significância das variáveis para o modelo com 24 variáveis

Análise Tipo 1 – Estatísticas LR				
Fonte	Deviance*	Grau de confiança	Qui-quadrado	Pr > ChiSq
Tipo de vara	399,7911	5	17,10	0,0043
Sexo (2)	427,4586	1	3,26	0,0708
Idade (3)	433,6336	3	0,18	0,9814
Cor (4)	382,3783	3	25,80	<,0001
Tempo de magistratura (5)	425,2816	3	4,35	0,2259
Tempo no tipo de vara (6)	417,8612	4	8,06	0,0893

Continua

---

[7] Essas estatísticas de teste foram obtidas utilizando-se a Proc Genmod do SAS.

Análise Tipo 1 – Estatísticas LR				
Fonte	Deviance*	Grau de confiança	Qui-quadrado	Pr > ChiSq
Ensino médio (7)	417,6860	3	8,15	0,0430
Graduação (8)	383,2655	14	25,36	0,0312
DHs na graduação (9)	427,7312	2	3,13	0,2094
Estudou DHs (10)	430,8308	1	1,58	0,2091
Gostaria de estudar DHs (11)	413,0721	4	10,46	0,0334
Participação em ONG (12)	430,2227	3	1,88	0,5974
Sistema ONU/OEA (13)	403,1920	3	15,40	0,0015
Decisões cortes internacionais (14)	425,4045	3	4,29	0,2317
Enriquecer sentenças (15)	421,3918	2	6,30	0,0429
Mandado de despejo (16)	428,7396	2	2,62	0,2694
Ação afirmativa (17)	428,0307	2	2,98	0,2257
Privação de liberdade (18)	425,1317	3	4,43	0,2189
DHs São (19)	429,4057	4	2,29	0,6826
DHESs e DHCPs (20)	433,7453	2	0,12	0,9417
Tutela DHs e gasto executivo (21)	433,2650	2	0,36	0,8351
Inexequibilidade dos DHs (22)	431,0908	3	1,45	0,6944
DHs aplicáveis (23)	421,2597	1	6,36	0,0117
Sentença corte interamericana (24)	430,2081	2	1,89	0,3889

* Estatística que mede a qualidade do ajuste do modelo para os dados.

Como resultado do teste de hipótese, cujas estatísticas e respectivos *p*-valores são mostrados no quadro 4, concluiu-se que: (a) o tipo de vara; (b) a cor ou raça do juiz; (c) o tipo de escola onde cursou a maior parte do ensino médio; (d) onde cursou a graduação; (e) se gostaria de fazer cursos de direitos humanos; (f) se sabe como funcionam os sistemas de proteção internacional dos direitos humanos da ONU e da OEA; (g) se acha que o conhecimento das decisões das cortes internacionais podem auxiliar ou enriquecer suas sentenças; (h) se expediria mandado de despejo contra réu que não possui outro imóvel; e (i) se já atuou em processo no qual as normas de direitos humanos fossem aplicáveis, tudo isso pode contribuir significativamente, ao nível de significância de 5%, para a explicação da utilização das normativas na fundamentação das sentenças. Assim, tais variáveis foram utilizadas na composição de um único modelo, ao qual foi aplicado um novo teste de hipótese, e as demais foram descartadas. As estatísticas de teste calculadas considerando-se o modelo com as oito variáveis são mostradas no quadro 5.

Quadro 5
Estatísticas de teste da significância das variáveis para o modelo com oito variáveis — modelo 2

	Análise Tipo 1 – Estatísticas LR			
Fonte	Deviance	Grau de confiança	Qui-quadrado	Pr > ChiSq
Tipo de vara	4.030.958	5	19,09	0,0018
Cor (4)	3.736.788	3	14,71	0,0021
Ensino médio (7)	3.661.548	3	3,76	0,2883
Graduação (8)	3.250.368	14	20,56	0,1135
Gostaria de estudar DHs (11)	3.022.778	4	11,38	0,022
Sistema ONU/OEA (13)	2.699.890	3	16,14	0,0011
Enriquecer sentenças (15)	2.613.929	2	4,30	0,1166
DHs aplicáveis (23)	2.582.670	1	1,56	0,2112

O resultado dos novos testes de hipótese, cujas estatísticas e respectivos p-valores são mostrados no quadro 5, levou a concluir que as seguintes variáveis: tipo de escola onde o juiz cursou a maior parte do ensino médio; onde cursou a graduação; se acha que o conhecimento das decisões das cortes internacionais pode auxiliar ou enriquecer suas sentenças; e se já atuou em processo no qual as normas de direitos humanos fossem aplicáveis, não contribuem significativamente, ao nível de significância de 5%, para a explicação da utilização das normativas na fundamentação das sentenças. Tais variáveis foram descartadas e buscou-se ajustar um novo modelo, contendo as quatro variáveis restantes, mostradas no quadro 6.

O resultado dos novos testes de hipótese, cujas estatísticas e respectivos p-valores são mostrados no quadro 6, levou a concluir que o fato de o juiz ter ou não interesse em fazer cursos de direitos humanos não contribui significativamente, ao nível de significância de 5%, para a explicação da utilização das normativas na fundamentação das sentenças. Tal variável foi descartada, e pôde-se concluir que o modelo contendo apenas três variáveis explica o comportamento da utilização de normativas internacionais de proteção dos direitos humanos na fundamentação das sentenças proferidas no âmbito do Tribunal de Justiça do Estado do Rio de Janeiro tão bem quanto os modelos anteriormente testados. As estatísticas e respectivos *p*-valores são mostrados no quadro 7.

Quadro 6
Estatísticas de teste da significância das variáveis para o modelo com quatro variáveis — modelo 3

	Análise Tipo 1 – Estatísticas LR			
Fonte	Deviance	Grau de confiança	Qui-quadrado	Pr > ChiSq
Tipo de vara	4.030.958	5	19,09	0.0018
Cor (4)	3.736.788	3	14,71	0.0021
Gostaria de estudar DHs (11)	3.629.021	4	5,39	0.2497
Sistema ONU/OEA (13)	3.471.050	3	7,90	0.0482

Quadro 7
Estatísticas de teste da significância das variáveis para o modelo com três variáveis — modelo ajustado

	Análise Tipo 1 – Estatísticas LR			
Fonte	Deviance	Grau de confiança	Qui-quadrado	Pr > ChiSq
Tipo de vara	4.030.958	5	19,09	0,0018
Cor (4)	3.736.788	3	14,71	0,0021
Sistema ONU/OEA (13)	3.514.756	3	11,10	0,0112

O modelo ajustado com os efeitos principais de três variáveis pode ser obtido aplicando-se à equação geral os valores estimados dos parâmetros apresentados no quadro 8.

Quadro 8
Valores estimados dos parâmetros e respectivos erros padrões

	Análise dos parâmetros estimados		
Parâmetro	Nível	Estimativa	Erro padrão
Tipo de vara	Criminal	0,1605	0,9656
	Outros tipos de vara	0,0000	0,0000
	Família	-0,7936	0,9862

Continua

Análise dos parâmetros estimados			
Parâmetro	Nível	Estimativa	Erro padrão
Cor ou raça	Órfãos e sucessões	-0,9415	13,765
	Cível	-11,184	0,8695
	Fazenda pública	-11,484	12,206
	Parda	14,457	17,588
	Não informou	0,0000	0,0000
	Indígena	-0,9477	23,034
	Branca	-16,863	15,914
ONU e OEA	Sim	21,475	13,346
	Apenas superficialmente	14,382	11,866
	Não informou	0,0000	0,0000
	Não	-0,2025	13,468

Por meio da análise dos valores estimados dos parâmetros é possível identificar o tipo de contribuição de cada um dos níveis dos fatores para a utilização das normativas internacionais de proteção dos direitos humanos na fundamentação das sentenças proferidas. A seguir, apresentaremos uma análise para cada um dos fatores.

Tipo de vara

A vara, considerada como unidade de pesquisa, encontra-se ordenada pelas diversas áreas do direito, o que facilita a atuação do juiz e a acessibilidade da Justiça por parte da sociedade.

Constata-se que, do total de varas pesquisadas, a maioria pertence à área cível: 57 varas em toda a comarca. Em seguida, encontram-se as varas criminais, totalizando 19 pesquisadas, e as varas de família, totalizando 15. As varas de fazenda pública, órfãos e sucessões e "outras varas" obtiveram a sua participação na pesquisa com seis varas de cada uma.

Para examinar a concepção e aplicação dos direitos humanos pelos juízes, é fundamental levar em consideração o tipo de vara em que o juiz atua, pois a matéria tratada está relacionada, de maneira direta, com a aplicabilidade de algumas das normativas mencionadas. No quadro 9, os tipos de vara estão ordenados de maneira decrescente segundo sua contribuição para a utilização das normativas internacionais na fundamentação das sentenças.

Figura 23
Tipo de Vara

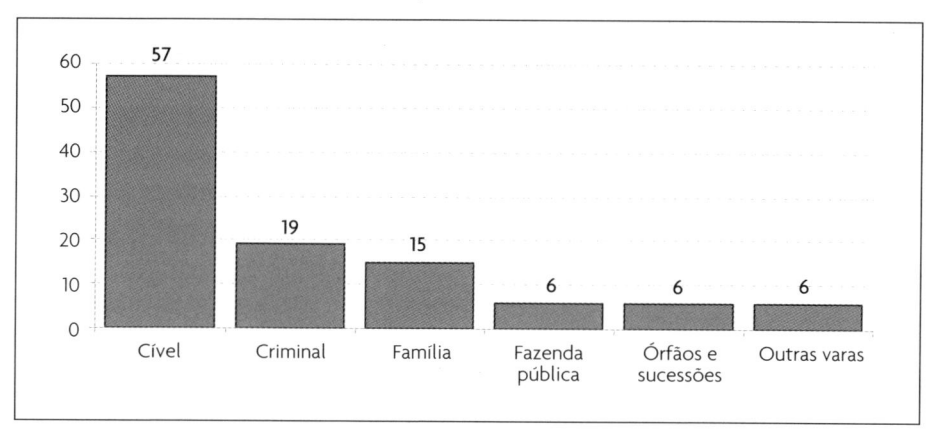

- Cível: 57
- Criminal: 19
- Família: 15
- Fazenda pública: 6
- Órfãos e sucessões: 6
- Outras varas: 6

Quadro 9
Valores estimados dos parâmetros e respectivos erros padrões

Análise dos parâmetros estimados			
Parâmetro	Nível	Estimativa	Erro padrão
Tipo de vara	Criminal	0,1605	0,9656
	Outros tipos de vara	0,0000	0,0000
	Família	-0,7936	0,9862
	Órfãos e sucessões	-0,9415	13,765
	Cível	-11,184	0,8695
	Fazenda pública	-11,484	12,206

Procedendo-se à análise comparativa dos tipos de vara, é possível afirmar que a probabilidade de que as normativas internacionais sejam utilizadas frequentemente na fundamentação das sentenças é maior quando se trata de vara criminal.

No outro extremo, estão as varas de fazenda pública e cível, que apresentam o menor índice de utilização das normativas na fundamentação das sentenças. Causa estranhamento o fato de o Estado (fazenda pública) e as relações entre particulares (cível) permanecerem à margem das discussões em torno do reconhecimento das diferentes modalidades de eficácia dos direitos fundamentais, tanto na esfera pública quanto na privada.

Entre os extremos, está a categoria "outras varas" — que agrega varas da infância e da juventude e as varas únicas de execução penal, auditoria militar, e registros públicos —, bem como a categoria de varas de família e a de órfãos e sucessões, cujas chances de que as normativas sejam utilizadas vão diminuindo gradualmente.

Cor ou raça

Considerando-se a análise descritiva dos juízes que participaram da pesquisa, apresentada na seção anterior, vale notar que apenas um juiz informou considerar-se de raça indígena, e dois não quiseram informar sua cor ou raça. Com efeito, maior importância deve ser atribuída aos dados referentes às cores branca e parda. No quadro 10, a cor ou raça dos juízes está ordenada de maneira decrescente, segundo sua contribuição para a utilização das normativas internacionais na fundamentação das sentenças.

Quadro 10
Valores estimados dos parâmetros e respectivos erros padrões

	Análise dos parâmetros estimados		
Parâmetro	Nível	Estimativa	Erro Padrão
Cor ou raça	Parda	14,457	17,588
	Não informou	0,0000	0,0000
	Indígena	-0,9477	23,034
	Branca	-16,863	15,914

Observa-se que a cor ou raça associada à maior probabilidade de que as normativas sejam utilizadas frequentemente é a parda. Por outro lado, a branca tem a maior probabilidade de que as normativas *nunca* sejam utilizadas. Tomando por base a categoria que agrega os casos em que o juiz não quis informar sua cor ou raça ("não informada"), a raça indígena também apresentou menor probabilidade de utilização frequente das normativas internacionais na fundamentação das sentenças.

A alta probabilidade de que os juízes pardos utilizem as normativas internacionais de proteção dos direitos humanos na fundamentação das sentenças pode estar associada à maior preocupação com o assunto, conformada ao longo da história de exclusão social sofrida por esse grupo social. Mesmo sendo o Brasil o país com a segunda maior população de afro-descendentes, estes se encontram, na sua maioria, em situação de inferioridade social e econômica. O discurso de que não existe exclusão por questões étnicas em nosso país não traduz o que ocorre na prática. A presença de pessoas pardas em cargos de chefia, em universidades e outras posições sociais nobres é ainda ínfima.

Os resultados da pesquisa mostram as consequências de um processo de conscientização, em que os poucos e privilegiados que tiveram acesso à universidade e hoje ocupam cargo de juiz agem com consciência crítica e demonstram preocupação com as desigualdades sociais. Apesar de serem minoria no Tribunal de Justiça, os juízes pardos mostram ação diferenciada, compatível com o entendimento de que as normativas internacionais de proteção dos direitos humanos são grandes aliadas para a garantia da dignidade humana.

Conhecimento dos sistemas de proteção dos direitos humanos da ONU e da OEA

Do total de juízes, a maioria conforma o grupo dos que não conhecem os sistemas de proteção internacional dos direitos humanos da ONU e da OEA ou os conhecem apenas superficialmente. Apenas 17% declararam conhecer o sistema sem restrições. Com uma breve análise exploratória, podem-se obter indícios de que a utilização das normativas de proteção dos direitos humanos é precária, pois o conhecimento desses sistemas acaba refletindo de maneira bastante acentuada na aplicação das normativas internacionais. As chances de uma normativa internacional ser aplicada por um juiz que não conheça os citados sistemas são mínimas, mas elas crescem à medida que esse desconhecimento se torna um conhecimento superficial e, mais ainda, um conhecimento pleno. O desconhecimento dos sistemas internacionais de proteção da ONU e da OEA mostrou-se intimamente ligado à não aplicação das normativas internacionais relativas aos direitos humanos.

No quadro 11, o nível de conhecimento do sistema de proteção internacional dos direitos humanos da ONU e da OEA está ordenado de maneira decrescente segundo sua contribuição para a utilização das normativas internacionais na fundamentação das sentenças.

Quadro 11
Valores estimados dos parâmetros e respectivos erros padrões

Análise dos parâmetros estimados			
Parâmetro	Nível	Estimativa	Erro padrão
ONU e OEA	Sim	21,475	13,346
	Apenas superficialmente	14,382	11,866
	Não informou	0,0000	0,0000
	Não	-0,2025	13,468

Considerações finais

A finalidade precípua deste estudo foi investigar o grau de efetivação ou *justiciabilidade* dos direitos humanos na prestação da tutela jurisdicional pelos juízes de primeira instância da comarca da capital do Tribunal de Justiça do Estado do Rio de Janeiro.

Evidenciou-se, ao longo da pesquisa, um instigante paradoxo: se, por um lado, os juízes demonstram concepções arrojadas acerca dos direitos humanos e da aplicabilidade, em tese, de suas normas garantidoras, por outro, poucos são os que efetivamente aplicam normas que versem sobre tais direitos, mormente em se tratando da utilização específica dos sistemas de proteção internacional dos direitos humanos da ONU e da OEA. Isso pode ser justificado a partir da constatação de que 40% dos juízes *nunca* estudaram direitos humanos, e apenas 16% sabem como funcionam os sistemas de proteção internacional dos direitos humanos da ONU e da OEA, muito embora a grande maioria, 73% dos magistrados, afirme que, se houvesse oportunidade, gostaria de participar de cursos sobre direitos humanos.

Recorrendo-se ao modelo de regressão, chegou-se a apenas três variáveis — tipo de vara, cor do magistrado, conhecimento dos sistemas ONU/OEA — suficientes e determinantes para a explicação do comportamento dos juízes no que se refere à utilização das normativas internacionais na fundamentação das sentenças.

Procedendo-se à análise comparativa dos tipos de vara, verificou-se que o nível de utilização das normativas internacionais na fundamentação das sentenças é maior em vara criminal e menor em vara cível e vara de fazenda pública. Assim, há ainda entre os magistrados uma mentalidade que contraria os estudos doutrinários mais modernos, que reconhecem a aplicabilidade dos direitos fundamentais nas relações privadas. E, nas relações envolvendo o Estado, é possível vislumbrar com facilidade hipóteses que reclamam a tutela dos direitos humanos, como, por exemplo, nos casos em que pessoas hipossuficientes pleiteiam ao Estado o fornecimento de medicamentos e/ou o custeio de tratamento médico, com fundamento nos direitos à vida e à saúde constitucionalmente assegurados.

Quanto ao segundo fator, observou-se que a cor ou raça associada à maior probabilidade de utilização frequente das normativas internacionais é a parda, ao passo que a branca é a que apresenta menor probabilidade. Considerando-se que a maioria dos juízes são brancos, esse resultado é preocupante.

O terceiro fator, que diz respeito ao conhecimento dos sistemas internacionais de proteção dos direitos humanos da ONU e da OEA, revela o que já se afirmou anteriormente: quanto maior for o nível de conhecimento dos sistemas internacionais de proteção dos direitos humanos, maiores serão as chances de utilização das normativas mencionadas.

Finalmente, insta dizer que a compreensão da influência exercida por cada um dos três fatores referidos na utilização das normativas internacionais pode ser de grande valia para a implementação de mecanismos que visem garantir maior efetividade aos direitos humanos.

Logo, não restam dúvidas de que todos os magistrados, especialmente os de cor branca que atuem em varas cíveis ou varas de fazenda pública, devem ser alvo de ações (in)formadoras, com vistas a ampliar o conhecimento deles em matéria de direitos humanos. A *justiciabilidade* dos direitos humanos é uma questão de aprimoramento da tutela jurisdicional.

Referências

AGRESTI, Alan. *Categorical data analysis*. New York: John Willey & Sons, 1990.

ALEXY, Robert. *Teoria del discurso y derechos humanos*. Bogotá: Universidad Externado de Colombia, 1995.

BLALOCK, Hubert M. *Social statistics*. Kogakusha: McGraw-Hill, 1972.

BOBBIO, Norberto. Presente e futuro dos direitos do homem. In: _____. *A era dos direitos*. Tradução de Carlos Nelson Coutinho. Rio de Janeiro: Elsevier, 2004.

COMPARATO, Fábio Konder. *A afirmação histórica dos direitos humanos*. São Paulo: Saraiva, 1999.

COSTA NETO, Pedro Luís de Oliveira. *Estatística*. São Paulo: Edgard Blücher, 1977.

DOBSON, Annette J. *An introduction to generalized linear models*. London: Chapman & Hall, 1996.

EVERITT, Brian S.; DER, Geoff. *A handbook of statistical analyses using SAS*. London: Chapman & Hall, 1997.

FARIA, José Eduardo. Justiça e poder judiciário ou a virtude confronta a instituição. Dossiê Judiciário. *Revista Usp*, São Paulo, n. 21, 1994.

GAMERMAN, Dani; MIGON, Hélio dos Santos. *Introdução aos modelos lineares*. Rio de Janeiro: Universidade Federal do Rio de Janeiro, 1993. (Textos de métodos matemáticos, n. 27.)

GATTI, Bernardete Angelina. *Estatística básica para ciências humanas*. São Paulo: Alfa-Omega, 1978.

GOMES, Joaquim B. Barbosa. *Ação afirmativa e princípio constitucional da igualdade*. Rio de Janeiro: Renovar, 2001.

HABERMAS, Jürgen. Sobre a legitimação pelos direitos humanos. In: MERLE, Jean-Christophe; MOREIRA, Luiz (Orgs.). *Direito e legitimidade*. São Paulo: Landy, 2003. p. 67-82.

LEVIN, Jack. *Estatística aplicada a ciências humanas*. São Paulo: Habra, 1987.

MELLO, Celso D. de Albuquerque. *Curso de direito internacional público*. 13. ed. Rio de Janeiro: Renovar, 2001. v. 1.

MINAYO, Maria Cecília de Souza (Org.). *Pesquisa social*: teoria, método e criatividade. Petrópolis: Vozes, 1994.

NINO, Carlos Santiago. *Ética y derechos humanos*: um ensayo de fundamentación. Buenos Aires: Astrea, 1989.

PASOLD, Cesar Luiz. *Prática da pesquisa jurídica*: ideias e ferramentas úteis para o pesquisador do direito. Florianópolis: OAB/SC, 1999.

PERELMAN, Chaïm. *Ética e direito*. São Paulo: Martins Fontes, 1996.

PÉREZ LUÑO, Antonio Enrique. *Derechos humanos, estado de derecho y contitución*. Madrid: Tecnos, 1999.

PIZZINGA, Adrian Heringer. *Modelos de regressão para respostas nominais politômicas*. Rio de Janeiro: Escola Nacional de Ciências Estatísticas — Ence, 2000.

POWERS, Daniel A.; XIE, Yu. *Methods for categorical data analysis*. San Francisco: Academic, 2000.

RATKOWSKY, David A. *Handbook of nonlinear regression models*. New York: Marcel Dekker, 1989.

SÃO PAULO (Estado). Procuradoria Geral do Estado. Grupo de trabalho de direitos humanos. *Direitos humanos*: construção da liberdade e da igualdade. São Paulo: Centro de Estudos da Procuradoria Geral do Estado, 2000.

SARLET, Ingo Wolfgang. *Dignidade da pessoa humana e direitos fundamentais na Constituição Federal de 1988*. Porto Alegre: Livraria do Advogado, 2002.

2 Direitos humanos globais e Poder Judiciário: uma investigação empírica sobre o conhecimento e a aplicação das normas dos sistemas ONU e OEA no Tribunal de Justiça do Rio de Janeiro — análise da segunda instância e comparações

Alexandre Garrido da Silva • Diana Felgueiras das Neves •
Joana El-Jaick Andrade • José Ricardo Cunha •
Lívia Fernandes França • Maria Lúcia Navarro Lins Brzezinski •
Rodrigo da Fonseca Chauvet • Tamara Moreira Vaz de Melo •
Vinicius da Silva Scarpi

No mundo contemporâneo, a globalização do capital precisa ser acompanhada, urgentemente, da globalização da cidadania e do acesso aos direitos fundamentais. Para que essa perspectiva seja estrategicamente adotada, é fundamental que o Poder Judiciário atue cada vez mais firmemente como guardião da justiça e da dignidade. Tal postura exige não apenas o empenho pessoal — técnico e ético — de juízes, mas também o seu conhecimento de todo o arcabouço e instrumental jurídicos produzido no âmbito da Organização das Nações Unidas e da Organização dos Estados Americanos. De fato, a implementação de ações estratégicas que contribuam para a ampliação da efetividade dos direitos humanos na esfera judiciária requer, em primeiro lugar, a pesquisa e a análise sobre como os magistrados concebem e aplicam as normativas internacionais de direitos humanos.

Neste sentido, a pesquisa intitulada "Direitos Humanos no Tribunal de Justiça do Estado do Rio de Janeiro: concepção, aplicação e formação" teve por principal objetivo investigar, com o auxílio da estatística, o grau de efetivação — ou *justiciabilidade* — dos direitos humanos consagrados em tratados internacionais na prestação da tutela jurisdicional, bem como o grau de familiaridade dos magistrados com tais direitos.

A pesquisa divide-se em um plano teórico e outro empírico. No primeiro, estudaram-se os fundamentos, o desenvolvimento histórico e a dimensão positiva e institucional do direito internacional dos direitos humanos. No plano empírico, após a elaboração de um instrumento de pesquisa — um questionário com perguntas dirigidas aos magistrados —, este foi aplicado, através da realização de entrevistas,[1] aos magistrados de primeira e segunda instâncias da comarca da capital do Tribunal de Justiça do Estado do Rio de Janeiro.

O questionário, aplicado nas duas instâncias, contemplou indagações relacionadas às características pessoais do magistrado, sua formação escolar e universitária, sua concepção teórica sobre a aplicabilidade dos direitos humanos e seu conhecimento sobre o funcionamento dos sistemas internacionais de proteção da ONU e da OEA, além do grau de utilização específica das principais normas internacionais sobre direitos humanos.[2] As respostas consignadas pelos desembargadores permitiram aferir o grau de utilização — geral e específica — das normativas internacionais de proteção dos direitos humanos na fundamentação de suas decisões judiciais, bem como a concepção teórica e o conhecimento específico que possuem ou não dessa temática.

Para os dados obtidos na primeira instância foi possível aplicar modelos estatísticos para entender quais variáveis foram determinantes ou significativas para a utilização das normativas internacionais de proteção dos direitos humanos na fundamentação das sentenças proferidas pelos juízes. Em síntese, o procedimento utilizado — modelo de regressão logística multinomial — consistiu em aplicar sucessivos testes de hipótese acerca da contribuição de cada variável para o poder de explicação do modelo, em um nível de 5% de significância. Excluíram-se do modelo as variáveis cuja contribuição não foi considerada significativa, ao nível fixado, para explicar a utilização das normativas na fundamentação das sentenças.[3] Ao final dessa fase, a pesquisa identificou três variáveis significativas para a explicação do comportamento dos juízes no tocante à utilização das normas internacionais de direitos humanos, quais sejam: o tipo de vara, a cor ou raça do magistrado e o conhecimento que possuem dos sistemas internacionais de proteção dos direitos humanos.

---

[1] Para maiores detalhes sobre as entrevistas, ver a apresentação deste livro.
[2] São elas: Pacto Internacional sobre os Direitos Civis e Políticos; Pacto Internacional sobre os Direitos Econômicos, Sociais e Culturais; Convenção Americana de Direitos Humanos; Protocolo de San Salvador; Convenção Internacional sobre a Eliminação de todas as Formas de Discriminação Racial (ONU); Convenção sobre a Eliminação de todas as Formas de Discriminação contra a Mulher (ONU); Convenção Interamericana para Prevenir, Punir e Erradicar a Violência contra a Mulher (OEA); Convenção contra a Tortura e outros Tratamentos ou Penas Cruéis, Desumanas ou Degradantes (ONU); Convenção Interamericana para Prevenir e Punir a Tortura; Convenção sobre os Direitos da Criança (ONU); Convenção Interamericana para a Eliminação de todas as Formas de Discriminação contra as Pessoas Portadoras de Deficiência.
[3] A apresentação detalhada e os comentários elaborados a partir das análises exploratória e regressiva dos dados obtidos na primeira fase da pesquisa encontram-se disponíveis em: <www.surjournal.org>.

Na segunda fase da pesquisa, no entanto, não foi possível elaborar uma análise regressiva dos dados coligidos em razão da elevada taxa de não resposta obtida quando da realização das entrevistas com os desembargadores.[4] Desse modo, optou-se pela realização de uma análise exploratória comparativa dos dados obtidos nas entrevistas com os juízes e desembargadores do TJ/RJ.

A investigação empírica e a análise estatística sobre como os magistrados do TJ/RJ concebem e aplicam as normas internacionais de proteção dos direitos humanos constituem uma etapa indispensável para a justificação e efetividade de novas estratégias de informação e promoção que resultem na maior *justiciabilidade* dos direitos humanos no âmbito no Poder Judiciário.

A seguir, apresentaremos uma análise exploratória comparativa dos principais dados obtidos a partir das respostas dos juízes e desembargadores ao questionário supramencionado.

Análise comparativa das duas fases da pesquisa

No que concerne à primeira, aproximadamente 60% das varas (primeira instância) são do Fórum Central; 7,62% são de Jacarepaguá; e outros 7,62%, da Barra da Tijuca. O restante das varas está distribuído entre Bangu, Ilha do Governador, Leopoldina, Madureira, Meier e Pavuna, conforme mostrado no quadro 1.

Das 105 varas pesquisadas, 46 são varas cíveis. As varas criminais e de família correspondem cada qual a 14,29% do total. Os juizados especiais cíveis correspondem a 7,62%, e os criminais, a 2,86% do total. Há duas varas especializadas em matéria empresarial e seis de fazenda pública. Há apenas uma vara especializada em execuções penais e em infância e juventude.

Na segunda fase da pesquisa, envolvendo a segunda instância do Tribunal de Justiça do Rio de Janeiro, pôde-se aferir que 77% dos desembargadores estão lotados em câmaras cíveis, ou seja, os outros 23% do total de desembargadores entrevistados compõem câmaras criminais (cf. figura 1).

---

[4] Foram entrevistados 39 dos 130 desembargadores em exercício no TJ/RJ. Os pesquisadores, em regra, encontraram grandes dificuldades no acesso aos desembargadores para a aplicação dos questionários, as quais se resumem em: desinteresse manifesto ou tácito dos desembargadores pela resposta e preenchimento de questionários ou outros instrumentos de pesquisa; falta de tempo e/ou excesso de trabalho alegado(s) pelos desembargadores ou por seus assessores de gabinete; e dificuldade no próprio acesso aos gabinetes dos desembargadores para a simples apresentação da pesquisa.

Quadro 1
Distribuição, absoluta e percentual, das varas, segundo o fórum do qual fazem parte

Fórum	Varas	
	Absoluta	Relativa
Total	105	100
Barra da Tijuca	8	7,62
Bangu	4	3,81
Central	64	60,95
Ilha do Governador	6	5,71
Jacarepaguá	8	7,62
Leopoldina	1	0,95
Madureira	5	4,76
Méier	6	5,71
Pavuna	3	2,86

Quadro 2
Distribuição, absoluta e percentual, das varas, segundo o tipo de vara

Tipo de vara	Varas	
	Absoluta	Relativa
Total	105	100
Aud. Militar	1	0,95
Cível	46	43,81
Criminal	15	14,29
Empresarial	2	1,90
Esp. Cível	8	7,62
Esp. Criminal	3	2,86
Família	15	14,29
Fazenda pública	6	5,71
Órfãos e sucessões	6	5,71
Reg. públicos	1	0,95
Execuções penais	1	0,95
Infância e juventude	1	0,95

Figura 1

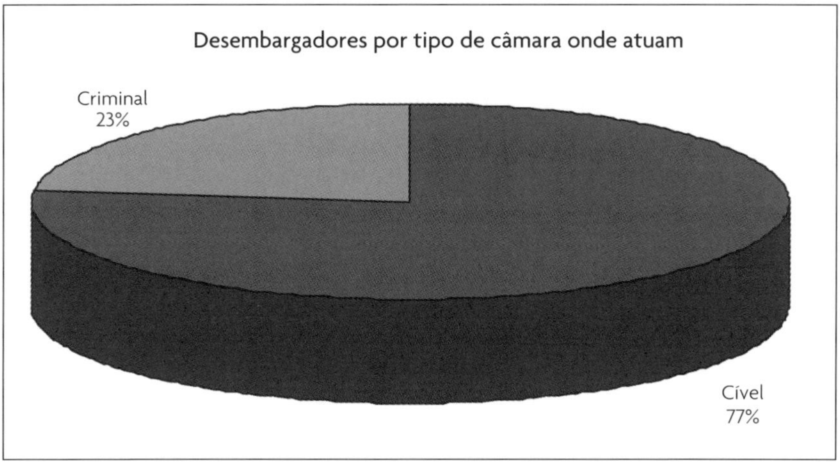

Desembargadores por tipo de câmara onde atuam

- Criminal 23%
- Cível 77%

Perfil dos juízes

A primeira característica aqui analisada diz respeito ao sexo de juízes e desembargadores. O resultado das entrevistas permite afirmar que o Poder Judiciário reflete uma sociedade de dominação masculina. A maioria dos juízes de primeira instância, exatos 60% do total, é de homens. A discrepância entre a participação de homens e mulheres é ainda maior nos quadros do Tribunal de Justiça: dos 39 desembargadores entrevistados, apenas três são do sexo feminino. No entanto, comparando-se os percentuais da participação feminina no Judiciário de primeira e segunda instâncias, o fato de haver 42 juízas entre os 105 juízes entrevistados evidencia uma tendência positiva de ampliação do espaço ocupado pelas mulheres (cf. figuras 2a e 2b)

Com relação à faixa etária, os juízes e desembargadores entrevistados foram divididos em classes de idade. Pelo resultado obtido na primeira fase da pesquisa, pode-se afirmar que é pouco provável que um juiz seja titular antes dos 30 anos. Do total de juízes titulares, havia apenas 2% nessa faixa de idade.[5]

---

[5] Cumpre observar que, como a unidade de pesquisa eleita foi o juízo, e não o juiz, optou-se por entrevistar somente os juízes titulares das varas, como forma de representação do juízo, excluindo-se, portanto, os substitutos.

Figura 2a

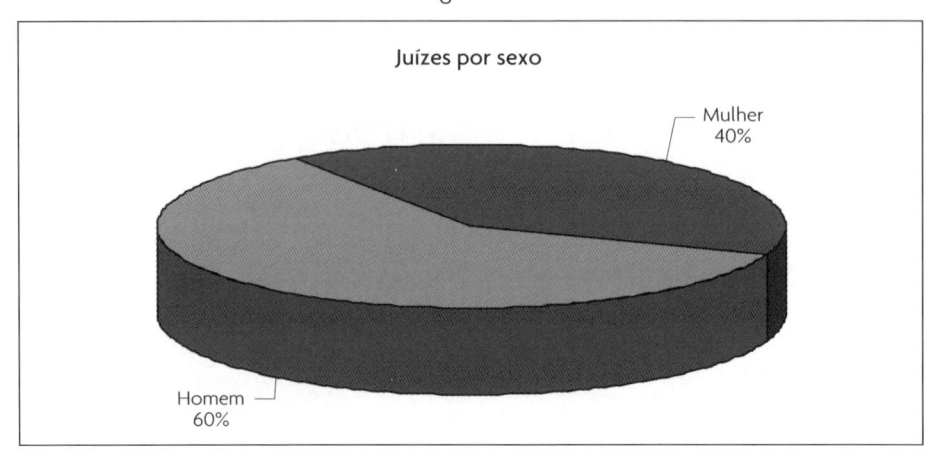

Juízes por sexo

- Mulher 40%
- Homem 60%

Figura 2b

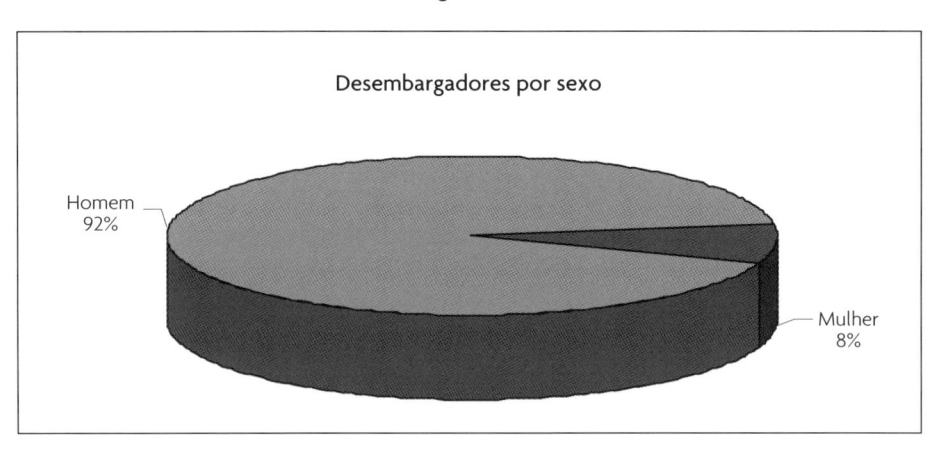

Desembargadores por sexo

- Homem 92%
- Mulher 8%

Entre os 77 juízes que se incluem na faixa de 31 a 50 anos, representando quase 70% dos entrevistados, 44 têm de 11 a 20 anos de magistratura. Essa é a classe de idade que figura como maioria relevante na primeira instância, já que não se verificou nenhum juiz nessa classe de idade com mais de 20 anos de carreira — o que leva a crer que os juízes com mais de 20 anos de magistratura costumam ser promovidos e estão, portanto, exercendo suas funções nos órgãos de segunda instância.

Os juízes com mais de 50 anos, em sua maioria, têm de 11 a 20 anos de magistratura. Entre estes, apenas dois possuem menos de cinco anos de carreira. É raro alguém iniciar o ofício de magistrado nessa faixa etária; e é raro, também, que um juiz titular continue a exercer atividades magistrais na primeira instância depois dos 50 anos.

Figura 3a

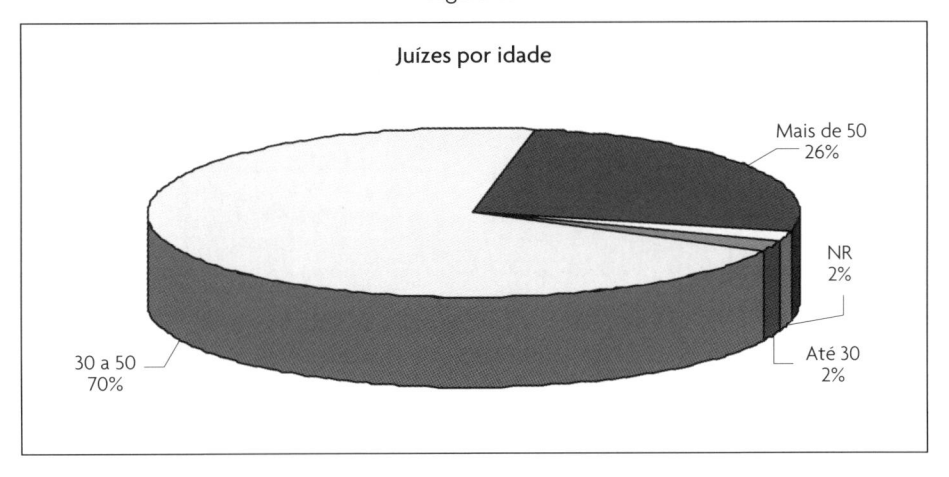

Juízes por idade

- Mais de 50: 26%
- 30 a 50: 70%
- NR: 2%
- Até 30: 2%

Figura 3b

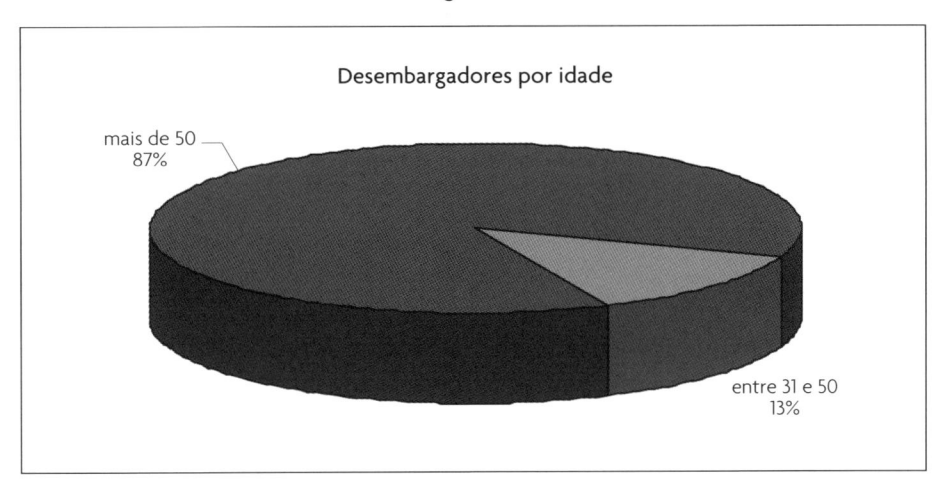

Desembargadores por idade

- mais de 50: 87%
- entre 31 e 50: 13%

Com relação aos desembargadores membros do TJ/RJ, 87% do total de entrevistados (34 dos 39) têm mais de 50 anos. O restante está na faixa entre 31 e 50 anos.

Figura 4a

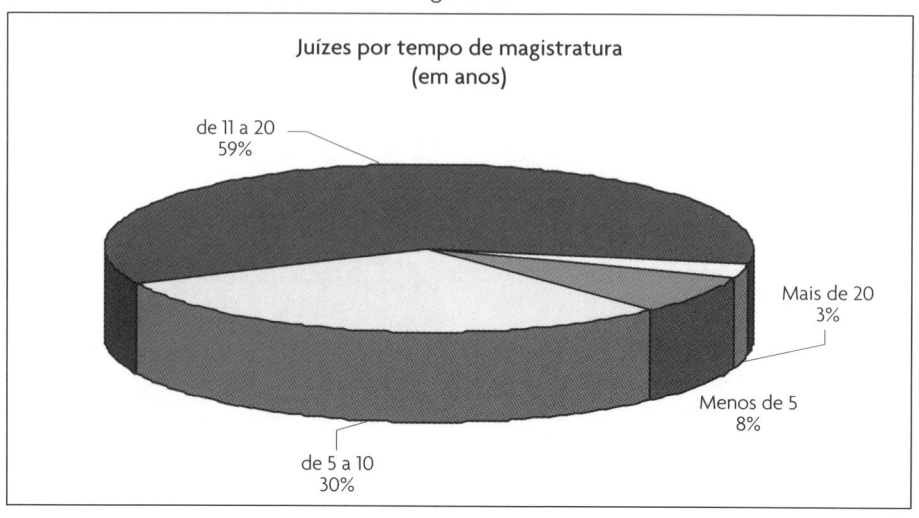

Juízes por tempo de magistratura (em anos)

- de 11 a 20: 59%
- Mais de 20: 3%
- Menos de 5: 8%
- de 5 a 10: 30%

Figura 4b

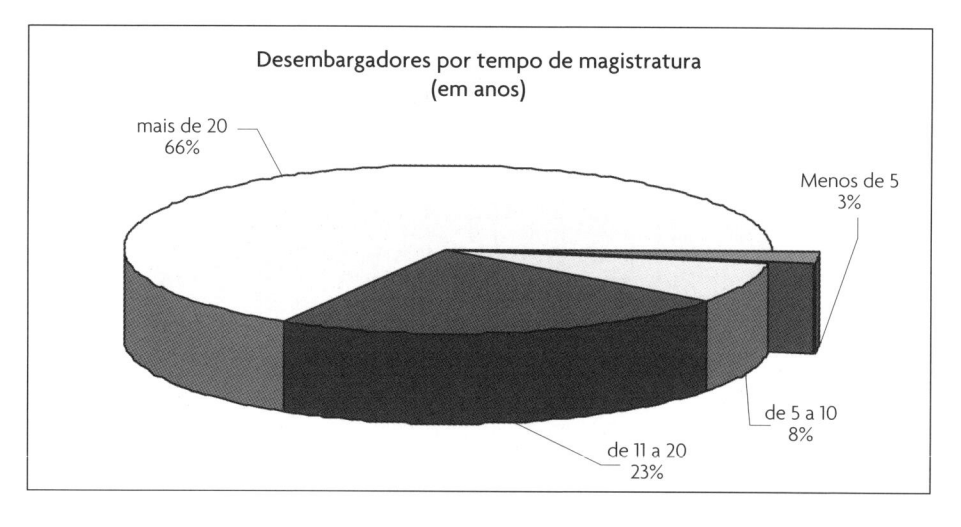

Desembargadores por tempo de magistratura (em anos)

- mais de 20: 66%
- Menos de 5: 3%
- de 5 a 10: 8%
- de 11 a 20: 23%

Os percentuais mais impressionantes — porém não surpreendentes — referem-se à cor ou à raça dos juízes e desembargadores entrevistados. Se no universo da primeira instância os autodeclarados brancos somaram 87% do total, seria de esperar que a maioria dos desembargadores entrevistados (os membros mais antigos do Tribunal de Justiça) fosse branca. As expectativas confirmaram-se: 94,87% dos desembargadores declararam-se brancos, havendo entre os restantes um autodeclarado pardo e outro indígena. O fato de não existirem negros na segunda instância do Tribunal de Justiça do Rio de Janeiro destoa até mesmo da composição atual do Supremo Tribunal Federal, que desde 2003 conta com um membro negro, o ministro Joaquim Barbosa.

Figura 5a

Juízes por cor ou raça

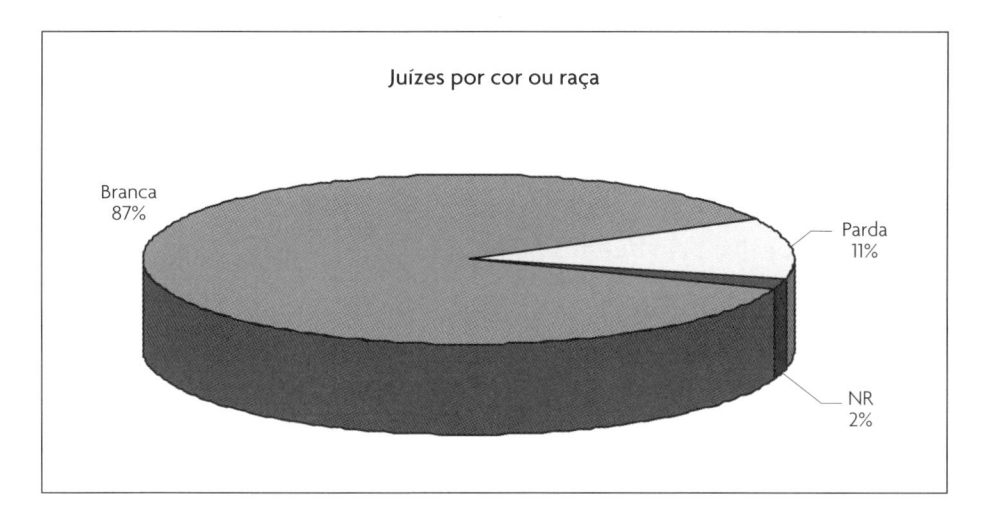

- Branca 87%
- Parda 11%
- NR 2%

Figura 4b

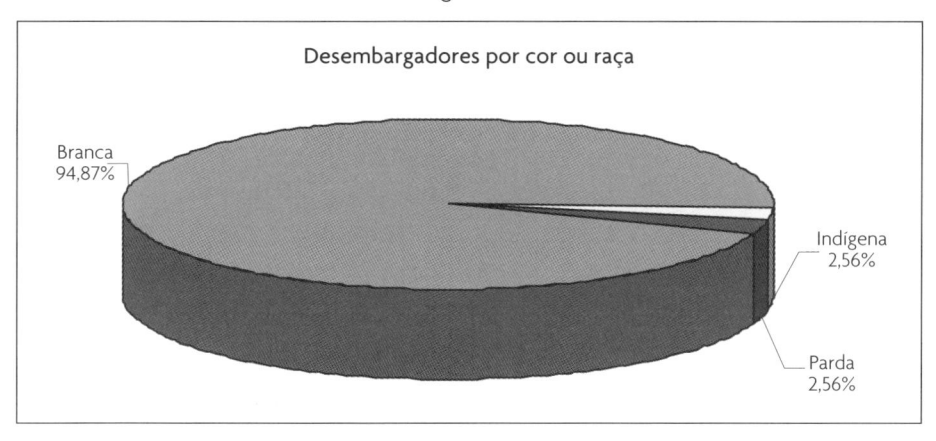

Desembargadores por cor ou raça

- Branca 94,87%
- Indígena 2,56%
- Parda 2,56%

No entanto, pardos e negros formam 44,6% da população brasileira, segundo dados do Censo 2000 do Instituto Brasileiro de Geografia e Estatística, diante do que se confirma a intensa exclusão da população negra/parda da carreira da magistratura.

Quadro 3
Distribuição, absoluta e percentual, dos desembargadores entrevistados, segundo a cor ou raça declarada

Cor ou raça	Desembargadores	
	Absoluta	Relativa
Total	39	100
Branca	37	94,87
Indígena	1	2,56
Parda	1	2,56

Formação específica em direitos humanos

O trabalho questionou a inclusão do tema "direitos humanos" na graduação dos juízes e desembargadores, a fim de medir o grau de influência desse fator na aplicação e concepção dos direitos humanos pelos entrevistados. Frequentemente as disciplinas relacionadas à temática não contam com grande prestígio nos cursos de graduação das universidades.

Questionou-se, primeiramente, em que modelo de escola foi cursada a maior parte do ensino médio. Não houve disparidade entre as respostas dos magistrados de primeira e de segunda instância: 46% dos desembargadores e 40% dos juízes afirmaram ter cursado o ensino médio em sua maior parte em escola particular laica; 28,21% dos desembargadores e 31% dos juízes, em escola particular religiosa; e 26% dos desembargadores e 26% dos juízes, em escola pública.

Figura 6a

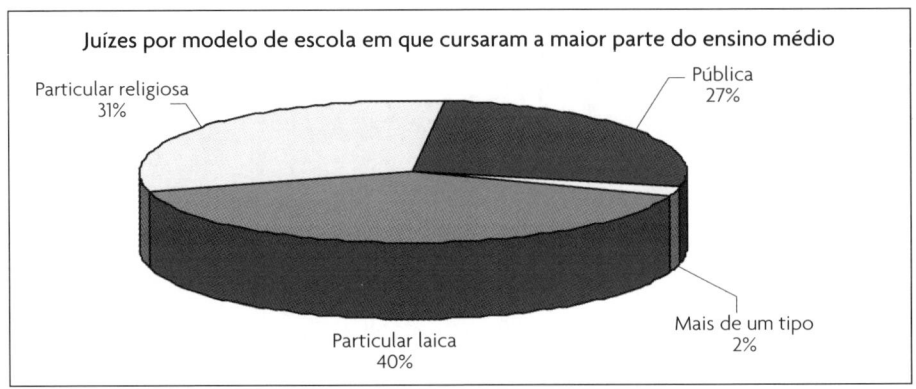

Juízes por modelo de escola em que cursaram a maior parte do ensino médio

- Particular religiosa: 31%
- Pública: 27%
- Particular laica: 40%
- Mais de um tipo: 2%

Figura 6b

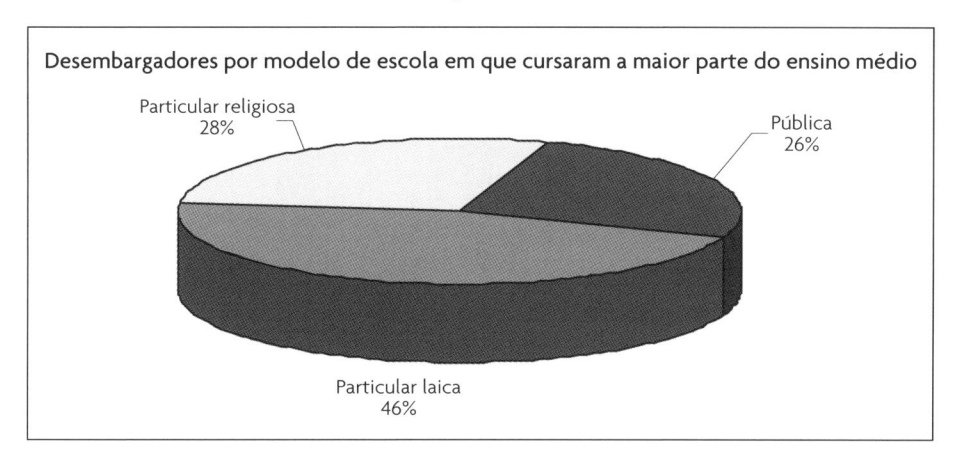

Desembargadores por modelo de escola em que cursaram a maior parte do ensino médio

- Particular religiosa: 28%
- Pública: 26%
- Particular laica: 46%

Em seguida, perguntou-se em qual faculdade juízes e desembargadores cursaram a graduação em direito.

A maioria dos magistrados de primeira e segunda instância formou-se em escolas públicas: 27,62% dos juízes e 23,08% dos desembargadores entrevistados são egressos da Universidade do Estado do Rio de Janeiro; 16,19% dos juízes e 23,08% dos desembargadores são egressos da Universidade Federal do Rio de Janeiro; 6,67% dos juízes e 15,38% dos desembargadores são egressos da Universidade Federal Fluminense.

Verificou-se que há um número pequeno de juízes oriundos de faculdades mineiras, dos quais 1,90% é egresso da UFJF e 0,95% é egresso da UFMG e da Faculdade do Sul de Minas, cada um.

Figura 7a

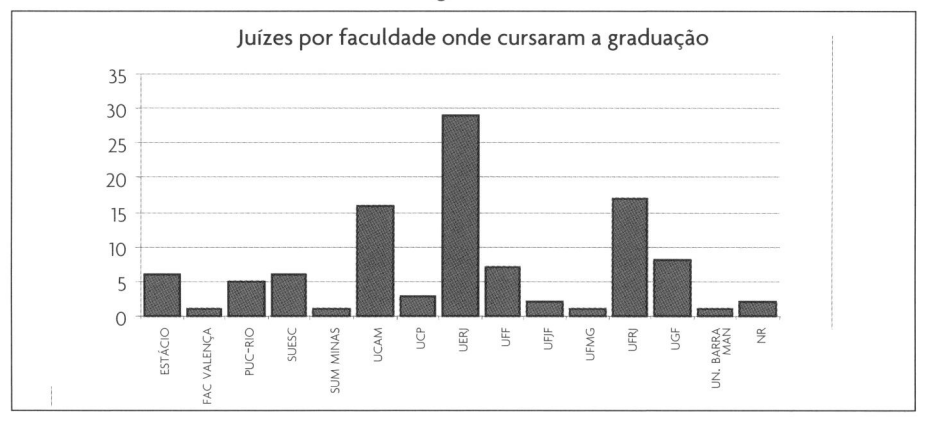

Juízes por faculdade onde cursaram a graduação

(Gráfico de barras: ESTÁCIO, FAC. VALENÇA, PUC-RIO, SUESC, SUM MINAS, UCAM, UCP, UERJ, UFF, UFJF, UFMG, UFRJ, UGF, UN. BARRA MAN, NR)

Figura 7b

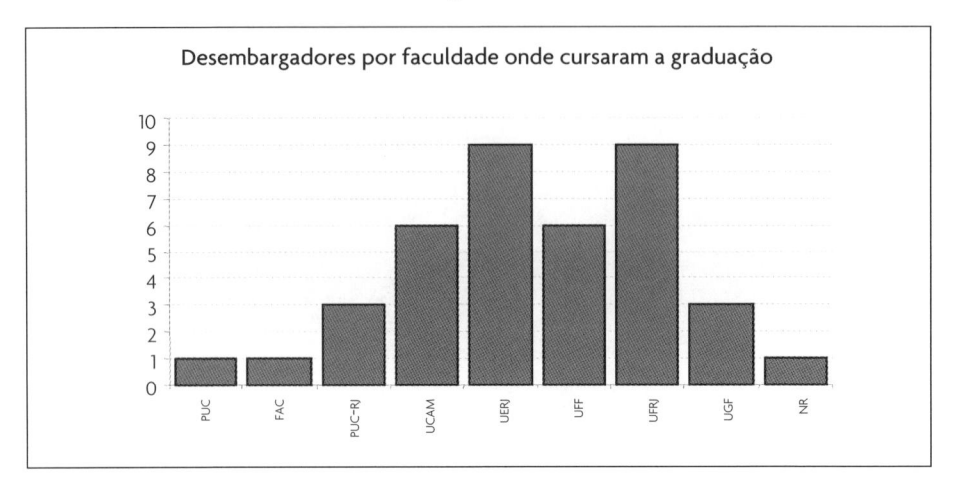

Desembargadores por faculdade onde cursaram a graduação

PUC	1
FAC	1
PUC-RJ	3
UCAM	6
UERJ	9
UFF	6
UFRJ	9
UGF	3
NR	1

Por fim, os magistrados foram questionados sobre a existência de cadeira específica de direitos humanos na faculdade onde concluíram a graduação. Tanto entre os membros da primeira quanto da segunda instâncias o número de respostas negativas foi predominante: 84% dos juízes e 79% dos desembargadores entrevistados não cursaram cadeira específica sobre direitos humanos na faculdade.

No entanto, 12,4% dos juízes declararam ter estudado o tema na forma de disciplina eletiva, e 4%, como disciplina obrigatória. Entre os magistrados de segunda instância, 21% disseram ter estudado o tema como matéria obrigatória (cf. figuras 8a e 8b).

Figura 8a

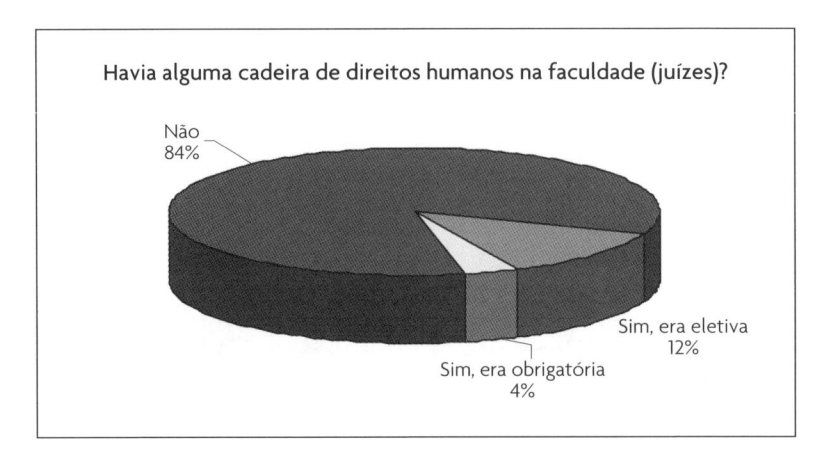

Havia alguma cadeira de direitos humanos na faculdade (juízes)?

- Não: 84%
- Sim, era eletiva: 12%
- Sim, era obrigatória: 4%

Figura 8b

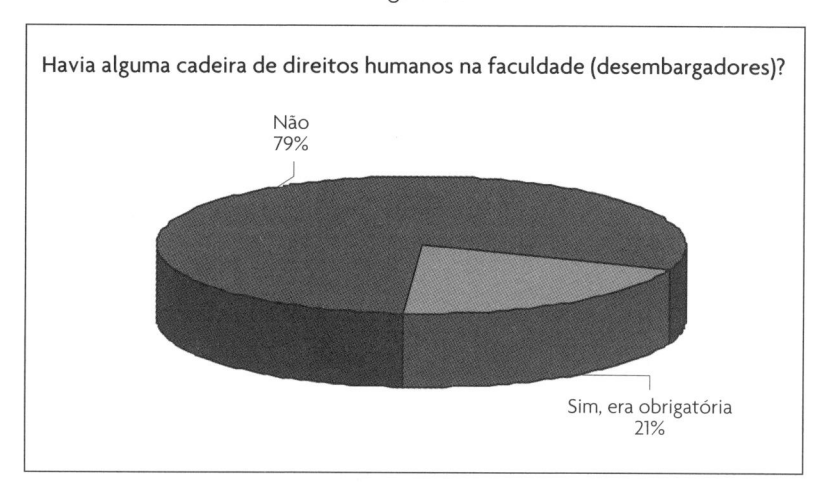

Havia alguma cadeira de direitos humanos na faculdade (desembargadores)?

Não
79%

Sim, era obrigatória
21%

Em seguida, perguntou-se aos magistrados se já haviam estudado direitos humanos. Algumas respostas não apresentam disparidades muito significativas quando comparamos os magistrados da segunda instância com os da primeira (são elas: "não", "sim, em cursos diversos" e "sim, na graduação"). Já as respostas "sim, na pós-graduação" (escolhida por 5,1% dos desembargadores e 10,5% dos juízes) e "sim, de mais de uma maneira" (alternativa de 5,1% dos desembargadores e de 9,5% dos juízes) representam as opções em que os juízes de primeira instância declararam que se dedicam mais ao estudo dos direitos humanos que seus colegas de segunda instância.

O percentual de juízes que estudaram direitos humanos na pós-graduação é maior do que o dobro quando comparado ao de desembargadores entrevistados (10,5% e 5,1%, respectivamente). Isso pode ser um indício de que os magistrados da primeira instância, mais jovens, estejam mais próximos do ambiente acadêmico. Por outro lado, a resposta "sim, autodidaticamente" representa 28,2% dos desembargadores questionados e apenas 19% dos juízes.

Comparando todas as respostas, verificamos que em geral os magistrados de primeira e segunda instância apresentam índices muito semelhantes com relação a estudos já efetuados sobre direitos humanos, distanciando-se apenas nas particularidades das formas pelas quais esse estudo foi ou é realizado — 40% de juízes e 38,5% dos desembargadores entrevistados nunca estudaram direitos humanos (Cf. quadros 4 e 5 e figuras 9a e 9b).

Quadro 4
Já estudou direitos humanos?

Tipo de estudo	Frequência	Percentual	Frequência acumulada	Percentual acumulado
Total	105	100		
Sim, na graduação	9	8,6	9	8,57
Sim, na pós-graduação	11	10,5	20	19,05
Sim, em cursos diversos	13	12,4	33	31,43
Sim, autodidaticamente	20	19	53	50,48
Sim, de mais de uma maneira	10	9,5	105	100
Não	42	40	95	90,48

Quadro 5
Distribuição, absoluta e percentual, dos desembargadores entrevistados, segundo o estudo de direitos humanos

Estudou direitos humanos?	Desembargadores	
	Absoluta	Relativa
Total	39	100
Sim, na graduação	4	10,3
Sim, na pós-graduação	2	5,1
Sim, em cursos diversos	5	12,8
Sim, autodidaticamente	11	28,2
Sim, de mais de uma maneira	2	5,1
Não	15	38,5

Já quando indagados sobre o interesse em realizar cursos de direitos humanos, caso tivessem oportunidade, as disparidades das respostas dadas pelos magistrados de primeira e segunda instâncias foram ainda mais evidentes. Enquanto 29,5% dos juízes responderam "sim", apenas 12,8% dos desembargadores tomaram o mesmo posicionamento. Do mesmo modo, 43,8% dos juízes optaram por "sim, se fosse de curta duração", e um percentual menor de desembargadores, 38,5%, seguiu a mesma linha. Com relação à opção "não", o percentual de desembargadores que deu essa resposta foi bastante superior quando comparado aos números fornecidos pelos juízes, respectivamente 41% e 17,1% (cf. quadros 6 e 7 e figuras 10a e 10b).

Figura 9a

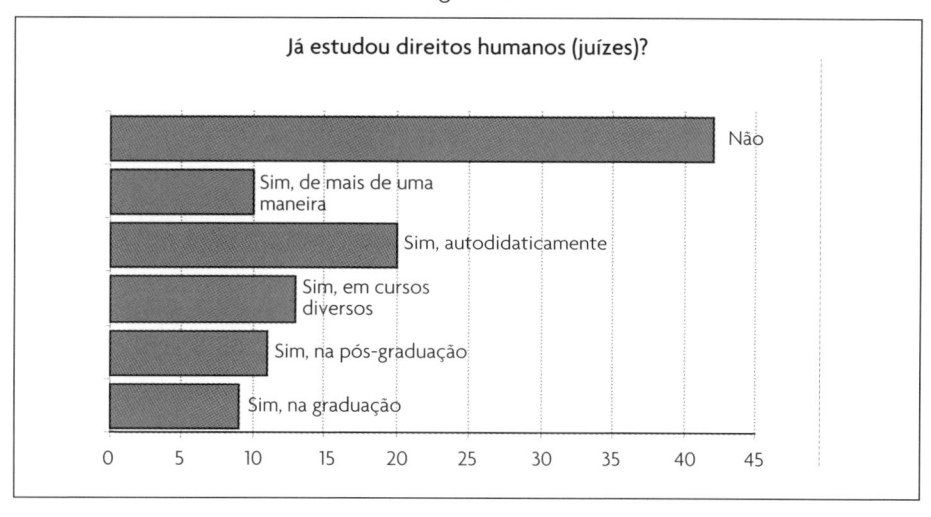

Já estudou direitos humanos (juízes)?

- Não
- Sim, de mais de uma maneira
- Sim, autodidaticamente
- Sim, em cursos diversos
- Sim, na pós-graduação
- Sim, na graduação

Figura 9b

Já estudou direitos humanos (desembargadores)?

- Não
- Sim, de mais de uma maneira
- Sim, autodidaticamente
- Sim, em cursos diversos
- Sim, na pós-graduação
- Sim, na graduação

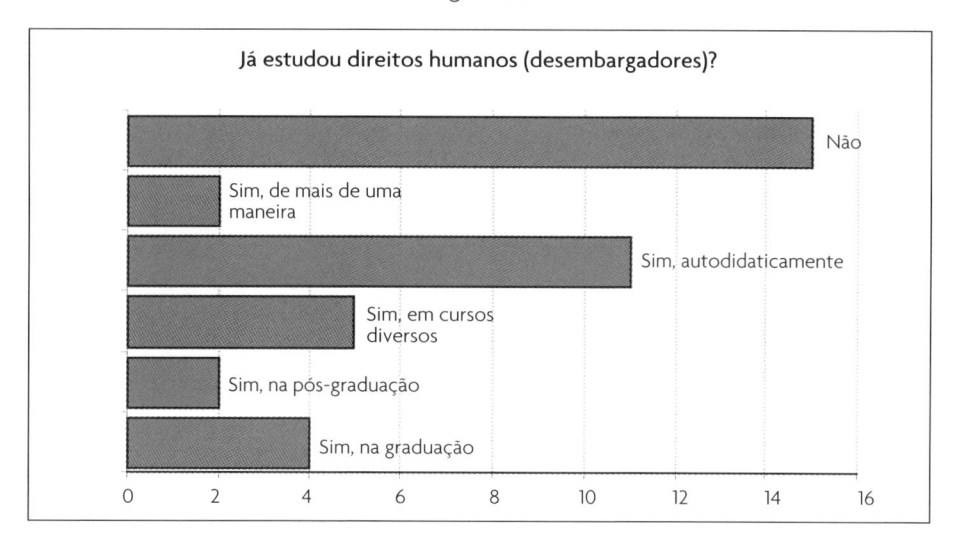

Assim, observamos maior disposição dos magistrados de primeira instância para dedicar-se aos estudos envolvendo a temática dos direitos humanos, em comparação com seus colegas da segunda instância participantes da pesquisa. Esse dado é animador para aqueles que esperam uma crescente consagração e efetivação dos direitos humanos nos quadros do Poder Judiciário, pois indica uma tendência de maior interesse pelo estudo da matéria por parte dos mais novos membros dessa carreira, os juízes, que futuramente ocuparão as posições da segunda instância.

Quadro 6
Caso ainda não tenha tido acesso a cursos específicos de direitos humanos, gostaria de fazê-los, se tivesse oportunidade (juízes)?

Tipo de curso	Frequência	Percentual	Frequência acumulada	Percentual acumulado
Total	105	100		
Sim	31	29,5	31	29,52
Sim, se fosse de curta duração	46	43,8	77	73,3
Não	18	17,1	95	90,5
NR	10	9,5	105	100

Quadro 7
Distribuição, absoluta e percentual, dos desembargadores entrevistados, segundo o interesse pelo estudo de direitos humanos

Faria cursos de direitos humanos?	Desembargadores	
	Absoluta	Relativa
Total	39	100
Sim	5	12,8
Sim, se fosse de curta duração	15	38,5
Não	16	41
NR	3	7,7

Figura 10a

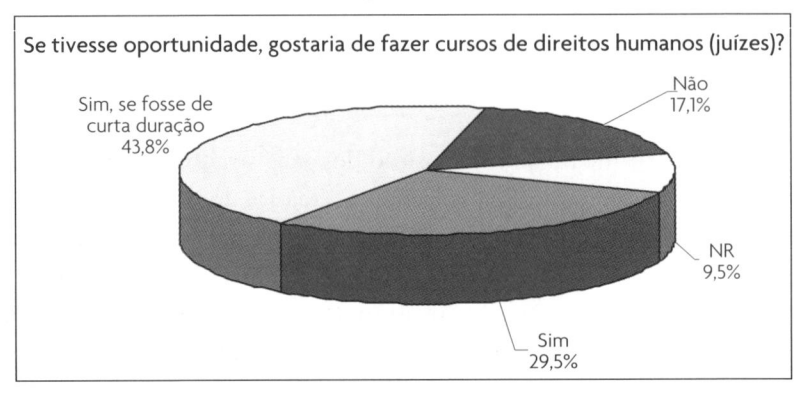

Se tivesse oportunidade, gostaria de fazer cursos de direitos humanos (juízes)?

- Sim, se fosse de curta duração: 43,8%
- Não: 17,1%
- NR: 9,5%
- Sim: 29,5%

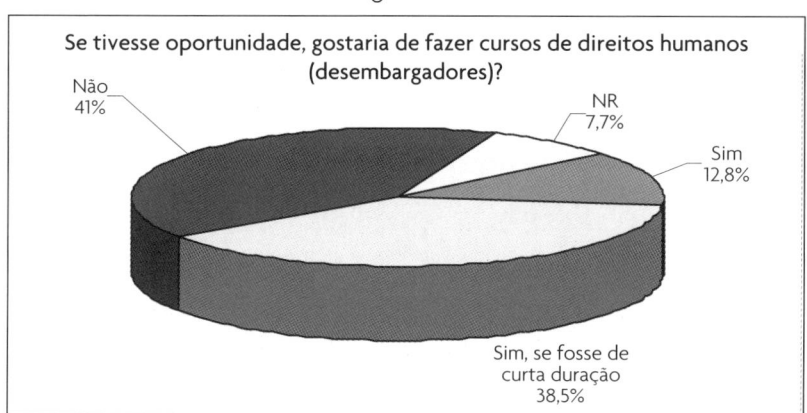

Figura 10b

Se tivesse oportunidade, gostaria de fazer cursos de direitos humanos (desembargadores)?

- Não: 41%
- NR: 7,7%
- Sim: 12,8%
- Sim, se fosse de curta duração: 38,5%

Quanto à participação em movimentos ou organizações de direitos humanos, os resultados foram surpreendentes. Apesar de pouco afeitos à temática, 10,3% dos desembargadores que responderam à pesquisa afirmam já terem atuado nesse tipo de entidade — um percentual maior do que o apresentado pelos juízes de primeira instância, 6%.

Quadro 8
Já participou de instituição, ONG ou movimento de direitos humanos?

Participação	Frequência	Percentual	Frequência acumulada	Percentual acumulado
Total	105	100		
Sim	6	5,7	6	5,71
Não	98	93,3	104	99,05
NR	1	1	105	100

Quadro 9
Distribuição, absoluta e percentual, dos desembargadores entrevistados, segundo a participação em instituição, ONG ou movimento de direitos humanos

Participação	Desembargadores	
	Absoluta	Relativa
Total	39	100
Sim	4	10,3
Não	34	87,2
NR	1	2,6

Figura 11a

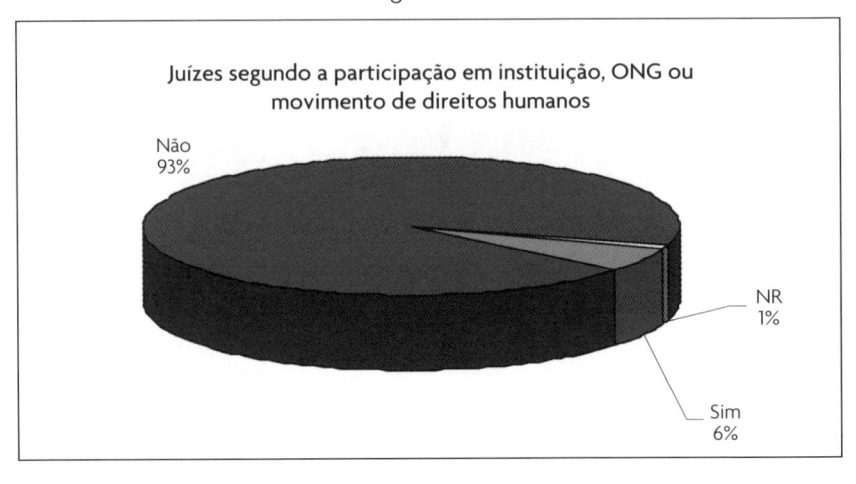

Juízes segundo a participação em instituição, ONG ou movimento de direitos humanos

- Não 93%
- NR 1%
- Sim 6%

Figura 11b

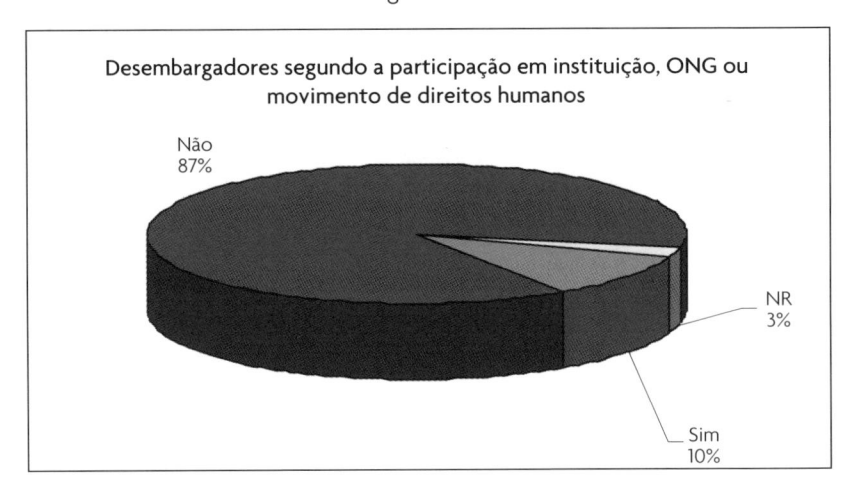

Desembargadores segundo a participação em instituição, ONG ou movimento de direitos humanos

- Não 87%
- NR 3%
- Sim 10%

Conhecimento dos sistemas universal (ONU) e regional (OEA) de proteção dos direitos humanos

Apesar da existência de um amplo e variado rol de instrumentos jurídicos internacionais de proteção dos direitos humanos, quando indagados os juízes acerca dos sistemas de proteção da ONU e da OEA, 59% admitiram conhecê-los apenas superficialmente, percentual consideravelmente mais elevado do que o dos desembargadores que afirmaram o mesmo, 43,6%. Além disso, 28,2% dos desembargadores, contra 20% dos juízes, informaram que não conheciam o funcionamento dos mecanismos internacionais de proteção. Entretanto, 20,5% dos magistrados da segunda instância afirmaram conhecer o funcionamento dos sistemas ONU e OEA, enquanto somente 16,2% dos juízes responderam positivamente.

Quadro 10
Sabe como funcionam os sistemas de proteção internacional dos direitos humanos da ONU e da OEA?

Nível de conhecimento	Frequência	Percentual	Frequência acumulada	Percentual acumulado
Total	105	100		
Sim	17	16,2	17	16,19
Apenas superficialmente	62	59	79	75,24
Não	21	20	100	95,24
NR	5	4,8	105	100

Quadro 11
Distribuição, absoluta e percentual, dos desembargadores entrevistados, segundo o conhecimento dos sistemas de proteção dos direitos humanos da ONU e da OEA

Nível de conhecimento	Desembargadores	
	Absoluta	Relativa
Total	39	100
Sim	8	20,5
Apenas superficialmente	17	43,6
Não	11	28,2
NR	3	7,7

Em seguida, os magistrados informaram sobre a frequência com que tomavam conhecimento de decisões das cortes internacionais de proteção dos direitos humanos. A grande maioria dos juízes (55,2%) e desembargadores (46,2%) afirmou que recebia informações a respeito eventualmente, mas um percentual significativo dos magistrados declarou que as recebia raramente (21% dos juízes e 20,5% dos desembargadores) ou nunca (10,5% dos juízes e 12,8% dos desembargadores (cf. quadros 12 e 13 e figuras 13a e 13b).

Figura 12a

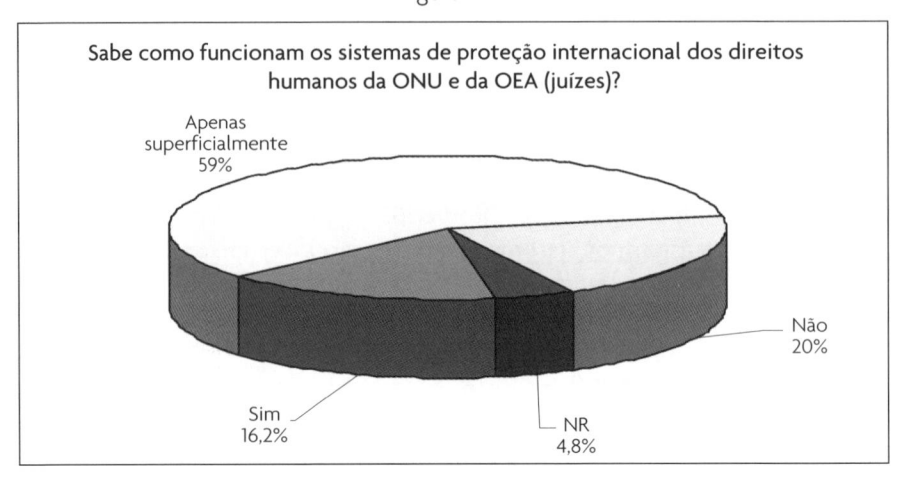

Sabe como funcionam os sistemas de proteção internacional dos direitos humanos da ONU e da OEA (juízes)?

- Apenas superficialmente 59%
- Não 20%
- NR 4,8%
- Sim 16,2%

Figura 12b

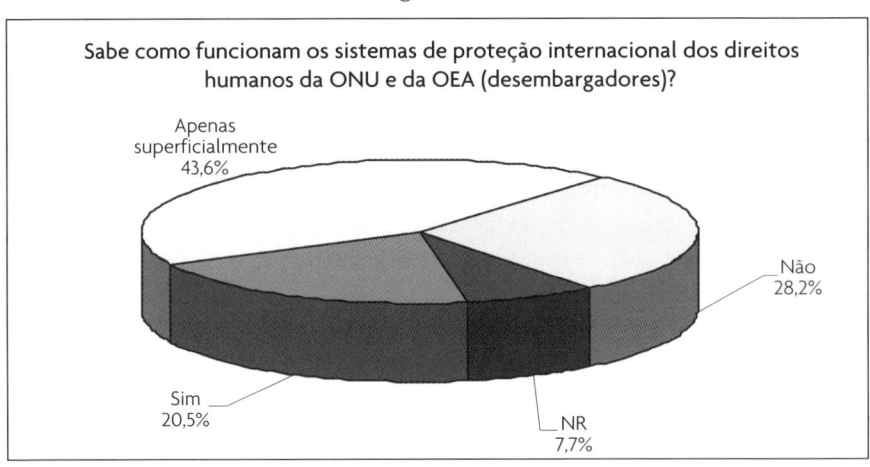

Sabe como funcionam os sistemas de proteção internacional dos direitos humanos da ONU e da OEA (desembargadores)?

- Apenas superficialmente 43,6%
- Não 28,2%
- NR 7,7%
- Sim 20,5%

Quadro 12
Tem informações acerca das decisões das cortes internacionais de proteção dos direitos humanos?

Frequência de informação	Frequência	Percentual	Frequência acumulada	Percentual acumulado
Total	105	100		
Frequentemente	14	13,3	14	13,33
Eventualmente	58	55,2	72	68,57
Raramente	22	21	94	89,52
Nunca	11	10,5	105	100

Quadro 13
Distribuição, absoluta e percentual, dos desembargadores entrevistados, segundo a frequência com que têm informações acerca das decisões das cortes internacionais de proteção dos direitos humanos

Frequência	Desembargadores	
	Absoluta	Relativa
Total	39	100
Frequentemente	7	17,9
Eventualmente	18	46,2
Raramente	8	20,5
Nunca	5	12,8
NR	1	2,6

Figura 13a

Juízes pela frequência com que têm informações acerca das decisões das cortes internacionais de proteção dos direitos humanos

- Eventualmente 55,2%
- Raramente 21%
- Frequentemente 13,3%
- Nunca 10,5%

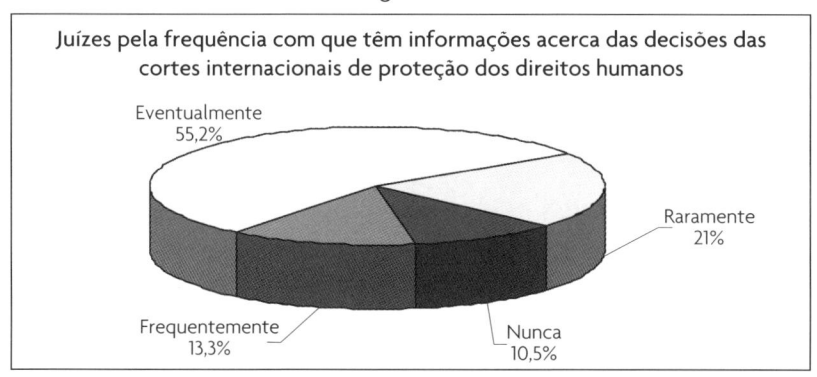

Figura 13b

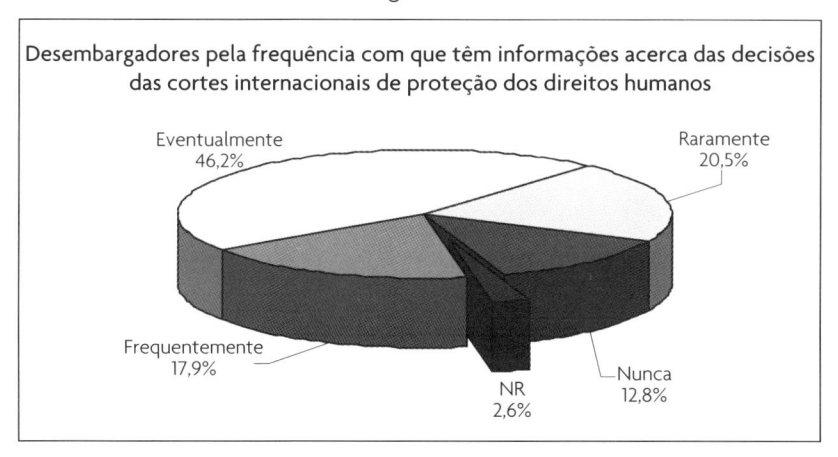

Desembargadores pela frequência com que têm informações acerca das decisões das cortes internacionais de proteção dos direitos humanos

- Eventualmente 46,2%
- Raramente 20,5%
- Frequentemente 17,9%
- NR 2,6%
- Nunca 12,8%

Entretanto, juízes (50,5%) e desembargadores (43,6%) revelaram, em sua maioria, que acreditam que o conhecimento das decisões das cortes internacionais poderia auxiliar e enriquecer suas sentenças. Se somadas as respostas "talvez" e "não", tem-se que 50% dos juízes e 54% dos desembargadores entrevistados não confiam que o conhecimento acerca das decisões das cortes internacionais poderia auxiliá-los nas suas próprias sentenças, um percentual extremamente alto se considerada a importância do tema (cf. quadros 14 e 15 e figuras 14a e 14b).

Quadro 14
Acha que o conhecimento de tais decisões poderia auxiliar e enriquecer as suas sentenças?

Opinião	Frequência	Percentual	Frequência acumulada	Percentual acumulado
Total	105	100		
Sim	53	50,5	53	50,48
Talvez	43	41	96	91,43
Não	9	8,6	105	100

Quadro 15
Distribuição, absoluta e percentual, dos desembargadores entrevistados, segundo as respostas à pergunta "Acha que o conhecimento das decisões das cortes internacionais de proteção dos direitos humanos poderia auxiliar ou enriquecer suas sentenças?"

Opinião	Desembargadores	
	Absoluta	Relativa
Total	39	100
Sim	17	43,6
Talvez	16	41
Não	5	12,8
NR	1	2,6

Após as perguntas relacionadas às características pessoais de cada magistrado, sua afinidade com o tema dos direitos humanos e seu conhecimento dos sistemas de proteção, passamos a analisar a atuação dos juízes diante de casos concretos que envolvessem diretamente a dignidade humana.

Figura 14a

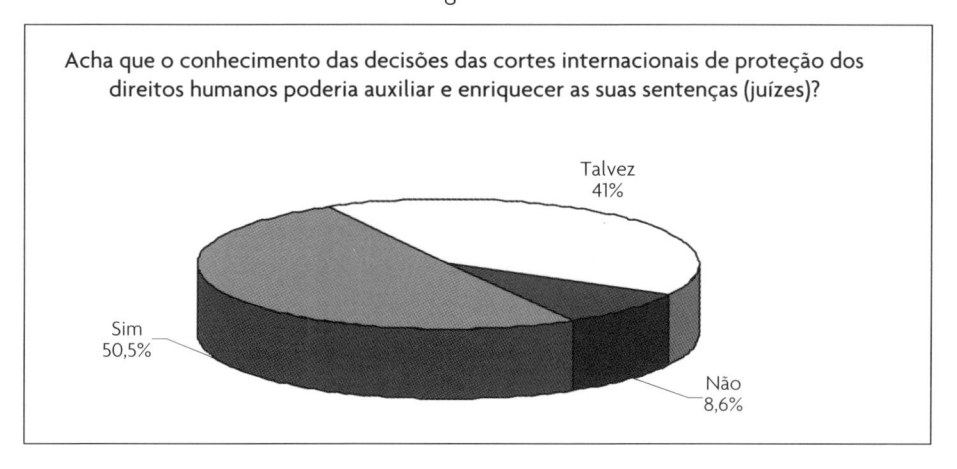

Acha que o conhecimento das decisões das cortes internacionais de proteção dos direitos humanos poderia auxiliar e enriquecer as suas sentenças (juízes)?

- Talvez 41%
- Sim 50,5%
- Não 8,6%

Figura 14b

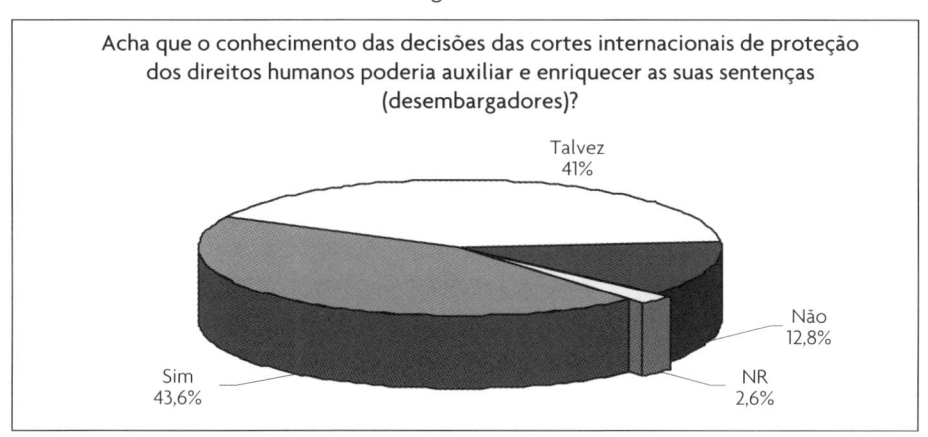

Acha que o conhecimento das decisões das cortes internacionais de proteção dos direitos humanos poderia auxiliar e enriquecer as suas sentenças (desembargadores)?

- Talvez 41%
- Sim 43,6%
- Não 12,8%
- NR 2,6%

Assim, formulamos a seguinte questão: "preenchidos os requisitos legais para a expedição de mandado de despejo contra réu que não possui outro imóvel, qual seria sua atitude?" Como indicado no quadro 17, 43,6% dos desembargadores questionados concederiam o despejo por se tratar de direito subjetivo do autor, não cabendo ao juiz negá-lo; 30,8% concederiam a ordem por se tratar de medida prescrita em lei, não podendo o juiz questionar os fundamentos da lei; 7,7% concederiam o despejo pelos dois motivos acima, e apenas 15,4% concederiam maior prazo para a entrega do imóvel (2,6% não opinaram).

Trata-se de um número extremamente expressivo de desembargadores entrevistados que concederiam a ordem de despejo (74,4% dos participantes), expressando uma preferência pela aplicação da lei em detrimento de uma interpretação principiológica, adequada aos direitos fundamentais expressos na Constituição, como o de moradia.

Verificamos, portanto, que no Tribunal de Justiça do Estado do Rio de Janeiro a aplicação dos direitos humanos às relações privadas ainda encontra muita resistência, com um percentual de quase 75% dos desembargadores participantes aplicando a lei em detrimento dos direitos humanos.

Aplicar a fonte infraconstitucional tão somente, isto é, sem reconduzir as leis aos princípios e valores que caracterizam o ordenamento, consiste num retrocesso em relação à teoria da interpretação que leva em conta o ordenamento em sua totalidade, isto é, a norma deve estar em conformidade com os valores constitucionais. A interpretação em função aplicativa torna-se a busca da solução do caso concreto. A passagem da lei para o direito é um processo contínuo de justo equilíbrio entre o dever ser e o ser.

Quadro 16
Preenchidos os requisitos legais para a expedição de mandado de despejo contra réu que não possui outro imóvel, qual seria sua atitude?

Atitude	Frequência	Percentual	Frequência acumulada	Percentual acumulado
Total	105	100		
Concederia o despejo por ser a medida legal prescrita, não cabendo ao juiz questionar os fundamentos da lei	18	17,1	18	17,14
Concederia o despejo por ser um direito do autor, não tendo o juiz poder para negá-lo	47	44,8	65	61,9
Concederia um prazo maior ao prescrito para a entrega do imóvel	29	27,6	94	89,52
Mais de uma das opções mencionadas	5	4,8	99	94,29
NR	6	5,7	105	100

Quadro 17
Distribuição, absoluta e percentual, dos desembargadores entrevistados, segundo as respostas à pergunta "preenchidos os requisitos legais para a expedição de mandado de despejo contra réu que não possui outro imóvel, qual seria sua atitude?"

Atitude	Desembargadores	
	Absoluta	Relativa
Total	39	100
Concederia o despejo por ser a medida legal prescrita, não cabendo ao juiz questionar os fundamentos da lei	12	30,8
Concederia o despejo por ser um direito do autor, não tendo o juiz poder para negá-lo	17	43,6
Concederia o despejo por ambas as razões mencionadas	3	7,7
Concederia um prazo maior ao prescrito para a entrega do imóvel	6	15,4
NR	1	2,6

Figura 15a

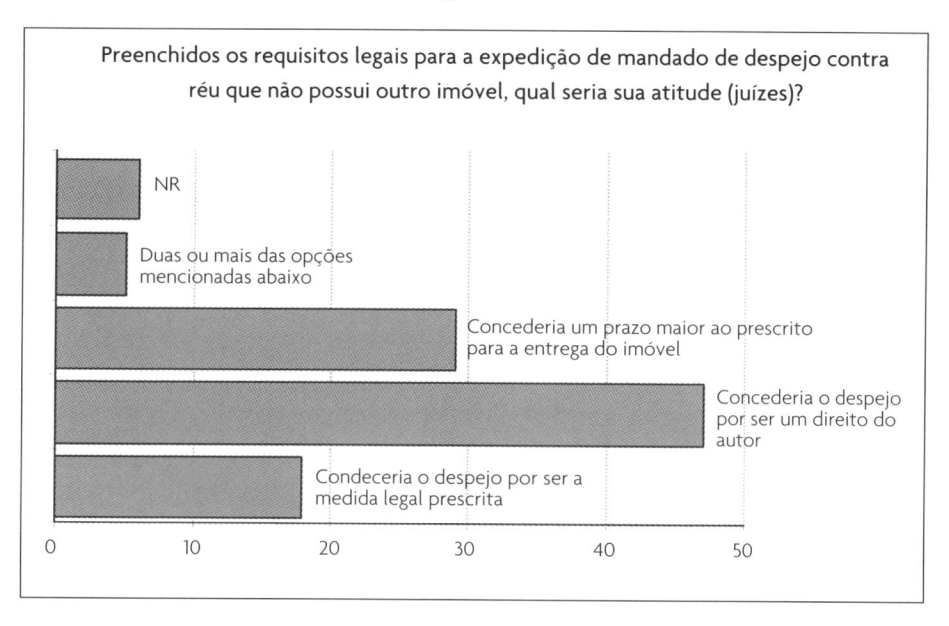

Preenchidos os requisitos legais para a expedição de mandado de despejo contra réu que não possui outro imóvel, qual seria sua atitude (juízes)?

- NR
- Duas ou mais das opções mencionadas abaixo
- Concederia um prazo maior ao prescrito para a entrega do imóvel
- Concederia o despejo por ser um direito do autor
- Condeceria o despejo por ser a medida legal prescrita

Figura 15b

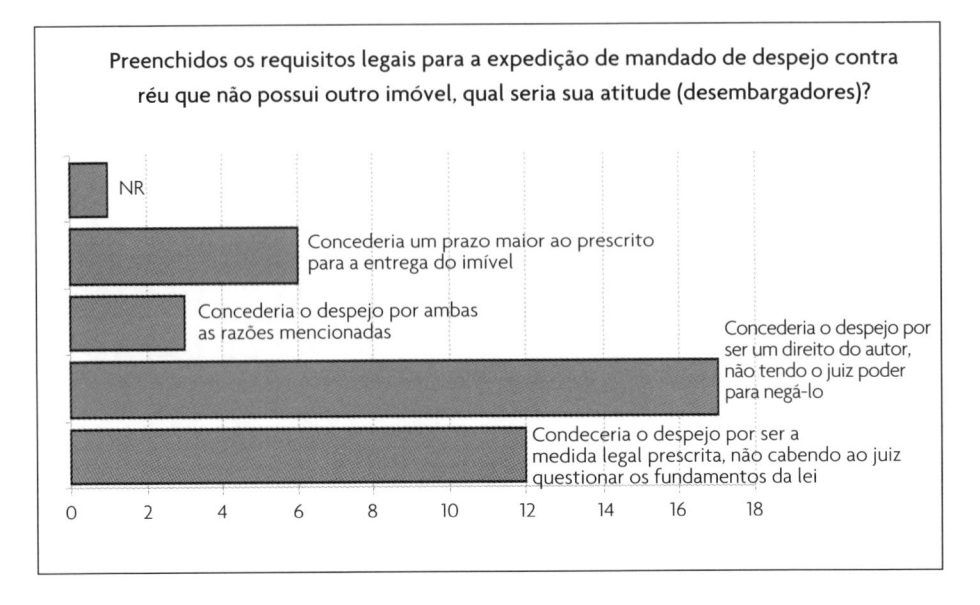

Preenchidos os requisitos legais para a expedição de mandado de despejo contra réu que não possui outro imóvel, qual seria sua atitude (desembargadores)?

- NR
- Concederia um prazo maior ao prescrito para a entrega do imóvel
- Concederia o despejo por ambas as razões mencionadas
- Concederia o despejo por ser um direito do autor, não tendo o juiz poder para negá-lo
- Concederia o despejo por ser a medida legal prescrita, não cabendo ao juiz questionar os fundamentos da lei

(Escala: 0, 2, 4, 6, 8, 10, 12, 14, 16, 18)

Em seguida, perguntamos aos magistrados sobre a aplicação de penas privativas de liberdade, tendo em vista a situação precária do sistema carcerário no Brasil. Diante das duas opções de resposta oferecidas, 61,9% dos juízes e 71,8% dos desembargadores pesquisados aplicariam tais penas sempre que legais, o que indica um aumento de 10 pontos percentuais no número de desembargadores pesquisados com tal opinião sobre o tema. Por outro lado, 33,3% dos juízes e 28,2% dos desembargadores entrevistados somente aplicariam penas privativas de liberdade em casos extremos (cf. quadros 18 e 19 e figuras 16a e 16b).

Tais dados parecem indicar uma postura mais rígida dos desembargadores questionados com relação à privação da liberdade, uma vez que aparentam estar menos propensos a aplicar outros tipos de sanção, como, por exemplo, as penas restritivas de direitos. Vale ressaltar que obtivemos tal resultado quando explicitamente pedimos que levassem em consideração a situação atual do sistema carcerário brasileiro, ou seja, mesmo quando enfatizamos não se tratar de um questionamento teórico, e sim de um indicador da prática decisória que o magistrado adota ou adotaria.

Quadro 18
Sobre a aplicação de penas privativas de liberdade, tendo em vista a situação do sistema carcerário no Brasil

Atitude	Frequência	Percentual	Frequência acumulada	Percentual acumulado
Total	105	100		
Aplicaria sempre que legais	65	61,9	65	61,9
Só aplicaria em casos extremos	35	33,3	100	95,24
Ambas as respostas mencionadas	2	1,9	102	97,14
NR	3	2,9	105	100

Quadro 19
Distribuição, absoluta e percentual, dos desembargadores entrevistados, segundo o questionamento "sobre a aplicação de penas privativas de liberdade, tendo em vista a situação do sistema carcerário no Brasil"

Atitude	Desembargadores	
	Absoluta	Relativa
Total	39	100
Aplicaria sempre que legais	28	71,8
Só aplicaria em casos extremos	11	28,2

Figura 16a

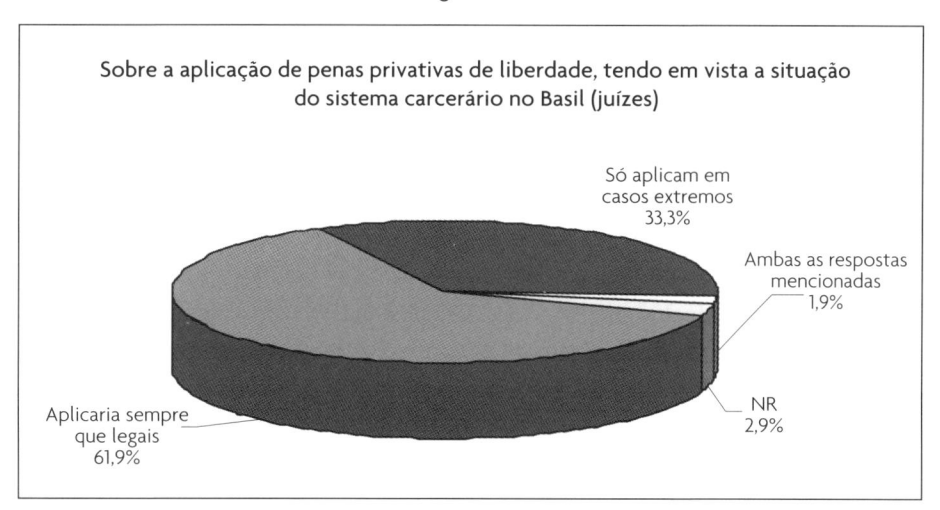

Sobre a aplicação de penas privativas de liberdade, tendo em vista a situação do sistema carcerário no Basil (juízes)

- Só aplicam em casos extremos 33,3%
- Ambas as respostas mencionadas 1,9%
- NR 2,9%
- Aplicaria sempre que legais 61,9%

Figura 16b

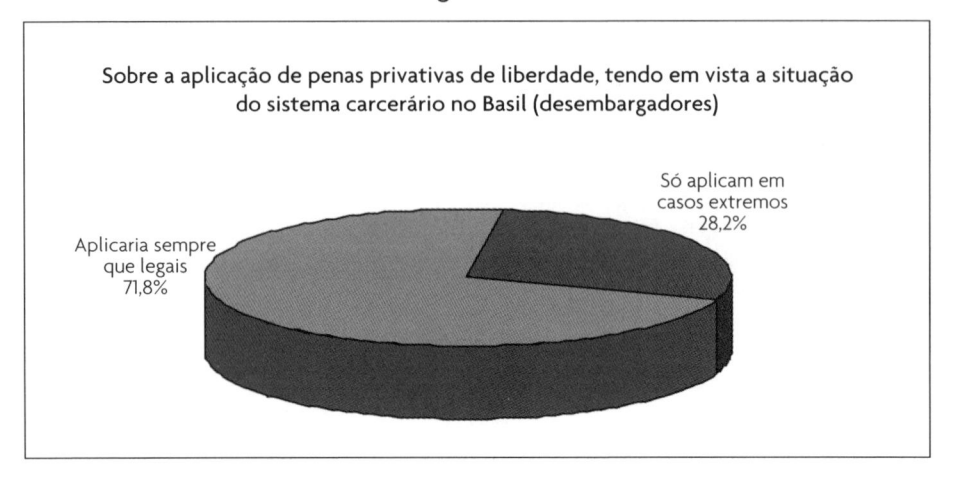

Sobre a aplicação de penas privativas de liberdade, tendo em vista a situação do sistema carcerário no Basil (desembargadores)

- Aplicaria sempre que legais: 71,8%
- Só aplicam em casos extremos: 28,2%

Sobre a constitucionalidade das políticas de ação afirmativa

Os magistrados de primeira e segunda instância também foram indagados sobre a sua opinião em relação à constitucionalidade das políticas de ação afirmativa. O princípio da igualdade possui duas dimensões fundamentais, uma formal e outra material, ambas previstas em nossa carta magna no art. 5º, *caput*, e no art. 3º, III, respectivamente. A primeira diz respeito àquela velha máxima, provinda da Revolução Francesa proclamada pela burguesia, de que *todos os homens são iguais*. Assim, é comum afirmar que todos os homens são iguais perante a lei e que, portanto, não podem receber qualquer tipo de tratamento discriminatório, seja pela raça, sexo, idade, religião, opção sexual, ideologia política etc.

As ações afirmativas constituem mecanismos de inclusão e estão em conformidade com o nosso ordenamento jurídico, uma vez que este institui um estado social de direito com o objetivo fundamental de erradicar a pobreza e a marginalização de grupos sociais oprimidos, bem como reduzir as desigualdades sociais e regionais. Exemplo polêmico de ação afirmativa no contexto social, político e jurídico nacional é o das cotas raciais nas universidades públicas. Devemos lembrar que as ações afirmativas são medidas compensatórias que visam à diminuição das desigualdades fáticas, sejam estas econômicas ou sociais, de forma a promover a justiça social. Podemos dizer, então, que essas ações são "tentativas de concretização da igualdade substancial ou material" (Santos e Lobato, 2003:20).

Segundo a pesquisa, 59% dos desembargadores entrevistados admitem as ações afirmativas como medidas constitucionais em razão da necessidade de superação das desigualdades históricas e sociais, enquanto 33,3% entendem serem inconstitucionais por ferirem o princípio da isonomia.

Apesar de registrarmos um menor percentual de desembargadores questionados que entendem as ações afirmativas como constitucionais (59%) em relação ao percentual de magistrados de primeira instância que também as entendem dessa forma (67%), constata-se que no Tribunal de Justiça do Estado do Rio de Janeiro prevalece um entendimento do princípio da igualdade em seu sentido material, em detrimento de uma compreensão estritamente formalista do aludido princípio constitucional.

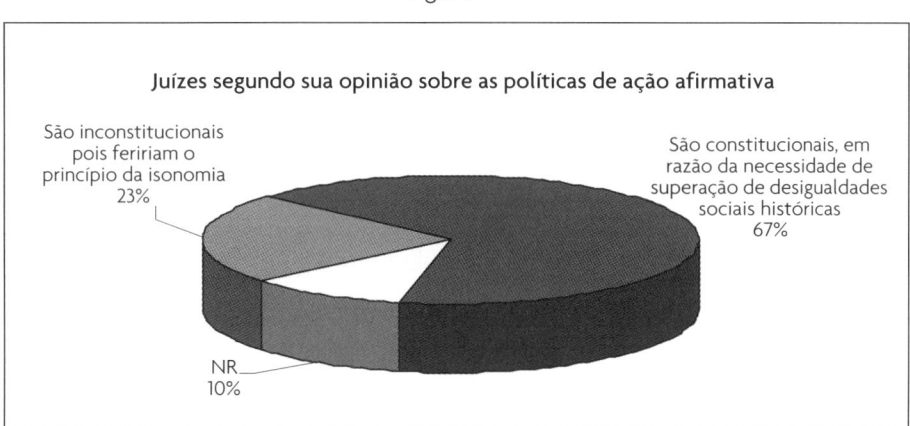

Figura 17a

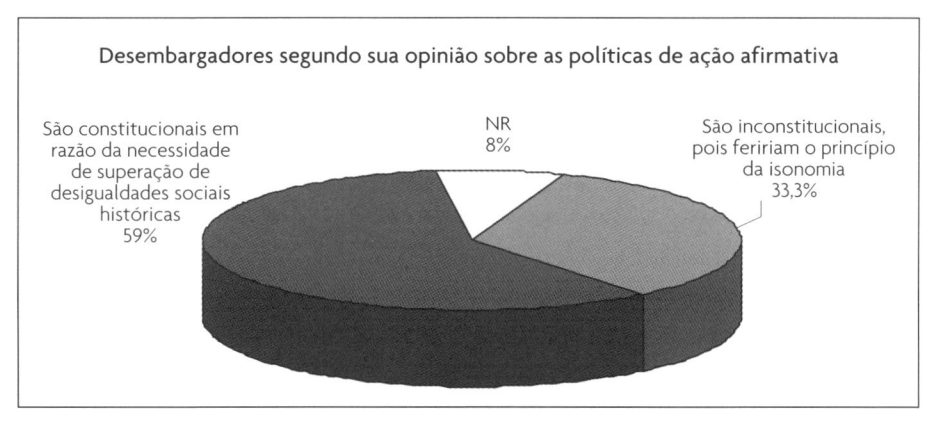

Juízes segundo sua opinião sobre as políticas de ação afirmativa

- São inconstitucionais pois feririam o princípio da isonomia 23%
- São constitucionais, em razão da necessidade de superação de desigualdades sociais históricas 67%
- NR 10%

Figura 17b

Desembargadores segundo sua opinião sobre as políticas de ação afirmativa

- São constitucionais em razão da necessidade de superação de desigualdades sociais históricas 59%
- NR 8%
- São inconstitucionais, pois feririam o princípio da isonomia 33,3%

Concepção teórica sobre os direitos humanos

Em seguida, os magistrados foram questionados sobre o conceito de direitos humanos. Na primeira instância do TJ/RJ, 7,6% dos juízes afirmaram serem os direitos humanos valores jurídicos que instruem o ordenamento jurídico, mas que não têm aplicabilidade efetiva; 34,3% dos juízes opinaram no sentido de que os direitos humanos são princípios que podem ser aplicados subsidiariamente na ausência de regra específica que discipline o caso concreto; 54,3% dos magistrados de primeira instância afirmaram, por outro lado, que são normas jurídicas plenamente aplicáveis quando o caso concreto assim demandar, isto é, defendem uma concepção forte de direitos humanos, concebendo-os não apenas como princípios supletivos, mas como normas imperativas plenamente aptas a decidirem imediatamente o caso concreto; por último, apenas 2,9% dos juízes combinaram dois ou mais conceitos teóricos supramencionados.

Com relação aos desembargadores entrevistados na segunda fase da pesquisa, encontramos os seguintes percentuais: 5,1% dos magistrados entrevistados afirmaram serem valores jurídicos que não possuem aplicabilidade efetiva; 43,6% dos desembargadores participantes consideraram que os direitos humanos são princípios meramente supletivos, aplicáveis diante da ausência de regras específicas; 41% dos desembargadores entrevistados afirmaram serem normas jurídicas plenamente aplicáveis; por último, 10,3% combinaram dois ou mais conceitos. Em comparação aos juízes, os desembargadores entrevistados possuem uma concepção teórica predominantemente tradicional sobre os direitos humanos, aproximando-os, quanto ao funcionamento, dos princípios meramente subsidiários ou supletivos, pois enquanto 54,3% dos juízes afirmaram serem os direitos humanos normas jurídicas plenamente aplicáveis se o caso concreto assim demandar, apenas 41% dos magistrados de segunda instância entrevistados adotaram o mesmo posicionamento teórico.

Nesse sentido, 43,6% dos desembargadores entrevistados, ao afirmarem que os direitos humanos são princípios subsidiários, defendem a prioridade da aplicação da regra específica na hipótese de conflito normativo com princípio que consagre um direito humano num caso concreto, inclusive quando a regra específica limitar ou contrariar o enunciado normativo de um princípio que garanta ou promova direitos humanos.

Figura 18a

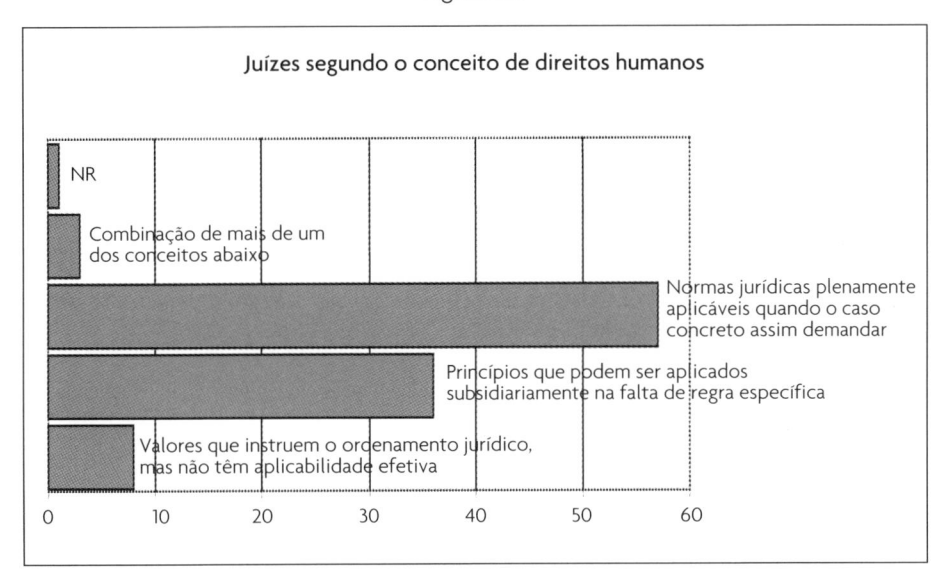

Juízes segundo o conceito de direitos humanos

- NR
- Combinação de mais de um dos conceitos abaixo
- Normas jurídicas plenamente aplicáveis quando o caso concreto assim demandar
- Princípios que podem ser aplicados subsidiariamente na falta de regra específica
- Valores que instruem o ordenamento jurídico, mas não têm aplicabilidade efetiva

Figura 18b

Desembargadores segundo o conceito de direitos humanos

- Combinação de mais de um dos conceitos abaixo
- Normas jurídicas plenamente aplicáveis quando o caso concreto assim demandar
- Princípios que podem ser aplicados subsidiariamente na falta de regra específica
- Valores que instruem o ordenamento jurídico, mas não têm aplicabilidade efetiva

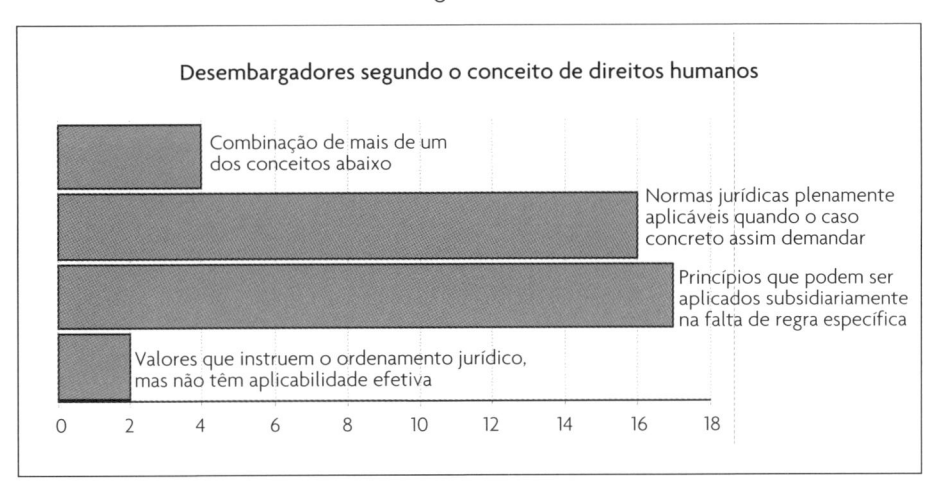

Ainda com relação ao tema da concepção teórica dos direitos humanos, os magistrados foram questionados se os direitos humanos econômicos e sociais podem ser judicialmente aplicados da mesma forma que os direitos humanos civis e políticos. Na primeira instância do TJ/RJ, 79% dos juízes responderam afirmativamente, ou seja, todos os direitos humanos são igualmente aplicáveis pelo Poder Judiciário, enquanto apenas 18,1% afirmaram não ser possível a mesma forma de aplicação dos direitos econômicos e sociais em relação aos direitos civis e políticos. A mesma indagação foi respondida pelos desembargadores: nesse caso, 72% dos magistrados responderam de modo afirmativo, ao passo que 28% dos desembargadores responderam negativamente, percentual maior que o de juízes que adotaram o mesmo posicionamento (18,1%).

Figura 19a

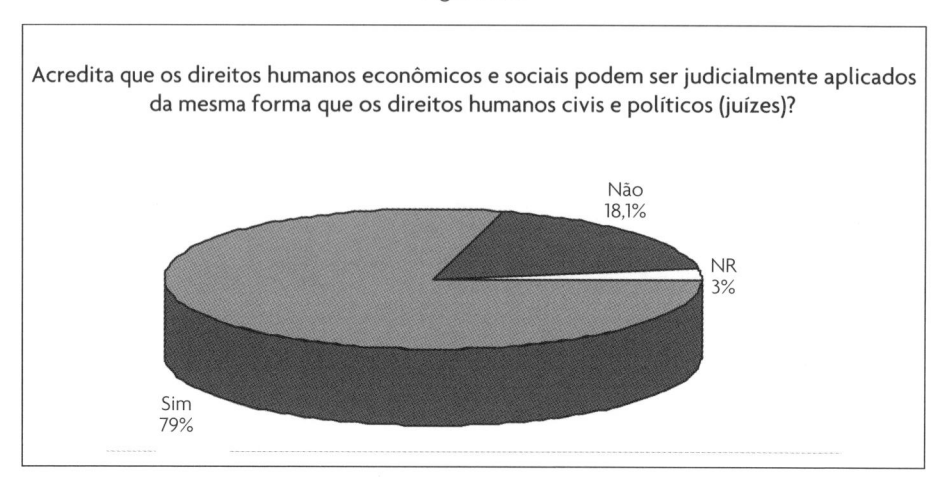

Acredita que os direitos humanos econômicos e sociais podem ser judicialmente aplicados da mesma forma que os direitos humanos civis e políticos (juízes)?

- Não 18,1%
- NR 3%
- Sim 79%

Figura 19b

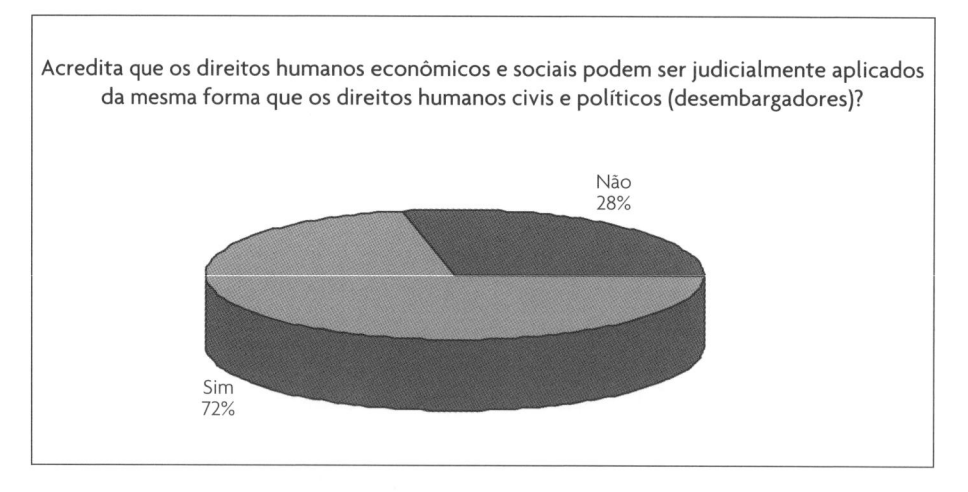

Acredita que os direitos humanos econômicos e sociais podem ser judicialmente aplicados da mesma forma que os direitos humanos civis e políticos (desembargadores)?

- Não 28%
- Sim 72%

Em seguida, os magistrados foram indagados sobre o deferimento da tutela de direitos humanos econômicos e sociais que implique obrigação de fazer que resulte em gasto para o Poder Executivo. Enquanto 80% dos juízes afirmaram que o deferimento da tutela em questão é aceitável, pois representaria apenas a efetivação de normas jurídicas já existentes, esse índice decresceu para 64,1% entre os desembargadores entrevistados.

Ao mesmo tempo, a principal justificativa para a negação da tutela — a de que não cabe ao Poder Judiciário implementar políticas públicas — cresceu de 4,8%, entre os juízes, para 20,5%, entre os desembargadores entrevistados. Em síntese, podemos afirmar que, em comparação com os juízes que integram a primeira instância do TJ/RJ, há entre os desembargadores entrevistados um crescimento do apoio a teses jurídicas — divisibilidade dos direitos humanos em direitos civis e políticos e direitos econômicos e sociais, incompetência do Poder Judiciário no tocante à implementação de políticas públicas que visem suprir a omissão constitucional dos outros poderes, entre outras — que acabam por limitar a plena eficácia jurídica e social dos direitos humanos.

Figura 20

Desembargadores segundo o deferimento da tutela de direitos humanos econômicos e sociais que implique gasto para o Executivo

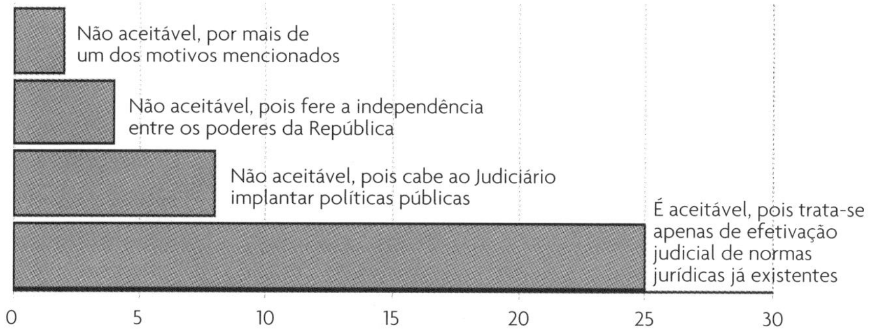

- Não aceitável, por mais de um dos motivos mencionados
- Não aceitável, pois fere a independência entre os poderes da República
- Não aceitável, pois cabe ao Judiciário implantar políticas públicas
- É aceitável, pois trata-se apenas de efetivação judicial de normas jurídicas já existentes

A pergunta ora abordada é a seguinte: "acredita que a inexequibilidade de sentenças que assegurem direitos humanos é uma justificativa para a não aplicação destes direitos?". Contrariando uma colocação que recorrentemente é encontrada no universo dos estudiosos e aplicadores do direito, no sentido de que um dos principais óbices à efetivação dos direitos humanos, especialmente daqueles que demandam prestações positivas do aparato estatal, é a eventual inocuidade das sentenças assecuratórias de tais direitos, por carecer o Judiciário de meios satisfatórios para garantir sua implementação, 71% dos desembargadores entrevistados afirmaram que a possível inexequibilidade desse tipo de decisão judicial não representa uma justificativa para a não aplicação dos direitos humanos.[6]

Figura 21a

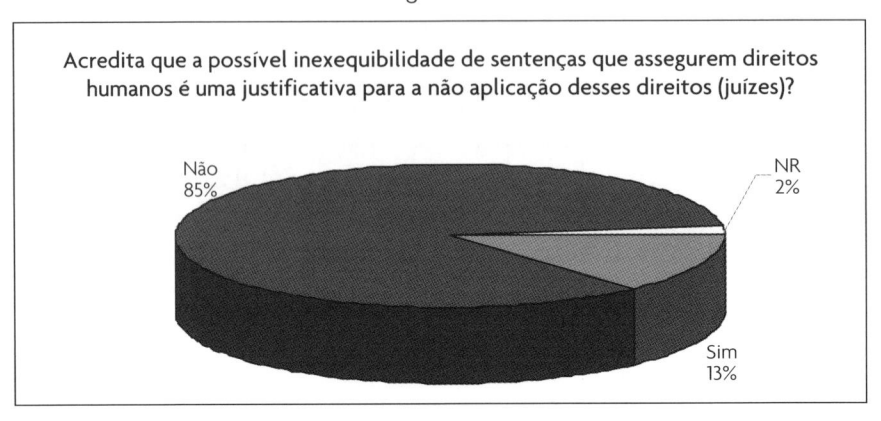

Acredita que a possível inexequibilidade de sentenças que assegurem direitos humanos é uma justificativa para a não aplicação desses direitos (juízes)?

Não 85%
NR 2%
Sim 13%

Figura 21b

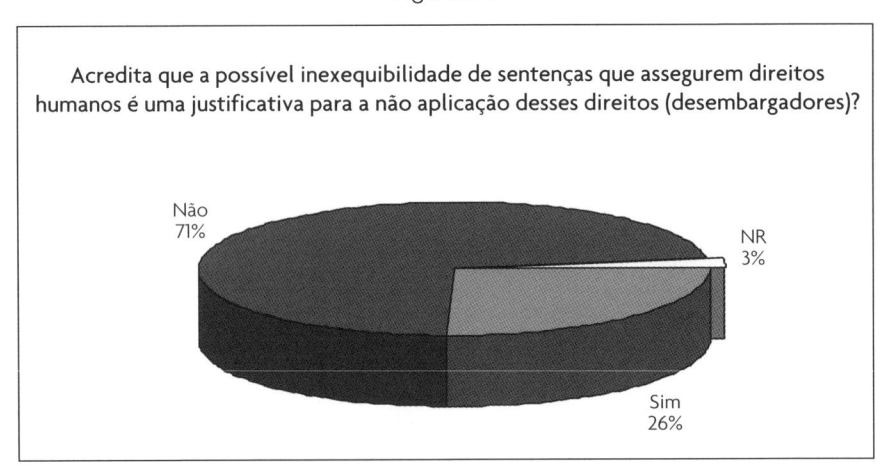

Acredita que a possível inexequibilidade de sentenças que assegurem direitos humanos é uma justificativa para a não aplicação desses direitos (desembargadores)?

Não 71%
NR 3%
Sim 26%

---

[6] Aprofundando um pouco mais a análise dos dados colhidos na pesquisa, se consideramos que 79% dos juízes entrevistados afirmaram que os direitos econômicos, sociais e culturais podem ser judicialmente aplicados da mesma forma que os direitos civis e políticos, e que 80% dos juízes declararam ser aceitável o deferimento de tutela de direitos econômicos, sociais e culturais que envolva obrigação de fazer resultante em gastos para o Poder Executivo, podemos inferir que, no plano teórico, o Poder Judiciário não se encontra, no geral, refratário à judicialização das questões envolvendo os direitos humanos, inclusive percebendo-as como decorrência da aplicação de normas jurídicas já existentes.

Nessa mesma linha de raciocínio, vale ressaltar que os dados apontados autorizam a inferência de que a baixa utilização dos direitos humanos no processo de tomada e fundamentação das decisões judiciais ocorre em virtude de razões outras, como, por exemplo, o desconhecimento acerca do funcionamento dos sistemas internacionais de proteção dos direitos humanos, bem como a dificuldade correlata de reconhecimento da incidência de disposições envolvendo tais direitos no caso submetido à apreciação jurisdicional, mas não pela crença de que a decisão envolvendo a matéria eventualmente carecerá de exequibilidade.

Atuação do magistrado em processos nos quais as normas de direitos humanos fossem aplicáveis

Quando interrogados sobre a atuação em processos nos quais incidissem normas de direitos humanos, 24% dos juízes responderam negativamente. Outros 24% afirmaram que já atuaram em vários processos com aplicabilidade de normas dessa natureza; 30% informaram ter atuado em alguns processos em que normas de direitos humanos eram aplicáveis, enquanto 22% afirmaram que atuaram em poucos casos.

Observa-se, então, que 52% dos magistrados entrevistados atuaram esporadicamente no julgamento de demandas em que eram suscitadas normas de direitos humanos. Assim, totalizam 76% os que apenas ocasionalmente atuaram em tais feitos ou nestes nunca exerceram seu ofício. Por outro lado, paradoxalmente, a maioria dos juízes entrevistados declarou que os direitos humanos são normas plenamente aplicáveis no ordenamento jurídico brasileiro, entendendo que não são aplicadas efetivamente, no entanto, por não serem imanentes aos casos judiciais que lhes foram submetidos.

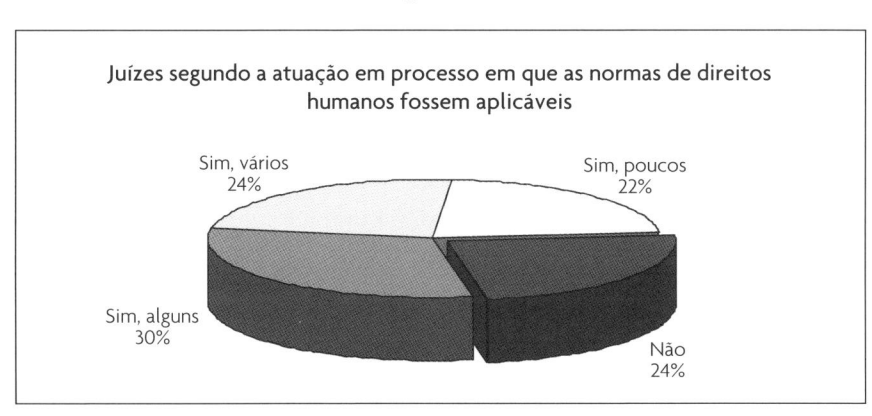

Figura 22a

Juízes segundo a atuação em processo em que as normas de direitos humanos fossem aplicáveis

- Sim, vários 24%
- Sim, poucos 22%
- Sim, alguns 30%
- Não 24%

Figura 22b

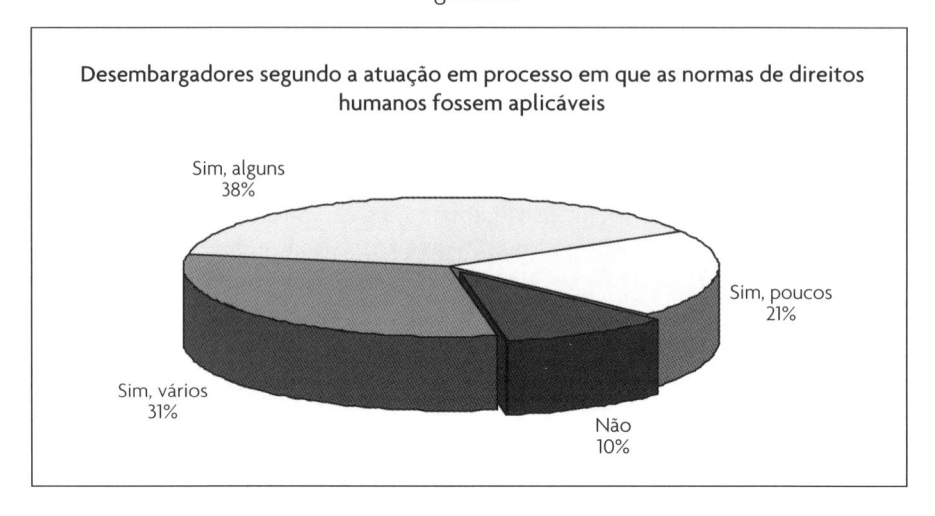

Desembargadores segundo a atuação em processo em que as normas de direitos humanos fossem aplicáveis

- Sim, alguns: 38%
- Sim, poucos: 21%
- Não: 10%
- Sim, vários: 31%

Destaque-se, contudo, que tal inferência não pode ser considerada verdadeira. De fato, grande parte das controvérsias submetidas à apreciação do Poder Judiciário versa sobre conflitos cujo cerne situa-se exatamente na seara dos direitos humanos e, muitas vezes, envolve precisamente os direitos fundamentais. Desse modo, aventa-se a hipótese de desconhecimento dos direitos humanos: em razão de sua pouca intimidade com o conceito geral e com as normas de direitos humanos, os entrevistados teriam velada sua percepção, o que dificultaria o reconhecimento dos casos afeitos à matéria em menção.

Com relação à segunda instância do TJ/RJ, verificou-se que 10% dos desembargadores participantes afirmaram jamais terem atuado em processos que abordassem a temática dos direitos humanos; 21% afirmaram terem raramente atuado em feitos que envolvessem tais normas; 38% responderam que atuaram em alguns processos que suscitassem a aplicabilidade dos direitos humanos; por último, 31% dos magistrados de segunda instância responderam que já atuaram em vários processos cujo desfecho envolvesse a aplicação de normas de direitos humanos. Comparativamente, constata-se que o índice da resposta "não" decresceu de 24%, entre os juízes, para 10%, entre os desembargadores entrevistados. Os percentuais das respostas "sim, alguns" e "sim, vários" foram maiores entre os desembargadores do que entre os juízes, respectivamente 38% e 31% na segunda instância, e 30% e 24% na primeira instância do TJ/RJ.

Pacto Internacional sobre os Direitos Civis e Políticos e Pacto Internacional sobre os Direitos Econômicos, Sociais e Culturais

A Assembleia Geral das Nações Unidas aprovou, em 16 de dezembro de 1966, o Pacto Internacional sobre os Direitos Civis e Políticos (PIDCP) e o Pacto Internacional sobre os Direitos Econômicos, Sociais e Culturais (Pidesc), ambos ratificados pelo Brasil pelo Decreto-legislativo nº 226 (12 dez. 1991) e promulgados pelo Decreto nº 592 (6 dez. 1992). Pode-se afirmar que o PIDCP se aproxima das primeiras declarações do Estado liberal, ao passo que o Pidesc se coaduna diretamente com as cartas políticas do Estado de bem-estar social. Ambos os textos especificam o conteúdo da Declaração Universal dos Direitos Humanos de 1948, e a elaboração de dois pactos, e não de um só, como bem ressalta Fábio Konder Comparato (1999:276), resultou da natural divergência entre os dois blocos de países, capitalista e socialista, no bojo da bipolaridade característica da época.

As figuras 23a e 23b foram produzidas a partir dos resultados obtidos com a seguinte questão: "Utiliza o Pacto Internacional sobre os Direitos Civis e Políticos?" Ao enfrentarem esse questionamento, 61% dos desembargadores que responderam à pesquisa afirmaram que não utilizam o pacto em questão, enquanto 36% disseram raramente utilizá-lo. Apenas 3% dos desembargadores afirmaram que frequentemente utilizam o PIDCP.

Entre os juízes, com alguma variação, o resultado foi igualmente desanimador. Quando submetidos à mesma indagação, 74% dos juízes disseram nunca utilizar o PIDCP, enquanto 19% disseram raramente utilizá-lo. Na primeira instância, somente 5% dos magistrados afirmaram utilizar frequentemente a normativa internacional em tela.

Entre os desembargadores participantes, somando-se as respostas "não utilizo" e "raramente utilizo", tem-se um total de 97% de desembargadores; entre os juízes, somando-se os mesmos tipos de resposta, tem-se um total de 93% de magistrados que raramente ou nunca utilizam o PIDCP.

As figuras 24a e 24b foram construídas a partir do grau de utilização do Pacto Internacional sobre os Direitos Econômicos, Sociais e Culturais pelos juízes e desembargadores do TJ/RJ entrevistados. Com relação ao Pidesc, 66% dos desembargadores afirmaram nunca utilizá-lo, e 28% afirmaram utilizá-lo raramente. Por outro lado, solitários 3% dos desembargadores disseram que utilizam o Pidesc frequentemente.

Figura 23a

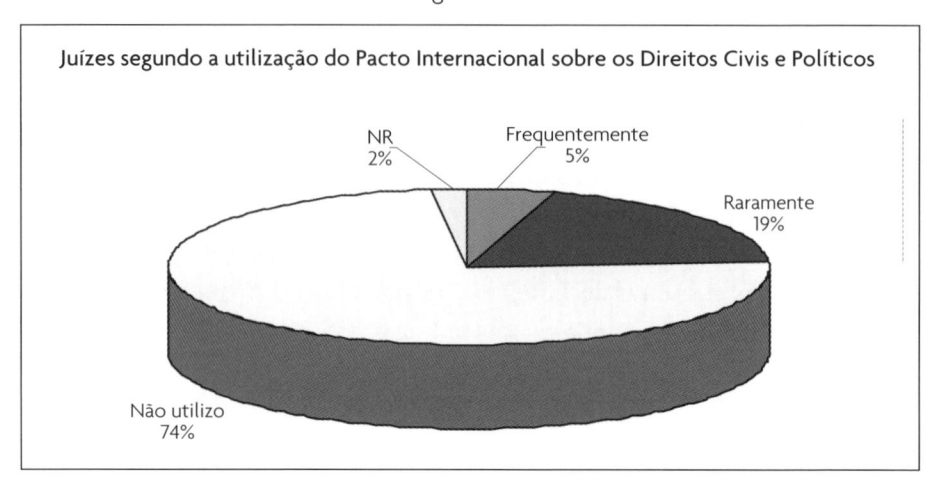

Juízes segundo a utilização do Pacto Internacional sobre os Direitos Civis e Políticos

- NR: 2%
- Frequentemente: 5%
- Raramente: 19%
- Não utilizo: 74%

Figura 23b

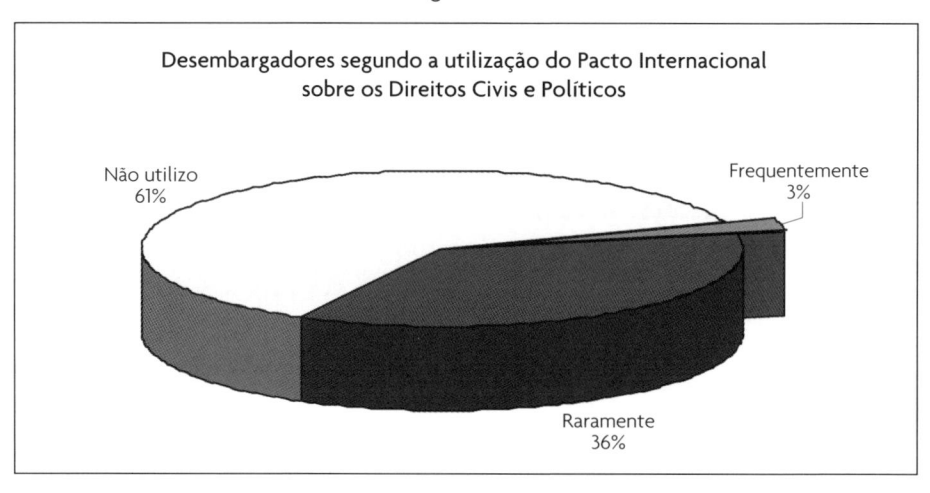

Desembargadores segundo a utilização do Pacto Internacional sobre os Direitos Civis e Políticos

- Não utilizo: 61%
- Frequentemente: 3%
- Raramente: 36%

Assim como nas figuras anteriores, os dados obtidos a partir das entrevistas realizadas com os juízes apresentam uma variação, mas, do mesmo modo, revelam uma utilização quantitativamente insignificante do Pidesc por parte dos magistrados de primeira instância. Entre os juízes, 75% não o utilizam; 20% raramente o utilizam; e apenas 3% frequentemente utilizam a aludida normativa internacional.

Comparando o grau de utilização do Pidesc, tem-se o mesmo percentual de resposta entre desembargadores e juízes no que se refere ao percentual de magistrados que frequentemente utilizam o referido pacto: 3% nos dois casos.

Figura 24a

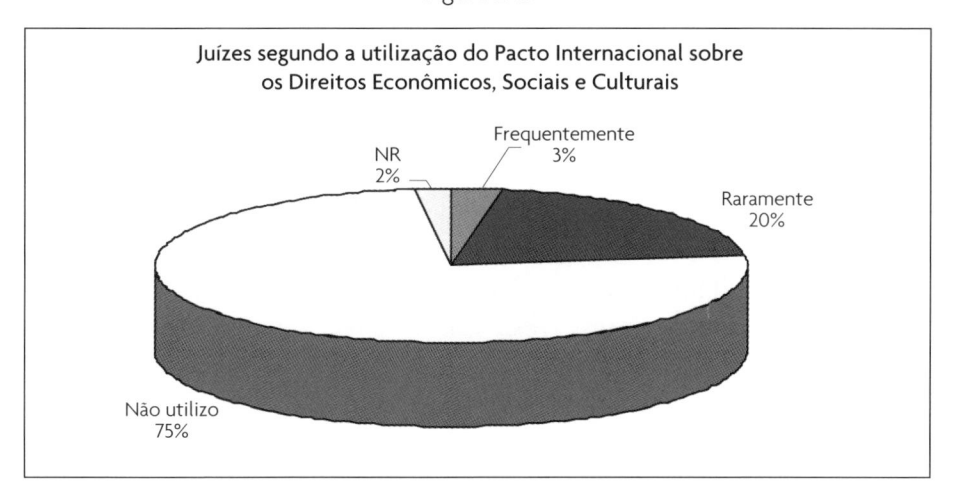

Juízes segundo a utilização do Pacto Internacional sobre os Direitos Econômicos, Sociais e Culturais

- Frequentemente 3%
- NR 2%
- Raramente 20%
- Não utilizo 75%

Figura 24b

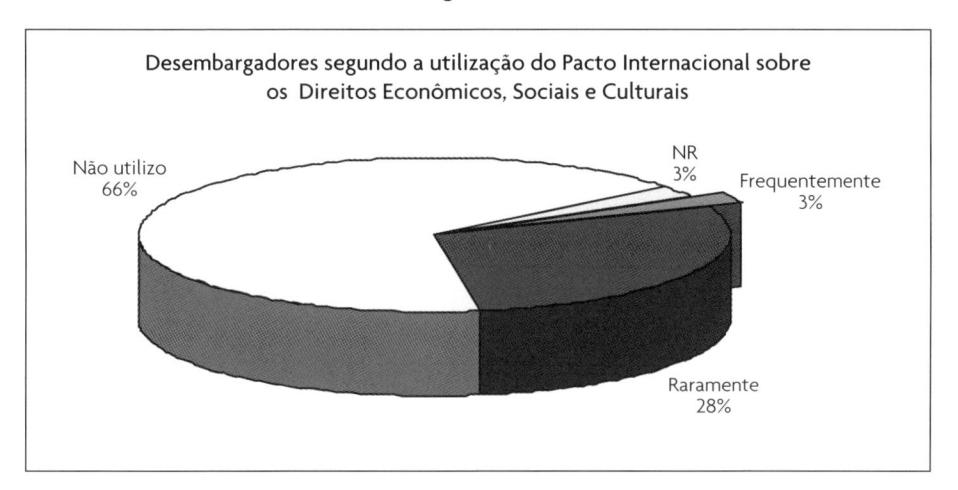

Desembargadores segundo a utilização do Pacto Internacional sobre os Direitos Econômicos, Sociais e Culturais

- Não utilizo 66%
- NR 3%
- Frequentemente 3%
- Raramente 28%

Convenção Americana de Direitos Humanos e Protocolo de San Salvador

A Convenção Americana de Direitos Humanos — Pacto de São José da Costa Rica — e o Protocolo Adicional à Convenção em matéria de Direitos Econômicos, Sociais e Culturais — Protocolo de San Salvador — são apontados por autores como Fábio Konder Comparato (1999) e Flávia Piovesan (2004) como os principais instrumentos constituintes do sistema interamericano de proteção dos direitos humanos. Nesse sentido, enquanto a Convenção Americana, aprovada em 1969, reconhece um catálogo de direitos bem próximo ao delineado no Pacto Internacional sobre os Direitos Civis e Políticos, o Protocolo de San Salvador, elaborado em 1988, contém algumas disposições inovadoras se comparado ao Pacto Internacional sobre os Direitos Econômicos, Sociais e Culturais de 1966.[7]

Vale também ressaltar que os avanços realizados na constante tentativa de fortalecimento da proteção dos direitos humanos no sistema interamericano se expressam tanto pelo reconhecimento da possibilidade de responsabilização do Estado no plano internacional, sobretudo mediante a utilização dos mecanismos existentes no âmbito da Comissão e da Corte Interamericana de Direitos Humanos, quanto pela construção de premissas interpretativas, como o princípio da prevalência dos direitos mais vantajosos para a pessoa humana, segundo o qual, em matéria de direitos humanos, deverá sempre ser aplicado o diploma legal (nacional ou internacional) que melhor proteja o ser humano (Comparato, 1999:363).

Questionados sobre a utilização da Convenção Americana de Direitos Humanos, 57% dos desembargadores entrevistados afirmaram que não utilizam esse instrumento internacional, enquanto 33% afirmaram que a sua utilização para a fundamentação das decisões raramente ocorre. Apenas 10,3% utilizam frequentemente a Convenção Americana de Direitos Humanos na motivação de suas decisões.

Com relação ao Protocolo de San Salvador, manteve-se o percentual de 33% para a rara utilização, acompanhado de um aumento no índice de não utilização, que alcançou a marca de 61% dos desembargadores entrevistados. Cabe sublinhar que apenas 2,6% dos desembargadores entrevistados utilizam frequentemente o Protocolo de San Salvador na fundamentação de suas decisões.

Realizando-se uma comparação com os dados colhidos em primeira instância, tem-se que, no tocante à Convenção Americana de Direitos Humanos, houve um decréscimo no índice de não utilização, que passou de 66% dos juízes para 57% dos desembargadores. Paralelamente, nota-se um pequeno aumento no índice de rara utilização, que de 24% dos juízes passou para 33% dos desembargadores. Nesse contexto, fica evidente a existência de uma simetria, em termos percentuais, entre as respostas apresentadas pelos dois grupos, já que em ambos

---

[7] Entre as disposições inovadoras, destacam-se, por exemplo, tanto as proposições mais específicas referentes ao direito do trabalho (estabilidade dos trabalhadores em seus empregos, proibição de trabalho noturno ou em atividades insalubres ou perigosas para menores de 18 anos e previsão de jornada de trabalho de menor duração, quando se tratar de trabalhos perigosos, insalubres ou noturnos) quanto as previsões relacionadas à proteção de pessoas idosas e portadoras de deficiência. Para uma abordagem mais detalhada, conferir especialmente os arts. 7º, 17 e 18 do Protocolo de San Salvador.

a soma dos índices de não utilização ou rara utilização atingiu o patamar de 90% dos magistrados entrevistados.

Figura 25a

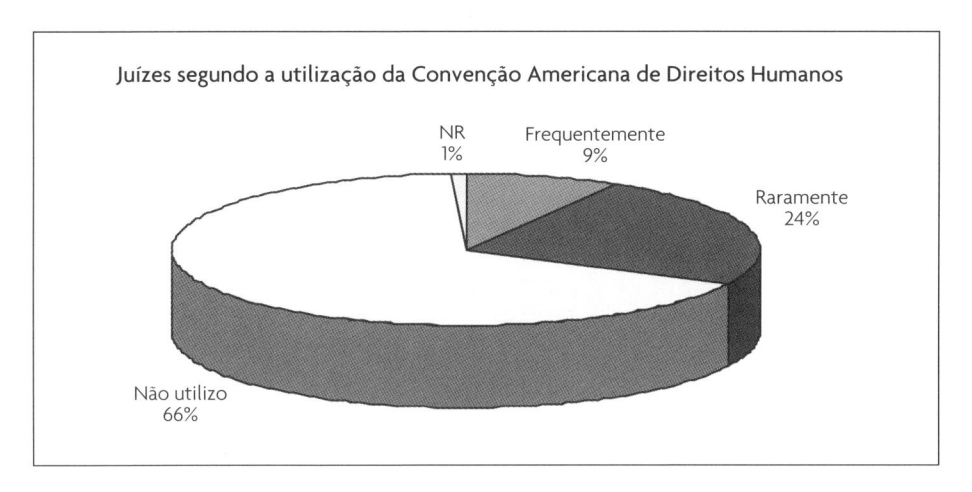

Juízes segundo a utilização da Convenção Americana de Direitos Humanos
- NR: 1%
- Frequentemente: 9%
- Raramente: 24%
- Não utilizo: 66%

Figura 25b

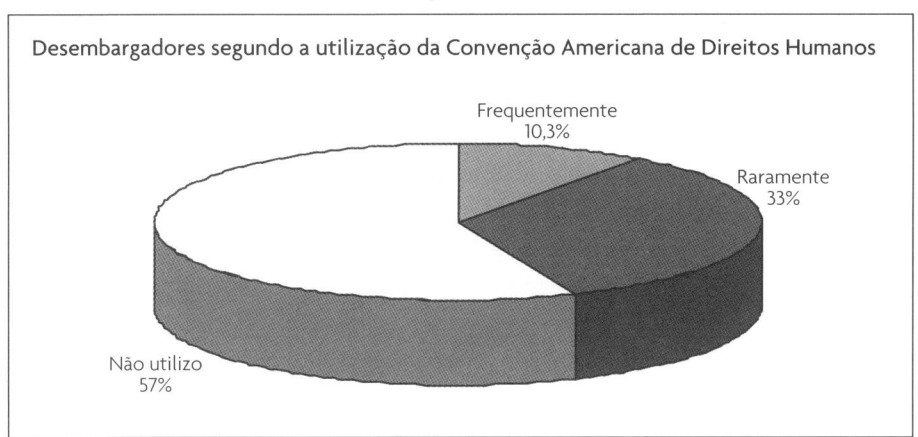

Desembargadores segundo a utilização da Convenção Americana de Direitos Humanos
- Frequentemente: 10,3%
- Raramente: 33%
- Não utilizo: 57%

No que tange ao Protocolo de San Salvador, a margem de alteração percentual da opção "não utilizo" foi pequena, variando de 67% dos juízes para 61% dos desembargadores que responderam ao questionário proposto. A opção "raramente utilizo", por sua vez, sofreu um pequeno acréscimo em segunda instância, saindo do patamar de 26% dos juízes e alcançando 33% dos desembargadores entrevistados. Novamente verifica-se uma simetria percentual entre as respostas apontadas pelos dois grupos. Sem dúvida, as considerações em questão delineiam um cenário em que o Poder Judiciário, a despeito dos significativos avanços realizados no processo de salvaguarda dos direitos humanos, permanece refratário à utilização dos diplomas internacionais supramencionados para a tomada e fundamentação de seus acórdãos e decisões judiciais.

Figura 26a

Juízes segundo a utilização do Protocolo de San Salvador

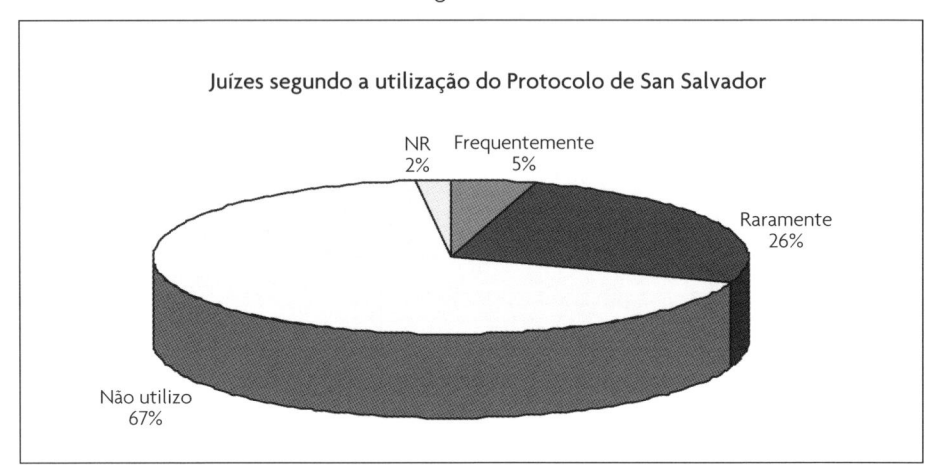

NR 2%
Frequentemente 5%
Raramente 26%
Não utilizo 67%

Figura 26b

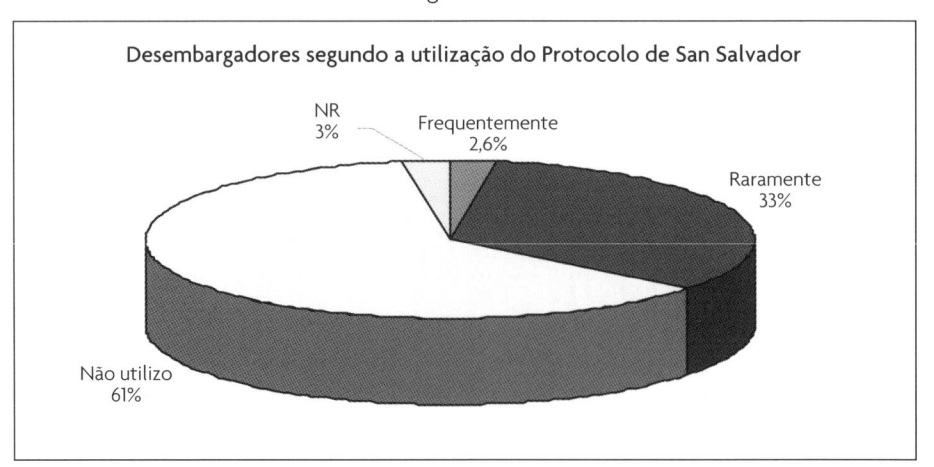

Desembargadores segundo a utilização do Protocolo de San Salvador

NR 3%
Frequentemente 2,6%
Raramente 33%
Não utilizo 61%

Convenção Internacional sobre a Eliminação de todas as Formas de Discriminação Racial (ONU)

A elaboração da Convenção Internacional sobre a Eliminação de todas as Formas de Discriminação Racial, ratificada pelo Brasil em 27 de março de 1968, foi impulsionada por fatores históricos da década de 1960 — como o ingresso de 17 países africanos nas Nações Unidas, a realização da Primeira Conferência de Cúpula dos Países Não Aliados em Belgrado (1961), e o ressurgimento do nazifascismo na Europa.

A referida convenção, adotada em 21 de dezembro de1965 pela ONU, faz parte do sistema especial de proteção dos direitos humanos, direcionado a sujeitos de direito determinados, considerados em sua especificidade e na concretude de suas relações sociais. Sua função seria complementar ao sistema geral, objetivando a proteção e a promoção da igualdade de grupos e indivíduos historicamente discriminados. Calca-se num princípio de equidade, segundo o qual se deve conferir um tratamento diferenciado a determinados grupos ou indivíduos, contribuindo para a superação de desigualdades. Registre-se a ausência de qualquer normativa internacional, no plano da OEA, para a eliminação de formas de discriminação racial. Há, entretanto, um grupo de trabalho na entidade encarregado de elaborar um projeto de Convenção Interamericana contra o Racismo e toda Forma de Discriminação e Intolerância, e desde março de 2007 está disponível na internet um anteprojeto do instrumento.

Em relação à Convenção Internacional sobre a Eliminação de todas as Formas de Discriminação Racial, a pesquisa registrou que 75% dos juízes afirmaram nunca utilizá-la, enquanto 15% raramente a ela recorrem (figura 27a). Entre os desembargadores entrevistados, 59% responderam nunca utilizá-la, percentual menor que o registrado na primeira instância. Entretanto, apenas 5% desses desembargadores utilizam-na frequentemente (figura 27b).

Tal resultado é especialmente preocupante num país em cujo cotidiano ainda podem ser observados comportamentos racistas, calcados num histórico de exploração de negros escravos. O primeiro passo para que o racismo possa ser banido de nossa realidade social é o reconhecimento de que o problema existe e merece tratamento, questão que não pode estar alheia ao Poder Judiciário. Nesse sentido, deixar de usar tal convenção é abrir mão de um poderoso instrumento de combate ao racismo em todas suas manifestações. Não se trata de ignorar o papel fundamental da Constituição nessa matéria, mas de somar a esta um importante instrumento para a justiciabilidade dos direitos humanos.

Figura 27a

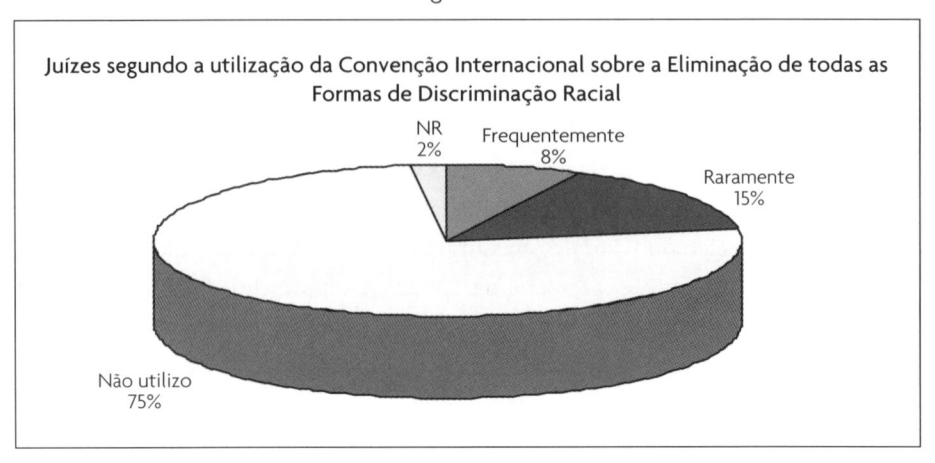

Juízes segundo a utilização da Convenção Internacional sobre a Eliminação de todas as Formas de Discriminação Racial

- NR: 2%
- Frequentemente: 8%
- Raramente: 15%
- Não utilizo: 75%

Figura 27b

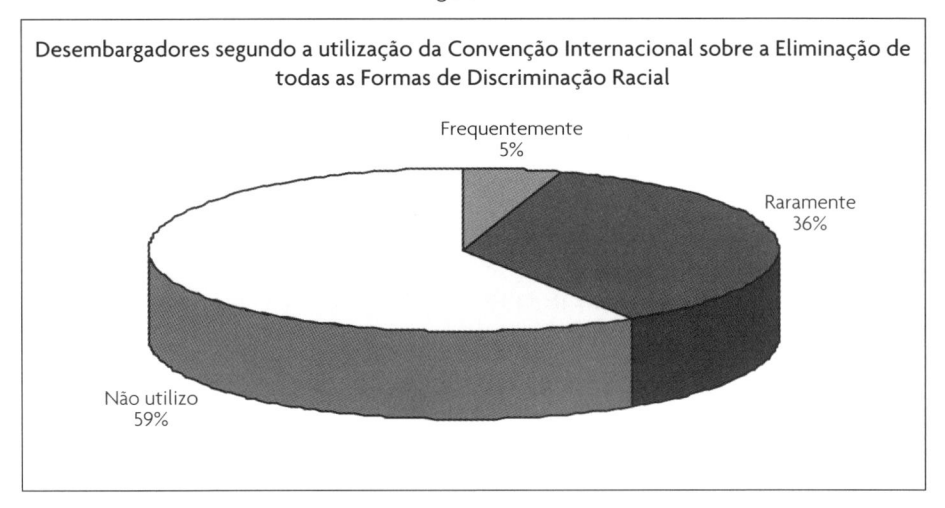

Desembargadores segundo a utilização da Convenção Internacional sobre a Eliminação de todas as Formas de Discriminação Racial

- Frequentemente: 5%
- Raramente: 36%
- Não utilizo: 59%

Convenção sobre a Eliminação de todas as Formas de Discriminação contra a Mulher (ONU) e Convenção Interamericana para Prevenir, Punir e Erradicar a Violência contra a Mulher (OEA)

Na presente pesquisa, constatou-se que somente 8% dos magistrados de primeira instância trazem para o plano concreto a Convenção da ONU sobre a Eliminação de todas as Formas de Discriminação contra a Mulher, bem como a Convenção Interamericana para Prevenir, Punir e Erradicar a Violência contra a

Mulher (figuras 28a e 28b). Ao revés, 73% nunca recorreram a tais convenções, e 17% o fizeram apenas algumas vezes. Esse resultado pode ser interpretado como uma barreira para a consagração efetiva da isonomia entre homem e mulher. Esta somente pode ser atingida por meio da conjugação de dois movimentos paralelos: um cultural, mais complexo e de longo prazo, e outro jurídico, de resultados mais imediatos, concernente à valorização e à aplicação da legislação existente.

Figura 28a

Juízes segundo a utilização da Convenção sobre a Eliminação de todas as Formas de Discriminação contra a Mulher (ONU)

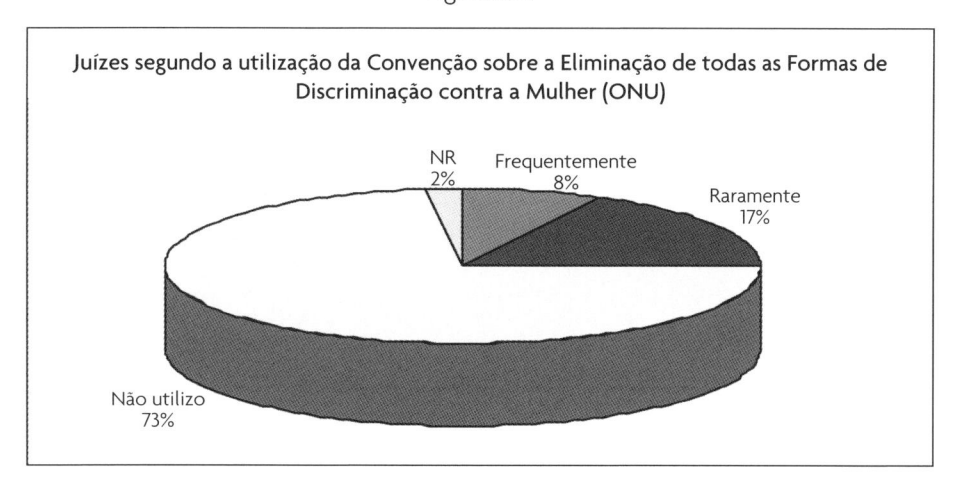

- NR 2%
- Frequentemente 8%
- Raramente 17%
- Não utilizo 73%

Figura 28b

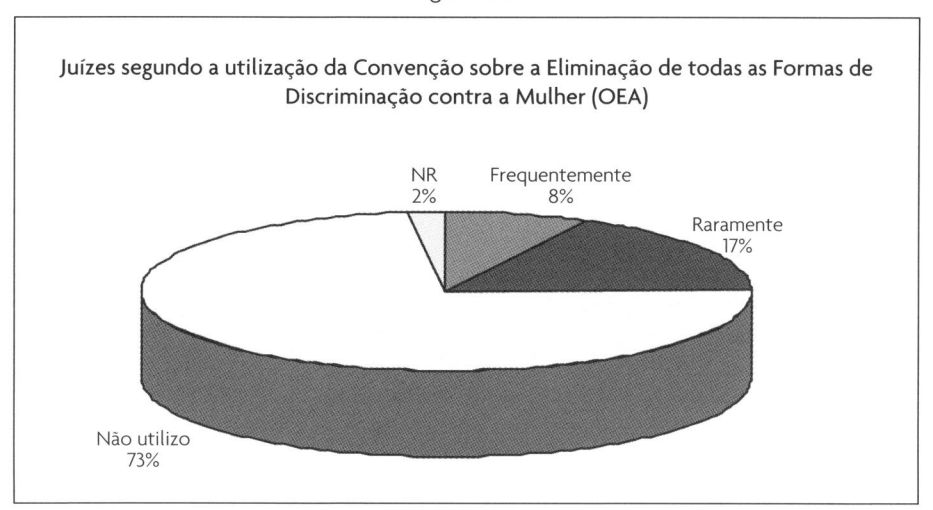

Juízes segundo a utilização da Convenção sobre a Eliminação de todas as Formas de Discriminação contra a Mulher (OEA)

- NR 2%
- Frequentemente 8%
- Raramente 17%
- Não utilizo 73%

A investigação na segunda instância do tribunal corroborou os resultados obtidos na primeira instância. Cerca de 90% dos desembargadores entrevistados alegaram não recorrer regularmente aos documentos internacionais que tratam da questão (figuras 29a e 29b).

Figura 29a

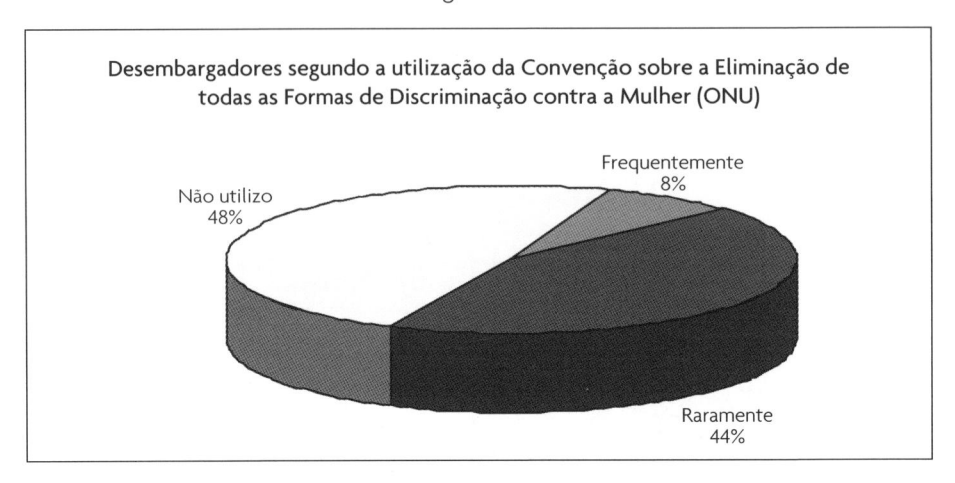

Desembargadores segundo a utilização da Convenção sobre a Eliminação de todas as Formas de Discriminação contra a Mulher (ONU)

- Frequentemente 8%
- Não utilizo 48%
- Raramente 44%

Figura 29b

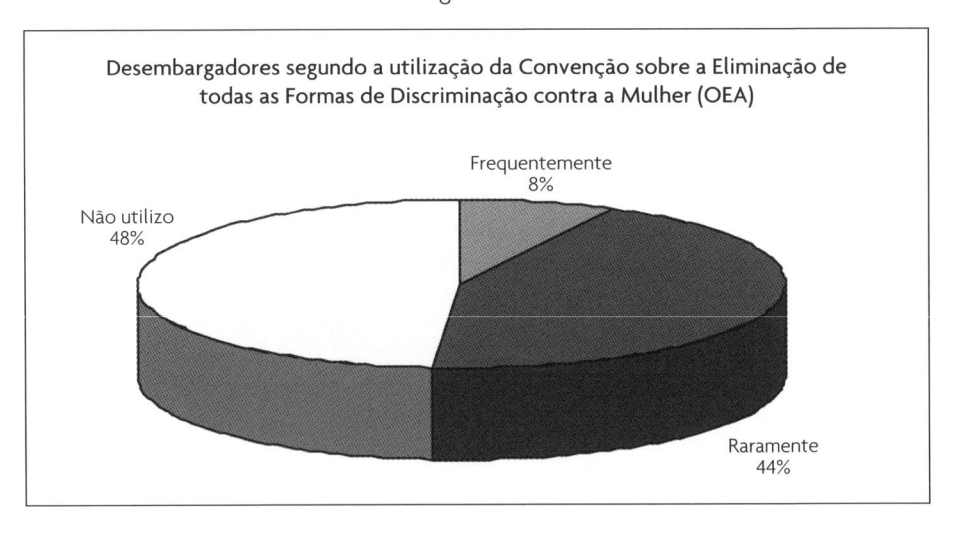

Desembargadores segundo a utilização da Convenção sobre a Eliminação de todas as Formas de Discriminação contra a Mulher (OEA)

- Frequentemente 8%
- Não utilizo 48%
- Raramente 44%

Cabe notar que a Convenção sobre a Eliminação de todas as Formas de Discriminação contra a Mulher foi aprovada pela Assembleia Geral da ONU em 18 de dezembro de 1979, após cinco anos de intensos debates. O Brasil, no entanto, apenas a ratificou em 1984, formulando na ocasião 15 reservas, somente eliminadas em 1994. Através dessa convenção os Estados se comprometeriam a promover a plena igualdade entre homens e mulheres, garantindo a estas o gozo de todos os direitos econômicos, sociais, culturais, civis e políticos em igualdade de condições. Assim, além de impor aos países a proibição de quaisquer práticas discriminatórias[8] por parte do Estado ou da sociedade civil, obriga-os a adotarem medidas destinadas à promoção da igualdade e à modificação dos padrões socioculturais de conduta. Nesse sentido, o documento destaca a importância da atuação judicial na proteção jurídica dos direitos da mulher (art. 2º, §3º).

Acompanhando as inúmeras iniciativas nacionais e internacionais de reconhecimento e defesa dos direitos das mulheres, a Organização dos Estados Americanos aprovou em 1994 a Convenção Interamericana para Prevenir, Punir e Erradicar a Violência contra a Mulher, mais conhecida como a Convenção de Belém do Pará. Ratificada pelo Brasil em 27 de novembro de 1995, essa convenção visa contribuir para a o fim da "violência de gênero", que abarcaria "qualquer ato ou conduta baseada no gênero, que cause morte, dano ou sofrimento físico, sexual ou psicológico à mulher, tanto na esfera pública como na esfera privada" (art. 1º). O texto inclui na definição tanto a violência física e sexual quanto a psicológica. Logo, ao lado da proteção contra toda e qualquer violação das liberdades e dos direitos fundamentais das mulheres, caberia aos estados assegurar à mulher o direito de ser "valorizada e educada livre de padrões estereotipados de comportamento e práticas sociais e culturais baseados em conceitos de inferioridade e subordinação" (art. 6º), mediante a implementação de políticas educativas e preventivas.

Alinhando-se ao sistema internacional de direitos humanos, a Constituição Federal de 1988 constituiu um marco na proteção dos direitos das mulheres brasileiras. Apesar da consagração do princípio da igualdade no art. 5º, I, a sociedade brasileira continua a exibir um caráter patriarcal, autoritário e profundamente desigual, segundo o qual cabe à mulher desempenhar um papel social secundário e subordinado. Os diversos tipos de violência e preconceito — de classe, raça e gênero — e a exclusão social combinam-se de diferentes formas, alimentando-se mutuamente para formar um ambiente social no qual a violência e a violação desses direitos fundamentais são culturalmente legitimadas. Mesmo na esfera familiar,

---

[8] Em seu art. 1º, a convenção conceitua discriminação contra a mulher como "toda distinção, exclusão ou restrição baseada no sexo e que tenha por objeto ou resultado prejudicar ou anular o reconhecimento, gozo ou exercício pela mulher, independentemente de seu estado civil, com base na igualdade do homem e da mulher, dos direitos humanos e liberdades fundamentais nos campos político, econômico, social, cultural e civil ou em qualquer campo".

teoricamente regida por relações afetivas, a violência é praticada e reproduzida cotidianamente. Em recente pesquisa realizada pelo DataSenado, referente ao ano de 2007, 15% das mulheres entrevistadas declararam sofrer ou já haver sofrido algum tipo de violência doméstica.[9]

Convenção contra a Tortura e outros Tratamentos ou Penas Cruéis, Desumanas ou Degradantes (ONU) e Convenção Interamericana para Prevenir e Punir a Tortura (OEA)

No plano do sistema global de proteção dos direitos humanos, o art. V da Declaração Universal dos Direitos Humanos estatui que "ninguém será submetido à tortura, nem a tratamento ou castigo cruel, desumano ou degradante". O Pacto Internacional sobre Direitos Civis e Políticos, firmado em 1966, estabelece idêntica vedação em seu art. 7º: "ninguém será submetido à tortura, nem a penas ou tratamentos cruéis, desumanos ou degradantes. Será proibido, sobretudo, submeter uma pessoa, sem o seu consentimento, a experiências médicas ou científicas".

Conjuntamente, no âmbito dos sistemas regionais de proteção, o repúdio à prática da tortura também foi confirmado pela Convenção Americana de Direitos Humanos (Pacto de São José de Costa Rica de 1969), ao prever, em seu art. 5º (2), que "ninguém deve ser submetido a torturas, nem a pena ou tratos cruéis, desumanos ou degradantes". Proibições semelhantes à prática de tortura e a tratamentos ou penas cruéis, desumanos ou degradantes também foram positivadas no art. 3º da Convenção Europeia de Direitos Humanos de 1950 e no art. 5º da Carta Africana dos Direitos Humanos e dos Povos — Carta de Banjul —, aprovada em 1981 pela Organização da Unidade Africana (OUA). Nesse sentido, tanto no plano do sistema global de proteção dos direitos humanos quanto nos diferentes sistemas regionais há um amplo e sólido consenso positivado em torno da absoluta vedação da prática de tortura, bem como de tratamentos ou penas cruéis, desumanos ou degradantes.

No tocante ao combate à prática de tortura, os instrumentos internacionais e regionais de proteção dos direitos humanos supramencionados foram especificados pela Convenção contra a Tortura e outros Tratamentos ou Penas Cruéis, Desumanas ou Degradantes,[10] aprovada pela Assembleia Geral das Nações Unidas

---

[9] Disponível em: <www.senado.gov.br>. De acordo com a mesma pesquisa, apenas 8% das mulheres brasileiras sentem-se respeitadas.
[10] Aprovada pelo Decreto Legislativo nº 4 de 1989 (*DO* de 24 de maio de 1989) e promulgada pelo Decreto nº 40 de 1991.

em 1984, e pela Convenção Interamericana para Prevenir e Punir a Tortura,[11] concluída na cidade de Cartagena, na Colômbia, em 1985. Essas convenções integram o sistema especial de proteção dos direitos humanos, na medida em que este "é voltado, fundamentalmente, à prevenção da discriminação ou à proteção de pessoas ou grupos de pessoas particularmente vulneráveis, que merecem proteção especial" (Piovesan, 2004:201). Destinam-se a um sujeito concreto e especialmente vulnerável: a vítima de tortura e outros tratamentos ou penas cruéis, desumanos ou degradantes, visando protegê-la, em particular, diante das razões de Estado.

No art. 1º da Convenção da ONU é definida a prática de tortura,[12] e em seu art. 2º (2) e (3) é estabelecido, peremptoriamente, que "em nenhum caso poderão invocar-se circunstâncias excepcionais, tais como ameaça ou estado de guerra, instabilidade política interna ou qualquer outra emergência pública como justificação para a tortura", deixando claro que "a ordem de um funcionário superior ou de uma autoridade pública não poderá ser invocada como justificação para a tortura". O direito que todo ser humano possui de não ser submetido à tortura figura, assim, como um direito absoluto e, desse modo, intangível diante de quaisquer razões de Estado, tais como as justificativas pragmáticas aduzidas em favor do combate ao terrorismo e da preservação da segurança nacional, por exemplo.

A convenção prevê, ainda, a proibição de expulsão, devolução ou extradição de uma pessoa para outro Estado, quando houver razões substanciais para crer que a mesma provavelmente será submetida à tortura (art. 3º); o ensino e a informação sobre a proibição de tortura no treinamento de civis e militares encarregados da aplicação da lei, da custódia e do interrogatório de pessoa submetida a qualquer forma de prisão, detenção ou reclusão (art. 10); o direito das vítimas à reparação e a uma indenização justa e adequada (art. 14) e a proibição da utilização de declaração proveniente de tortura como prova em processo de qualquer natureza (art. 15). Em seu art. 17, a Convenção da ONU dispõe sobre a constituição de um comitê contra a tortura responsável pelo monitoramento e investigação — inclusi-

---

[11] Aprovada pelo Decreto Legislativo nº 5 de 1989 (*DO* de 1º de junho de 1989) e promulgada pelo Decreto nº 98.386 de 1989 (*DO* de 13 de novembro de 1989).

[12] "Art I: (1) Para os fins da presente Convenção, o termo *tortura* designa qualquer ato pelo qual dores ou sofrimentos agudos, físicos ou mentais são infligidos intencionalmente a uma pessoa a fim de obter, dela ou de uma terceira pessoa, informações ou confissões; de castigá-la por ato que ela ou uma terceira pessoa tenha cometido ou seja suspeita de ter cometido; de intimidar ou coagir esta pessoa ou outras pessoas; ou por qualquer motivo baseado em discriminação de qualquer natureza, quando tais dores ou sofrimentos são infligidos por um funcionário público ou outra pessoa no exercício de funções públicas, ou por sua instigação, ou com o seu consentimento ou aquiescência. Não se considerará como tortura as dores ou sofrimentos que sejam consequência unicamente de sanções legítimas, ou que sejam inerentes a tais sanções ou delas decorram. (2) O presente artigo não será interpretado de maneira a restringir qualquer instrumento internacional ou legislação nacional que contenha ou possa conter dispositivos de alcance mais amplo."

ve de ofício[13] — das violações dos direitos humanos em razão da prática de tortura na jurisdição dos Estados-partes mediante a apreciação de relatórios governamentais, comunicações interestatais e petições individuais.[14]

A Convenção Interamericana para Prevenir e Punir a Tortura contempla dispositivos semelhantes em seus arts. 4º, 5º, 7º, 9º e 10. A definição da prática de tortura é, no entanto, mais ampla: "a aplicação, sobre uma pessoa, de métodos tendentes a anular a personalidade da vítima, ou a diminuir sua capacidade física ou mental, *embora não causem dor física ou angústia psíquica*" (art. 2º, *in fine*).

Em seus arts. 1º, III; 4º, II; e 5º, §§ 1º, 2º e 3º, a Constituição brasileira de 1988 demonstra sua inserção na tendência das demais constituições da América Latina de concederem tratamento especial aos direitos e garantias internacionalmente consagrados. Além disso, os incisos III e XLIII da Constituição Federal definem, respectivamente, que "ninguém será submetido à tortura nem a tratamento desumano ou degradante", e que a lei considerará como crime inafiançável e insuscetível de graça ou anistia a prática da tortura.

Ao serem questionados sobre a aplicação de tais convenções, apenas 11% dos juízes afirmaram que utilizam frequentemente a Convenção Interamericana para Prevenir e Punir a Tortura. Com relação à Convenção da ONU contra a Tortura e outros Tratamentos ou Penas Cruéis, Desumanas ou Degradantes, o percentual de juízes que afirmaram utilizar frequentemente essa normativa internacional foi de apenas 12. Raramente utilizam as convenções contra a tortura da ONU e da OEA, respectivamente, 14% e 16% dos juízes entrevistados. Por último, o grau de não utilização das convenções supramencionadas é idêntico, alcançando o alarmante índice de 72% dos magistrados entrevistados.

Na segunda fase da pesquisa, verificou-se um pequeno decréscimo no percentual de magistrados que utilizam frequentemente as convenções da ONU e da OEA contra a tortura, em comparação com a primeira instância do TJ/RJ: respectivamente 10% e 8% dos desembargadores entrevistados. Por outro lado, 31% dos desembargadores entrevistados afirmaram raramente utilizar as normativas internacionais supramencionadas, percentual muito superior ao encontrado na primeira instância. Finalmente, 58% e 61% dos desembargadores entrevistados afirmaram não recorrer, respectivamente, à Convenção da ONU contra a Tortura e outros Tratamentos ou Penas Cruéis, Desumanas ou Degradantes e à Convenção Interamericana para Prevenir e Punir a Tortura para motivar suas decisões.

---

[13] Art. 20 da Convenção da ONU.
[14] A convenção exige que o Estado-parte faça uma declaração habilitando o comitê a receber as comunicações interestatais e as petições individuais.

Figura 30a

Juízes segundo a utilização da Convenção contra a Tortura e outros Tratamentos ou Penas Cruéis, Desumanas ou Degradantes (ONU)

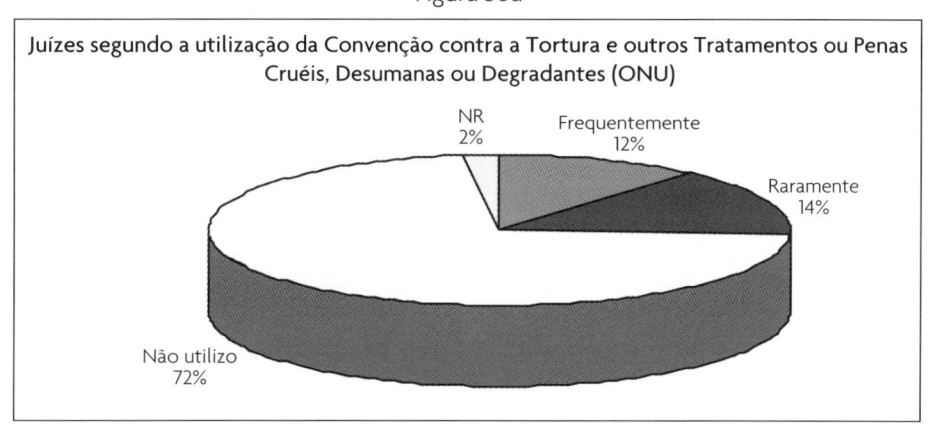

- NR: 2%
- Frequentemente: 12%
- Raramente: 14%
- Não utilizo: 72%

Figura 30b

Juízes segundo a utilização da Convenção Interamericana para Prevenir e Punir a Tortura

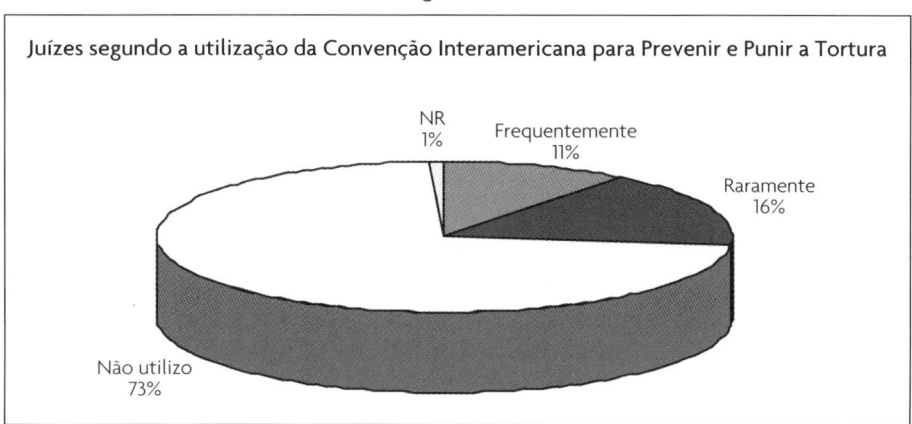

- NR: 1%
- Frequentemente: 11%
- Raramente: 16%
- Não utilizo: 73%

Figura 31a

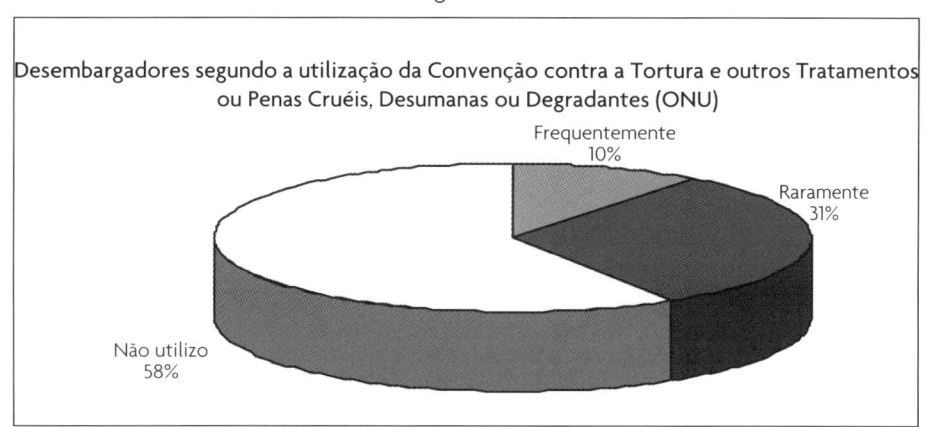

Desembargadores segundo a utilização da Convenção contra a Tortura e outros Tratamentos ou Penas Cruéis, Desumanas ou Degradantes (ONU)

- Frequentemente: 10%
- Raramente: 31%
- Não utilizo: 58%

Figura 31b

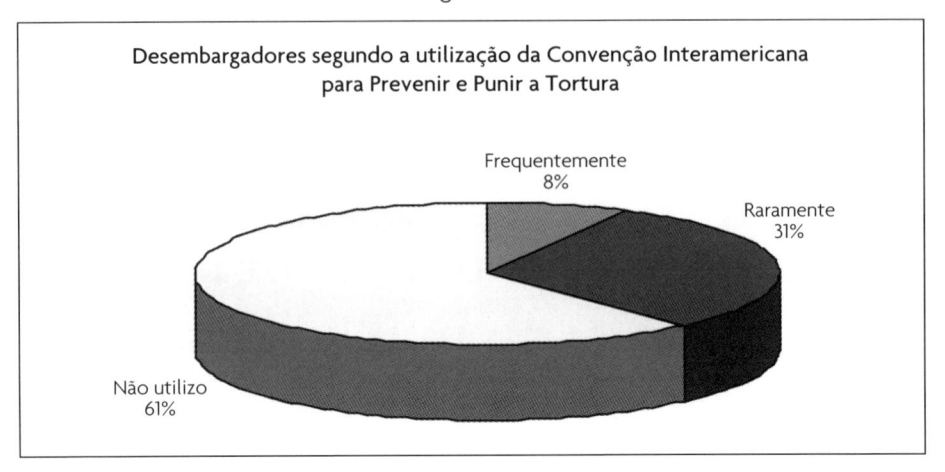

Desembargadores segundo a utilização da Convenção Interamericana para Prevenir e Punir a Tortura

- Frequentemente: 8%
- Raramente: 31%
- Não utilizo: 61%

Nas duas fases da pesquisa, tanto entre os juízes quanto entre os desembargadores entrevistados, constatou-se que o grau de utilização frequente das convenções supracitadas é muito baixo. Apesar de tais normas criarem importantes obrigações para o Estado brasileiro nos planos interno e externo, tais instrumentos internacionais de proteção especial dos direitos humanos carecerão de efetividade se não forem utilizados *in concreto* pelos juízes e desembargadores na fundamentação de suas decisões judiciais.

Convenção sobre os Direitos da Criança (ONU)

Após a Declaração dos Direitos da Criança, de 20 de novembro de 1959, e do Ano Internacional da Criança, em 1979, veio a Doutrina da Proteção Integral da Criança, expressa por meio da Convenção sobre os Direitos da Criança, de 20 de novembro de 1989. Já preconizava a declaração em 1959 que "a humanidade deve dar à criança o melhor de seus esforços", fixando um compromisso moral com as crianças do presente e o futuro da sociedade. Contudo, a realidade histórica mostrou-se especialmente cruel com a população infanto-juvenil. Assim, por exemplo, milhares de crianças são constrangidas a abandonar a escola todos os anos para ajudar no sustento da família.

Esse quadro realça a importância e a necessidade da Convenção das Nações Unidas sobre os Direitos da Criança, ratificada pelo Brasil em 20 de setembro de

1990. Vale registrar que, até a presente data, os únicos países que não ratificaram a convenção foram os Estados Unidos e a Somália, segundo o Unicef.

Extraem-se da referida convenção a importância do respeito pelos valores culturais da comunidade da criança e a necessidade de cuidados especiais, incluindo-se, nesse aspecto, a tutela jurídica, tendo em vista sua fragilidade física e mental. Espera-se, dese modo, a efetivação desses direitos pelo Poder Judiciário.

No entanto, apesar da relevância atribuída à proteção à criança, apenas 30% dos juízes entrevistados na primeira etapa da pesquisa responderam que utilizam, como base normativa, a Convenção sobre os Direitos da Criança; 12% dos juízes a utilizam constantemente; e 18%, raramente.

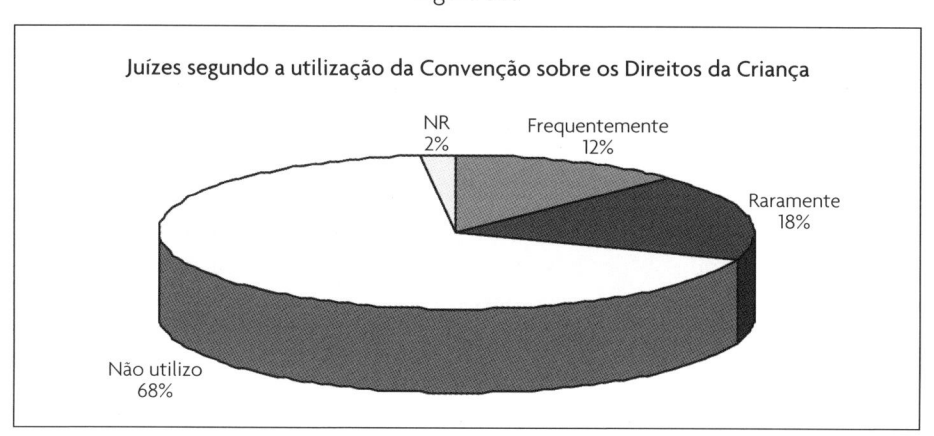

Figura 32a

Juízes segundo a utilização da Convenção sobre os Direitos da Criança

- NR 2%
- Frequentemente 12%
- Raramente 18%
- Não utilizo 68%

É maior a utilização de tal convenção em relação aos desembargadores entrevistados. Somando aqueles que utilizam apenas raramente a convenção (44% dos desembargadores questionados) àqueles que a utilizam frequentemente (15%), observa-se que 59%, isto é, mais da metade deles, empregam a convenção em suas decisões.

Mesmo diante do fato de o Brasil contar com a Lei nº 8.069/90 — o Estatuto da Criança e do Adolescente —, uma avançada e sofisticada legislação de proteção à infância, não há motivos para que se ignore a convenção, especialmente considerando-se a importância simbólica de utilização dos sistemas interamericano e da ONU de garantia dos direitos humanos.

Figura 32b

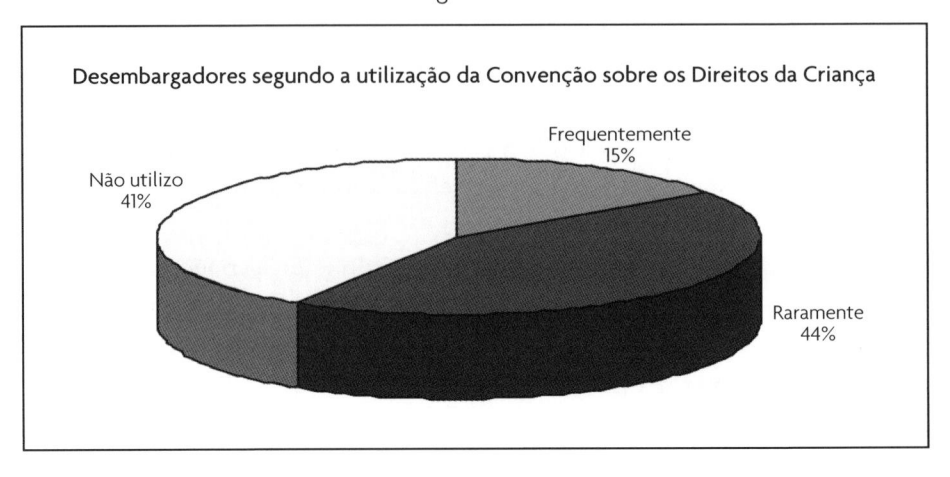

Desembargadores segundo a utilização da Convenção sobre os Direitos da Criança

- Frequentemente 15%
- Não utilizo 41%
- Raramente 44%

Convenção para a Eliminação de todas as Formas de Discriminação contra as Pessoas Portadoras de Deficiência (OEA)

A constituição de uma sociedade fraterna, pluralista e sem preconceitos, fundada na harmonia social, como prescreve o preâmbulo da Constituição brasileira de 1988, exige de todas as pessoas um esforço radical para reconhecer e respeitar as diferenças. No caso específico das pessoas portadoras de deficiência, a demanda pelo respeito não é apenas de ordem moral, no sentido de substituir sentimentos de comiseração por aqueles de solidariedade, mas de ordem social e política, no sentido de substituir os discursos retóricos por ações efetivas de inclusão.

Para isso é necessário implementar políticas visando à superação das várias barreiras que enfrentam todos os tipos de portadores de deficiência — desde o acesso ao ensino até a inserção no mercado de trabalho. É exatamente essa a linha seguida pelo ordenamento jurídico quando apresenta, na própria Constituição, dispositivos especiais direcionados a essas pessoas, como os arts. 7º, 23, 37 e 203. Com esses dispositivos, a Constituição possuía todas as condições para recepcionar a Convenção Interamericana para a Eliminação de todas as Formas de Discriminação contra as Pessoas Portadoras de Deficiência. Assim, a referida convenção foi ratificada por meio do Decreto Legislativo nº 198/2001 e do Decreto Executivo nº 3.956/2001. Contudo, ainda não se popularizou, entre os aplicadores do direito, como instrumento eficaz na luta pelos direitos dos portadores de deficiência, como revelam os dados da pesquisa (figuras 33a e 33b).

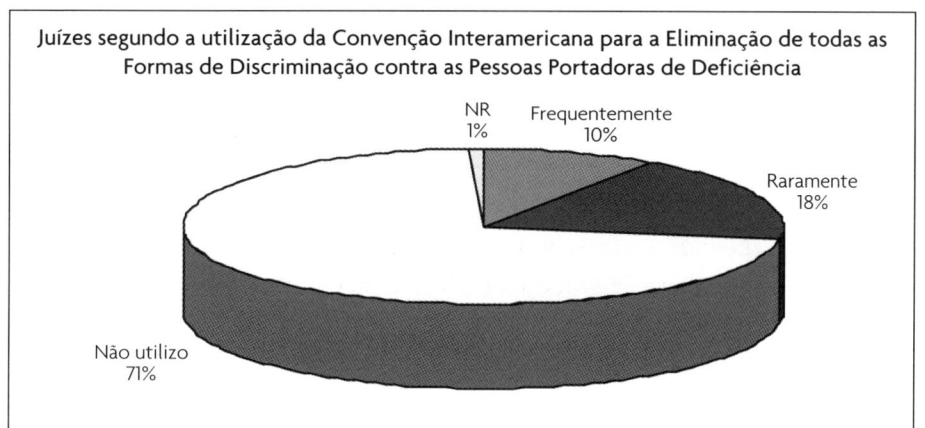

Figura 33a

Juízes segundo a utilização da Convenção Interamericana para a Eliminação de todas as Formas de Discriminação contra as Pessoas Portadoras de Deficiência

- NR 1%
- Frequentemente 10%
- Raramente 18%
- Não utilizo 71%

O Estado brasileiro assumiu, portanto, um compromisso com aqueles sujeitos que, por questões diversas, apresentam-se dentro de uma relação jurídica em condição de vulnerabilidade, deferindo aos mesmos uma proteção diferenciada.[15]

Tal compromisso, além de estar voltado para o plano interno, manifestando-se por meio da edição de alguns diplomas legais especificamente criados para conferir disciplina diferenciada às relações travadas por determinados grupos minoritários, também se apresenta no contexto internacional. Aliás, é interessante destacar que, de certo modo, a edição de normas de proteção às minorias no plano interno segue a tendência internacional.

Ao longo da referida convenção são apresentados dispositivos que se prestam a definir o que se entende por deficiência e, ainda, em que consiste a discriminação, tudo colocado de maneira clara e objetiva, não conferindo ampla margem a subjetivismos, em regra trazidos à superfície quando da análise judicial de políticas de diferenciação positiva implementadas pelo Estado.

Feitas tais considerações, cumpre, nesse passo, analisar os resultados mostrados no quadro 20. Vislumbra-se aqui um segundo questionamento, novamente tendo por objeto a utilização da Convenção Interamericana, desta feita como instrumento voltado para a eliminação de todas as formas de discriminação contra

---

[15] Esse intuito protecionista acha-se presente, por exemplo, no Estatuto da Criança e do Adolescente, instituído pela Lei nº 8.069/90, no Código de Defesa do Consumidor, disciplinado pela Lei nº 8.078/90, e, mais recentemente, no chamado Estatuto do Idoso, inserido no ordenamento por intermédio da Lei nº 10.741/2003.

as pessoas portadoras de deficiência. A análise dos dados aqui colhidos, uma vez comparada àquela levada a efeito quando da verificação da figura 31b, fornece ao pesquisador um elemento no mínimo curioso: no caso anteriormente descrito, muito embora 61% dos desembargadores entrevistados tenham informado o não recurso à Convenção Interamericana para a hipótese de prevenção e punição de tortura, em se tratando de discriminação de pessoas portadoras de deficiência, apenas 38% dos entrevistados endossaram o mesmo posicionamento. Tal distinção, importa salientar, não foi sentida ao longo da pesquisa junto aos juízes de primeiro grau, que também nessa hipótese afirmaram, em sua maioria, não utilizar o referido instrumento.

Quadro 20
Distribuição, absoluta e percentual, dos desembargadores entrevistados segundo a utilização da Convenção Interamericana para a Eliminação de todas as Formas de Discriminação contra as Pessoas Portadoras de Deficiência

Utilização e frequência	Desembargadores	
	Absoluta	Relativa
Total	39	100
Frequentemente	5	12,8
Raramente	15	38,5
Não utilizo	15	38,5
NR	4	10,3

Figura 33b

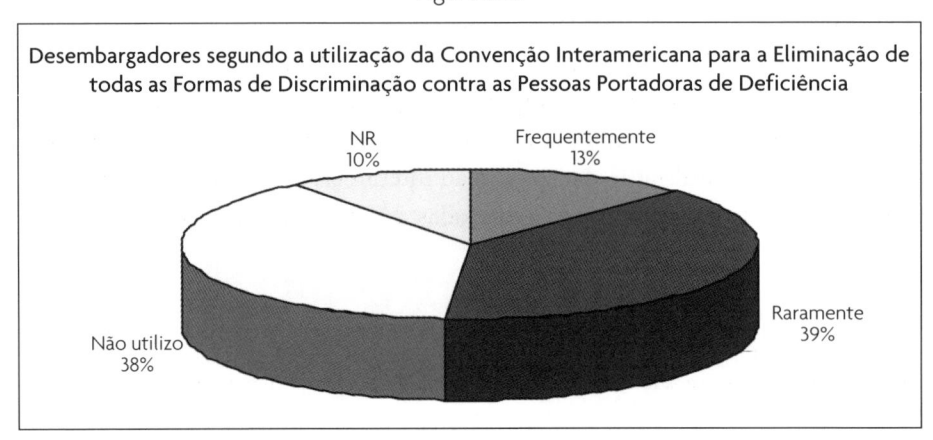

Desembargadores segundo a utilização da Convenção Interamericana para a Eliminação de todas as Formas de Discriminação contra as Pessoas Portadoras de Deficiência

- NR 10%
- Frequentemente 13%
- Raramente 39%
- Não utilizo 38%

Diante disso, é possível conferir a tais dados uma interpretação de certo modo otimista: em razão do vácuo legislativo, não verificado no caso de tortura, visto que, conforme tantas vezes mencionado, nosso ordenamento possui lei específica regulando a matéria, o recurso à Convenção de 1999 apresenta-se inevitável, o que demonstra possuir ela a mesma razoável aplicabilidade, que poderá ser diminuída em face do advento de normativa específica sobre o tema.

Num país com cerca de 24 milhões de pessoas com algum tipo de deficiência[16] e tão poucas políticas sociais efetivas de superação de barreiras, é realmente impressionante que uma ferramenta jurídico-social tão importante como essa convenção tenha um índice de aplicação tão baixo. Pode-se aventar, numa hipótese explicativa, a conjunção de duas variáveis fundamentais: baixo nível de demandas judiciais voltadas para a garantia dos interesses das pessoas portadoras de deficiência; e baixo nível de conhecimento da magistratura acerca das normas dos sistemas internacionais de proteção dos direitos humanos de que o Brasil é signatário.

Utilização de pelo menos uma normativa

Segundo Norberto Bobbio (2004:170),

> nestes últimos anos, falou-se e continua a se falar de direitos do homem, entre eruditos, filósofos, juristas, sociólogos e políticos, muito mais do que se conseguiu fazer até agora para que eles sejam reconhecidos e protegidos efetivamente, ou seja, para transformar aspirações (nobres, mas vagas), exigências (justas, mas débeis), em direitos propriamente ditos (isto é, no sentido em que os juristas falam de "direito").

Evoluiu-se no que tange à produção de diversas normativas internacionais relacionadas aos direitos humanos, mas a inclusão das convenções e pactos internacionais no ordenamento jurídico de cada país não basta para garantir a aplicação e efetividade das normas.

Tal fato comprova-se no Tribunal de Justiça do Estado do Rio de Janeiro. A despeito da importância das normativas internacionais que tratam dos diretos humanos, observamos que mais da metade dos juízes, precisamente 52% dos magistrados que atuam na primeira instância do Tribunal, jamais utiliza quaisquer

---

[16] IBGE, Censo Demográfico 2000.

das convenções para fundamentar suas sentenças. Apenas 16% dos juízes disseram aplicar frequentemente os pactos internacionais como base de fundamentação para suas decisões.

Em relação aos magistrados da segunda instância, demonstrou-se uma utilização maior das normativas, uma vez que 26% dos desembargadores que responderam ao questionário utilizam com frequência tais normas. Não utilizam nenhuma das normativas 33% dos desembargadores entrevistados.

Figura 34a

Juízes segundo a utilização de pelo menos uma das normativas internacionais de proteção dos direitos humanos investigadas

- Frequentemente 16%
- Raramente 32%
- Não utilizo 52%

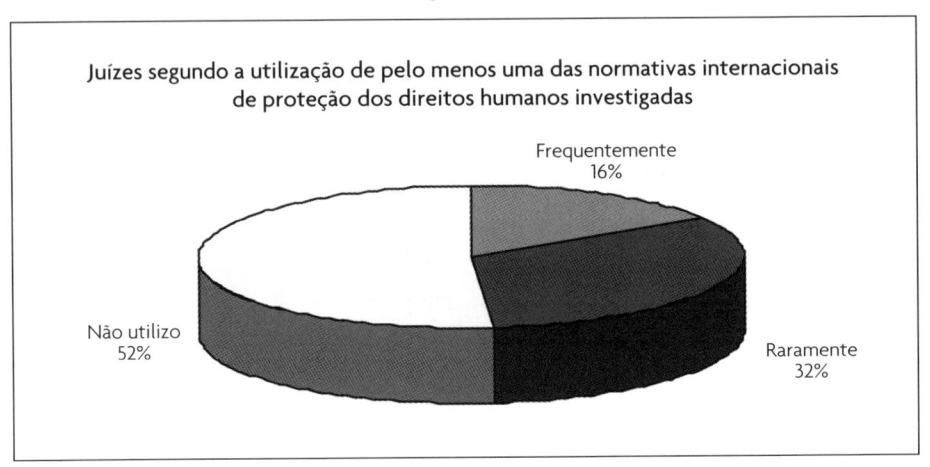

Figura 34b

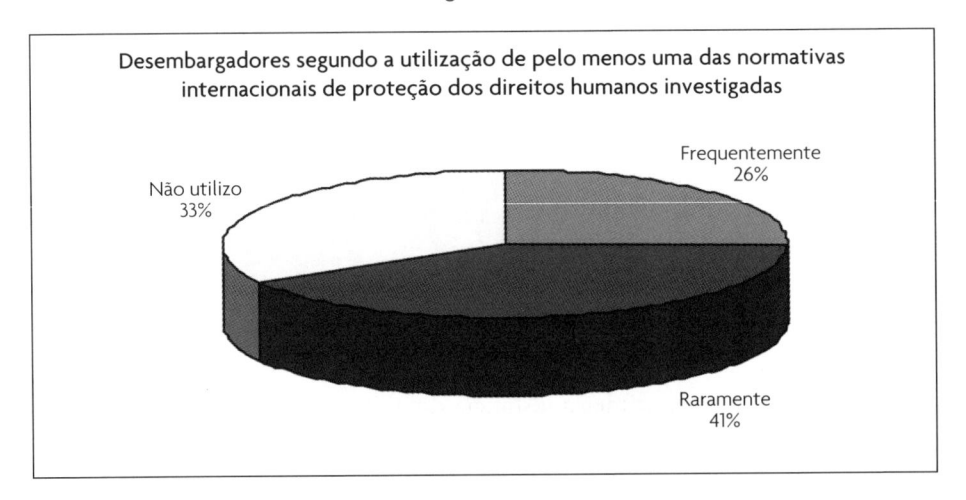

Desembargadores segundo a utilização de pelo menos uma das normativas internacionais de proteção dos direitos humanos investigadas

- Frequentemente 26%
- Raramente 41%
- Não utilizo 33%

Considerações finais

O presente estudo procurou investigar o grau de efetivação ou *justiciabilidade* dos direitos humanos no âmbito do Tribunal de Justiça do Estado do Rio de Janeiro, a partir de uma análise comparativa em torno da concepção teórica e da atuação prática dos magistrados de primeira e segunda instância.

Após o longo percurso de investigação — que compreendeu a formulação do questionário, a entrevista com juízes e desembargadores e, em seguida, a análise e interpretação de suas respostas —, duas considerações principais merecem destaque, ambas referentes a contradições entre o posicionamento teórico demonstrado pelos magistrados e a aplicação prática em suas decisões.

Embora os juízes e, em menor medida, os desembargadores entrevistados apresentem concepções teóricas relativamente arrojadas acerca dos direitos humanos e da aplicabilidade, em tese, de suas normas garantidoras, poucos são os que efetivamente aplicam as disposições que versam sobre tais direitos, mormente em se tratando da utilização específica dos sistemas internacionais da ONU e da OEA de proteção dos direitos humanos. Tal constatação não é, na realidade, muito surpreendente, tendo em vista o pouco conhecimento da matéria demonstrado pelos magistrados: 40% dos juízes e 38,5% dos desembargadores entrevistados jamais estudaram direitos humanos, e apenas 21% dos desembargadores participantes e 16% dos juízes afirmaram conhecer o funcionamento dos sistemas interamericano e das Nações Unidas.

Outrossim, comparando-se as respostas formuladas pelos magistrados de primeira e segunda instância, um dado curioso torna-se evidente: enquanto os juízes revelam posicionamentos teóricos mais ousados do que os desembargadores entrevistados no que diz respeito ao significado e alcance da proteção dos direitos humanos, na prática estes últimos parecem aplicar com mais frequência as normas internacionais garantidoras daqueles direitos. É o que se observa ao confrontar os dados indicados nas figuras 17 a 21 (concepção teórica acerca do tema direitos humanos) com os dados apresentados nas figuras 22 a 33 (aplicação das normas internacionais de direitos humanos).

Com efeito, as divergências entre teoria e prática da prestação jurisdicional, nos moldes observados na presente pesquisa, constituem um importante dado a ser considerado no estudo da *justiciabilidade* dos direitos humanos e, consequentemente, na construção de novas estratégias que visem garantir maior efetividade dos direitos humanos no âmbito do Poder Judiciário.

Na realidade, acreditamos que cada uma das informações coletadas neste estudo guarda considerável relevância. Afinal, os dados sobre o perfil dos magistrados que integram o Poder Judiciário, as lacunas apresentadas por eles no que diz respeito à compreensão da temática dos direitos humanos e dos seus instrumentos jurídicos de proteção e promoção, e, ainda, a aplicabilidade das normas internacionais de garantia desses direitos nas decisões judiciais auxiliam a compreensão das deficiências da tutela jurisdicional dos direitos humanos e, portanto, fornecem subsídios para a elaboração de um planejamento — político, jurídico e/ou social — que objetive assegurar a *justiciabilidade* dos direitos humanos.

Referências

AGRESTI, Alan. *Categorical data analysis*. New York: John Willey & Sons, 1999.

ALEXY, Robert. *Teoria del discurso y derechos humanos*. Bogotá: Universidad Externado de Colombia, 1995.

BLALOCK, Hubert M. *Social statistics*. Tokio: McGraw-Hill, 1972.

BOBBIO, Noberto. Presente e futuro dos direitos do homem. In: _____. *A era dos direitos*. Tradução de Carlos Nelson Coutinho. Rio de Janeiro: Elsevier, 2004.

COMPARATO, Fábio Konder. *A afirmação histórica dos direitos humanos*. 3. ed. São Paulo: Saraiva, 1999.

COSTA NETO, Pedro Luís de Oliveira. *Estatística*. São Paulo: Edgard Blücher, 1977.

DOBSON, ANNETTE J. *An introduction to generalized linear models*. London: Chapman & Hall, 1996.

EVERITT, B. S.; DER, G. *A handbook of statistical analyses using SAS*. London: Chapman & Hall, [s.d.].

GOMES, Joaquim B. Barbosa. *Ação afirmativa e princípio constitucional da igualdade*. Rio de Janeiro: Renovar, 2001.

HABERMAS, Jürgen. Sobre a legitimação pelos direitos humanos. In: MERLE, J.-C.; MOREIRA, L. (Orgs.). *Direito e legitimidade*. São Paulo: Landy, 2003.

LOPES, José Reinaldo de Lima. Justiça e Poder Judiciário ou a virtude confronta a instituição. Dossiê Judiciário. *Revista USP*, São Paulo, n. 21, 1994.

MELLO, Celso D. da Albuquerque. *Curso de direito internacional público.* 13. ed. Rio de Janeiro: Renovar, 2001.

PERELMAN, Chaïm. *Ética e direito.* São Paulo: Martins Fontes, 1996.

PIOVESAN, Flávia. *Direitos humanos e o direito constitucional internacional.* 6. ed. São Paulo: Max Limonad, 2004.

SANTOS, Renato Emerson dos; LOBATO, Fátima. Ações afirmativas — políticas públicas contra as desigualdades sociais. In: GOMES, Joaquim Barbosa (Org.). *O debate constitucional sobre as ações afirmativas.* Rio de Janeiro: DP&A, 2003.

SARLET, Ingo Wolfgang. *Dignidade da pessoa humana e direitos fundamentais na Constituição Federal de 1988.* Porto Alegre: Livraria do Advogado, 2002.

3. ONGs, direitos humanos e Judiciário: uma observação empírica sobre organizações não governamentais da cidade do Rio de Janeiro na sua atuação em face do Poder Judiciário e na utilização — ou não — de normas de direitos humanos dos sistemas ONU e OEA

Ana Maria Esteves de Souza • Carolina Alves Vestena • Francisco Ubiratan Conde Barreto Júnior • José Ricardo Cunha • Lívia Fernandes França • Marcela Munch de Oliveira e Silva • Nadine Borges • Pedro Antônio Sarno Bomfim • Rafael Barcelos Tristão • Rafael Almeida Jatahy Ferreira • Rodolfo Noronha • Tamara Moreira Vaz de Melo

A presente pesquisa configura a terceira e última fase da investigação maior levada a cabo pelo grupo de pesquisa Direitos Humanos, Poder Judiciário e Sociedade,[1] que perquiriu, entre outras coisas, a justiciabilidade das normas de direitos humanos dos sistemas ONU e OEA. Essa fase da pesquisa foi realizada no ano de 2008, em 36 organizações não governamentais que atuam na defesa e garantia de direitos humanos na cidade do Rio de Janeiro — o que representa a totalidade das ONGs cadastradas na fase de planejamento da pesquisa.

Considerando o caráter inédito e específico da investigação, foi necessário proceder à coleta de dados em fonte primária, ou seja, por meio de entrevistas diretas com os representantes das organizações não governamentais, e para tanto foi constituído um cadastro de ONGs. Elaborou-se tal cadastro a partir da lista de ONGs cariocas filiadas à Associação Brasileira de Organizações Não Governamentais (Abong)[2] e cujos dados foram verificados por meio de contato telefônico. Após contato, algumas ONGs foram excluídas da lista em razão de não mais existirem ou de não atuarem na defesa ou garantia de direitos humanos. Ao cadastro foram acrescentadas ONGs que atuam na área de estudo, as quais foram indicadas por pesquisadores do grupo de pesquisa ou por profissionais das ONGs investigadas.

---

[1] Diretório de Grupos de Pesquisa do CNPq (disponível em: <http://dgp.cnpq.br/buscaoperacional/detalhegrupo.jsp?grupo=0326601LS2DNU4#rh >).
[2] A Abong foi escolhida por historicamente possuir como associadas ONGs de perfil mais crítico, independente e combativo que, além de seu trabalho institucional, também possuem uma organização em rede para atuação política e, muitas vezes, jurídica (disponível em: <www.abong.org.br >).

A abrangência geográfica da pesquisa foi a cidade do Rio de Janeiro, tanto por sua representatividade, considerando a quantidade e diversidade de ações realizadas pelas ONGs, quanto pela possibilidade de se realizar, em alguma medida, comparação com as duas fases anteriores da pesquisa, as quais tiveram como abrangência a comarca da capital do Rio de Janeiro.

A unidade de pesquisa considerada foi a ONG, uma vez que é por meio dela que os agentes atuam. Sendo assim, o questionário corresponde à ONG, e não ao informante. A definição do perfil desejado para o informante levou em consideração o grau de conhecimento deste em relação aos trabalhos realizados pela ONG, de modo a garantir a melhor qualidade da informação prestada. Portanto, foi solicitado que o informante tivesse conhecimento dos projetos desenvolvidos pela ONG na área de direitos humanos, especialmente aqueles que implicam algum tipo de intervenção jurídica e/ou judicial.

Para uma melhor apreensão das condições de efetivação da defesa e garantia dos direitos humanos, foram elaboradas questões que pudessem compor tanto os elementos subjetivos quanto os objetivos conformadores de tais condições. Com efeito, o desenho final do questionário contemplou questões relacionadas às características da ONG e às suas práticas. A parte subjetiva trata da formação dos entrevistados e de suas opiniões pessoais acerca de temas envolvendo o Poder Judiciário e a tutela dos direitos humanos. O instrumento de coleta foi desenvolvido de modo que pudesse ser utilizado pelos pesquisadores em entrevistas diretas com o representante designado pela ONG, mas que permitisse também o preenchimento autônomo pelo próprio representante quando ele se recusasse a receber o entrevistador.

Considerando a dificuldade enfrentada para a coleta dos dados, a qual, na maioria dos casos, estava associada à indisponibilidade de tempo por parte do informante, foi necessário disponibilizar mais de uma forma de coleta. As três maneiras igualmente utilizadas foram: entrevista direta, autopreenchimento e entrevista por telefone.

Perfil das ONGs

Perfil do informante

Os questionários foram respondidos por representantes das organizações não governamentais. A maioria dos respondentes ocupa cargo de coordenação da organização (66%). Entre os demais, destacam-se os que ocupam posições intermediárias (como bibliotecário, advogado, pesquisador e educador), que somaram 20% dos informantes. Essa parcela parece estar mais ligada ao campo, à ponta do trabalho realizado. Totalizando os respondentes que eram coordenadores e diretores de organizações, chegamos a uma proporção mais significativa (80%). Considerando que os indivíduos que ocupam esses cargos em geral possuem uma compreensão adequada da missão e da atuação da instituição, concluímos que, passadas as dificuldades iniciais de contato e agendamento, as organizações em geral designaram membros para responderem ao nosso questionário que de fato conhecem as atividades das ONGs. Tais dados estão expostos no quadro 1.

Quadro 1
Distribuição, absoluta e percentual, dos informantes segundo o cargo

Cargo	Informantes	
	Absoluta	Percentual
Total	36	100
Advogado	2	6
Bibliotecário	1	3
Coordenador	19	53
Diretor	4	22
Educador	1	3
Pesquisador	2	6
NR	7	19

Destes, a maior parte era composta por mulheres (61%), conforme a figura 1.

A faixa de idade dos informantes concentrou-se entre 31 e 50 anos (42%). Apenas 22% têm menos de 30 anos, o que indica um perfil mais maduro e experiente, condizente com a análise por cargo na coordenação.

Quanto à cor ou raça declarada, a da maioria dos informantes é branca (61%). A categoria amarela foi utilizada na pesquisa, mas, como nenhum respondente nela se enquadrou, foi excluída da figura. Importante perceber uma característica revelada por esses dados: considerando-se uma leitura de direitos humanos que lhes atribui uma característica de defesa dos politicamente mais fracos, seria possível esperar na composição dos cargos nesse tipo de instituição (atuantes na defesa ou promoção de direitos humanos) uma presença maior de negros e pardos. No entanto, estes somaram apenas 36% dos informantes.

Figura 1
Sexo dos informantes

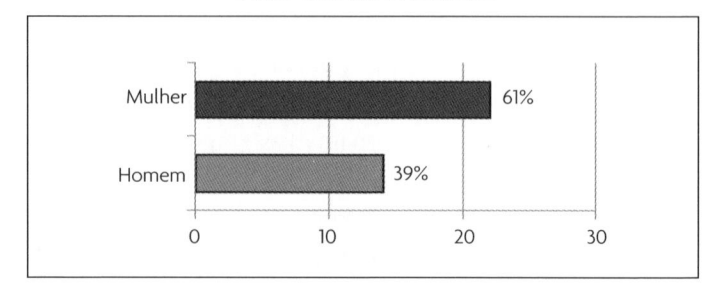

- Mulher: 61%
- Homem: 39%

Figura 2
Idade dos informantes

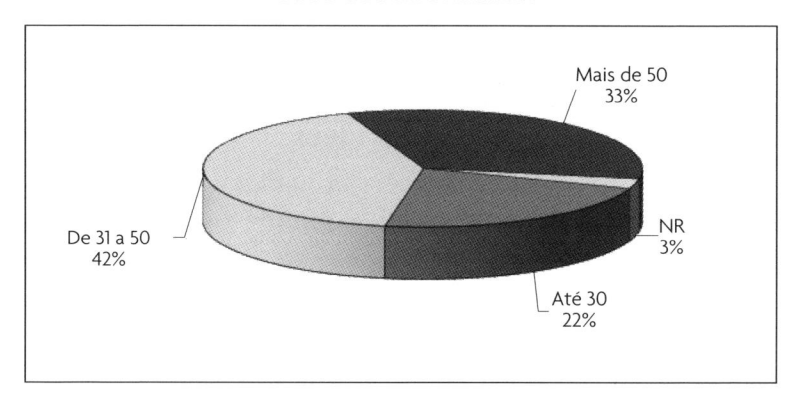

- Mais de 50: 33%
- De 31 a 50: 42%
- Até 30: 22%
- NR: 3%

Figura 3
Cor ou raça declarada dos informantes

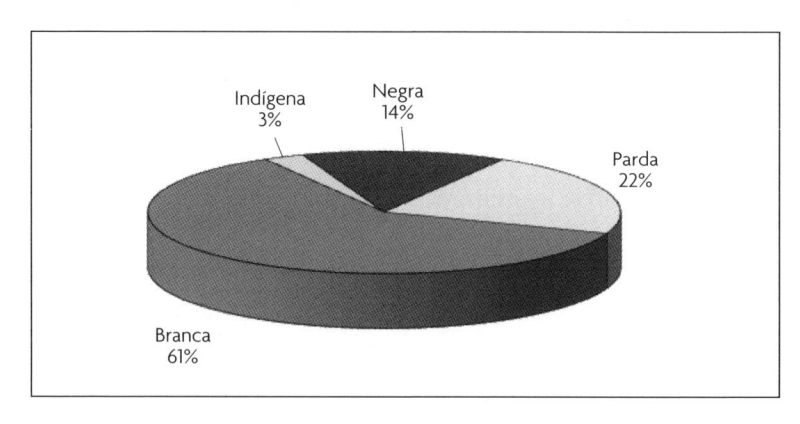

- Indígena: 3%
- Negra: 14%
- Parda: 22%
- Branca: 61%

O grau de escolaridade desses representantes pode ser considerado alto: 61% possuíam pós-graduação, e 33% possuíam ensino universitário (ou seja, 94% dos entrevistados tinham diploma universitário). Esses dados remetem a uma discussão no seio do terceiro setor, a qual indica a necessidade de profissionalização para uma prestação de serviços (de proteção ou promoção de direitos humanos) mais qualificada, como alternativa à pura e simples voluntariedade. Aparentemente, não basta apenas vontade de atuar, mas mostrar-se qualificado para tal. As categorias "ensino fundamental incompleto", "ensino fundamental completo" e "ensino médio completo" foram utilizadas, mas, não havendo nenhum informante nelas incluído, foram excluídas da figura 4.

Figura 4
Grau de escolaridade dos informantes

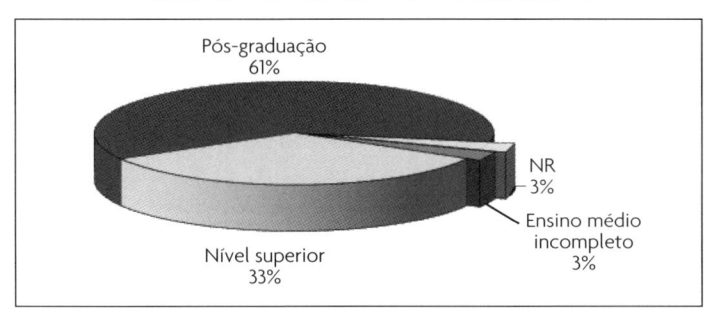

Quanto ao tempo de atuação na organização, encontramos maior concentração na permanência entre cinco e 20 anos (61%), o que mostra que os informantes estavam na organização há um tempo considerável. Apenas 17% estavam na organização há menos de cinco anos.

Figura 5
Tempo de atuação dos informantes na ONG

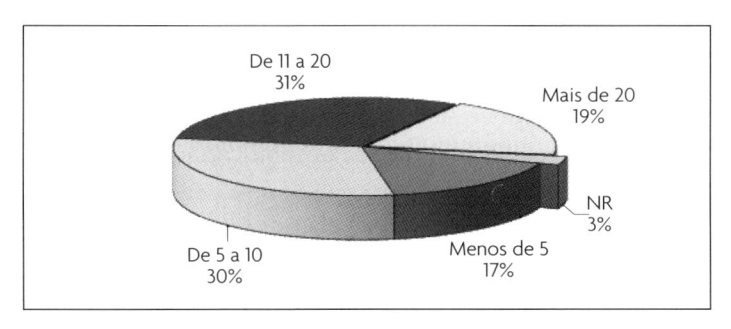

Pode-se supor que a maioria dos membros de organizações de direitos humanos possui educação formal na área, ou que tenham participado de uma educação sistemática acerca desse conjunto de temas. Entretanto, a pesquisa mostrou que a maior parte (39%), conforme mostrado na figura 6, estudou o assunto autodidaticamente (ou seja, não possui, nem no ensino regular nem em cursos diversos, conhecimentos sobre direitos humanos). Em segundo lugar aparecem os militantes que estudaram em cursos diversos (32%). Esse dado pode ser mais bem compreendido pela ideia de que o estudo sistemático desses temas não é exatamente a tradição nos cursos de graduação e pós-graduação (9% afirmaram ter estudado direitos humanos na primeira, e 16%, na segunda), confirmando a suspeita de que esse tipo de conhecimento está ausente das salas de aula do ensino universitário. Além disso, essa informação nos diz que a maioria dos respondentes buscou outros meios que não os cursos universitários formais para complementar sua formação (a soma de autodidatas e estudantes de cursos diversos chegou a 71%).

Figura 6
Informantes segundo o estudo de direitos humanos

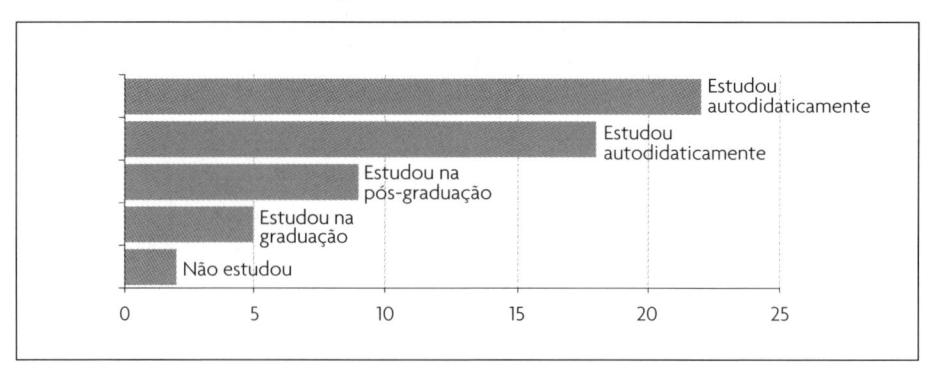

Em seguida, perguntou-se sobre o grau de conhecimento dos sistemas internacionais de proteção dos direitos humanos da ONU e da OEA. Assim, pretendia-se medir o potencial de uso dos instrumentos desse sistema. A maior parte, 64%, afirmou conhecê-los, enquanto 31% afirmaram conhecê-los apenas superficialmente, e 5% alegaram desconhecê-los.

A maioria dos informantes, portanto, afirmou conhecer os sistemas. Confrontando essa informação com as respostas obtidas na pergunta anterior, quando 98% afirmaram ter, em algum momento e de alguma forma (mesmo que por conta própria), estudado sobre direitos humanos, chega-se à conclusão de que o conhecimento de direitos humanos circula no meio, mas pouco em termos de referencial jurídico internacional, e mais como combustível para a própria prática interna.

Figura 7
Grau de conhecimento dos informantes sobre os sistemas internacionais de proteção dos direitos humanos da ONU e OEA

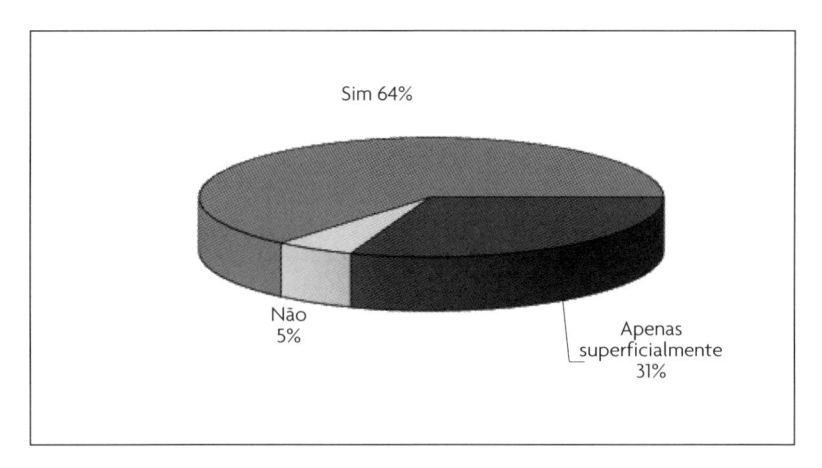

[Gráfico de pizza: Sim 64%; Não 5%; Apenas superficialmente 31%]

Qualquer iniciativa para a utilização das normas e dos mecanismos dos sistemas internacionais de proteção dos direitos humanos, seja da ONU ou da OEA, depende de um conhecimento prévio a respeito dos respectivos sistemas. Nesse sentido, é relevante que 64% dos entrevistados conheçam tais sistemas. Quando se considera inclusive o conhecimento superficial, atinge-se o esmagador percentual de 95%. Vale notar que, conforme o quadro 1, 64% dos informantes são coordenadores e diretores. Sendo esse conhecimento dos sistemas internacionais proveniente de membros gestores da ONG, pode-se acreditar que a possibilidade para a sua utilização é mais significativa. Essa ideia é corroborada pelo quadro 14, onde se constata que a maioria esmagadora das ONGs utiliza, de alguma forma, ao menos uma das várias convenções garantidoras de direitos humanos, da ONU ou da OEA.

Contudo, esse conhecimento dos sistemas ainda não se traduziu numa prática constante de utilização dos mecanismos de oferecimento de petições individuais em casos de violação de direitos humanos, conforme previsto em várias convenções (e seus protocolos facultativos), tanto da ONU como da OEA, tais como a Convenção Internacional sobre a Eliminação de todas as Formas de Discriminação Racial, a Convenção sobre a Eliminação de todas as Formas de Discriminação contra a Mulher, o Pacto de São José da Costa Rica e o Protocolo de San Salvador sobre os Direitos Humanos em matéria de Direitos Econômicos, Sociais e Culturais.

Sendo assim, certamente é relevante que a sociedade civil brasileira se mobilize para uma atuação mais firme e sistemática em todas as frentes dos sistemas internacionais de proteção dos direitos humanos, ONU e OEA, seja reivindicando efetividade e justiciabilidade de suas normas em face dos poderes Executivo e Legislativo, seja apresentando petições individuais de vítimas de violações nas comissões previstas nas convenções e protocolos, quando reconhecida a competência pelo Brasil, como naquelas citadas no parágrafo anterior. Além, é claro, da elaboração de denúncias de violações generalizadas de direitos humanos para apresentação nos sistemas.

Perfil das organizações

O Brasil das décadas de 1970 e 1980 assistiu ao surgimento de movimentos sociais que se opunham especialmente às práticas autoritárias do regime militar desse período e que também reivindicavam direitos sociais. Vinculadas a eles, tomaram forma organizações não governamentais que atuavam na esfera pública como mediadoras desses atores sociais emergentes.

Mas foi no final da década de 1980 e durante a década de 1990 que ocorreu o *boom* das ONGs. Por um lado, a consolidação democrática, com as pluralidades partidárias, a formação de sindicatos e o fortalecimentos de movimentos sociais urbanos e rurais, abriu espaço para uma atuação mais efetiva das ONGs (Delgado, 2004). Por outro, a guinada neoliberal de desregulamentação e desaparelhamento do Estado, com os governos de Fernando Collor de Mello e Fernando Henrique Cardoso, principalmente a partir da edição do Plano Diretor da Reforma do Aparelho do Estado em 1995 (Violin, 1998), encontrou nas "parcerias" com o "terceiro setor" um forte instrumento de descentralização, calcado no discurso de que o Estado social não tinha mais condições de executar diretamente determinados serviços à população.

O quadro 2, referente ao tempo de existência das ONGs pesquisadas, apresenta disposição consonante com o desenvolvimento histórico do terceiro setor, contabilizando 17% das ONGs surgidas antes da redemocratização do Estado brasileiro, tendo, contudo, a grande maioria (67%) surgido no final da década de 1980 e início dos anos 1990. Chama a atenção, ainda, o fato de apenas uma das 36 organizações entrevistadas ter sido criada após 2002, apontando para uma possível freada no crescimento do "terceiro setor" nos últimos anos.

Quadro 2
Distribuições, absoluta e percentual, segundo o tempo de existência

Tempo de existência em anos	ONGs	
	Absoluta	Percentual
Total	36	100
Menos de 5	1	3
De 5 a 10	5	14
De 11 a 20	24	67
Mais de 20	6	17

Com o fim do regime militar e as mudanças sociais mais profundas de uma sociedade mergulhada em graves crises, uma série de consequências são percebidas no campo das ONGs: o aumento significativo do número das instituições atuantes na luta por melhores condições de vida e por acesso à cidadania; as transformações nas suas relações com o Estado; as alterações nas temáticas e prioridades sociais de seus trabalhos.[3] Inquiridas a respeito de seu foco de atuação (sendo possível a opção por mais de um quesito), das 36 ONGs analisadas, 27 declararam dedicar-se a objetivos relacionados à educação. Temas como sexualidade, direitos das mulheres, saúde e direitos da criança e do adolescente também aparecem bem contemplados pelas organizações em questão — conforme dados do quadro 3.

Quadro 3
Distribuição, absoluta e percentual, dos assuntos com os quais os objetivos da ONG se relacionam

Frequência	ONGs	
	Absoluta	%
Total	161	100
Educação	27	17
Direitos das mulheres	18	11
Sexualidade	18	11
Direitos da criança e do adolescente	17	11

Continua

---

[3] Fraga, 2002:26-33.

Frequência	ONGs	
	Absoluta	%
Saúde	17	11
Discriminação racial, étnica e/ou religiosa	13	8
Combate à fome e à desnutrição	10	6
Questões agrárias	9	6
Combate à prática de tortura	8	5
Direito à moradia	8	5
Direitos da pessoa portadora de deficiência	6	4
Direitos do preso	4	2
Direitos dos idosos	4	2
Acesso à Justiça	1	1
Direito das pessoas vivendo com HIV/Aids	1	1

A multiplicidade de objetivos declarados pelas ONGs no quadro 3 — de educação a direitos dos idosos, passando pelo combate à discriminação racial e ética e o combate à miséria e à fome — alerta para um relevante fator que pode ser percebido na atuação das ONGs: a luta de classes dá lugar ao embate para incorporação da concepção de mundo da mulher, do homossexual, do negro e de todas as categorias que se vão firmando no horizonte do "terceiro setor" (Spade e Mananzala, 2008).

No que diz respeito ao relacionamento com o Poder Judiciário, ainda com base no quadro 3, percebe-se que apenas uma ONG declarou ter um foco diretamente voltado para o Judiciário — a melhoria do acesso à justiça —, ainda que todas estejam relacionadas a demandas de justiça e direitos de cidadania de maneira geral, como é o comum no campo das ONGs.

Todavia, no que tange à estratégia de atuação dessas instituições, como se pode inferir dos dados do quadro 4a, já é bem mais expressivo o número de ONGs que recorre ao Judiciário como via de efetivação dos seus objetivos.

Perguntadas sobre quais estratégias de ação utilizavam, 18% citaram as vias judiciais como alternativa, de acordo com o quadro 4a. Ainda sobre a relação com o Judiciário, cumpre ressaltar o recurso ao sistema interamericano, mencionado espontaneamente por uma das ONGs.

Quadro 4a
Distribuição, absoluta e percentual, das estratégias de luta adotadas pelas ONGs

Opinião	ONGs	
	Absoluta	Percentual
Total	95	100
Organização de categoria profissional	1	1
Recurso ao sistema interamericano	1	1
Recursos ao Poder Judiciário	17	18
Pressão política via mídia	21	22
Mobilização pública (passeata etc.)	24	25
Programas educativos e/ou assistenciais	31	33

Quadro 4b
Distribuição, absoluta e percentual, do *ranking* da principal estratégia de luta adotada pelas ONGs

Motivos	Respostas	
	Absoluta	Percentual
Total	15	45
Recurso ao sistema interamericano	1	3
Pressão política via mídia	2	6
Mobilização pública (passeata etc.)	6	18
Recursos ao Poder Judiciário	6	18
Programas educativos e/ou assistenciais	18	55

Porém, se é possível qualificar como meramente mediana a busca pela efetivação de direitos via Judiciário, os dados dos quadros 4a e 4b revelam a opção que é amplamente adotada como estratégia pelas organizações: as ações de caráter educativo e/ou assistencial são as eleitas por 86% das ONGs, e destas, 58% enxergam em tal estratégia o principal meio de alcançar seus objetivos.

De fato, relativamente ao universo das organizações pesquisadas, dos dados do quadro 4b depreende-se que 50% adotam ações educativas e/ou assistenciais prioritariamente; 17% recorrem principalmente ao Judiciário; outros 17% organizam manifestações e atos públicos como ação estratégica, restando 5% e 2% para as ações de pressão política via mídia e de recurso ao sistema interamericano de Justiça, respectivamente (5% não responderam).

Como se depreende dos dados expostos, na cena contemporânea do campo de atuação das ONGs, as atividades de militância política via pressões sociais passaram para segundo lugar, e as atividades produtivas ganharam centralidade no dia a dia. Isso parece confirmar as perspectivas de que o assistencialismo promovido pelos governos neoliberais é uma das dimensões que assume o processo privatizador no campo social.[4] Teme-se que as estratégias de enfrentamento/negação ou de demanda/pressão *em face do* Estado, que davam a tônica da atuação das ONGs no passado, sejam trocadas pela atuação *substitutiva* ao Estado em atividades-fim da área social, contribuindo para o desmonte do já tão fragilizado projeto de Estado de bem-estar social brasileiro.

É nesse contexto, portanto, que a relação estabelecida pelas ONGs com o Poder Judiciário ganha relevância, uma vez que entendemos ser este um dos *loci* mais importantes — considerado o arranjo institucional do Estado brasileiro — para enfrentamento e para cobrança de uma atuação estatal positiva.

Os quadros 5 e 6 refletem, respectivamente, a (falta de) oferta de assistência judiciária ou de assessoria jurídica como serviço fornecido pelas ONGs ao público que atendem, e a (in)existência de advogado atuando na atividade-fim. Apontam, todavia, para o fato de que tais organizações da sociedade civil majoritariamente (em torno de 60%) não vêm apostando suas fichas nas respostas do Estado-juiz.

Quadro 5
Distribuição das ONGs, absoluta e percentual, segundo a oferta de assistência judiciária e/ou assessoria jurídica

Oferta de assistência judiciária e/ou assessoria jurídica	ONGs	
	Absoluta	Percentual
Total	36	100
Sim	14	39
Não	22	61

[4] Leitão, 2008.

Quadro 6
Distribuição das ONGs, absoluta e percentual, segundo a existência de advogado que atue na ação-fim

Atitude	ONGs	
	Absoluta	Percentual
Total	36	100
Sim	15	42
Não	21	58

Este último apontamento deve ser combinado com a análise do quadro 7, onde se tem que somente 19% das ONGs entrevistadas acionam *frequentemente* o Poder Judiciário para garantir os direitos pelos quais milita; 28% *nunca* acionam o Judiciário; e 47% apenas *eventualmente* recorrem às vias judiciais.

Quadro 7
Distribuição das ONGs, absoluta e percentual, segundo a frequência com que aciona o Poder Judiciário para garantir direitos

Atitude	ONGs	
	Absoluta	Percentual
Total	36	100
Frequentemente	14	19
Eventualmente	22	47
Nunca	10	28
NR	2	6

Explorando os possíveis motivos para tal afastamento do Judiciário no caso das ONGs que responderam que nunca ou apenas eventualmente ajuízam ação para garantir direitos, os dados da figura 8a revelam tanto questões relacionadas à opção de atuação das próprias ONGs quanto entraves estruturais do sistema judicial que se constituem em fator de descrédito do Judiciário como órgão capaz de proteger/fomentar a efetivação de direitos.

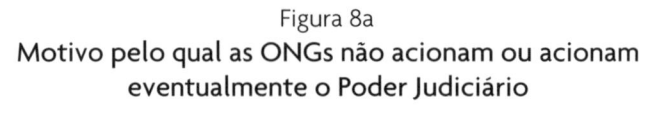

Figura 8a
Motivo pelo qual as ONGs não acionam ou acionam eventualmente o Poder Judiciário

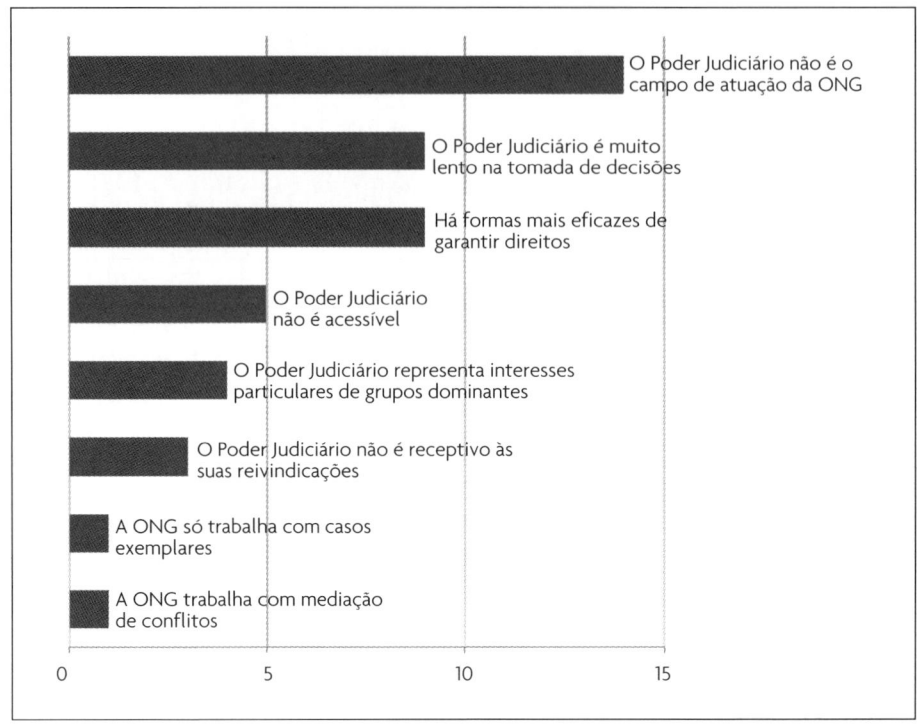

- O Poder Judiciário não é o campo de atuação da ONG
- O Poder Judiciário é muito lento na tomada de decisões
- Há formas mais eficazes de garantir direitos
- O Poder Judiciário não é acessível
- O Poder Judiciário representa interesses particulares de grupos dominantes
- O Poder Judiciário não é receptivo às suas reivindicações
- A ONG só trabalha com casos exemplares
- A ONG trabalha com mediação de conflitos

Cumpre observar que, embora gravíssimas críticas sejam feitas à (não) receptividade e à (in)capacidade do Judiciário de corresponder satisfatoriamente às demandas, as principais razões apontadas para o não recurso ao Judiciário parecem relacionar-se a um quadro mais amplo de progressivo rompimento das fronteiras públicas e privadas. Parece-nos que a função que hoje cabe às ONGs, dentro de uma concepção neoliberal, de prestadoras diretas dos serviços sociais, e não de questionadoras da presença do Estado, tem bastante força explicativa. Essa percepção ganha maior lastro ao combinarmos o motivo principal apontado para o não recurso ao Judiciário — qual seja, que o Judiciário não é o campo de atuação da ONG (48%, figura 8b e quadro 8) — com a opção por ações educativas/assistenciais como a principal estratégia de atuação adotada pelas ONGs para alcançar seus objetivos (50%, quadro 4b). Assim, parece-nos que a atuação da maioria das ONGs vem desonerando o Estado de sua atuação na área social, sem no entanto apresentar a força de uma luta antissistêmica, na medida em que elas atuam plenamente dentro dos limites do mesmo e sem atacar as bases das injustiças denunciadas.

Figura 8b
Ranking do principal motivo pelo qual as ONGs não acionam ou acionam eventualmente o Poder Judiciário

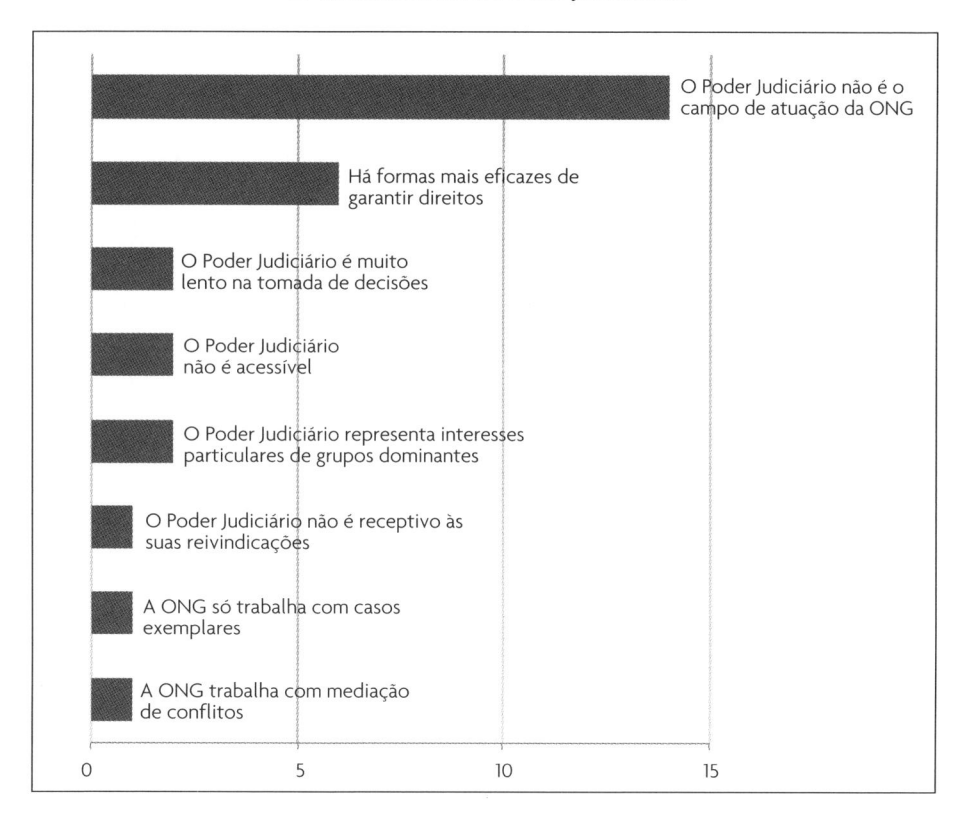

- O Poder Judiciário não é o campo de atuação da ONG
- Há formas mais eficazes de garantir direitos
- O Poder Judiciário é muito lento na tomada de decisões
- O Poder Judiciário não é acessível
- O Poder Judiciário representa interesses particulares de grupos dominantes
- O Poder Judiciário não é receptivo às suas reivindicações
- A ONG só trabalha com casos exemplares
- A ONG trabalha com mediação de conflitos

Voltando-nos para as ONGs que têm recorrido ao Judiciário como um campo de efetivação de direitos, como demonstram os dados do quadro 8, parece-nos que a atuação do Ministério Público e a disponibilização de defensores públicos têm contribuído para o fortalecimento de uma função combativa e questionadora dessas organizações: analisadas as ONGs que declararam acionar com frequência ou mesmo eventualmente o Judiciário, percebe-se que a maioria delas (38%) recorre ao Ministério Público para tentar garantir seus direitos por vias judiciais, enquanto 21% têm na defensoria pública um meio de levar seus pleitos ao Judiciário.

Quadro 8
Distribuição das ONGs, absoluta e percentual, segundo
o modo como recorrem

Forma	ONGs	
	Absoluta	Percentual
Total	34	100
Como terceira interessada	5	15
Por meio da Defensoria Pública	7	21
Como autora	9	26
Por meio do Ministério Público	13	38

Nesse sentido, é necessário ponderar que também os óbices, apontados nas figuras 8a e 8b, concernentes à estrutura do Poder Judiciário, à sua inacessibilidade e à sua incapacidade de atender satisfatoriamente, com rapidez e democraticamente os pleitos que lhe chegam, precisam ser discutidos e superados, caso se almeje fazer do Judiciário um espaço democrático e acessível à sociedade civil militante.

Estratégias utilizadas pelas ONGs

Outra questão pesquisada está expressa nas figuras 9a e 9b: quais as estratégias consideradas mais eficazes para o sucesso das ações judiciais propostas ou apoiadas pela ONG? Foram oferecidas três opções de resposta: mobilização social com repercussão na mídia; atuação do advogado com petições bem fundamentadas; e presença de militantes no fórum e/ou nas audiências. No caso de a pessoa entrevistada optar por mais de uma resposta, ela deveria indicar a(s) sua(s) preferência(s) entre as alternativas escolhidas.

A figura 9a mostra quais foram as opções citadas pelo maior número de entrevistados, independentemente de serem ou não suas favoritas.

Vemos que "mobilização social com repercussão na mídia" foi a opção mais citada pelos entrevistados (39,1% das ONGs). Em seguida, "atuação do advogado com petições bem fundamentadas" foi escolhida por 33,3% dos entrevistados, enquanto 27,5% das ONGs mencionaram a estratégia "presença de militantes no fórum e/ou nas audiências". Isso mostra que as três estratégias são consideradas relevantes pelas ONGs para o sucesso em sede judicial.

Figura 9a
Estratégias consideradas pelas ONGs como mais eficazes para o sucesso das ações judiciais propostas ou apoiadas pela ONG

- Mobilização social com repercussão na mídia
- Atuação do advogado com petições bem fundamentadas
- Presença de militantes no Fórum e/ou nas audiências

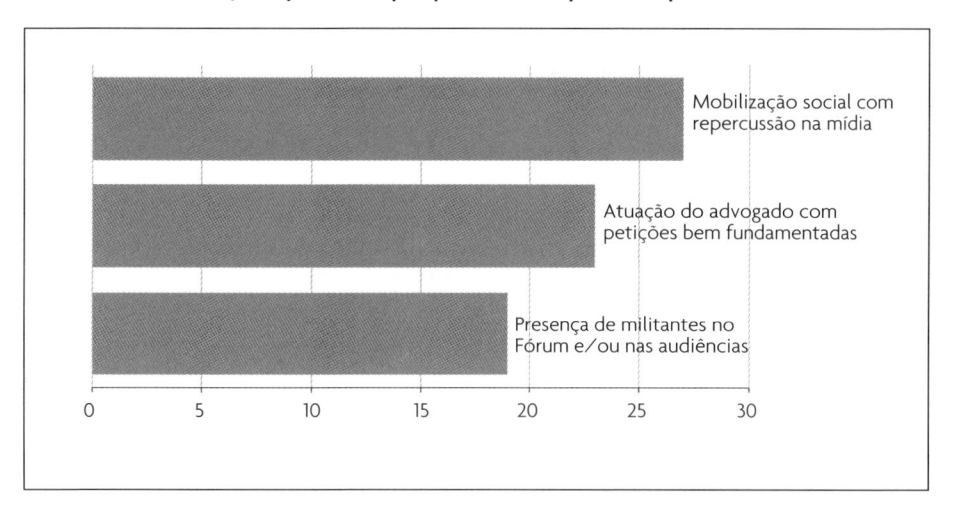

Já a figura 9b nos aponta quais foram as estratégias escolhidas como favoritas pelos entrevistados quando se está em sede judicial.

Figura 9b
Ranking **das estratégias consideradas pelas ONGs como as mais eficazes para o sucesso das ações judiciais propostas ou apoiadas pela ONG**

- Atuação do advogado com petições bem fundamentadas
- Mobilização social com repercussão na mídia
- Presença de militantes no Fórum e/ou nas audiências

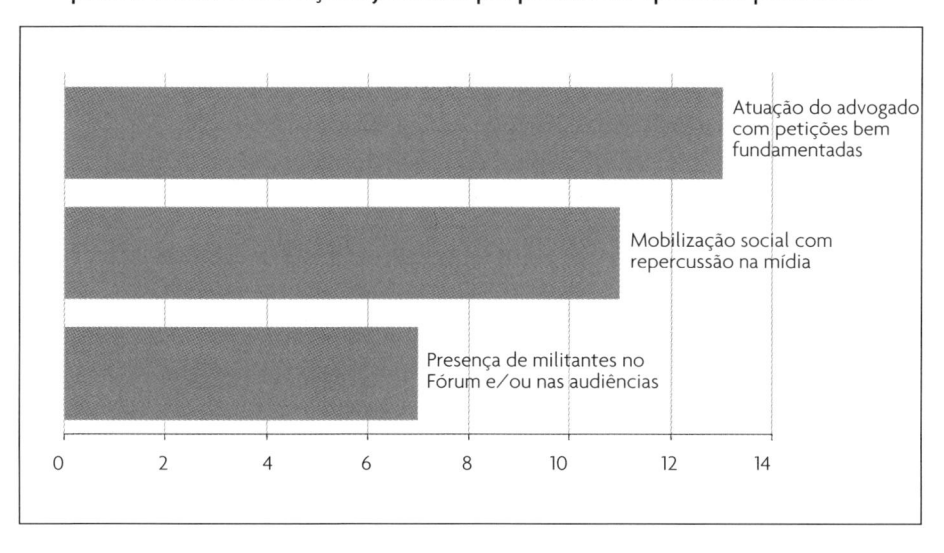

Temos que 41,9% dos entrevistados (ou seja, a maioria das ONGs) classificaram a "atuação do advogado com petições bem fundamentadas" como estratégia de luta mais eficaz em caso de ação judicial proposta pela organização. Esse resultado indica que o Poder Judiciário está consideravelmente sensível à qualidade da representação em juízo. Isso deve ser considerado positivo, pois dá pouca margem a preconceitos relacionados à questão de a ação ser impetrada em nome de uma ONG, já que a boa qualidade das petições e da atuação dos advogados conduz muitas vezes a um ganho de causa para as organizações. Esse resultado também demonstra a necessidade de quadros de alta qualidade na área jurídica das ONGs. Além disso, indica o amadurecimento de um setor profissional no direito: a advocacia pelos direitos fundamentais, que vai sofisticando seus métodos, especializando seus argumentos e povoando cada vez mais a literatura jurídica.

Já 35,5% dos entrevistados consideraram a "mobilização social com repercussão na mídia" como estratégia de maior sucesso nas ações judiciais propostas. Interessante notar o modo como a mídia presta seu papel social ao tornar públicos os casos que serão julgados e as violações de direitos humanos a que eles se refiram. Uma imprensa aberta e independente, portanto, torna-se uma grande aliada na garantia dos direitos humanos por meio do Poder Judiciário. A insistência dos meios de comunicação em divulgar os fatos relacionados a determinados casos de direitos humanos e a maneira como são conduzidos os julgamentos é um estímulo para que os magistrados se sintam observados e controlados pela opinião pública. Especialmente em casos que atraiam a atenção popular devido às características da violação — requintes de crueldade, por exemplo —, a ameaça de servirem como "presas" de uma mídia sensacionalista leva os magistrados a um cuidado extra em relação à garantia e/ou materialização dos direitos fundamentais, a fim de não serem rotulados como ícones da impunidade ou da injustiça social.

Por último, a "presença de militantes no fórum e/ou nas audiências" foi escolhida como a estratégia de luta mais eficaz por 22,6% das ONGs. Isso indica que a simples presença dos ativistas nos fóruns é por si mesma capaz de influenciar a decisão do magistrado. A pressão social que decorre da presença dos manifestantes tem, pois, um efeito no direcionamento que o magistrado dará à sentença, tornando-a mais sensível à causa das ONGs.

Por fim, vale dizer que as três respostas — mobilização social com repercussão na mídia, atuação do advogado com petições bem fundamentadas e presença de militantes no fórum e/ou nas audiências — foram consideradas as estratégias favoritas de luta por um número considerável de ONGs quando em sede judicial. Isso indica que essas três estratégias rendem resultados positivos nos trabalhos das organizações. Essa observação é confirmada pelo fato de nenhuma resposta alternativa ter sido apresentada pelos entrevistados, ou seja, todos eles concluíram que a estratégia de luta mais eficaz, quando se trata de ação judicial, era realmente uma das três alternativas apresentadas pela pesquisa.

O conjunto de quadros e figuras relacionado com o perfil do Poder Judiciário segundo as ONGs revela, ainda, em grande medida como se dá a receptividade das demandas judiciais apresentadas pelas organizações e o grau de confiança depositada por essas entidades na atuação dos magistrados, conforme dados do quadro 9.

Quadro 9
Distribuição das ONGs, absoluta e percentual, segundo a atuação do Poder Judiciário em relação às suas demandas

Atuação	ONGs	
	Absoluta	Percentual
Total	36	61
Nunca acolhe as demandas da ONG	1	3
Sempre acolhe as demandas da ONG	4	11
Frequentemente acolhe as demandas da ONG	7	19
Raramente acolhe as demandas da ONG	10	28
Não se aplica/não respondeu	14	39

Segundo o quadro 9, 28% das ONGS entrevistadas afirmam que os juízes raramente acolhem suas demandas, e 3% chegam a dizer que suas demandas nunca são acolhidas. Entretanto, 19% das organizações informam que os juízes frequentemente acolhem suas solicitações, e 11% ressaltam que essa receptividade acontece sempre. Assim, se somarmos as respostas "raramente" e "nunca" (31%), de um lado, e "frequentemente" e "sempre" (30%), de outro, verificamos praticamente um empate entre as ONGs que afirmam o acolhimento de suas demandas pelo Poder Judiciário e aquelas que, ao contrário, negam essa receptividade. Nesse caso, talvez seja interessante ir um pouco mais além e verificar o conteúdo das demandas apresentadas aos tribunais para assim poder traçar uma análise mais apurada do posicionamento do Poder Judiciário de acordo com a natureza das solicitações postuladas pelas entidades.

Além dessas constatações, percebeu-se ao longo da pesquisa uma inserção das ONGs nas próprias audiências públicas celebradas pelo Poder Judiciário. Prova disso é que, de acordo com o quadro 10, mais da metade das organizações entrevistadas (58%) participa nesses fóruns, porém não apenas de forma passiva, uma vez que também expressam suas opiniões nessas instâncias deliberativas.

Quadro 10
Distribuição das ONGs, absoluta e percentual, segundo a participação em audiências públicas promovidas pelo Poder Judiciário

Participação e opinião	ONGs	
	Absoluta	Percentual
Total	36	100
Sim	21	58
Não	9	25
Nunca foi considerada essa possibilidade	4	11
NR	2	6

Outro aspecto que merece destaque é a leitura promovida pelas próprias organizações de direitos humanos acerca das garantias promovidas pelo Judiciário em relação a esses direitos, como se pode verificar no quadro 11.

Quadro 11
Distribuição das ONGs, absoluta e percentual, segundo a opinião em relação à seguinte afirmativa: "o Poder Judiciário tem atuado de forma a garantir os direitos humanos"

Opinião	ONGs	
	Absoluta	Percentual
Total	36	100
Concorda plenamente	2	5,6
Não tem opinião formada	2	5,6
Discorda totalmente	4	11,1
Discorda parcialmente	13	36,1
Concorda parcialmente	15	41,7

Alguns atores demonstram opiniões antagônicas, pois se parte das entidades concorda plenamente (5,6%) ou parcialmente (41,7%) que o Judiciário tem revelado um compromisso com a garantia dos direitos humanos, outra parte, também numericamente expressiva, discorda parcialmente (36,1%) ou totalmente (11,1%)

da assertiva. Mais uma vez, portanto, encontramos manifestações opostas, porém equivalentes em termos percentuais.

Seguramente merece destaque o grande consenso entre os entrevistados acerca do perfil fechado e conservador do Poder Judiciário ao proferir suas decisões. O quadro 12 indica que a maioria das organizações concorda plenamente (36,1%) ou parcialmente (55,6%) com essa afirmativa, e que apenas um pequeno número (5,6%) manifestou discordância parcial, não havendo discordância total.

Quadro 12
Distribuição das ONGs, absoluta e percentual, segundo a opinião em relação à seguinte afirmativa: "o Poder Judiciário é fechado e conservador em suas decisões"

Opinião	ONGs	
	Absoluta	%
Total	36	100
Não tem opinião formada	1	2,8
Discorda parcialmente	2	5,6
Concorda plenamente	13	36,1
Concorda parcialmente	20	55,6

Com relação às notas atribuídas pelas entidades à atuação geral do Poder Judiciário, o quadro 13 revela um nível mediano de aprovação.

Quadro 13
Distribuição das ONGs, absoluta e percentual, segundo a nota atribuída ao Poder Judiciário

Nota	ONGs	
	Absoluta	%
Total	36	100
0	1	2,8
2	1	2,8
3	7	19,4
4	4	11,1
5	10	27,8

Continua

Nota	ONGs	
	Absoluta	%
6	7	19,4
7	3	8,3
8	1	2,8
NR	2	5,6

Numa escala de zero a 10, não foram atribuídas as notas 1, 9, e 10, e a maior concentração das notas atribuídas varia de 3 a 6. Esse dado deixa evidente, portanto, considerável insatisfação das ONGs no que se refere ao desempenho do Judiciário. Assim, embora tenha havido expressivo dissenso entre as entidades nas questões formuladas sobre a receptividade de suas demandas e a garantia dos direitos humanos pelos tribunais, as notas conferidas ao Poder Judiciário mostram que a maioria das organizações entrevistadas não está satisfeita com a atuação dos juízes.

Utilização de pactos internacionais pelas ONGs segundo a temática trabalhada

A parte do questionário referente à utilização das normas internacionais de proteção aos direitos humanos foi a que teve o maior índice de não resposta em toda a pesquisa. Das organizações entrevistadas, 22% não responderam a nenhuma das perguntas, conforme mostra o quadro 14.

Quadro 14
Distribuição das ONGs, absoluta e percentual, das ONGs, segundo a utilização de pelo menos uma das normativas internacionais de proteção aos direitos humanos investigadas

Utilização e frequência	ONGs	
	Absoluta	%
Total	36	100
Raramente	4	11
Não utilizo	9	25
Frequentemente	15	42
NR	8	22

Na escolha do entrevistado, considerou-se mais importante contatar pessoas com maior conhecimento sobre as atividades da ONG, e não sobre sua atuação jurídica ou sobre as normas tomadas isoladamente. Talvez isso tenha influenciado o percentual de não resposta.

A não utilização das normas também teve uma percentagem muito alta na pesquisa. A variação ficou entre 31% e 47%. No total, 25% dos entrevistados não utilizam nenhuma das normas internacionais. Alguns deles chegaram a comentar que os direitos humanos já estão presentes na Constituição Federal, e que isso seria suficiente para fundamentar suas ações. Discordamos desse argumento por considerar que, mesmo com importante previsão constitucional dos direitos fundamentais, notadamente em seus arts. 1º, inciso III; 4º, inciso II; e 5º, os tratados e convenções internacionais têm muito a contribuir na efetivação desses direitos, tanto de forma positiva como simbólica.

A percentagem das ONGs que utilizam raramente uma das normativas internacionais ficou entre 3% e 11%, segundo o quadro 14. De todos os entrevistados, 11% utilizam pelo menos uma das normativas internacionais apenas esporadicamente. Já a variação das respostas daqueles que frequentemente recorrem a uma das normas internacionais mencionadas foi maior. Em algumas respostas, 22% das ONGs recorriam constantemente às normas internacionais; em outras, o índice foi de apenas 3%. Porém, 42% afirmaram que pelo menos uma das diretrizes internacionais presentes no questionário é usada frequentemente nas demandas judiciais da ONG.

Mesmo considerando que a maioria das diretrizes internacionais discorre sobre temas específicos, impossibilitando assim a sua utilização por ONGs focadas em outros campos de atuação, e tendo em vista que nem todas as ações perpetradas por elas podem se valer de alguma norma internacional, a pesquisa nos mostra que apenas um pouco mais da metade (53%) utiliza qualquer convenção ou tratado com qualquer frequência.

A seguir analisaremos os dados colhidos na pesquisa que se referem à utilização das normas internacionais de direitos humanos segundo suas temáticas, a fim de identificarmos as eventuais especificidades que determinados campos de luta (defesa da criança ou defesa da moradia, por exemplo) possam apresentar em relação aos demais.

Fome/desnutrição

Das 10 ONGs que trabalham com o tema "fome/desnutrição", a maioria (50%) não utiliza o Pacto Internacional sobre os Direitos Civis e Políticos; três não responderam; e duas (20%) afirmaram utilizá-lo frequentemente. Quanto a esse grupo, os dados relativos às demais normativas internacionais sinalizam no mesmo sentido: algumas organizações as utilizam com frequência; a maioria não as utiliza ou as utiliza pouco; 30% utilizam com frequência o Pacto Internacional sobre os Direitos Econômicos, Sociais; 40% não o utilizam; 20% utilizam a Convenção Americana de Direitos Humanos; 60% não a utilizam. Já o Protocolo de San Salvador registra índices mais baixos de utilização: apenas 10% o utilizam frequentemente, enquanto 70% não o utilizam.

A Convenção Internacional sobre a Eliminação de todas as Formas de Discriminação Racial não parece possuir relação direta com o tema. Mas, nesse grupo, 20% das organizações entrevistadas afirmaram utilizar esse instrumento com frequência; 30% não responderam; e 50% afirmaram não utilizá-lo. Os mesmos dados foram encontrados quando se perguntou a esse grupo sobre a utilização da Convenção Interamericana para Prevenir, Punir e Erradicar a Violência contra a Mulher (OEA) e da Convenção Interamericana para a Eliminação de todas as Formas de Discriminação contra as Pessoas Portadoras de Deficiência. Uma explicação razoável seria pensar que essas organizações também atuam em outros temas. Dados semelhantes foram registrados quanto à Convenção sobre a Eliminação de todas as Formas de Discriminação contra a Mulher (ONU): a única diferença é que 10% disseram utilizá-la raramente, enquanto 40% afirmaram não utilizá-la. A Convenção contra a Tortura e outros Tratamentos ou Penas Cruéis, Desumanas ou Degradantes (ONU) e a Convenção Interamericana para Prevenir e Punir a Tortura obtiveram os mesmos resultados: 30% não responderam, e 70% disseram nunca utilizá-las.

A Convenção sobre os Direitos da Criança foi a normativa internacional que apresentou maior homogeneidade nos dados: 20% não responderam; 30% afirmaram utilizá-la frequentemente; 20% disseram utilizá-la raramente; e 30% afirmaram não utilizá-la. Ainda assim, temos 50% de utilização, o maior índice nesse tema até agora. É razoável pensar que se trata de temas ligados: direitos das crianças e fome/desnutrição. A figura 10 procura ilustrar esses resultados.

A utilização geral das normas mostra que 17,27% das ONGs entrevistadas que atuavam nesse campo utilizavam as normas com frequência; 3,64% utilizavam-nas raramente; 52,73%% não as utilizavam; e 26,36% não responderam. Somadas, as respostas de utilização chegam a 20,91%. O quadro 15 mostra os dados relacionados a esse eixo temático:

Figura 10
Utilização de normas internacionais por ONGs que atuam no tema fome/desnutrição

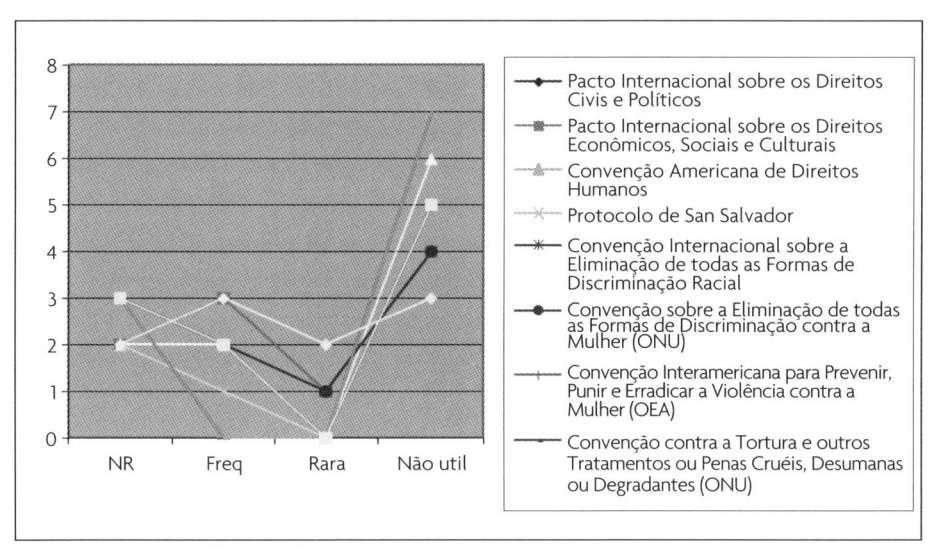

- Pacto Internacional sobre os Direitos Civis e Políticos
- Pacto Internacional sobre os Direitos Econômicos, Sociais e Culturais
- Convenção Americana de Direitos Humanos
- Protocolo de San Salvador
- Convenção Internacional sobre a Eliminação de todas as Formas de Discriminação Racial
- Convenção sobre a Eliminação de todas as Formas de Discriminação contra a Mulher (ONU)
- Convenção Interamericana para Prevenir, Punir e Erradicar a Violência contra a Mulher (OEA)
- Convenção contra a Tortura e outros Tratamentos ou Penas Cruéis, Desumanas ou Degradantes (ONU)

Quadro 15

Tema	Fome/desnutrição			
Ocorrências	10			
Norma	NR	Com frequência	Raramente	Não utiliza
Pacto Internacional sobre os Direitos Civis e Políticos	3	2	0	5
Pacto Internacional sobre os Direitos Econômicos, Sociais e Culturais	2	3	1	4
Convenção Americana de Direitos Humanos	2	2	0	6
Protocolo de San Salvador	2	1	0	7
Convenção Internacional sobre a Eliminação de todas as Formas de Discriminação Racial	3	2	0	5
Convenção sobre a Eliminação de todas as Formas de Discriminação contra a Mulher (ONU)	3	2	1	4
Convenção Interamericana para Prevenir, Punir e Erradicar a Violência contra a Mulher (OEA)	3	2	0	5
Convenção contra a Tortura e outros Tratamentos ou Penas Cruéis, Desumanas ou Degradantes (ONU)	3	0	0	7

Continua

Tema	Fome/desnutrição			
Ocorrências	10			
Norma	NR	Com frequência	Raramente	Não utiliza
Convenção Interamericana para Prevenir e Punir a Tortura	3	0	0	7
Convenção sobre os Direitos da Criança	2	3	2	3
Convenção Interamericana para a Eliminação de todas as Formas de Discriminação contra as Pessoas Portadoras de Deficiência	3	2	0	5
Utilização geral	29	19	4	58
	26,36%	17,27%	3,64%	52,73%

Moradia

Oito das organizações entrevistadas atuavam com o tema do direito à moradia. O quadro 16 mostra os dados referentes a esse eixo.

Quadro 16

Tema	Moradia			
Ocorrências	8			
Norma	NR	Com frequência	Raramente	Não utiliza
Pacto Internacional sobre os Direitos Civis e Políticos	3	1	1	3
Pacto Internacional sobre os Direitos Econômicos, Sociais e Culturais	2	2	1	3
Convenção Americana de Direitos Humanos	2	1	1	4
Protocolo de San Salvador	2	1	0	5
Convenção Internacional sobre a Eliminação de todas as Formas de Discriminação Racial	3	1	0	4
Convenção sobre a Eliminação de todas as Formas de Discriminação contra a Mulher (ONU)	3	1	2	2
Convenção Interamericana para Prevenir, Punir e Erradicar a Violência contra a Mulher (OEA)	3	1	0	4
Convenção contra a Tortura e outros Tratamentos ou Penas Cruéis, Desumanas ou Degradantes (ONU)	3	0	1	4
Convenção Interamericana para Prevenir e Punir a Tortura	3	0	0	5
Convenção sobre os Direitos da Criança	2	3	1	2

Continua

Tema	Moradia			
Ocorrências	8			
Norma	NR	Com frequência	Raramente	Não utiliza
Convenção Interamericana para a Eliminação de todas as Formas de Discriminação contra as Pessoas Portadoras de Deficiência	3	1	0	4
Utilização geral	66	24	14	80
	32,29%	15,63%	9,38%	42,70%

Entre as organizações que se identificaram como defensoras do direito à moradia, apenas 25% afirmaram utilizar o Pacto Internacional sobre os Direitos Civis e Políticos (12,5% utilizam-no raramente; mesmo índice para a utilização frequente). Já em relação ao Pacto Internacional sobre os Direitos Econômicos, Sociais e Culturais, apesar de 37,50% assinalarem não utilizá-lo e 25% não haverem respondido, 37,50% afirmaram utilizá-lo (25%, frequentemente, e 12,50%, raramente).

A Convenção Americana de Direitos Humanos e o Protocolo de San Salvador apresentaram dados semelhantes: 50% afirmaram não utilizar a primeira, e 62,50%, a segunda; em ambos os casos, 25% não responderam; 12,50% afirmaram utilizar frequentemente cada uma delas, e 12,50% disseram utilizar raramente a Convenção Americana de Direitos Humanos.

Os dados relativos à Convenção Internacional sobre a Eliminação de todas as Formas de Discriminação Racial, à Convenção Interamericana para Prevenir, Punir e Erradicar a Violência contra a Mulher (OEA) e à Convenção Interamericana para a Eliminação de todas as Formas de Discriminação contra as Pessoas Portadoras de Deficiência, que guardam entre si a semelhança de tratarem com grupos específicos, são iguais: 12,50% afirmaram utilizar frequentemente; nenhuma declarou utilizar raramente; 50% afirmaram não utilizar; e 37,50% não responderam à questão.

No caso da Convenção sobre a Eliminação de todas as Formas de Discriminação contra a Mulher (ONU), também um instrumento voltado para direitos de grupos específicos, os dados obtidos foram bem diferentes dos demais. Também é verdade que temas como "moradia" são temas transversais, atravessam diversos outros direitos. Tal convenção foi utilizada por 37,50% dos depoentes; 12,50% afirmaram utilizá-la frequentemente, e 25%, raramente; 37,50% não responderam; e 25% afirmaram não utilizá-la.

A Convenção contra a Tortura e outros Tratamentos ou Penas Cruéis, Desumanas ou Degradantes (ONU) não obteve nenhuma resposta que apontasse a utilização frequente, assim como a Convenção Interamericana para Prevenir e Punir a Tortura. Quanto a marcações relativas à utilização rara, apenas a primeira obteve 12,50% (uma marcação); em ambos os casos, 37,50% não responderam à questão.

A Convenção sobre os Direitos da Criança apresentou dados mais homogêneos e significativos no sentido da utilização: 37,50% afirmaram utilizá-la com frequência, e 12,50%, raramente (o que soma 50% de utilização); 25% declararam não utilizá-la, e o restante não respondeu à questão. Essa convenção alcançou o maior índice de utilização frequente e a maior soma de frequente e raro (mas que sinalizam utilizações, embora eventuais). Assim, é razoável pensar que as organizações que lidam com moradia também invocam os direitos das crianças. Por outro lado, os instrumentos internacionais menos utilizados eram os relacionados à tortura, o que faz crer que esses temas (moradia e tortura) pouco se relacionam. A figura 11 procura ilustrar os dados.

Figura 11
Utilização de normas internacionais por ONGs que atuam no tema moradia

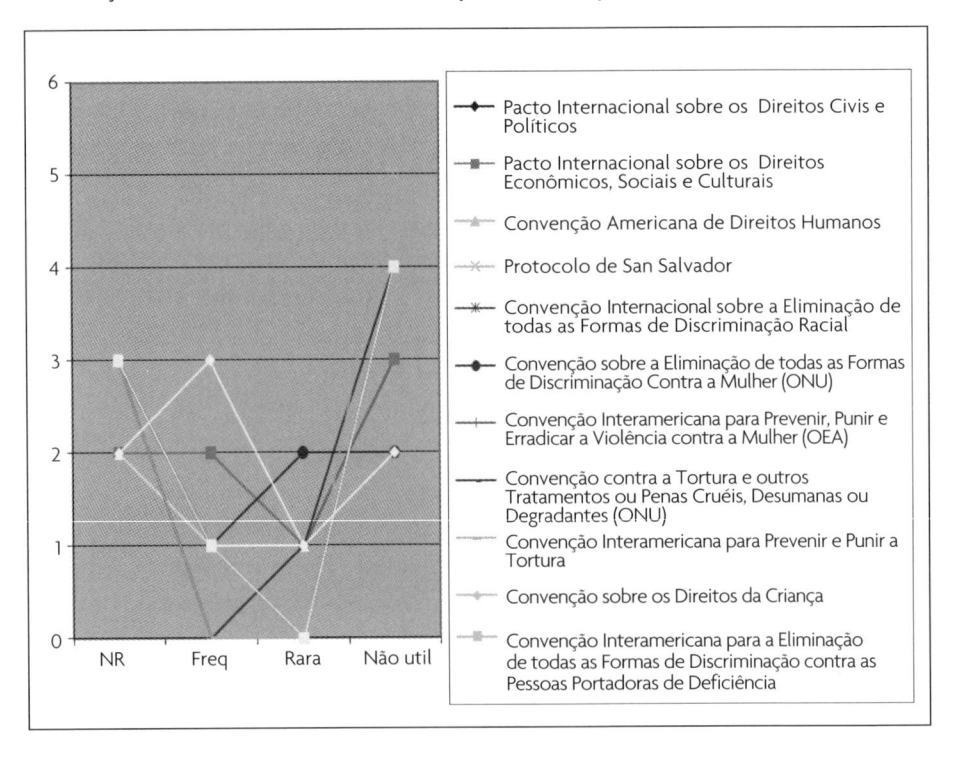

Mulheres

Esse eixo lida com organizações que atuam com um grupo específico, mas é de se esperar que, além dos instrumentos que falam diretamente do tema, haja a mobilização de outras normativas que atravessem o tema transversalmente. Quanto à utilização geral, foram 82 não respostas (41,41%), 62 respostas negativas (não utilização, 31,31%), 48 respostas sinalizando a utilização frequente (24,24%) e seis sinalizando a utilização rara (3,03)%, o que soma 27,27% de utilização (54 ocorrências). O quadro 17 relaciona as normas e o tema.

Quadro 17

Tema	Mulheres			
Ocorrências	18			
Norma	NR	Com frequência	Raramente	Não utiliza
Pacto Internacional sobre os Direitos Civis e Políticos	7	5	1	5
Pacto Internacional sobre os Direitos Econômicos, Sociais e Culturais	7	6	0	5
Convenção Americana de Direitos Humanos	7	4	0	7
Protocolo de San Salvador	8	2	0	8
Convenção Internacional sobre a Eliminação de todas as Formas de Discriminação Racial	7	6	1	4
Convenção sobre a Eliminação de todas as Formas de Discriminação contra a Mulher (ONU)	6	9	0	3
Convenção Interamericana para Prevenir, Punir e Erradicar a Violência contra a Mulher (OEA)	7	7	0	4
Convenção contra a Tortura e outros Tratamentos ou Penas Cruéis, Desumanas ou Degradantes (ONU)	8	1	1	8
Convenção Interamericana para Prevenir e Punir a Tortura	9	1	0	8
Convenção sobre os Direitos da Criança	8	4	2	4
Convenção Interamericana para a Eliminação de todas as Formas de Discriminação contra as Pessoas Portadoras de Deficiência	8	3	1	6
Utilização geral	82	48	6	62
	41,41%	24,24%	3,03%	31,31%

Em relação ao Pacto Internacional sobre os Direitos Civis e Políticos, 27,77% dos entrevistados afirmaram não utilizá-lo, enquanto 38,88% não responderam à questão. Assim, 33,33% afirmaram utilizar a norma (27,77%, frequentemente, e 5,55%, raramente). Em relação ao Pacto Internacional sobre os Direitos Econômicos, Sociais e Culturais, chegamos a dados semelhantes: a única diferença é que não houve respostas de utilização rara; 33,33% afirmaram utilizar o pacto frequentemente.

Resultado semelhante foi alcançado quando se perguntou sobre a utilização da Convenção Internacional sobre a Eliminação de todas as Formas de Discriminação Racial: 38,88% não responderam, mas o mesmo índice respondeu positivamente à utilização, e deste total, apenas 5,55% afirmaram utilizá-la raramente, enquanto 22,22% responderam que não a utilizam.

As respostas relativas à Convenção Americana de Direitos Humanos mostraram heterogeneidade, tendendo à não utilização: no total, 77,76% responderam negativamente; destes, a metade afirmou não utilizá-la, enquanto a outra metade não respondeu. Apenas 22,22% disseram utilizá-la com frequência. Resultados semelhantes foram observados no caso do Protocolo de San Salvador e da Convenção contra a Tortura e outros Tratamentos ou Penas Cruéis, Desumanas ou Degradantes (ONU). Em relação ao primeiro, 88,88% afirmaram não utilizar; destes, metade (44,44%) não respondeu, e a outra metade não utiliza; apenas 11,11% afirmaram utilizar com frequência. Quanto ao segundo, o índice de resposta negativa é igual; e 11,11% afirmam utilizar, mas apenas 5,55 % com frequência. De fato, o tema da tortura parece não se relacionar com a agenda de mobilização desse grupo: a Convenção Interamericana para Prevenir e Punir a Tortura obteve o maior índice de resposta negativa (94,44%), enquanto apenas 5,55% disseram utilizá-la com frequência.

Dos instrumentos internacionais pesquisados, dois estavam diretamente ligados ao tema: a Convenção sobre a Eliminação de todas as Formas de Discriminação contra a Mulher (ONU) e a Convenção Interamericana para Prevenir, Punir e Erradicar a Violência contra a Mulher (OEA). Era de se esperar que a relação dessas ONGs com esses instrumentos fosse muito próxima; de fato, foi aqui que se encontrou o maior índice de utilização: 50% na primeira, e 38,88% na segunda, ambas com utilização frequente (não houve respostas de utilização rara). Afirmaram não utilizar 16,66% na primeira, e 22,22% na segunda. O índice de não respostas foi de 33,33% na primeira e de 38,88% na segunda.

Quanto à Convenção sobre os Direitos da Criança, o índice de não resposta foi alto: 44,44%; mas o de resposta negativa nem tanto: 22,22%. Assim, 33,33% afirmaram utilizá-la e destes 22,22%, com frequência e 11,11%, raramente.

No caso da Convenção Interamericana para a Eliminação de todas as Formas de Discriminação contra as Pessoas Portadoras de Deficiência, 44,44% não responderam à questão; 33,33% afirmaram não utilizá-la; 16,66% afirmaram fazê-lo com frequência, e 5,55%, raramente.

Importante notar que, além das normas que lidam diretamente com os direitos da mulher, essas organizações utilizam consideravelmente os instrumentos internacionais relativos à discriminação racial (38,88%) e muito pouco as normas relacionadas à tortura (11,11% e 5,55%). Vale também ressaltar a escassa utilização do Protocolo de San Salvador: apenas 11,11% das respostas indicaram sua utilização. A figura 12 procura mostrar o quadro geral desmembrado por normas.

Figura 12
Utilização de normas internacionais por ONGs que atuam no tema mulheres

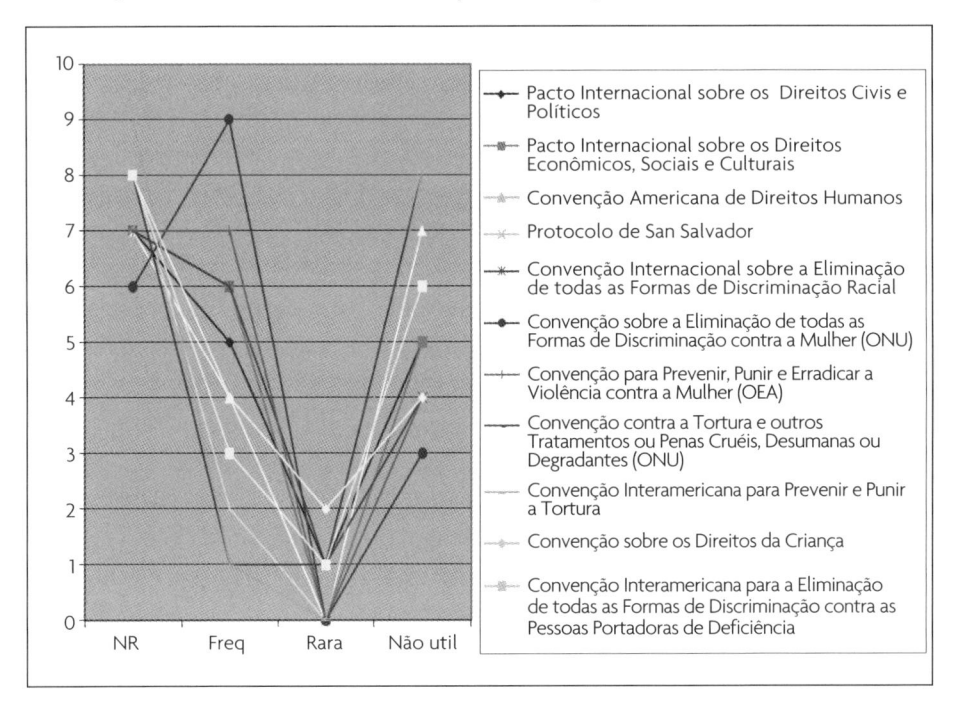

Idosos

Não foram muitas as organizações que afirmaram trabalhar com idosos: apenas quatro no total. Na utilização geral, nota-se que não é nada comum a utilização de normas internacionais: 72,73% foram não respostas; 20,45% foram respostas negativas (não utiliza); e apenas 6,82% das respostas indicaram utilização eventual da Convenção sobre a Eliminação de todas as Formas de Discriminação contra a Mulher (ONU), da Convenção sobre os Direitos da Criança e da Convenção Interamericana para a Eliminação de todas as Formas de Discriminação contra as Pessoas Portadoras de Deficiência. O quadro 18 ilustra esses dados.

Quadro 18

Tema	Idosos			
Ocorrências	4			
Norma	NR	Com frequência	Raramente	Não utiliza
Pacto Internacional sobre os Direitos Civis e Políticos	3	0	0	1
Pacto Internacional sobre os Direitos Econômicos, Sociais e Culturais	3	0	0	1
Convenção Americana de Direitos Humanos	3	0	0	1
Protocolo de San Salvador	3	0	0	1
Convenção Internacional sobre a Eliminação de todas as Formas de Discriminação Racial	3	0	0	1
Convenção sobre a Eliminação de todas as Formas de Discriminação contra a Mulher (ONU)	3	0	1	0
Convenção Interamericana para Prevenir, Punir e Erradicar a Violência contra a Mulher (OEA)	3	0	0	1
Convenção Internacional contra a Tortura e outros Tratamentos ou Penas Cruéis, Desumanas ou Degradantes (ONU)	3	0	0	1
Convenção Interamericana para Prevenir e Punir a Tortura	3	0	0	1
Convenção sobre os Direitos da Criança	3	0	1	0
Convenção Interamericana para a Eliminação de todas as Formas de Discriminação contra as Pessoas Portadoras de Deficiência	2	0	1	1
Utilização geral	32	0	3	9
	72,73%	0%	6,82%	20,45%

Não houve marcações na opção "frequentemente". A figura 13 mostra a distribuição desses dados.

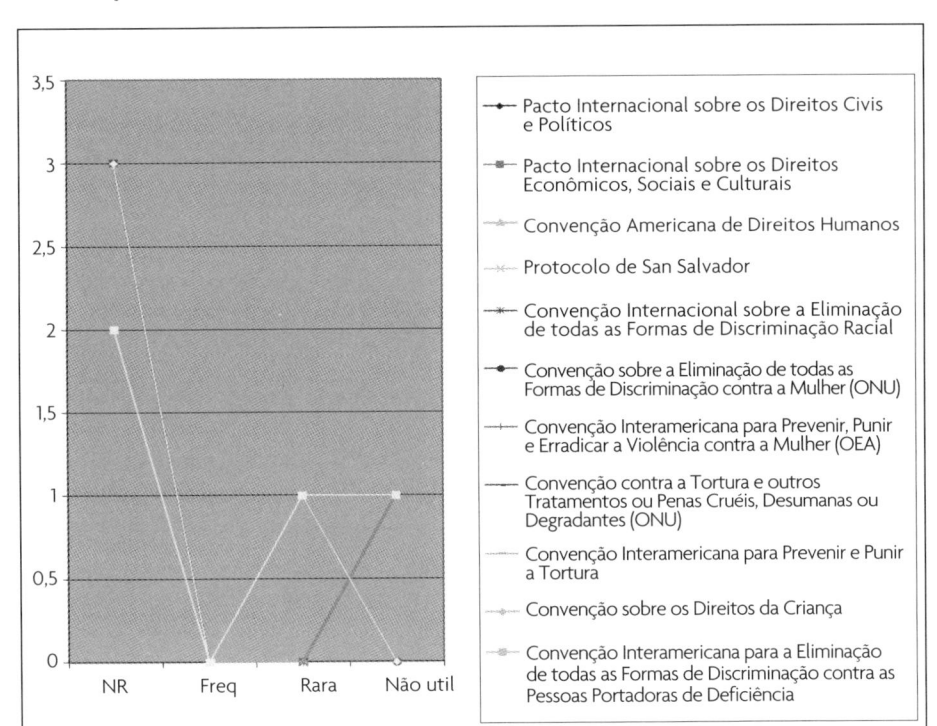

Figura 13
Utilização de normas internacionais por ONGs que atuam no tema idosos

- Pacto Internacional sobre os Direitos Civis e Políticos
- Pacto Internacional sobre os Direitos Econômicos, Sociais e Culturais
- Convenção Americana de Direitos Humanos
- Protocolo de San Salvador
- Convenção Internacional sobre a Eliminação de todas as Formas de Discriminação Racial
- Convenção sobre a Eliminação de todas as Formas de Discriminação contra a Mulher (ONU)
- Convenção Interamericana para Prevenir, Punir e Erradicar a Violência contra a Mulher (OEA)
- Convenção contra a Tortura e outros Tratamentos ou Penas Cruéis, Desumanas ou Degradantes (ONU)
- Convenção Interamericana para Prevenir e Punir a Tortura
- Convenção sobre os Direitos da Criança
- Convenção Interamericana para a Eliminação de todas as Formas de Discriminação contra as Pessoas Portadoras de Deficiência

Educação

Esse é outro tema transversal, que atravessa grupos específicos e gerais, tanto assim que surgiu na maioria das organizações investigadas. Em termos de utilização geral, 41,08% das ONGs que se identificaram como defensoras do direito à educação disseram não utilizar as normativas internacionais apresentadas pela pesquisa; 5,39% afirmaram utilizar raramente algumas delas, enquanto 14,48% responderam utilizá-las frequentemente (o que somou 19,87%). O tema ainda alcançou 39,06% de não respostas, conforme o quadro 19.

Alguns instrumentos internacionais mostraram semelhanças nas respostas: tanto o Pacto Internacional sobre os Direitos Civis e Políticos quanto a Convenção Americana de Direitos Humanos obtiveram dados idênticos: taxa alta de não resposta (40,74% não responderam) e de não utilização (os mesmos 40,74%). Apenas 14,8% das respostas indicaram utilização frequente, e 3,7%, utilização rara. Essa distribuição foi uma constante nas demais normas: concentração de respostas em não utilização e não resposta, e baixa utilização em geral das normas.

Quadro 19

Tema	Educação			
Ocorrências	4			
Norma	NR	Com frequência	Raramente	Não utiliza
Pacto Internacional sobre os Direitos Civis e Políticos	11	4	1	11
Pacto Internacional sobre os Direitos Econômicos, Sociais e Culturais	10	5	3	9
Convenção Americana de Direitos Humanos	11	4	1	11
Protocolo de San Salvador	11	2	1	13
Convenção Internacional sobre a Eliminação de todas as Formas de Discriminação Racial	9	6	1	11
Convenção sobre a Eliminação de todas as Formas de Discriminação contra a Mulher (ONU)	10	5	2	10
Convenção Interamericana para Prevenir, Punir e Erradicar a Violência contra a Mulher (OEA)	11	4	0	12
Convenção contra a Tortura e outros Tratamentos ou Penas Cruéis, Desumanas ou Degradantes (ONU)	11	1	3	12
Convenção Interamericana para Prevenir e Punir a Tortura	12	1	1	13
Convenção sobre os Direitos da Criança	11	6	2	8
Convenção Interamericana para a Eliminação de todas as Formas de Discriminação contra as Pessoas Portadoras de Deficiência	9	5	1	12
Utilização geral	116	43	16	122
	39,06%	14,48%	5,39%	41,08%

O Pacto Internacional sobre os Direitos Econômicos, Sociais e Culturais alcançou 37% de não respostas e 33,33% de respostas negativas (não utilização), chegando a 70,30% de respostas que indicam a pouca utilização das normas. Mas, tendência que se repete nas demais normas, foi mais comum a utilização frequente que a rara: 18,5% afirmaram utilizar com frequência e 11,11% indicaram utilização rara. O Protocolo de San Salvador obteve resultado semelhante: 40,74% de não resposta e 48,14% de não utilização (a norma com maior índice, junto com a Convenção Interamericana para Prevenir e Punir a Tortura), somando 88,88% de respostas. Apenas 11,11% afirmaram utilizar o protocolo, enquanto 7,4% o utilizam frequentemente.

Como se poderia esperar, a Convenção sobre os Direitos da Criança foi a norma mais utilizada: 29,62%, com 22,22% de utilização frequente (assim como ocorre com as organizações que atuam com os direitos de mulheres, é mais comum a utilização frequente que a utilização rara), maior índice alcançado por uma norma. Mas a Convenção Internacional sobre a Eliminação de todas as Formas de Discriminação Racial obteve o mesmo índice de utilização frequente e índice geral de utilização (frequente mais rara) ligeiramente abaixo da norma específica: 25,9%. Comparativamente, a Convenção sobre a Eliminação de todas as Formas de Discriminação contra a Mulher (ONU) alcançou números semelhantes: mesmo índice geral de utilização (25,9%), com 18,5% de utilização frequente. O índice de não utilização variou: 29,62% para a convenção específica, 37% para a Convenção sobre a Eliminação de todas as Formas de Discriminação contra a Mulher (ONU) e 40,74% para a Convenção Internacional sobre a Eliminação de todas as Formas de Discriminação Racial. Isso indica que esses temas — discriminação contra a mulher, discriminação racial, direitos da criança e educação — possuem uma coerência interna importante, embora claramente a ligação entre direitos das crianças e educação — ao menos em termos de utilização de normas internacionais — seja mais forte.

Curioso perceber que a Convenção sobre a Eliminação de todas as Formas de Discriminação contra a Mulher (ONU) alcançou esses resultados, com índices entre os mais relevantes em termos de utilização. Já a Convenção Interamericana para Prevenir, Punir e Erradicar a Violência contra a Mulher (OEA) apresentou dados muito diferentes: apenas 14,8% de utilização de normas (todas as respostas indicando utilização frequente), contra 25,9% da primeira. É mais comum, entre grupos que atuam com o tema educação, invocar a norma da ONU que a da OEA, em se tratando de discriminação ou violência contra a mulher.

No tocante à tortura, os resultados relativos à Convenção contra a Tortura e outros Tratamentos ou Penas Cruéis, Desumanas ou Degradantes (ONU) e à Convenção Interamericana para Prevenir e Punir a Tortura são muito semelhantes, embora na primeira, contrariando o que se verificou em todas as demais normas, seja mais comum a utilização rara (11,11%) do que a frequente (3,7%). Na segunda, o mesmo percentual de respostas indicava utilização rara e frequente (3,7%, somando apenas 7,4%).

A Convenção Interamericana para a Eliminação de todas as Formas de Discriminação contra as Pessoas Portadoras de Deficiência, por sua vez, obteve 44,44% de respostas indicando não utilização e 33,33% de não respostas, o que perfaz relevantes 77,77%. Apenas em 18,5% das respostas afirmou-se utilizá-la frequentemente, e em 3,7%, raramente. Como dito antes, a mobilização de normas internacionais por organizações que atuam com o tema educação foi mais frequente quando a norma tratava de direitos sociais e direitos das crianças (Pacto Internacional sobre os Direitos Econômicos, Sociais e Culturais, e Convenção sobre os Direitos da Criança, com 29,62%). Também foi relevante a utilização de normas relacionadas à discriminação racial e à discriminação contra a mulher (Convenção Internacional sobre a Eliminação de todas as Formas de Discriminação Racial e Convenção sobre a Eliminação de todas as Formas de Discriminação contra a Mulher [ONU], com 25,9%). Mas o uso foi muito pouco frequente quando a norma tratava de tortura (Convenção Interamericana para Prevenir e Punir a Tortura, com apenas 7,4% de utilização, e Convenção contra a Tortura e outros Tratamentos ou Penas Cruéis, Desumanas ou Degradantes [ONU], com 14,8%). A figura 14 pode ajudar a visualizar essa distribuição.

Figura 14
Utilização de normas internacionais por ONGs que atuam no tema educação

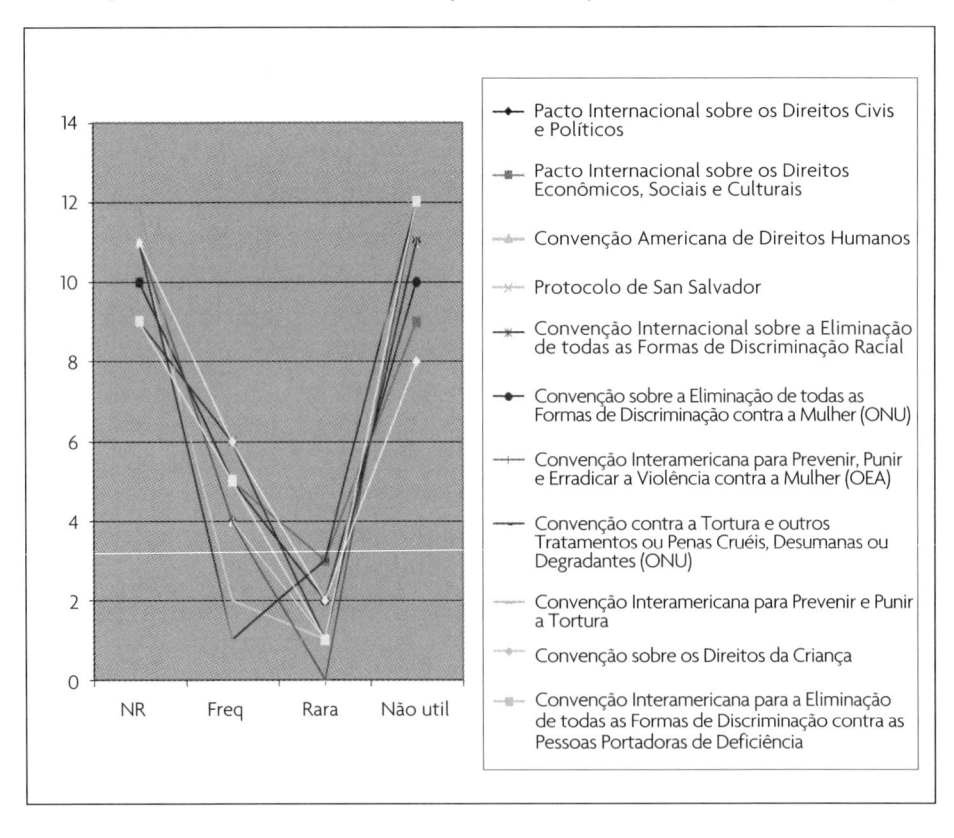

Agrárias

Em seguida, analisamos as organizações que lidam com questões agrárias. De todas as ONGs entrevistadas, nove se identificaram como defensoras desse tema. A distribuição (embora a dimensão seja bem menor) foi semelhante à do tema educação: concentração "nas pontas" (não resposta e não utilização) e poucas ocorrências "no meio" da curva (utilização).

É de se esperar que as questões agrárias estejam relacionadas a direitos sociais. Entretanto, o maior índice de utilização de normas (embora pequeno) estava relacionado à Convenção sobre os Direitos da Criança, com 33,33% de indicações (embora apenas 11,11% das respostas apontassem utilização frequente).

Algumas normas não são utilizadas pelas organizações entrevistadas. É o caso dos seguintes instrumentos: Pacto Internacional sobre os Direitos Civis e Políticos; Convenção Internacional sobre a Eliminação de todas as Formas de Discriminação Racial; Convenção Interamericana para Prevenir, Punir e Erradicar a Violência contra a Mulher (OEA); Convenção contra a Tortura e outros Tratamentos ou Penas Cruéis, Desumanas ou Degradantes (ONU); Convenção Interamericana para Prevenir e Punir a Tortura; e Convenção Interamericana para a Eliminação de todas as Formas de Discriminação contra as Pessoas Portadoras de Deficiência. Nesses casos, 33,33% não responderam, e 66,66% responderam que não utilizam.

Entre as normas utilizadas estão o Pacto Internacional sobre os Direitos Econômicos, Sociais e Culturais, a Convenção Americana sobre os Direitos Humanos, o Protocolo de San Salvador e a Convenção sobre os Direitos da Criança, cada qual com uma ocorrência de utilização frequente. O Pacto Internacional sobre os Direitos Econômicos, Sociais e Culturais e a Convenção sobre a Eliminação de todas as Formas de Discriminação contra a Mulher (ONU) foram mencionados uma vez cada como raramente utilizados; a Convenção sobre os Direitos da Criança foi citada duas vezes como raramente utilizada. Assim, entre essas organizações, as normas que tratam explícita ou implicitamente de direitos sociais são um pouco mais utilizadas do que aquelas que tratam implícita ou explicitamente de direitos civis e políticos. No total, foram 29,29% de não respostas, que, somadas aos 62,63% de respostas "não utiliza", chegam a 91,92% de respostas indicando a não utilização das normas, conforme o quadro 20.

Quadro 20

Tema	Agrárias			
Ocorrências	9			
Norma	NR	Com frequência	Raramente	Não utiliza
Pacto Internacional sobre os Direitos Civis e Políticos	3	0	0	6
Pacto Internacional sobre os Direitos Econômicos, Sociais e Culturais	2	1	1	5
Convenção Americana de Direitos Humanos	2	1	0	6
Protocolo de San Salvador	2	1	0	6
Convenção Internacional sobre a Eliminação de todas as Formas de Discriminação Racial	3	0	0	6
Convenção sobre a Eliminação de todas as Formas de Discriminação contra a Mulher (ONU)	30	0	1	5
Convenção Interamericana para Prevenir, Punir e Erradicar a Violência contra a Mulher (OEA)	3	0	0	6
Convenção contra a Tortura e outros Tratamentos ou Penas Cruéis, Desumanas ou Degradantes (ONU)	3	0	0	6
Convenção Interamericana para Prevenir e Punir a Tortura	3	0	0	6
Convenção sobre os Direitos da Criança	2	1	2	4
Convenção Interamericana para a Eliminação de todas as Formas de Discriminação contra as Pessoas Portadoras de Deficiência	3	0	0	6
Utilização geral	29	4	4	62
	29,29%	4,04%	4,04%	62,63%

A figura 15 mostra a distribuição dos resultados.

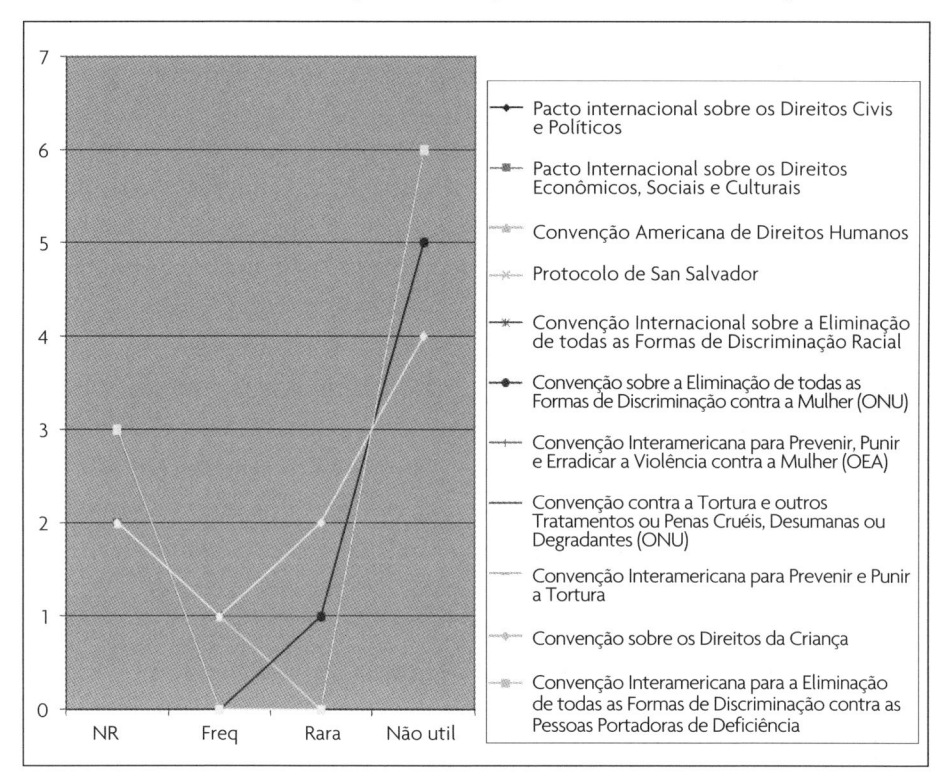

Figura 15
Utilização de normas por ONGs que atuam com o tema agrárias

- Pacto internacional sobre os Direitos Civis e Políticos
- Pacto Internacional sobre os Direitos Econômicos, Sociais e Culturais
- Convenção Americana de Direitos Humanos
- Protocolo de San Salvador
- Convenção Internacional sobre a Eliminação de todas as Formas de Discriminação Racial
- Convenção sobre a Eliminação de todas as Formas de Discriminação contra a Mulher (ONU)
- Convenção Interamericana para Prevenir, Punir e Erradicar a Violência contra a Mulher (OEA)
- Convenção contra a Tortura e outros Tratamentos ou Penas Cruéis, Desumanas ou Degradantes (ONU)
- Convenção Interamericana para Prevenir e Punir a Tortura
- Convenção sobre os Direitos da Criança
- Convenção Interamericana para a Eliminação de todas as Formas de Discriminação contra as Pessoas Portadoras de Deficiência

Sexualidade

O tema "sexualidade" surgiu 18 vezes — o segundo mais citado como tema de trabalho das organizações (depois de "educação", com 27 ocorrências, e junto com "mulheres" e "saúde", também com 18).

Os resultados apresentaram uma distribuição um pouco mais homogênea que a da maioria das demais: concentraram-se nas opções "não respondeu", "utiliza com frequência" e "não utiliza". Esse foi o caso do Pacto Internacional sobre os Direitos Civis e Políticos, com 33,33% das indicações em "com frequência", mas com o mesmo índice de não respostas; 27,77% das respostas indicavam "não utiliza", e apenas 5,55% apontavam o uso raro da norma. Resultado muito semelhante foi observado quando se perguntou sobre a Convenção sobre a Eliminação de todas as Formas de Discriminação contra a Mulher (ONU): as únicas diferenças foram os índices de resposta "com frequência" (38,88%) e "não utiliza" (22,22%).

O Pacto Internacional sobre os Direitos Econômicos, Sociais e Culturais e a Convenção Internacional sobre a Eliminação de todas as Formas de Discriminação Racial apresentaram os mesmos resultados: 38,88% não responderam; 33,33% disseram utilizar frequentemente; 5,55% afirmaram utilizar raramente; e 22,22% indicaram não utilizar.

A Convenção Americana de Direitos Humanos e a Convenção Interamericana para Prevenir, Punir e Erradicar a Violência contra a Mulher (OEA) também apresentaram os mesmos resultados: 38,88% não responderam; 33,33% indicaram não utilizar; 27,77% disseram utilizar frequentemente, não havendo nenhuma indicação de utilização rara.

Os instrumentos que apresentaram maior taxa de não resposta foram a Convenção Interamericana para Prevenir e Punir a Tortura, a Convenção sobre os Direitos da Criança e a Convenção Interamericana para a Eliminação de todas as Formas de Discriminação contra as Pessoas Portadoras de Deficiência, todas com 50% de não resposta. A primeira alcançou apenas 5,55% de utilização frequente e o mesmo índice de utilização rara, com 38,88% de respostas "não utiliza". A segunda apresentou um índice um pouco maior de utilização frequente (22,22%), com 11,11% de marcações em "raramente" e 16,66% de respostas "não utiliza". Já a terceira norma não apresentou marcações "raramente"; as indicações "frequentemente" somaram 16,66% das respostas; e 33,33% das respostas indicaram a não utilização.

Além dessas normas, o Protocolo de San Salvador registrou 44,44% de não respostas; apenas 5,55% disseram utilizar frequentemente; 11,11% afirmaram utilizar raramente; e 38,88% indicaram não utilizar.

Os temas sexualidade e gênero possuem uma relação latente. A norma com maior concentração de respostas em "frequentemente" e "raramente" (ou seja, indicando algum tipo de utilização) foi a Convenção sobre a Eliminação de todas as Formas de Discriminação contra a Mulher (ONU), com 44,44% de indicações de uso: 38,88% de uso frequente (o maior índice) e 5,55% de uso raro. A outra norma que tocava explicitamente na questão da mulher — a Convenção Interamericana para Prevenir, Punir e Erradicar a Violência contra a Mulher (OEA) — foi citada como utilizada em 27,77% das respostas (todas em "frequentemente").

Depois da Convenção sobre a Eliminação de todas as Formas de Discriminação contra a Mulher (ONU), as normas com mais indicações de utilização foram o

Pacto Internacional sobre os Direitos Civis e Políticos, o Pacto Internacional sobre os Direitos Econômicos, Sociais e Culturais e a Convenção Internacional sobre a Eliminação de todas as Formas de Discriminação Racial: um total de 38,88% cada (sendo 33,33% das marcações em "frequentemente" e 5,55% em "raramente").

Quanto ao resultado geral, o índice de não respostas chegou a 41,71%; 29,65% disseram não utilizar, índice maior que os 23,61% de utilização frequente e os 5,03% de utilização rara, conforme o quadro 21.

Quadro 21

Tema	Sexualidade			
Ocorrências	18			
Norma	NR	Com frequência	Raramente	Não utiliza
Pacto Internacional sobre os Direitos Civis e Políticos	6	6	1	5
Pacto Internacional sobre os Direitos Econômicos, Sociais e Culturais	7	6	1	4
Convenção Americana de Direitos Humanos	7	5	0	6
Protocolo de San Salvador	8	3	1	7
Convenção Internacional sobre a Eliminação de todas as Formas de Discriminação Racial	7	6	1	4
Convenção sobre a Eliminação de todas as Formas de Discriminação contra a Mulher (ONU)	6	7	1	4
Convenção Interamericana para Prevenir, Punir e Erradicar a Violência contra a Mulher (OEA)	7	5	0	6
Convenção contra a Tortura e outros Tratamentos ou Penas Cruéis, Desumanas ou Degradantes (ONU)	8	1	2	7
Convenção Interamericana para Prevenir e Punir a Tortura	9	1	1	7
Convenção sobre os Direitos da Criança	9	4	2	3
Convenção Interamericana para a Eliminação de todas as Formas de Discriminação contra as Pessoas Portadoras de Deficiência	9	3	0	6
Utilização geral	83	47	10	59
	41,71%	23,61%	5,03%	29,65%

A figura 16 mostra a distribuição por norma.

Figura 16
Utilização de normas por ONGs que atuam com o tema sexualidade

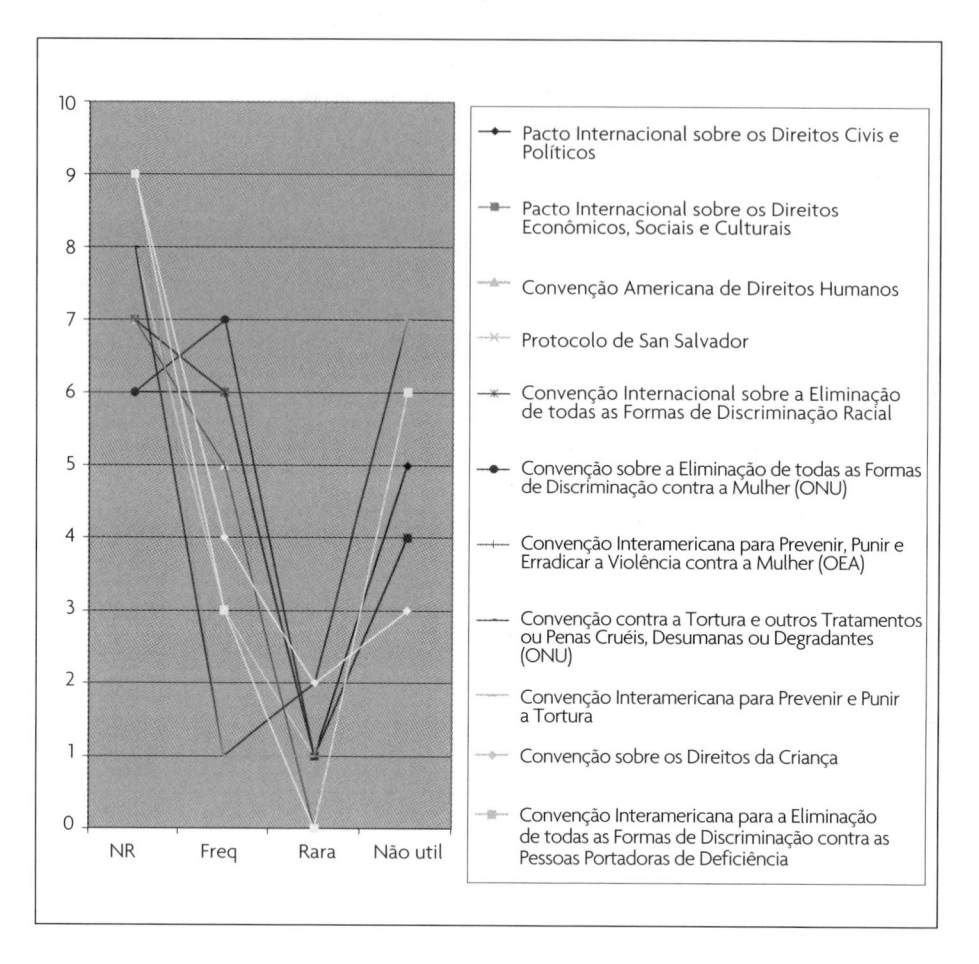

- Pacto Internacional sobre os Direitos Civis e Políticos
- Pacto Internacional sobre os Direitos Econômicos, Sociais e Culturais
- Convenção Americana de Direitos Humanos
- Protocolo de San Salvador
- Convenção Internacional sobre a Eliminação de todas as Formas de Discriminação Racial
- Convenção sobre a Eliminação de todas as Formas de Discriminação contra a Mulher (ONU)
- Convenção Interamericana para Prevenir, Punir e Erradicar a Violência contra a Mulher (OEA)
- Convenção contra a Tortura e outros Tratamentos ou Penas Cruéis, Desumanas ou Degradantes (ONU)
- Convenção Interamericana para Prevenir e Punir a Tortura
- Convenção sobre os Direitos da Criança
- Convenção Interamericana para a Eliminação de todas as Formas de Discriminação contra as Pessoas Portadoras de Deficiência

Tortura

As organizações que afirmaram trabalhar com a temática da "tortura" eram apenas oito. Por outro lado, essa foi a temática que, em termos de resultado geral (todas as ocorrências somadas), apresentou maior índice de utilização frequente: 29,55%, superior ao índice de não utilização (25%), mas inferior ao de não resposta (30,68%). Esses dados são apresentados no quadro 22.

Quadro 22

Tema	Tortura			
Ocorrências	8			
Norma	NR	Com frequência	Raramente	Não utiliza
Pacto Internacional sobre os Direitos Civis e Políticos	2	3	1	2
Pacto Internacional sobre os Direitos Econômicos, Sociais e Culturais	2	3	3	0
Convenção Americana de Direitos Humanos	3	2	1	2
Protocolo de San Salvador	3	1	1	3
Convenção Internacional sobre a Eliminação de todas as Formas de Discriminação Racial	2	3	1	2
Convenção sobre a Eliminação de todas as Formas de Discriminação contra a Mulher (ONU)	2	3	1	2
Convenção Interamericana para Prevenir, Punir e Erradicar a Violência contra a Mulher (OEA)	2	3	0	3
Convenção contra a Tortura e outros Tratamentos ou Penas Cruéis, Desumanas ou Degradantes (ONU)	2	1	3	2
Convenção Interamericana para Prevenir e Punir a Tortura	3	1	1	3
Convenção sobre os Direitos da Criança	3	4	1	0
Convenção Interamericana para a Eliminação de todas as Formas de Discriminação contra as Pessoas Portadoras de Deficiência	3	2	0	3
Utilização geral	27	26	13	22
	30,68%	29,55%	14,77%	25%

Era de se esperar que as duas convenções que tratam explicitamente do tema — Convenção contra a Tortura e outros Tratamentos ou Penas Cruéis, Desumanas ou Degradantes (ONU) e Convenção Interamericana para Prevenir e Punir a Tortura — refletissem essa incidência maior de respostas "frequentemente". Entretanto, os resultados de ambas não são tão significativos: 25% de não respostas na primeira, e 37,5% na segunda; apenas 12,5% indicaram utilizar "frequentemente"; 37,5% disseram utilizar "raramente" a primeira, e apenas 12,5%, a segunda; e 25% na primeira e 37,5% na segunda afirmaram não utilizar as normas.

A Convenção sobre os Direitos da Criança obteve o maior índice de respostas "frequentemente" (50%) e nenhuma marcação em "não utiliza". A taxa de não resposta foi de 37,5%, enquanto 12,5% responderam utilizar "raramente". Essa foi a segunda norma com maior concentração no "meio" da curva, com indicações de utilização (62,5%) variadas (entre frequente e raro).

O Pacto Internacional sobre os Direitos Econômicos, Sociais e Culturais foi a norma internacional com maior índice de respostas nesse "meio": 75%. Não houve marcação "não utiliza", e a taxa de não resposta foi de 25%, uma das mais baixas. Curioso notar que esse pacto, mais afeito aos direitos sociais, registrou números mais significativos (em termos de utilização) que os do Pacto Internacional sobre os Direitos Civis e Políticos. Este último obteve 37,5% de marcações de utilização frequente e 12,5% de "raramente"; as não respostas corresponderam a 25%, mesmo índice de resposta indicando a não utilização da norma.

A Convenção Internacional sobre a Eliminação de todas as Formas de Discriminação Racial e a Convenção sobre a Eliminação de todas as Formas de Discriminação contra a Mulher (ONU) apresentaram respostas idênticas: 25% de não respostas, 37,5% de utilização frequente, 12,5% de utilização rara e 25% de "não utiliza".

O outro instrumento que versava explicitamente sobre direitos da mulher — a Convenção Interamericana para Prevenir, Punir e Erradicar a Violência contra a Mulher (OEA) — obteve resultados muito semelhantes: 25% de não respostas, 37,5% de utilização frequente, mas nenhuma marcação de utilização rara e 37,5% de marcações "não utiliza".

Juntamente com a Convenção Interamericana para Prevenir e Punir a Tortura, o Protocolo de San Salvador e a Convenção Interamericana para a Eliminação de todas as Formas de Discriminação contra as Pessoas Portadoras de Deficiência apresentaram a menor concentração no "meio" da curva, isto é, indicações de utilização de normas (25%), o que mostra pouca relação entre tortura e discriminação contra portadores de deficiência, por exemplo. A diferença é que as duas primeiras possuíam 12,5% de respostas em cada forma de utilização ("frequentemente" e "raramente"), enquanto a última possuía apenas marcações em "frequentemente" (25%), ou seja, era mais comum que as outras duas. A Convenção Americana de Direitos Humanos mostrou resultados um pouco mais significativos: 25% de utilização frequente, 12,5% de utilização rara; 37,5% de não respostas, e 25% de respostas "não utiliza". A figura 17 mostra a distribuição por norma.

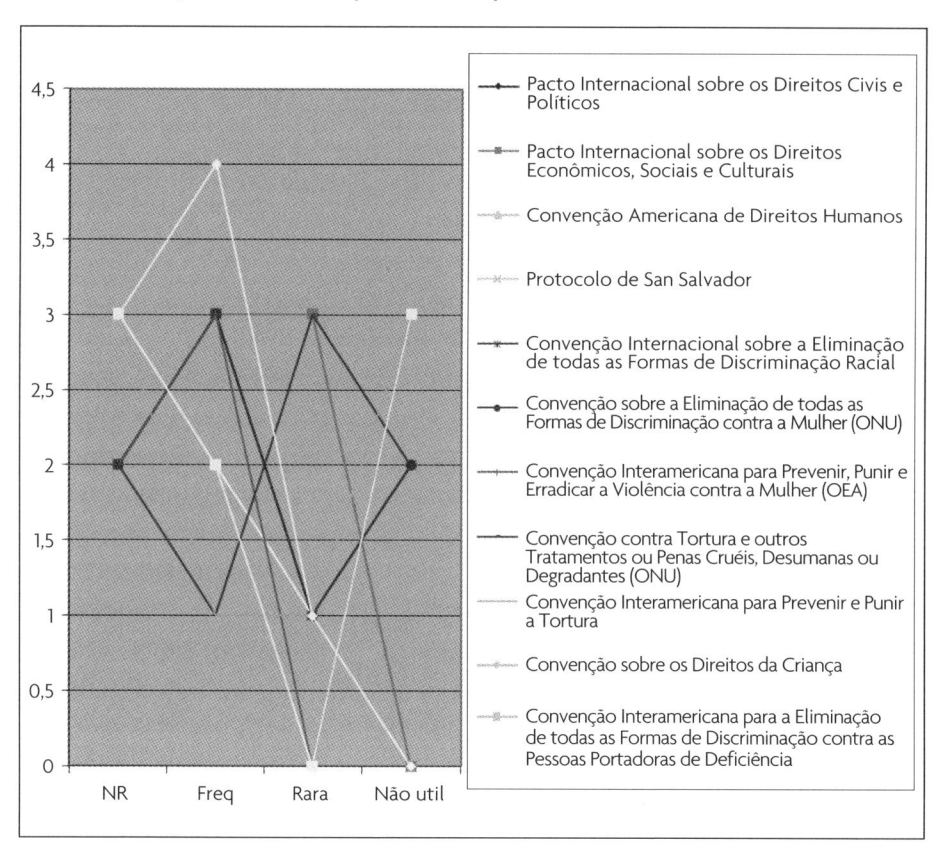

Figura 17
Utilização de normas por ONGs que atuam com o tema tortura

[Gráfico com legenda:
- Pacto Internacional sobre os Direitos Civis e Políticos
- Pacto Internacional sobre os Direitos Econômicos, Sociais e Culturais
- Convenção Americana de Direitos Humanos
- Protocolo de San Salvador
- Convenção Internacional sobre a Eliminação de todas as Formas de Discriminação Racial
- Convenção sobre a Eliminação de todas as Formas de Discriminação contra a Mulher (ONU)
- Convenção Interamericana para Prevenir, Punir e Erradicar a Violência contra a Mulher (OEA)
- Convenção contra Tortura e outros Tratamentos ou Penas Cruéis, Desumanas ou Degradantes (ONU)
- Convenção Interamericana para Prevenir e Punir a Tortura
- Convenção sobre os Direitos da Criança
- Convenção Interamericana para a Eliminação de todas as Formas de Discriminação contra as Pessoas Portadoras de Deficiência

Eixo X: NR, Freq, Rara, Não util
Eixo Y: 0 a 4,5]

Criança e adolescente

Na seleção de normas internacionais de direitos humanos, esperava-se que a Convenção sobre os Direitos da Criança apresentasse o maior índice de utilização em relação às demais, quando se tratasse de ONGs cuja temática principal fosse o direito da criança e do adolescente. Porém, quanto à mencionada convenção, observou-se o seguinte: o índice de não respostas chegou a 52,94%; 17,65% indicaram não utilizar a norma; a parte do "meio" da curva, que indica a utilização (rara ou frequente), obteve taxa total de 29,41% de respostas, sendo 23,53% de marcações em "frequentemente" e 5,88% em "raramente". Já a Convenção sobre a Eliminação de todas as Formas de Discriminação contra a Mulher (ONU) registrou 41,18% de indicações de utilização, sendo 35,29% "frequentemente" e 5,88% "raramente".

O índice de não respostas foi menor (41,18%), e a taxa de não utilização foi igual (17,65%). O que esse dado pode indicar é um cruzamento entre gênero e juventude: organizações que trabalham com direitos de crianças e adolescentes também atuam com a temática de gênero. Outra explicação provisória é que as temáticas em si (e não as organizações) estão imbricadas: a questão da juventude surge com a questão de gênero.

A outra norma relacionada à questão da mulher obteve índices um pouco menores: a Convenção Interamericana para Prevenir, Punir e Erradicar a Violência contra a Mulher (OEA) obteve um índice maior de não respostas (47,06%) e de respostas indicando a não utilização (23,53%). Não houve marcações indicando a utilização rara, e a utilização frequente obteve índice de 29,41%.

A norma internacional com maior índice de não resposta foi a Convenção Interamericana para Prevenir e Punir a Tortura, com 58,82%. A taxa de utilização foi consideravelmente baixa: 5,88% disseram utilizar frequentemente, e não houve marcações em utilização rara. As respostas indicando não utilização somaram 35,29%, o maior índice de não utilização, juntamente com o Protocolo de San Salvador e a Convenção contra a Tortura e outros Tratamentos ou Penas Cruéis, Desumanas ou Degradantes (ONU).

O Protocolo de San Salvador apresentou índice igualmente alto de não resposta (52,94%), apenas 11,76% de indicações de utilização frequente e nenhuma de utilização rara. A Convenção contra a Tortura e outros Tratamentos ou Penas Cruéis, Desumanas ou Degradantes (ONU) apresentou o mesmo índice de não resposta, com apenas 5,88% de utilização frequente e o mesmo índice de utilização rara.

A Convenção Internacional sobre a Eliminação de todas as Formas de Discriminação Racial também apresentou dados relativamente significativos: taxa de não resposta de 41,18% (a menor, junto com a Convenção da ONU sobre a Eliminação de todas as Formas de Discriminação contra a Mulher); taxa de não utilização de 23,53%; e taxa de utilização de 35,29% (sendo 29,41% em "frequentemente" e 5,88% em "raramente").

O Pacto Internacional sobre os Direitos Civis e Políticos e o Pacto Internacional sobre os Direitos Econômicos, Sociais e Culturais obtiveram os mesmos resultados: 47,06% de não respostas; 23,53% de não utilização; nenhuma marcação de utilização rara; e 29,41% de marcações em "frequentemente". A Convenção Americana de Direitos Humanos e a Convenção Interamericana para a Eliminação de todas as Formas de Discriminação contra as Pessoas Portadoras de Deficiência também apresentaram dados semelhantes: mesma taxa de não respostas (47,06%) e mesma taxa de utilização frequente (23,53%). A primeira não teve indicações em utilização rara, enquanto a segunda obteve 5,88%; a primeira registrou um índice de não utilização um pouco maior (29,41%) que o da segunda (23,53%).

Em termos de utilização geral, os resultados se concentraram nas não respostas: 48,67%. No total, foram 26,20% de respostas "não utiliza", 22,46% de utilização frequente e 2,67% de utilização rara (a utilização somou 25,13%), conforme o quadro 23.

Quadro 23

Tema	Criança e adolescente			
Ocorrências	17			
Norma	NR	Com frequência	Raramente	Não utiliza
Pacto Internacional sobre os Direitos Civis e Políticos	8	5	0	4
Pacto Internacional sobre os Direitos Econômicos, Sociais e Culturais	8	5	0	4
Convenção Americana de Direitos Humanos	8	4	0	5
Protocolo de San Salvador	9	2	0	6
Convenção Internacional sobre a Eliminação de todas as Formas de Discriminação Racial	7	5	1	4
Convenção sobre a Eliminação de todas as Formas de Discriminação contra a Mulher (ONU)	7	6	1	3
Convenção Interamericana para Prevenir, Punir e Erradicar a Violência contra a Mulher (OEA)	8	5	0	4
Convenção contra a Tortura e outros Tratamentos ou Penas Cruéis, Desumanas ou Degradantes (ONU)	9	1	1	6
Convenção Interamericana para Prevenir e Punir a Tortura	10	1	0	6
Convenção sobre os Direitos da Criança	9	4	1	3
Convenção Interamericana para a Eliminação de todas as Formas de Discriminação contra as Pessoas Portadoras de Deficiência	8	4	1	4
Utilização geral	91	42	5	49
	48,67%	22,46%	2,67%	26,20%

A figura 18 mostra a distribuição de respostas por normas.

Figura 18
Utilização de normas por ONGs que atuam com o tema criança e adolescente

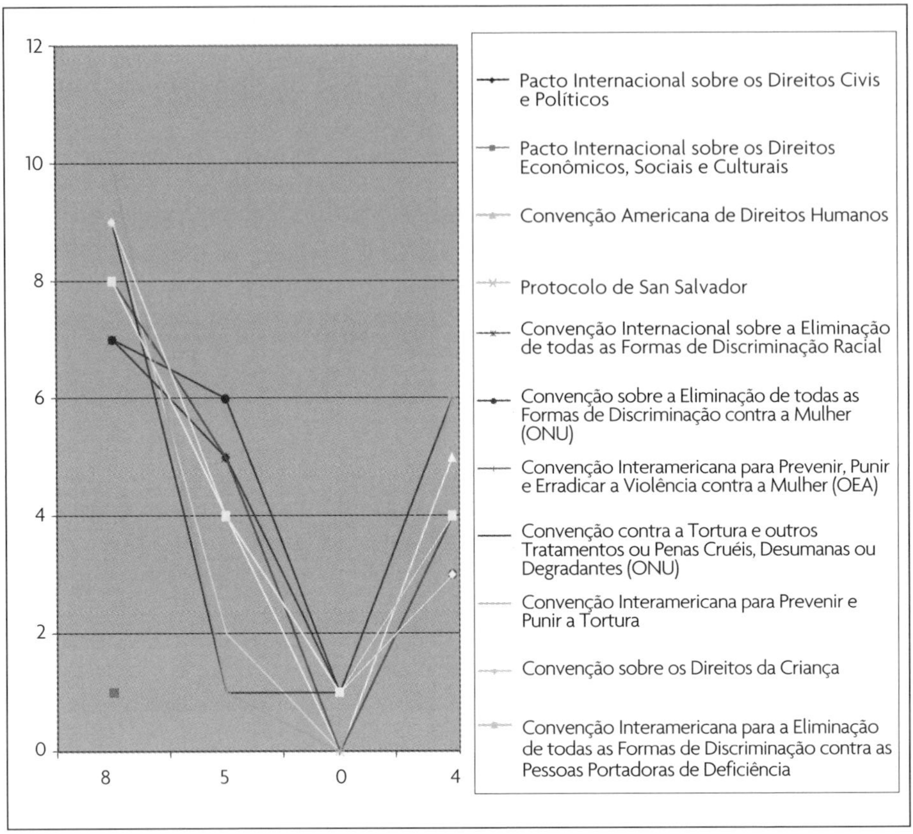

```
12
                                        ── Pacto Internacional sobre os Direitos Civis
                                           e Políticos
10
                                        ── Pacto Internacional sobre os Direitos
                                           Econômicos, Sociais e Culturais

                                        ── Convenção Americana de Direitos Humanos
 8
                                        ── Protocolo de San Salvador

                                        ── Convenção Internacional sobre a Eliminação
                                           de todas as Formas de Discriminação Racial
 6
                                        ── Convenção sobre a Eliminação de todas as
                                           Formas de Discriminação contra a Mulher
                                           (ONU)
                                        ── Convenção Interamericana para Prevenir, Punir
                                           e Erradicar a Violência contra a Mulher (OEA)
 4
                                        ── Convenção contra a Tortura e outros
                                           Tratamentos ou Penas Cruéis, Desumanas ou
                                           Degradantes (ONU)

 2                                      ── Convenção Interamericana para Prevenir e
                                           Punir a Tortura

                                        ── Convenção sobre os Direitos da Criança
 0
    8    5    0    4                    ── Convenção Interamericana para a Eliminação
                                           de todas as Formas de Discriminação contra as
                                           Pessoas Portadoras de Deficiência
```

Deficiência

O tema "deficiência" apareceu apenas seis vezes nas entrevistas com organizações não governamentais. Não houve marcações de utilização rara. A taxa de não resposta foi alta: 77,27%, na contagem geral. A opção "não utiliza" foi assinalada em 7,58% dos casos, e a opção utiliza "frequentemente", em 15,15% dos casos. O quadro 24 ilustra os dados.

Entre as normas internacionais constantes do instrumento de pesquisa, a Convenção Interamericana para a Eliminação de todas as Formas de Discriminação contra as Pessoas Portadoras de Deficiência era a única a tratar explicitamente desse tema. De fato, ela apresentou a menor taxa de não resposta (33,33%) e a maior de utilização frequente (50%). Aliás, foi a única a registrar esses índices. Apenas 16,67% dos respondentes afirmaram não utilizá-la.

Quadro 24

Tema	Deficiência			
Ocorrências	6			
Norma	NR	Com frequência	Raramente	Não utiliza
Pacto Internacional sobre os Direitos Civis e Políticos	5	1	0	0
Pacto Internacional sobre os Direitos Econômicos, Sociais e Culturais	5	1	0	0
Convenção Americana de Direitos Humanos	5	0	0	1
Protocolo de San Salvador	5	0	0	1
Convenção Internacional sobre a Eliminação de todas as Formas de Discriminação Racial	4	2	0	0
Convenção sobre a Eliminação de todas as Formas de Discriminação contra a Mulher (ONU)	5	1	0	0
Convenção Interamericana para Prevenir, Punir e Erradicar a Violência contra a Mulher (OEA)	5	1	0	0
Convenção contra a Tortura e outros Tratamentos ou Penas Cruéis, Desumanas ou Degradantes (ONU)	5	0	0	1
Convenção Interamericana para Prevenir e Punir a Tortura	5	0	0	1
Convenção sobre os Direitos da Criança	5	1	0	0
Convenção Interamericana para a Eliminação de todas as Formas de Discriminação contra as Pessoas Portadoras de Deficiência	2	3	0	1
Utilização geral	51	10	0	5
	77,27%	15,15%	0%	7,58%

Algumas normas — o Pacto Internacional sobre os Direitos Civis e Políticos, o Pacto Internacional sobre os Direitos Econômicos, Sociais e Culturais, a Convenção sobre a Eliminação de todas as Formas de Discriminação contra a Mulher (ONU), a Convenção Interamericana para Prevenir, Punir e Erradicar a Violência contra a Mulher (OEA) e a Convenção sobre os Direitos da Criança — apresentaram os mesmos dados: taxa de não resposta de 83,33% e taxa de utilização frequente de 16,67%. Não houve marcações em utiliza "raramente" e "não utiliza", o que indica que, mesmo sendo pouco utilizadas, fazem parte da agenda das organizações.

Outras normas também registraram os mesmos dados: a Convenção Americana de Direitos Humanos, o Protocolo de San Salvador, a Convenção contra a Tortura e outros Tratamentos ou Penas Cruéis, Desumanas ou Degradantes (ONU) e a Convenção Interamericana para Prevenir e Punir a Tortura, com taxa de não resposta de 83,33% e índice de não utilização de 16,67%. Essas normas simplesmente não são utilizadas pelas organizações entrevistadas.

A Convenção Internacional sobre a Eliminação de todas as Formas de Discriminação Racial apresentou dados um pouco diferentes: taxa de não resposta de 66,67% e taxa de utilização frequente de 33,33%, ou seja, utilização escassa em geral, mas levemente superior à da maioria das normas quando relacionadas a esse tema. A figura 19 mostra a distribuição.

Figura 19
Utilização de normas por ONGs que atuam com o tema deficiência

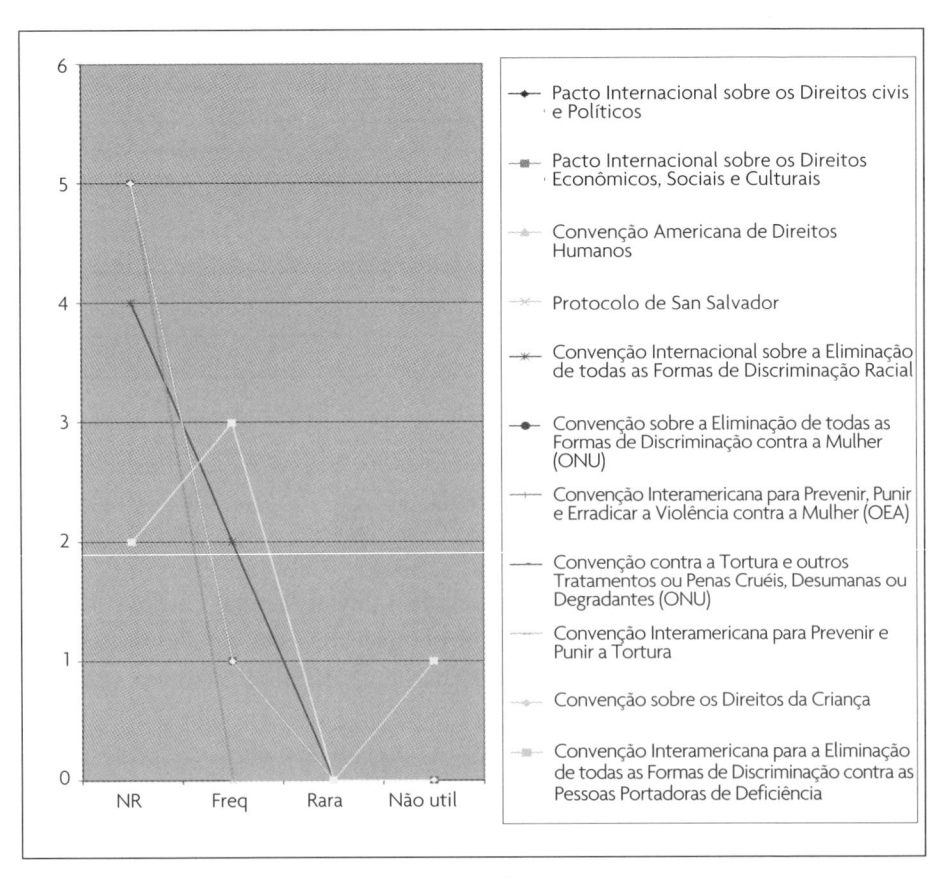

Preso

Quando se trata da temática prisional, no resultado geral nenhuma das normas recebeu a indicação "não utiliza"; a taxa de não resposta foi de 61,36%; poucas foram as ocorrências de utilização rara; e chegou-se a 34,09% de utilização frequente. O quadro 25 mostra esses resultados gerais.

Quadro 25

Tema	Preso			
Ocorrências	4			
Norma	NR	Com frequência	Raramente	Não utiliza
Pacto Internacional sobre os Direitos Civis e Políticos	2	2	0	0
Pacto Internacional sobre os Direitos Econômicos, Sociais e Culturais	2	2	0	0
Convenção Americana de Direitos Humanos	3	1	0	0
Protocolo de San Salvador	3	1	0	0
Convenção Internacional sobre a Eliminação de todas as Formas de Discriminação Racial	2	1	1	0
Convenção sobre a Eliminação de todas as Formas de Discriminação contra a Mulher (ONU)	2	2	0	0
Convenção Interamericana para Prevenir, Punir e Erradicar a Violência contra a Mulher (OEA)	2	2	0	0
Convenção contra a Tortura e outros Tratamentos ou Penas Cruéis, Desumanas ou Degradantes (ONU)	2	1	1	0
Convenção Interamericana para Prevenir e Punir a Tortura	3	1	0	0
Convenção sobre os Direitos da Criança	3	1	0	0
Convenção Interamericana para a Eliminação de todas as Formas de Discriminação contra as Pessoas Portadoras de Deficiência	3	1	0	0
Utilização geral	27	15	2	0
	61,36%	34,09%	4,55%	0%

As únicas normas que registraram utilização rara foram a Convenção Internacional sobre a Eliminação de todas as Formas de Discriminação Racial e a Convenção contra a Tortura e outros Tratamentos ou Penas Cruéis, Desumanas ou Degradantes (ONU), com 25% de respostas (note-se, porém, que foram apenas organizações afirmando trabalhar com o tema). Essas normas tiveram a mesma taxa de utilização frequente, e a taxa de não resposta chegou a 50%.

As normas com maior taxa de não resposta (75%) apresentaram a mesma taxa de utilização, ou seja, 25% afirmaram utilizá-las "frequentemente": Convenção Americana de Direitos Humanos, Protocolo de San Salvador, Convenção Interamericana para Prevenir e Punir a Tortura, Convenção sobre os Direitos da Criança e Convenção Interamericana para a Eliminação de todas as Formas de Discriminação contra as Pessoas Portadoras de Deficiência.

O Pacto Internacional sobre os Direitos Civis e Políticos, o Pacto Internacional sobre os Direitos Econômicos, Sociais e Culturais, a Convenção sobre a Eliminação de todas as Formas de Discriminação contra a Mulher (ONU) e a Convenção Interamericana para Prevenir, Punir e Erradicar a Violência contra a Mulher (OEA) registraram os mesmos dados: 50% de não resposta e 50% de utilização frequente. Nos poucos casos em que são utilizados, fazem parte da agenda de atividades das ONGs, mais que as demais normas. A figura 20 mostra a distribuição.

Figura 20
Utilização de normas por ONGs que atuam com o tema preso

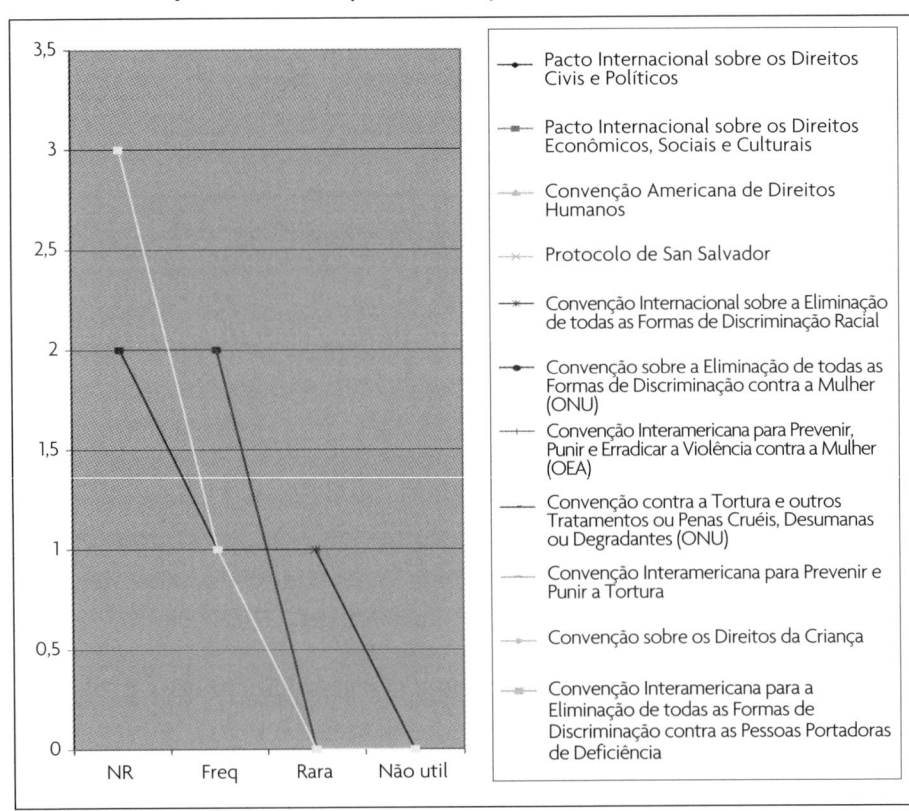

Racial, étnica e religiosa

Essa temática possui um número maior de ocorrências (14) — o sexto maior, depois de educação (27), mulheres, sexualidade e saúde (18), e criança e adolescente (17), de um total de 21 temas —, o que permitiu uma distribuição mais heterogênea em relação aos resultados obtidos. Em termos de resultados gerais, a taxa de não resposta e a taxa de respostas "não utiliza" chegaram a índices semelhantes: 35,07% e 35,71%, respectivamente. A taxa de utilização rara foi baixa (6,49%), enquanto a taxa de utilização frequente não foi das menores (22,73%). Em geral, o tema mobiliza pouco as normas estudadas. Embora a utilização das mesmas seja baixa, ela se dá mais sistematicamente do que esporadicamente, conforme o quadro 26.

Quadro 26

Tema	Racial, étnica e religiosa			
Ocorrências	14			
Norma	NR	Com frequência	Raramente	Não utiliza
Pacto Internacional sobre os Direitos Civis e Políticos	5	3	1	5
Pacto Internacional sobre os Direitos Econômicos, Sociais e Culturais	4	5	1	4
Convenção Americana de Direitos Humanos	5	3	0	6
Protocolo de San Salvador	5	1	1	7
Convenção Internacional sobre a Eliminação de todas as Formas de Discriminação Racial	4	6	1	3
Convenção sobre a Eliminação de todas as Formas de Discriminação contra a Mulher (ONU)	5	5	1	3
Convenção Interamericana para Prevenir, Punir e Erradicar a Violência contra a Mulher (OEA)	5	5	0	4
Convenção contra a Tortura e outros Tratamentos ou Penas Cruéis, Desumanas ou Degradantes (ONU)	5	0	2	7
Convenção Interamericana para Prevenir e Punir a Tortura	6	0	1	7
Convenção sobre os Direitos da Criança	5	4	2	3
Convenção Interamericana para a Eliminação de todas as Formas de Discriminação contra as Pessoas Portadoras de Deficiência	5	3	0	6
Utilização geral	54	35	10	55
	35,07%	22,73%	6,49%	35,71%

Essa é a informação trazida pelos dados gerais. Entretanto, em duas normas não houve nenhuma marcação de utilização frequente: a Convenção contra as Tortura e outros Tratamentos ou Penas Cruéis, Desumanas ou Degradantes (ONU) e a Convenção Interamericana para Prevenir e Punir a Tortura. Na primeira, a taxa de utilização rara chegou a 14,29%, e na segunda, a 7,14%. Ambas tiveram a mesma taxa de resposta "não utiliza" (50%), mas a primeira teve taxa de não resposta de 35,71%, e a segunda, de 42,86%.

O maior índice de utilização foi o da Convenção Internacional sobre a Eliminação de todas as Formas de Discriminação Racial (50%), mas com 42,86% de utilização frequente e 7,14% de utilização rara. De fato, esse resultado era esperado, tendo em vista a temática em questão. Ainda assim, em relação a essa norma, a taxa de não resposta foi de 28,57% (a mais baixa, junto com a do Pacto Internacional sobre os Direitos Econômicos, Sociais e Culturais) e a de resposta "não utiliza", 21,43% (a mais baixa, junto com a da Convenção sobre a Eliminação de todas as Formas de Discriminação contra a Mulher (ONU) e a da Convenção sobre os Direitos da Criança).

A Convenção Americana de Direitos Humanos e a Convenção Interamericana para a Eliminação de todas as Formas de Discriminação contra as Pessoas Portadoras de Deficiência registraram os mesmos dados: 35,71% de não respostas, 21,43% de utilização frequente e 42,86% de respostas "não utiliza", sem nenhuma marcação em utilização rara.

As normas que tratavam explicitamente de direitos da mulher — Convenção sobre a Eliminação de todas as Formas de Discriminação contra a Mulher (ONU) e Convenção Internacional para Prevenir, Punir e Erradicar a Violência contra a Mulher (OEA) — obtiveram dados semelhantes: mesma taxa de não resposta (35,71%) e mesma taxa de utilização frequente (35,71%). Esse índice é um pouco mais elevado quando analisamos o tema "mulheres" e investigamos a norma relativa à discriminação racial (Convenção Internacional sobre a Eliminação de todas as Formas de Discriminação Racial): 38,88% de utilização geral, 33,33% de utilização frequente e 5,55% de utilização rara. A diferença entre essas duas normas está na utilização rara (7,14%, na primeira, e nenhuma, na segunda) e nas respostas "não utiliza" (a primeira obteve 21,43%, e a segunda, 28,57%).

O Pacto Internacional sobre os Direitos Econômicos, Sociais e Culturais e a Convenção sobre os Direitos da Criança também obtiveram taxa significativa de utilização (42,86%), embora variada. Mas a primeira registrou maior taxa de utilização frequente que a segunda (35,71% contra 28,57%); a primeira chegou a 7,14% de utilização rara, e a segunda, a 14,29%. Em relação à resposta "não utiliza", o pacto teve índice de 28,57%, e a convenção, de 21,43%.

O Pacto Internacional sobre os Direitos Civis e Políticos também obteve elevada taxa de não resposta (35,71%) e idêntico percentual de não utilização. A taxa de utilização frequente foi de 21,43%, e a de utilização rara, 7,14%.

Já no caso do Protocolo de San Salvador, a taxa de utilização foi de apenas 14,29%, com 7,14% de utilização rara e o mesmo percentual de utilização frequente. A taxa de não resposta foi de 35,71%, e de não utilização, 50%. A figura 21 mostra a distribuição das normas.

Figura 21
Utilização de normas por ONGs que atuam com a temática racial, étnica e religiosa

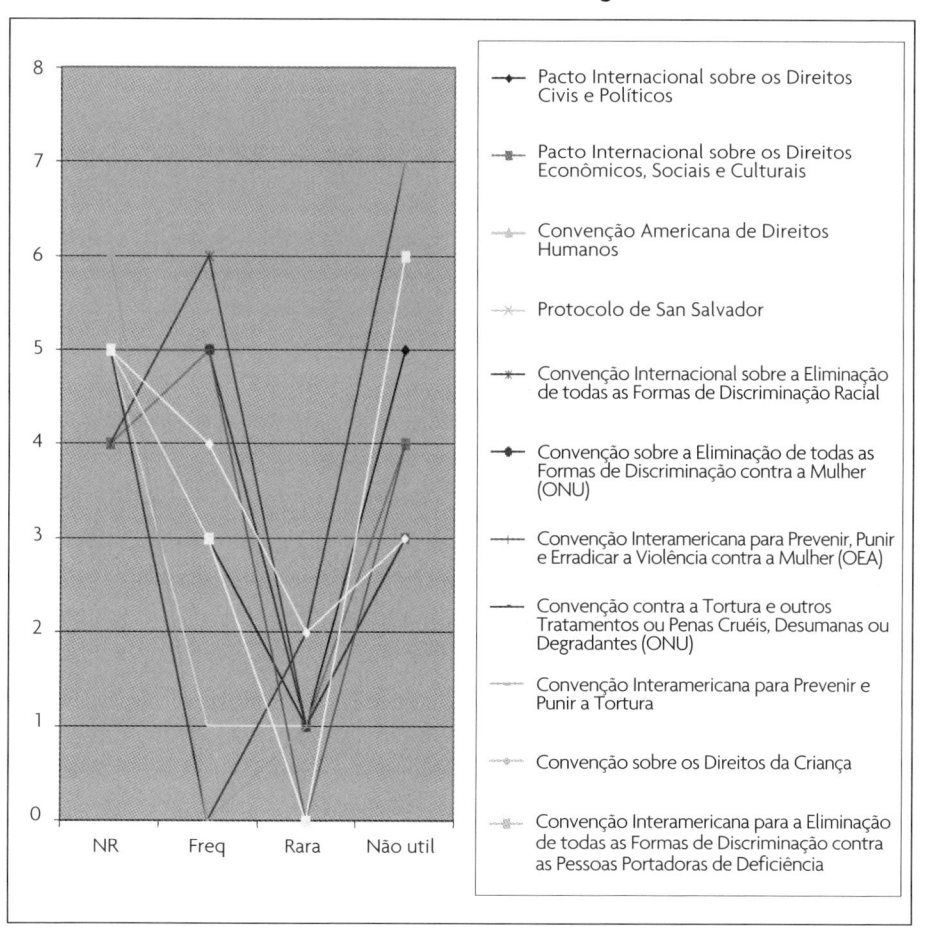

- Pacto Internacional sobre os Direitos Civis e Políticos
- Pacto Internacional sobre os Direitos Econômicos, Sociais e Culturais
- Convenção Americana de Direitos Humanos
- Protocolo de San Salvador
- Convenção Internacional sobre a Eliminação de todas as Formas de Discriminação Racial
- Convenção sobre a Eliminação de todas as Formas de Discriminação contra a Mulher (ONU)
- Convenção Interamericana para Prevenir, Punir e Erradicar a Violência contra a Mulher (OEA)
- Convenção contra a Tortura e outros Tratamentos ou Penas Cruéis, Desumanas ou Degradantes (ONU)
- Convenção Interamericana para Prevenir e Punir a Tortura
- Convenção sobre os Direitos da Criança
- Convenção Interamericana para a Eliminação de todas as Formas de Discriminação contra as Pessoas Portadoras de Deficiência

Saúde

O tema "saúde" foi um dos mais presentes: apareceu 18 vezes como linha de atuação das ONGs entrevistadas. Era de se esperar uma relação mais estreita com as normas de direitos sociais do que com as de direitos civis e políticos; quanto às normas relacionadas a direitos de grupos (ou para grupos) específicos, também era de se esperar uma incidência significativa.

Em termos de resultados gerais, a distribuição é um pouco mais homogênea do que na maioria das demais temáticas; ainda assim, o índice de utilização frequente não é significativo (18,18%). A utilização rara foi ainda menor: 2,53%. A taxa de não resposta foi de 34,85%, e a de não utilização, 44,44%. Esses dados podem ser conferidos no quadro 27.

Quadro 27

Tema	Saúde			
Ocorrências	18			
Norma	NR	Com frequência	Raramente	Não utiliza
Pacto Internacional sobre os Direitos Civis e Políticos	5	5	0	8
Pacto Internacional sobre os Direitos Econômicos, Sociais e Culturais	5	5	0	8
Convenção Americana de Direitos Humanos	5	5	0	8
Protocolo de San Salvador	6	3	0	9
Convenção Internacional sobre a Eliminação de todas as Formas de Discriminação Racial	7	2	1	8
Convenção sobre a Eliminação de todas as Formas de Discriminação contra a Mulher (ONU)	7	4	1	6
Convenção Interamericana para Prevenir, Punir e Erradicar a Violência contra a Mulher (OEA)	6	4	0	8
Convenção contra a Tortura e outros Tratamentos ou Penas Cruéis, Desumanas ou Degradantes (ONU)	7	1	1	9
Convenção Interamericana para Prevenir e Punir a Tortura	8	1	0	9
Convenção sobre os Direitos da Criança	7	3	1	7
Convenção Interamericana para a Eliminação de todas as Formas de Discriminação contra as Pessoas Portadoras de Deficiência	6	3	1	8
Utilização geral	69	36	5	88
	34,85%	18,18%	2,53%	44,44%

O Pacto Internacional sobre os Direitos Civis e Políticos, o Pacto Internacional sobre os Direitos Econômicos, Sociais e Culturais e a Convenção Americana de Direitos Humanos apresentaram os mesmos resultados: 27,78% de não respostas, igual percentual de utilização frequente e 44,44% de respostas "não utiliza". Não houve marcação de utilização rara. Isso indica certa adesão a essas normas — os dois principais pactos e a Convenção Americana, ou seja, os instrumentos mais significativos e genéricos: foi o maior índice de utilização frequente entre essas normas.

A Convenção sobre a Eliminação de todas as Formas de Discriminação contra a Mulher (ONU) revelou resultado semelhante em termos de utilização genérica (27,78%), mas com 22,22% de utilização frequente e apenas 5,56% de utilização rara. Porém, registrou taxa alta de não resposta (38,89%). A marcação "não utiliza" também foi alta (33,33%).

As menores taxas de utilização foram da Convenção contra a Tortura e outros Tratamentos ou Penas Cruéis, Desumanas ou Degradantes (ONU) e da Convenção Interamericana para Prevenir e Punir a Tortura: respectivamente 11,11% — cada qual (frequente ou rara) com 5,56% — e 5,56%, sem marcação de utilização rara. Ambas tiveram o mesmo índice de não utilização (50%), o mais alto, junto com o do Protocolo de San Salvador. Quanto à taxa de não resposta, a primeira obteve 38,89%, e a segunda, 44,44%, o índice mais alto entre as normas.

O Protocolo de San Salvador, a Convenção Interamericana para Prevenir, Punir e Erradicar a Violência contra a Mulher (OEA) e a Convenção Interamericana para a Eliminação de todas as Formas de Discriminação contra as Pessoas Portadoras de Deficiência apresentaram resultados semelhantes: mesma taxa de não resposta (33,33%); apenas a última registrou utilização rara (5,56%); e a taxa de resposta "não utiliza" foi alta em todas (50% na primeira e 44,44% nas demais). A Convenção Interamericana para Prevenir, Punir e Erradicar a Violência contra a Mulher (OEA) obteve a maior taxa de utilização frequente (22,22%), e as demais, 16,67%.

As taxas de utilização da Convenção Internacional sobre a Eliminação de todas as Formas de Discriminação Racial também não foram altas: 11,11% de utilização frequente e 5,56% de utilização rara. As taxas de não resposta (38,89%) e de não utilização (44,44%) também foram altas.

A curva foi muito semelhante no caso da Convenção sobre os Direitos da Criança: concentração "nas pontas", com 38,89% de não respostas e igual percentual de não utilização. As opções "frequentemente" e "raramente" obtiveram 16,67% e 5,56%, respectivamente. A figura 22 mostra a distribuição de resultados e a curva em termos gerais.

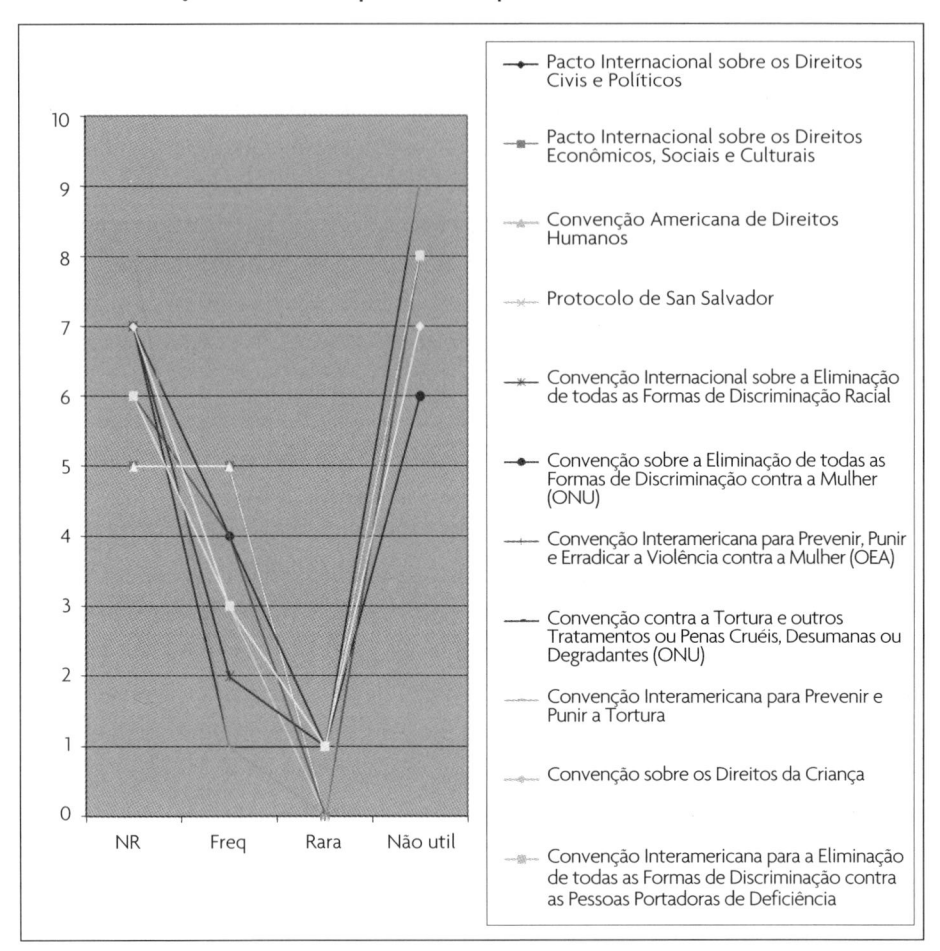

Figura 22
Utilização de normas por ONGs que atuam com o tema saúde

- Pacto Internacional sobre os Direitos Civis e Políticos
- Pacto Internacional sobre os Direitos Econômicos, Sociais e Culturais
- Convenção Americana de Direitos Humanos
- Protocolo de San Salvador
- Convenção Internacional sobre a Eliminação de todas as Formas de Discriminação Racial
- Convenção sobre a Eliminação de todas as Formas de Discriminação contra a Mulher (ONU)
- Convenção Interamericana para Prevenir, Punir e Erradicar a Violência contra a Mulher (OEA)
- Convenção contra a Tortura e outros Tratamentos ou Penas Cruéis, Desumanas ou Degradantes (ONU)
- Convenção Interamericana para Prevenir e Punir a Tortura
- Convenção sobre os Direitos da Criança
- Convenção Interamericana para a Eliminação de todas as Formas de Discriminação contra as Pessoas Portadoras de Deficiência

Meio ambiente

Esse tema possui relação direta com a ideia de direitos econômicos sociais e culturais, consagrada no respectivo pacto internacional. Além da relação estreita com a ideia de direitos humanos, é perceptível um maior interesse geral pelas questões relacionadas ao meio ambiente. Apesar disso, apenas três organizações afirmaram trabalhar com esse tema.

Entretanto, dos representantes de ONGs entrevistados, nenhum afirmou utilizar o Pacto Internacional sobre os Direitos Econômicos, Sociais e Culturais.

Essa norma obteve resultados semelhantes aos da maioria das demais: uma não resposta e duas afirmações "não utiliza". Apenas a Convenção sobre a Eliminação de todas as Formas de Discriminação contra a Mulher (ONU) e a Convenção sobre os Direitos da Criança obtiveram uma marcação "utiliza raramente": 33,33% (uma marcação). Também obtiveram uma não resposta e uma marcação "não utiliza". Não houve marcações na opção "frequentemente"; em termos gerais, foram 33,33% de não respostas, 6,06% de indicações de utilização rara e 60,61% de respostas "não utiliza". O quadro 28 mostra os resultados gerais.

Quadro 28

Tema	Meio ambiente			
Ocorrências	3			
Norma	NR	Com frequência	Raramente	Não utiliza
Pacto Internacional sobre os Direitos Civis e Políticos	1	0	0	2
Pacto Internacional sobre os Direitos Econômicos, Sociais e Culturais	1	0	0	2
Convenção Americana de Direitos Humanos	1	0	0	2
Protocolo de San Salvador	1	0	0	2
Convenção Internacional sobre a Eliminação de todas as Formas de Discriminação Racial	1	0	0	2
Convenção sobre a Eliminação de todas as Formas de Discriminação contra a Mulher (ONU)	1	0	1	1
Convenção Interamericana para Prevenir, Punir e Erradicar a Violência contra a Mulher (OEA)	1	0	0	2
Convenção contra a Tortura e outros Tratamentos ou Penas Cruéis, Desumanas ou Degradantes (ONU)	1	0	0	2
Convenção Interamericana para Prevenir e Punir a Tortura	1	0	0	2
Convenção sobre os Direitos da Criança	1	0	1	1
Convenção Interamericana para a Eliminação de todas as Formas de Discriminação contra as Pessoas Portadoras de Deficiência	1	0	0	2
Utilização geral	11	0	2	20
	33,33%	0%	6,06%	60,61%

A figura 23 mostra os resultados por norma.

Figura 23
Utilização de normas internacionais por ONGs que lidam com o tema meio ambiente

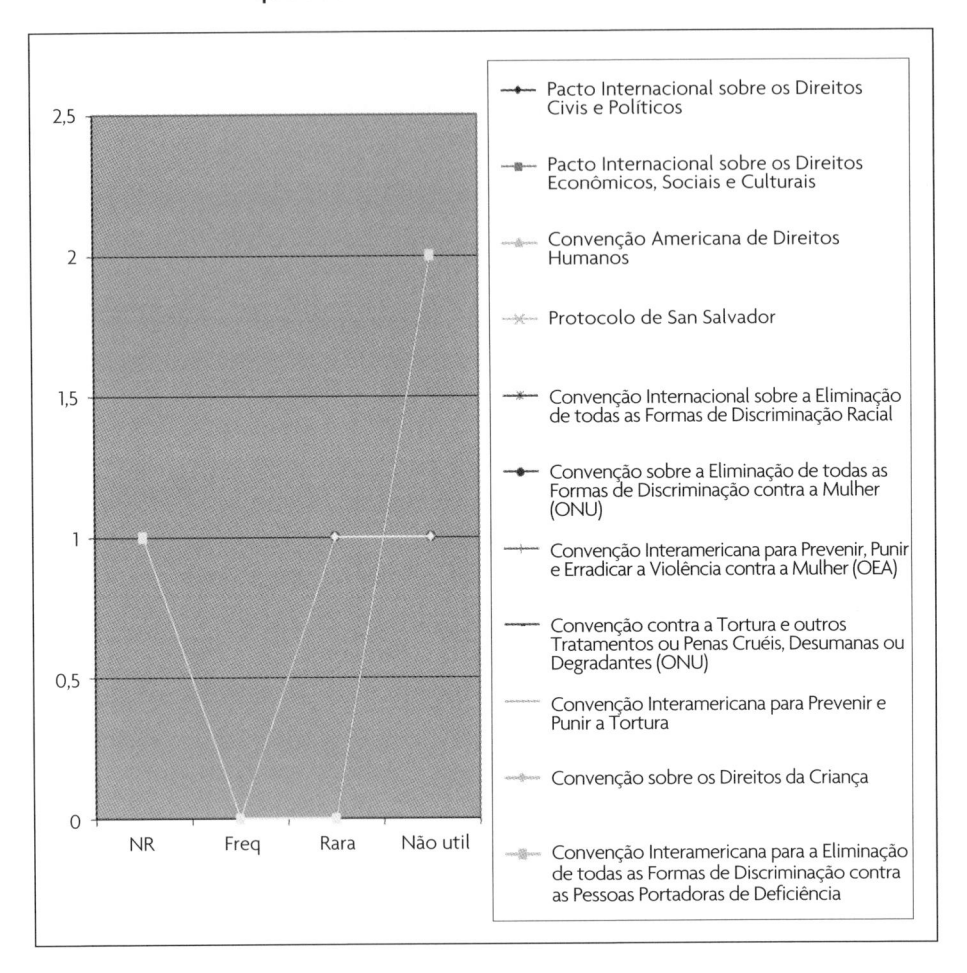

◆	Pacto Internacional sobre os Direitos Civis e Políticos
■	Pacto Internacional sobre os Direitos Econômicos, Sociais e Culturais
▲	Convenção Americana de Direitos Humanos
✳	Protocolo de San Salvador
✴	Convenção Internacional sobre a Eliminação de todas as Formas de Discriminação Racial
●	Convenção sobre a Eliminação de todas as Formas de Discriminação contra a Mulher (ONU)
+	Convenção Interamericana para Prevenir, Punir e Erradicar a Violência contra a Mulher (OEA)
—	Convenção contra a Tortura e outros Tratamentos ou Penas Cruéis, Desumanas ou Degradantes (ONU)
—	Convenção Interamericana para Prevenir e Punir a Tortura
◆	Convenção sobre os Direitos da Criança
■	Convenção Interamericana para a Eliminação de todas as Formas de Discriminação contra as Pessoas Portadoras de Deficiência

Trabalho e renda

O eixo "trabalho e renda" indica uma atuação voltada menos para um conteúdo específico (grupos vulneráveis ou conjuntos de direitos) e mais para a reparação de lesões (ideia que se associa com a judicialização e utilização de normas internacionais), para títulos gerais e para a promoção de direitos. Apenas três organizações declararam trabalhar como esse eixo.

Em termos gerais, algum tipo de utilização foi indicado em 30,30% das vezes, com igual percentual de não resposta; em 24,24% dos casos a utilização foi definida como frequente, e em 6,06%, como rara. O índice de respostas "não utiliza" foi de 39,39%.

Quadro 29

Tema	Trabalho e renda			
Ocorrências	3			
Norma	NR	Com frequência	Raramente	Não utiliza
Pacto Internacional sobre os Direitos Civis e Políticos	1	1	0	1
Pacto Internacional sobre os Direitos Econômicos, Sociais e Culturais	1	1	1	0
Convenção Americana de Direitos Humanos	1	0	0	2
Protocolo de San Salvador	1	0	0	2
Convenção Internacional sobre a Eliminação de todas as Formas de Discriminação Racial	1	1	0	1
Convenção sobre a Eliminação de todas as Formas de Discriminação contra a Mulher (ONU)	1	1	0	1
Convenção Interamericana para Prevenir, Punir e Erradicar a Violência contra a Mulher (OEA)	1	1	0	1
Convenção contra a Tortura e outros Tratamentos ou Penas Cruéis, Desumanas ou Degradantes (ONU)	1	0	0	2
Convenção Interamericana para Prevenir e Punir a Tortura	1	0	0	2
Convenção sobre os Direitos da Criança	1	1	1	0
Convenção Interamericana para a Eliminação de todas as Formas de Discriminação contra as Pessoas Portadoras de Deficiência	0	2	0	1
Utilização geral	10	8	2	13
	30,30%	24,24%	6,06%	39,39%

A maior taxa de utilização frequente foi da Convenção Interamericana para a Eliminação de todas as Formas de Discriminação contra as Pessoas Portadoras de Deficiência, com 66,67% de marcações nesse sentido e 33,33% de respostas "não utiliza". O Pacto Internacional sobre os Direitos Econômicos, Sociais e Culturais e a Convenção sobre os Direitos da Criança apresentaram dados semelhantes: os mesmos 66,67% de utilização genérica, mas apenas 33,33% de utilização frequente (e o mesmo percentual de não respostas).

Algumas normas não receberam indicações de utilização, apresentando 66,67% de respostas "não utiliza" e 33,33% de não respostas. São elas: a Convenção Americana de Direitos Humanos, o Protocolo de San Salvador, a Convenção contra a Tortura e outros Tratamentos ou Penas Cruéis, Desumanas ou Degradantes (ONU) e a Convenção Interamericana para Prevenir e Punir a Tortura. As demais apresentaram os mesmos resultados: apenas uma marcação de utilização (frequente), uma não resposta e uma resposta "não utiliza". A figura 24 mostra esses resultados.

Figura 24
Utilização de normas internacionais por ONGs que atuam com o tema trabalho e renda

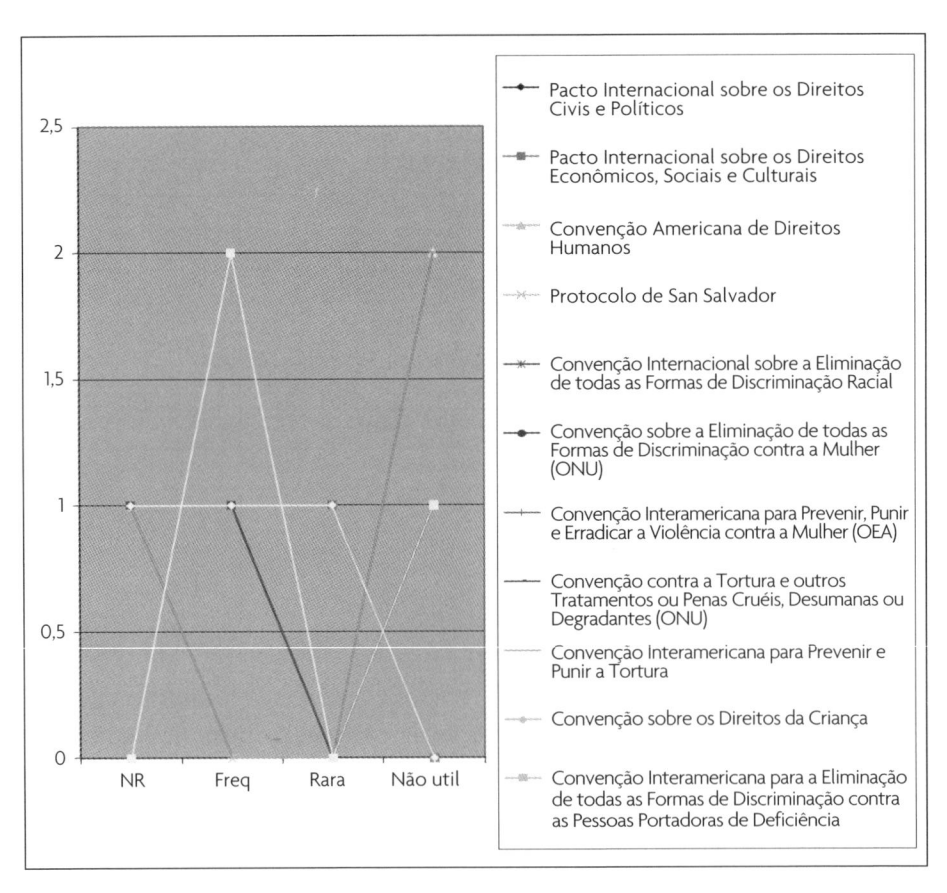

Violência

Algumas organizações declararam explicitamente trabalhar com o tema da violência. Foi o caso de quatro das ONGs pesquisadas. Esse eixo pode indicar tanto a atuação visando promover políticas públicas que combatam a violência em termos gerais, quanto a intervenção em casos já ocorridos. De qualquer modo, era razoável esperar que esse eixo estivesse mais relacionado aos direitos civis e políticos e a determinados grupos vulneráveis do que a direitos econômicos e sociais.

Entretanto, em relação ao Pacto Internacional sobre os Direitos Civis e Políticos, os resultados mostram um cenário que pode ser diferente: nenhuma utilização, três não respostas (75%) e uma marcação "não utiliza". É preciso dizer, porém, que as não respostas podem estar atrapalhando a compreensão da frequência de utilização de normativas internacionais pelas organizações que trabalham com esse tema. Em relação ao Pacto Internacional sobre os Direitos Econômicos, Sociais e Culturais, os resultados são um pouco diferentes: 50% de não respostas e 50% de utilização rara.

A norma internacional com maior índice incidência de utilização frequente (50%) foi a Convenção sobre os Direitos da Criança, que também registrou 50% de não respostas. Algumas outras normas também obtiveram duas marcações em algum tipo de utilização: a Convenção Americana de Direitos Humanos, além da taxa de não resposta (50%), obteve uma marcação para cada tipo de utilização (frequente e rara), resultado idêntico ao encontrado na Convenção Internacional sobre a Eliminação de todas as Formas de Discriminação Racial e na Convenção Interamericana para Prevenir e Punir a Tortura. A Convenção contra a Tortura e outros Tratamentos ou Penas Cruéis, Desumanas ou Degradantes (ONU) obteve resultado semelhante, mas com duas marcações em utilização rara. Os dados gerais relacionados a esse eixo temático são apresentados no quadro 30.

Quadro 30

Tema	Violência			
Ocorrências	4			
Norma	NR	Com frequência	Raramente	Não utiliza
Pacto Internacional sobre os Direitos Civis e Políticos	3	0	0	1
Pacto Internacional sobre os Direitos Econômicos, Sociais e Culturais	2	0	2	0

Continua

Tema	Violência			
Ocorrências	4			
Norma	NR	Com frequência	Raramente	Não utiliza
Convenção Americana de Direitos Humanos	2	1	1	0
Protocolo de San Salvador	3	1	0	0
Convenção Internacional sobre a Eliminação de todas as Formas de Discriminação Racial	2	1	1	0
Convenção sobre a Eliminação de todas as Formas de Discriminação contra a Mulher (ONU)	2	0	1	1
Convenção Interamericana para Prevenir, Punir e Erradicar a Violência contra a Mulher (OEA)	2	0	1	1
Convenção contra a Tortura e outros Tratamentos ou Penas Cruéis, Desumanas ou Degradantes (ONU)	2	0	2	0
Convenção Interamericana para Prevenir e Punir a Tortura	2	1	1	0
Convenção sobre os Direitos da Criança	2	2	0	0
Convenção Interamericana para a Eliminação de todas as Formas de Discriminação contra as Pessoas Portadoras de Deficiência	2	0	0	2
Utilização geral	24	6	9	5
	54,55%	13,64%	20,45%	11,36%

O Protocolo de San Salvador e o Pacto Internacional sobre os Direitos Civis e Políticos tiveram a maior taxa de não resposta (75%). O primeiro obteve ainda uma marcação indicando utilização frequente. A Convenção sobre a Eliminação de todas as Formas de Discriminação contra a Mulher (ONU) e a Convenção Interamericana para Prevenir, Punir e Erradicar a Violência contra a Mulher (OEA) obtiveram dados idênticos: 50% de não resposta, uma marcação em utilização rara e uma marcação em "não utiliza".

A Convenção Interamericana para a Eliminação de todas as Formas de Discriminação contra as Pessoas Portadoras de Deficiência foi a única a não apresentar indícios de utilização: 50% de não resposta e 50% de respostas "não utiliza". A figura 25 ilustra esses dados.

Figura 25
Utilização de normas internacionais por ONGs que atuam com a temática violência

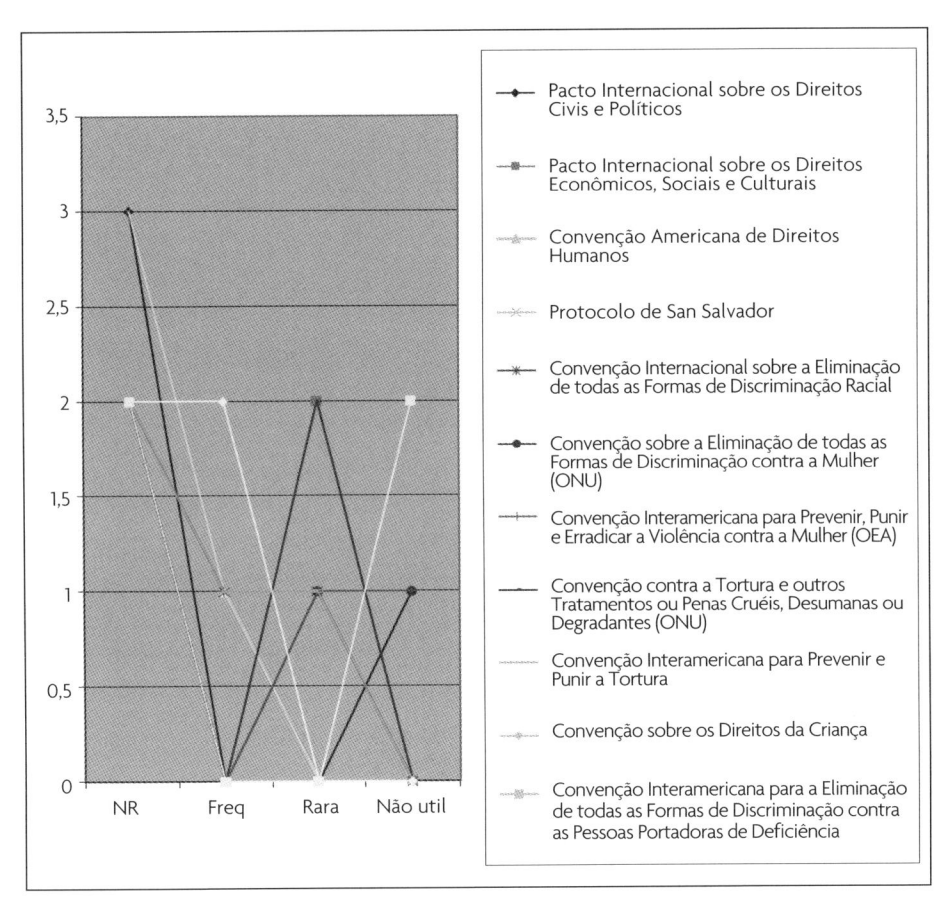

- Pacto Internacional sobre os Direitos Civis e Políticos
- Pacto Internacional sobre os Direitos Econômicos, Sociais e Culturais
- Convenção Americana de Direitos Humanos
- Protocolo de San Salvador
- Convenção Internacional sobre a Eliminação de todas as Formas de Discriminação Racial
- Convenção sobre a Eliminação de todas as Formas de Discriminação contra a Mulher (ONU)
- Convenção Interamericana para Prevenir, Punir e Erradicar a Violência contra a Mulher (OEA)
- Convenção contra a Tortura e outros Tratamentos ou Penas Cruéis, Desumanas ou Degradantes (ONU)
- Convenção Interamericana para Prevenir e Punir a Tortura
- Convenção sobre os Direitos da Criança
- Convenção Interamericana para a Eliminação de todas as Formas de Discriminação contra as Pessoas Portadoras de Deficiência

Resultados totais

Sete organizações não permitiram que identificássemos suas inserções em temas. Suas respostas quanto à frequência de utilização dos instrumentos internacionais pesquisados não se mostraram relevantes e, portanto, não foram aqui transcritas nem analisadas.

Quanto às organizações que identificaram seus eixos de trabalho, o índice total de não respostas — foram 788 marcações desse tipo, representando 39,34% do total de marcações — sem dúvida atrapalha uma avaliação detalhada da utilização das normas internacionais por organizações que afirmam atuar com direitos humanos. Somando esse número ao de respostas "não utiliza", temos 1.521 marcações, ou 75,94% das marcações. Os resultados gerais — expostos no quadro 31 — indicam baixa taxa de utilização do sistema, totalizando 482 ocorrências de utilização (24,06%), sendo 19% de utilização "frequente" e 5,24% de utilização rara. Ou seja, os resultados gerais refletem o que foi percebido na maior parte dos resultados desagregados por eixo temático: as organizações utilizam pouco as normativas do sistema internacional de direitos humanos e, quando as utilizam, o fazem de forma mais sistemática do que esporádica.

Quadro 31

Tema		Resultados totais			
Ocorrências		182			
Norma		NR	Com frequência	Rara	Não utiliza
Pacto Internacional sobre os Direitos Civis e Políticos	N	71	41	6	64
	%	39,01%	22,53%	3,30%	35,16%
Pacto Internacional sobre os Direitos Econômicos, Sociais e Culturais	N	65	48	15	54
	%	35,71%	26,37%	8,24%	29,67%
Convenção Americana de Direitos Humanos	N	69	35	5	73
	%	37,91%	19,23%	2,75%	40,11%
Protocolo de San Salvador	N	75	19	4	85
	%	41,21%	10,44%	2,20%	46,70%
Convenção Internacional sobre a Eliminação de todas as Formas de Discriminação Racial	N	67	45	10	60
	%	36,81%	24,73%	5,49%	32,97%
Convenção sobre a Eliminação de todas as Formas de Discriminação contra a Mulher (ONU)	N	68	49	16	49
	%	37,36%	26,92%	8,79%	26,92%
Convenção Interamericana para Prevenir, Punir e Erradicar a Violência contra a Mulher (OEA)	N	71	43	2	66
	%	39,01%	23,63%	1,10%	36,26%
Convenção contra a Tortura e outros Tratamentos ou Penas Cruéis, Desumanas ou Degradantes (ONU)	N	75	8	17	82
	%	41,21%	4,40%	9,34%	45,05%
Convenção Interamericana para Prevenir e Punir a Tortura	N	83	9	5	85
	%	45,60%	4,95%	2,75%	46,70%

Continua

Convenção sobre os Direitos da Criança	N	75	45	20	42
	%	41,21%	24,73%	10,99%	23,08%
Convenção Interamericana para a Eliminação de todas as Formas de Discriminação contra as Pessoas Portadoras de Deficiência	N	69	35	5	73
	%	37,91%	19,23%	2,75%	40,11%
Utilização geral	N	788	377	105	733
	%	39,34%	19%	5,24%	36,60%

Conclusão

Ao fim de 2009, o 3º Programa Nacional de Direitos Humanos, instituído pelo Decreto Presidencial nº 7.037/09, considerou tão importante a presença de uma sociedade civil atuante e comprometida com os direitos humanos que esse ponto figurou como primeiro eixo orientador do programa, qual seja, a *interação democrática entre Estado e sociedade civil*. Essa interação foi apontada como instrumento de fortalecimento de uma democracia participativa e como base para a construção de mecanismos de avaliação e monitoramento da efetivação dos direitos humanos. Com efeito, não há dúvidas de que a configuração de um sistema amplo e efetivo de proteção dos direitos humanos, bem como a consolidação de uma cultura dos direitos humanos implicam a existência de uma sociedade civil presente, articulada e participante.

Por isso mesmo, essa fase da pesquisa procurou buscar informações concretas sobre as ONGs, e não apenas sobre seu perfil e atuação. Além disso, investigamos suas estratégias preferidas para a proteção dos direitos humanos e em que medida o Poder Judiciário é parte dessa estratégia. Por fim, a pesquisa procurou saber como as normas dos sistemas ONU e OEA aparecem — ou não — na atuação das ONGs pesquisadas.

Em face do fenômeno de judicialização da política, havia a hipótese implícita de que o Poder Judiciário representa, sim, um *locus* privilegiado de atuação quando se trata de garantir direitos. Contudo, essa hipótese era falsa, pois a pesquisa revelou que as ONGs, de forma geral, não priorizam a via judiciária, seja por considerarem o Judiciário lento e inacessível, seja simplesmente por não o definirem como campo de atuação. Claro que isso é assim porque muitas instituições preferem encaminhar ao Ministério Público questões que gostariam de ver judicializadas. As atribuições constitucionais do Ministério Público brasileiro e a característica ativista de boa parte de seus membros favorecem, de fato, esse tipo de situação.

Para a maioria das ONGs pesquisadas, a mobilização social com repercussão na mídia é a principal estratégia de atuação para a garantia de direitos humanos. Porém, quando elas recorrem ao Poder Judiciário, entendem que as petições bem fundamentadas são vitais, todavia não dispensam a presença de militantes no fórum como forma de pressionar a decisão, conciliando assim as atuações técnica e política.

Sobre o resultado das ações judiciais impetradas, temos uma curiosa situação: das ONGs que responderam a esse item, 50% disseram que o Judiciário nunca ou raramente acolhe suas demandas; por outro lado, 50% responderam que o Judiciário sempre ou frequentemente acolhe as demandas. Portanto, vale a máxima de que os usuários dos serviços judiciais se dividem em metade de satisfeitos e metade de insatisfeitos, pois quando o juiz dá ganho de causa para um, ao mesmo tempo dá perda da causa para outro.

Situação semelhante ocorre na escala sociométrica, quando perguntamos ao entrevistado se ele concorda ou discorda da afirmação "o Poder Judiciário tem atuado de forma a garantir os direitos humanos". Dos respondentes, 47% discordam total ou parcialmente dessa afirmação, mas 41% concordam parcialmente com ela. Há certo equilíbrio na escala, que revela ao mesmo tempo uma crítica e uma aprovação da atuação de juízes e desembargadores do ponto de vista da garantia dos direitos humanos. Talvez pudéssemos dizer que as ONGs pesquisadas "confiam desconfiando" dessa atuação de juízes e desembargadores. Contudo, a maioria esmagadora considera, de forma geral, o Poder Judiciário um setor do Estado ainda muito fechado e também conservador em suas decisões.

No que diz respeito à utilização, pelas ONGs, das normas de proteção dos direitos humanos dos sistemas ONU e OEA, ocorreu algo semelhante ao verificado na pesquisa feita com juízes e desembargadores. A maioria desconhece ou não utiliza tais normas. Claro que isso varia conforme a área de atuação da ONG. A Convenção sobre a Eliminação de todas as Formas de Discriminação contra a Mulher (ONU) é a mais utilizada, seguida de perto pelo Pacto Internacional sobre os Direitos Econômicos, Sociais e Culturais, e pela Convenção sobre os Direitos da Criança.

Fica a expectativa de que ainda há muito a fazer para o fortalecimento e a otimização das ações de garantia dos direitos humanos. Muito já foi feito, é certo, mas cabe uma ação coordenada e estratégica para que as instituições conheçam e efetivamente utilizem mais essas normas que constituem um poderoso instrumento normativo para a garantia de direitos humanos. Isso vale tanto para pleitear direitos nas ações políticas junto aos poderes Executivo e Legislativo quanto para a busca da tutela jurisdicional. Neste último caso, quanto mais o Poder Judiciário for instado a decidir tendo por base tais normas, mais consolidado estará o sistema de proteção dos direitos humanos e, ao mesmo tempo, mais os próprios juízes e desembargadores ficarão familiarizados com o sistema e suas normas.

Referências

DELGADO, Maria Viviane Monteiro. O terceiro setor no Brasil: uma visão histórica. *Espaço Acadêmico*, n. 37, jun. 2004.

FRAGA, Paulo Cesar Pontes. *As ONGs e o espaço público no Brasil*. Rio de Janeiro: Tempo Presença, 2002.

LEITÃO, Vânia Alexandrino. *Sociedade política e civil no Brasil contemporâneo*. Disponível em: <www.crede12.seduc.ce.gov.br/revista3/artigovania2.htm>. Acesso em: 16 abr. 2008.

SPADE, Dean; MANANZALA, Rickke. The nonprofit industrial complex and transresistance. *Sexuality Research & Social Policy*, v. 5. Disponível em: <http://nsrc.sfsu.edu>. Acesso em: abr. 2008.

VIOLIN, Tarso Cabral. Uma análise crítica do ideário do "terceiro setor" num contexto neoliberal e as parcerias com a administração pública. *Revista eletrônica sobre a reforma do Estado*, n. 13, mar./abr./maio 1998. Disponível em: <www.direitodoestado.com.br/codrevista.asp?cod=268>. Acesso em: out. 2009.

4 ONGs: transformadoras ou mantenedoras do *status quo*?

*Ana Maria Esteves de Souza • Joana El-Jaick Andrade •
Lívia Fernandes França • Luz Nelcy Martínez Laguna • Rodolfo Noronha*

As ONGs num contexto histórico

Segundo a Resolução nº 288 (X) de 1950 do Conselho Econômico e Social (Ecosoc), o termo ONG se refere a uma organização supranacional e internacional que não foi estabelecida por acordos governamentais. Devido à amplitude do termo, este passou a ser utilizado, primeiramente, por organizações de nível nacional nos países em desenvolvimento e, mais tarde, nos países industrializados. Na América Latina, especificamente no Brasil, o termo se tornou corrente na metade dos anos 1980, embora muitas ONGs já existissem desde antes.

As ONGs tiveram participação ativa na Organização das Nações Unidas desde sua fundação em 1945. Ao longo dos anos, elas têm ganhado papel consultivo em diversas agências e fundos da ONU. Relacionam-se de forma complexa com os Estados-membros, por meio de alianças temporárias ou mesmo através da oposição combativa. Como grupos ativos no processo multilateral de elaboração de políticas, sua participação nas conferências da ONU nos últimos anos tem se intensificado. Também exercem influência nos governos. O Banco Mundial e o FMI, no entanto, permanecem ainda fora de seu alcance formal.[1]

---

[1] Vieira, 2001. Ainda que não haja mecanismos como o estatuto de observador para as ONGs nesses fóruns, que permitiriam uma participação mais presente das organizações, estas não deixam de participar, mesmo que indiretamente, da formulação das políticas desses órgãos, principalmente através do *lobby* e da pressão por meio da mídia globalizada.

As ONGs são operadas pela chamada sociedade civil ou terceiro setor, situado num ponto entre o mercado e o Estado. Representam formas de "interações sociais como altruísmo, relações de confiança e laços comunitários que são incapazes de se realizarem em nível de Estado e de mercado" (Landim, 2002). As ONGs se caracterizam pela solidariedade e por sua função social e política. Disponibilizam serviços à comunidade e apoiam movimentos populares, com o objetivo de conscientizá-los de situações políticas e econômicas injustas. As ONGs do Norte e do Sul sobressaíram nas políticas de desenvolvimento e nas relações internacionais por sua contribuição para a melhoria das condições de vida dos países do Sul, sendo vistas como "portadoras de esperança", como organizações com interesse social, e não comercial ou político.

O principal papel dessas entidades na época do pós-guerra foi de tipo assistencial, como no caso da Cruz Vermelha. Com o passar do tempo, ampliaram seu campo de ação, chegando mesmo a cumprir funções estatais e, como no caso do Brasil, a confrontar o governo, especialmente na época da ditadura.

Suas atividades mudam conforme as necessidades do país. Assim, por exemplo, na Costa Rica, o principal campo de ação nos anos 1960 foi o meio ambiente, e nos anos 1970, o setor de habitação. No Brasil, no período ditatorial, as ONGs atuavam de forma semiclandestina e investiam em trabalhos na linha da educação popular (Landim, 2002). Nas décadas de 1960 e 1970, trabalharam como mediadoras dos movimentos sociais e de apoio às causas populares para a democratização da sociedade brasileira.

O papel das ONGs na América Latina ganhou maior força na década de 1970, quando criticaram duramente as políticas econômicas e desenvolvimentistas que contribuíram para o maior empobrecimento e exploração dos mais necessitados. No Brasil, essa crítica foi mais aberta só após o fim da ditadura, na metade dos anos 1980.

Nos anos 1970 e 1980, nos países latino-americanos que sofreram com ditaduras, o trabalho das ONGs se deu principalmente nas áreas de educação, saúde e habitação, e esteve associado tanto a posições democráticas quanto antiditatoriais, como ocorreu no Chile, Peru, Argentina, Brasil e alguns países da América Central. Nos países que não passaram por ditaduras, o papel das organizações foi de transformação social e rejeição dos partidos políticos e elites dominantes (Navarro, 2008).

Na década de 1980, as ONGs assumiram a responsabilidade da solução das necessidades básicas dos mais pobres. Nessa época se fortaleceram as organizações defensoras dos direitos humanos. Sem elas, muitos dos programas sociais do

Estado não teriam sido implementados, considerando as limitações administrativas e técnicas dos países latino-americanos. Isso não significa, no entanto, que essa relação Estado/ONG tenha sido fácil (Navarro, 2008).

Também no Brasil houve a proliferação dessas instituições e a dificuldade de estabelecer relações com o Estado, após o período de ditadura. Mas, nos anos 1990, a situação mudou: houve uma sensível melhora nessas relações com a consolidação da abertura democrática (Fraga, 2008).

Para alguns autores, no entanto, desde o final dos anos 1990 as ONGs do Norte já não são vistas como grupos que oferecem vantagens significativas no desenvolvimento comunitário ou nos casos de emergência, e sim como a tela que encobre a indiferença governamental (Pearce, 2002). O neoliberalismo danificou o setor das ONGs, fracionando-o e fomentando a competição, na qual só o mais forte e eficiente sobrevive. A diminuição dos recursos no final da Guerra Fria criou problemas de financiamento. Nessa luta pelo financiamento de seus projetos, as ONGs sacrificaram parte de sua legitimidade, como será mostrado ao longo deste capítulo.

Alguns têm uma posição mais radical: James Petras (2001), por exemplo, considera a figura das ONGs a "cara comunitária" do neoliberalismo, num quadro em que as organizações complementam o trabalho destrutivo do capital financeiro através de seus projetos locais. O autor não considera as ONGs "não governamentais", alegando que muitas delas recebem dinheiro do governo e poucas vezes apoiam grupos que criticam o Estado. Pelo contrário, suas políticas de autoajuda desmobilizam as lutas da população pobre e fomentam um novo tipo de dependência e de colonialismo econômico e cultural.

Com a fragmentação e divisão do setor ocorridas nos anos 1990, é incerto o caminho a ser seguido pelas ONGs nos próximos anos. Críticos do setor se perguntam o que farão essas entidades para retomar seus objetivos originais de mudança social e para continuar recebendo recursos de agências financiadoras sem perder sua independência. Algumas ONGs optaram por buscar recursos através da autossustentabilidade, cujo perigo reside num possível distanciamento de sua missão. O desenvolvimento de projetos a curto prazo criados por seus patrocinadores as coloca como entidades provedoras de bem-estar temporário, e não como organizações de desenvolvimento. A procura por financiamento tem feito com que esqueçam seus objetivos.

Nas últimas décadas, o percurso das organizações não governamentais no Brasil, fortemente influenciado pela dinâmica neoliberal, foi marcado por mudanças no papel político e social exercido pelas ONGs: de sua função de contestadoras do Estado autoritário, de denúncia da violência da ditadura e de apoio às suas vítimas, de mediadoras de novos atores na esfera pública nos anos 1960-70, elas passaram a reivindicar para si a identidade de atores sociais emergentes. Extremamente funcional para esse projeto neoliberal de reforma do Estado, o chamado terceiro setor cresceu[2] formando parcerias e alianças entre os governos públicos e segmentos da sociedade civil.

Assim, as ONGs ingressaram no novo milênio enfrentando novos e diversos desafios, como a própria necessidade de reencontro com seus objetivos sociais. Ao longo deste capítulo examinaremos esses limites e obstáculos, e analisaremos as diferentes perspectivas com relação à atuação das ONGs e sua capacidade de transformação social.

Organizações governamentais: diferentes leituras, diferentes papéis

É notório que as ONGs desempenham um relevante papel na sociedade moderna. Uma busca breve em veículos de mídia, por exemplo, seria suficiente para dar conta da quantidade de espaço por elas ocupado. O que se descobre é que essas organizações do chamado terceiro setor — artifício utilizado para diferenciá-las de instituições estatais, já que possuem finalidade pública, mas natureza privada — se disseminaram, passando a fazer parte de diversas dinâmicas sociais.

Portanto, não restam muitas dúvidas sobre o espaço que ocupam. A primeira questão é: que papel social cumprem essas organizações? E que leituras fazem do contexto, que análises motivam a sua atuação, a que objetivos servem? Esta segunda pergunta exige uma resposta um pouco mais complicada do que a primeira.

Para entender o que as organizações não governamentais representam hoje no Brasil não adiantaria fazer uma extensa lista de todas as instituições existentes, esforço imenso e, provavelmente, inútil: muitas delas sequer fazem parte de cadastros, por exemplo, junto ao Conselho Nacional de Assistência Social (CNAS) ou à Associação Brasileira de ONGs (Abong). Resta-nos apenas trabalhar com uma base de dados possível. Vamos, em seguida, rastrear algumas leituras e identificar algumas práticas das ONGs para examinar diferentes visões a respeito do papel delas na realidade social brasileira.

---

[2] No Brasil, essas organizações cresceram 150%, saltando de 200 mil para 500 mil no período de 1991 a 2002 (IBGE, 2004).

Substituindo o Estado

Uma primeira análise pode ser dar sob o foco da relação da ONG com o Estado. Dentro do universo das ONGs, um grupo dessas entidades exerce seu trabalho pretendendo, ao menos supostamente, substituir o Estado em algumas de suas funções. Sua motivação se dá a partir da leitura de que, em determinada área, o Estado não cumpre seu papel. Esse tipo de leitura continua considerando que aquele é um papel de responsabilidade do Estado, mas, para ver o serviço cumprido a contento, a ONG chama para si essa mesma responsabilidade e passa a executar aquela função.

Assim, é possível perceber um tipo de "terceirização" de serviços estatais: a contratação de ONGs para o desempenho de certas funções do Estado. Administrativamente, essa alternativa se mostra interessante para o Estado, pois desonera a máquina pública (dispensada dos trâmites legais de contratação, delegação e demissão), afasta-o das tarefas cotidianas e, ainda assim, lhe permite colher os frutos (tanto politicamente quanto em termos de objeto social).

Do ponto de vista da sociedade civil, a avaliação da posição acima é polêmica. Caso o objetivo da ONG seja apenas realizar aquele serviço, esse tipo de relação parece viabilizá-lo. Por outro lado, caso o objetivo seja a transformação social (e a eventual cobrança pelo desempenho estatal), esse tipo de prática em muito colabora para um perfil frágil de tentativa de se "humanizar" o capitalismo. A marca mais forte desse tipo social é a manutenção do *status quo*: mesmo alterando uma microrrealidade (o serviço que passa a ser realizado), em nada favorece ou parece favorecer um plano maior de mudanças.

A relação com o Estado é, a princípio, inexistente (embora, como dito, possa existir): o Estado não cumpre tal obrigação, e um grupo se organiza para cumpri-la. Pensando em termos de direitos humanos, o que se tem aqui é a omissão do Estado — não cumprimento de um serviço que deveria cumprir. A ação desse primeiro tipo não provoca uma ação do Estado, mas, como na crítica aqui colocada, pode gerar ainda mais omissão.

Litigância

Quando se trata de um crime de direitos humanos, o Estado é considerado sempre o primeiro violador, seja pela sua ação (por exemplo, violência policial), seja pela sua omissão (por exemplo, não fornecimento de material hospitalar). Como tal, pode ser inclusive acionado e responsabilizado em cortes internacionais. Um setor relevante dessas organizações não governamentais dedica-se, portanto, à denúncia e litigância contra o Estado. Age principalmente mediante produção de relatórios e ajuizamento, em âmbito doméstico ou internacional, de ações judiciais. Aqui, dois exemplos podem ser citados: o Centro de Justiça Global e o Centro de Justiça e Direito Internacional (Cejil).[3]

Sendo o Estado o principal violador, deve ser responsabilizado pela conduta delituosa. A isso segue-se uma crítica que se dá no campo do que é construído: por mais que, judicializando a questão, se possa requerer algum tipo de reparação (sempre reconhecidamente insuficiente, já que se trata de violações dos direitos humanos), a acusação mais comum é que esse tipo de atuação pouco constrói de positivo. Essa opção de atuação apresentaria três obstáculos:

❑ a animosidade inerente a esse tipo de relação (é difícil imaginar que aquele que litiga é também aquele que coopera);
❑ a superficialidade das propostas, na medida em que as prioridades são a litigância e a denúncia (apontando as ações/omissões do Estado que se traduzem em violações), ou seja, essas propostas acabam por ser aproximar mais de princípios e ideias gerais do que de ações concretas;
❑ a escassez de recursos para financiar a prática da litigância.

É da própria natureza das cortes internacionais de direitos humanos, de que esse tipo de atuação (minoritário no universo brasileiro das ONGs) faz uso, impor obrigações ao Estado. Assim, a preocupação maior é modificar instituições, criar mecanismos e meios de defesa, promoção e prevenção de violações de direitos humanos. O exemplo mais claro dessa situação (embora se possa discutir sua eficácia) é a Lei "Maria da Penha", a Lei nº 11.340 de 2006. Essa lei foi gerada a partir de um processo iniciado contra o Estado brasileiro por conta de omissões (em termos de políticas públicas e de legislação protetiva) em relação à violência doméstica. Esse e outros dispositivos passaram a existir mediante pressão social, âmbito em que a litigância internacional cumpriu importante papel.

Entretanto, esse tipo padece de um outro problema. Como dito antes, uma das preocupações do setor hodiernamente é o financiamento de suas próprias

---

[3] O primeiro, especialmente, é conhecido pela produção ou participação na produção de relatórios, como "Impunidade na Baixada Fluminense" (por ocasião do episódio conhecido como "Chacina da Baixada", na qual 29 pessoas foram executadas nos municípios de Nova Iguaçu e Queimados); "Na linha de frente: defensores de direitos humanos no Brasil, 1997-2001" (sobre a situação de defensores ameaçados); e o "Relatório Rio: violência policial e insegurança pública" (listando e contextualizando execuções, torturas e outras violações dos direitos humanos cometidas por policiais no estado do Rio de Janeiro).

ações: como não geram lucros, a defesa de direitos e a litigância contra o Estado acabam se tornando espaços vazios deixados pelo mercado, a serem ocupados pelo próprio Estado. Porém, ao discutir os meios de acesso à justiça, Economides (1999:68) alerta para o seguinte:

> Por conseguinte, caso serviços jurídicos estatais (...) sejam estabelecidos em comunidades onde as necessidades sejam particularmente agudas (...), tais serviços preventivos poderiam ter um efeito impactante em termos de estímulo à demanda (e uso) dos serviços judiciais. No entanto, existem poderosos desestímulos para que qualquer governo contemple um investimento deste tipo: em primeiro lugar, o governo corre o risco de ser parte na mesma ação legal que financia.

Por um lado, a autossustentabilidade, como dito antes, pode afastar a organização de sua missão — lembrando que esse tipo de prática pode reinserir as organizações nas já referidas leis de mercado; por outro, o financiamento estatal esbarra no primeiro problema — a dificuldade em ser litigante e cooperador ao mesmo tempo.

Assim, essas organizações buscam financiamento externo a partir de organizações, estatais ou não, de outros países. O que lhes cria dois outros problemas. Em primeiro lugar, os recursos internacionais destinados ao Brasil estão rareando: outras regiões do globo demonstram necessidades mais imediatas de investimentos (por exemplo, Oriente Médio, continente africano e regiões atingidas por desastres naturais). Em segundo lugar, caso essa busca por financiamentos externos seja motivada pela necessidade de não submissão ao Estado nacional, ainda assim persiste a possibilidade de dependência de outras organizações, inclusive estatais, mesmo que estrangeiras.

A cooperação

Algumas ONGs não se preocupam em realizar o que o Estado regularmente já faz ou deveria fazer: elas procuram provocar a inovação através da produção de alternativas. Assim, instala-se uma relação de cooperação com o Estado: a captação de recursos é feita em busca de financiamentos públicos (embora não exclusivamente) e se destina à criação de políticas públicas inovadoras, que possam ser incorporadas pelo próprio Estado.

Um exemplo desse tipo é o Viva Rio. Essa organização não atua diretamente na litigância, nem procura substituir ações tipicamente estatais, mas busca criar e destacar boas práticas, que possam ser absorvidas pelo poder público. A trajetória do projeto Balcão de Direitos pode ilustrar essa dinâmica: iniciou seus trabalhos em 1996, com apoio do Ministério da Justiça; em 2001, o ministério criou o Programa Nacional Balcões de Direitos, apoiando diversas iniciativas semelhantes em diversas unidades da federação; em 2002, a equipe do projeto original realizou, com o apoio do ministério, um mapeamento nacional das iniciativas apoiadas pelo programa (o que revelou um grande número de ações promovidas por órgãos ligados ao Estado, como Ministério Público, Defensoria Pública e mesmo tribunais de justiça); em 2004, o Ministério (sempre através da Secretaria Especial de Direitos Humanos) não mais forneceu financiamento para o projeto original, redistribuindo esses recursos para outras iniciativas; em dezembro de 2006, o projeto foi encerrado, sob a alegação de que, por um lado, não conseguia captar recursos suficientes para sua manutenção, e por outro, já havia cumprido o objetivo implícito de projetos sociais que buscam a cooperação: deixar de existir, caso suas práticas tenham sido aproveitadas ou adaptadas por órgãos estatais.

O objetivo principal desse tipo de ação é sua potencial capacidade de pautar o Estado: criar, desenvolver ou salientar as chamadas boas práticas, de forma que possam ser absorvidas e desempenhadas pelo Estado. O projeto Balcão de Direitos, por exemplo, tratava de políticas de acesso à Justiça, buscando uma alternativa à forma tradicional do processo.

Relação entre as ONGS, o Estado e a iniciativa privada: limites e possibilidades

Como analisado nos tópicos precedentes, historicamente as ONGs ocupam um campo de práticas sociais comuns a entidades que interagiram no sentido de apoiar atores sociais emergentes na luta por seus direitos. Logicamente, porém, as organizações não governamentais não constituem um bloco homogêneo, havendo posicionamentos divergentes, críticos ou não, o que nos permite duvidar de que seu modelo e significado obedeçam a uma única interpretação.

É inegável que, inseridas num contexto nacional e internacional de mudanças profundas nos últimos 30 anos, o papel desempenhado por expressivo número de tais organizações na cena pública vem-se alterando em sintonia com as reformas estatais em voga, com implicações importantes para a cultura política brasileira.[4]

---

[4] Landim, 1993; Novaes, 1995; Fernandes, 1994.

Verifica-se, assim, na realidade contemporânea brasileira, um destaque para a atuação de diversas organizações da sociedade civil — em especial de seu braço mais "eficiente", as ONGs — num processo que aponta para uma redefinição da relação entre o público e o privado no Brasil. Essas instituições podem se confrontar, conviver e até ter o intuito de substituir o Estado (Paim, 1998), consolidando-se assim novos modelos de regulação social em substituição ao clássico papel do Estado como provedor de bens públicos.

É justamente para esses novos modelos que voltamos nossa atenção. Entendemos que se impõem às ONGs que pautam sua atuação por "parcerias" com o Estado nas áreas sociais alguns limites e desafios que serão aqui abordados. A seguir, portanto, veremos as principais críticas dirigidas à estruturação do ativismo social na forma de ONGs.

Desafio: a legitimidade

Destacamos, em primeiro lugar, o desafio da legitimidade a ser enfrentado pelas ONGs no século XXI. Sendo fato que tais organizações gozam de prestígio por sua atuação histórica, também o é que vêm sendo cada vez mais alvo de questionamentos e críticas, colocando-se em xeque sua representatividade e seu real comprometimento com uma transformação do *status quo*. A discussão em torno da legitimidade dessas organizações do chamado "terceiro setor" toca em vários pontos fundamentais para a sua (re)estruturação no sentido de retomarem uma função política combativa e de autêntica transformação social que um dia já lhes coube de maneira mais clara.[5]

Carlos Montaño (2002:126), iluminando as implicações do uso da expressão "terceiro setor", critica o significado de autonomia que o termo carrega, conferindo a suposta aparência de um "setor" independente, público não estatal, não governamental, autogovernado e não lucrativo, que possuiria uma neutralidade diante do primeiro setor (Estado) e do segundo setor (mercado). O autor fundamenta-se na teoria gramsciana para esclarecer que:

---

[5] J. Petras (2001), embora reconheça essa maior legitimidade de outrora, ressalva que, mesmo no auge da década de 1970, quando as ONGs desempenhavam papel de questionamento do Estado ditatorial, a atuação delas apresentava grave limitação, uma vez que, comprometidas com os Estados europeus e norte-americano, de onde provinham seus recursos, denunciavam os regimes autoritários da América Latina, mas silenciavam quanto ao fomento daqueles mesmos países a tais regimes e quanto às mazelas que seu sistema econômico impunha às populações dos países periféricos.

Há em Gramsci (na esteira de Marx), à diferença dos autores do "terceiro setor", um caráter claramente classista na sociedade civil — aqui se expressa a articulação das esferas sociais, ignorada por estes teóricos: a "sociedade civil" gramsciana faz parte do Estado (*lato sensu*), que por sua vez é permeado pelos interesses e conflitos das classes sociais conformadas na estrutura econômica.

A "sociedade civil" e suas diversas formas de organização, portanto, não são carentes de contradições nem independentes da totalidade social. Não há assim nada que embase o entendimento disseminado de que as ONGs, apenas por figurarem como instituições da sociedade civil, sejam mais "neutras" e com interesses mais "puros" e democráticos do que os interesses públicos de um Estado democraticamente eleito.

O debate sobre a legitimidade das ONGs aponta para a questão da representatividade de tais organismos. Embora se reconheça a importância de muitos trabalhos desenvolvidos, as ONGs não têm claramente definida a parcela da sociedade que representam. Do mesmo modo, o entendimento da população a seu respeito é muito limitado, e a imprensa não cobre suas atividades de forma regular. O que se verifica é que essas organizações operam em meio a uma nuvem de falta de conhecimento.

Não resta dúvida de que, hoje, as ONGs já têm institucionalizado o seu espaço na sociedade contemporânea, porém ainda é necessário atuar numa perspectiva dialógica, comunicativa, na qual suas ações devem ser implementadas por meio da interação entre os diferentes sujeitos sociais dos espaços organizados da sociedade civil, a fim de fortalecer o exercício da cidadania deliberativa (Fonseca, 2000).

Armadilha: a desoneração do Estado

O art. 5º da Constituição brasileira de 1988 prevê formas de associativismo e propugna por uma cidadania proativa, cria mecanismos de participação de instituições não governamentais em conselhos, execução de atividades e fiscalização da coisa pública. Os governos civis eleitos posteriormente aos governos militares, principalmente o governo Fernando Henrique Cardoso, criaram diversos programas destinados ao envolvimento das ONGs. Do mesmo modo, diferentes governos municipais e estaduais também abrem espaços para a participação das instituições. Todavia, muitos dos programas visam claramente à substituição de tarefas que eram realizadas por organismos estatais, na onda de esvaziamento do compromisso e do papel do Estado na área social (Fraga, 2008).

Noutra ótica, os índices de pobreza no Brasil são alarmantes e também influenciam o trabalho das ONGs. Num cenário social onde necessidades básicas da população não são supridas pelo Estado, prover condições mínimas de dignidade às pessoas se torna um imperativo para muitas organizações. Essas ONGs se perguntam: como instigar cidadãos a se mobilizarem e atuarem em prol de mudanças sociais se, para muitos deles, a luta pela sobrevivência absorve todo o seu tempo e energia? A falência do Estado em prover qualidade de vida à população é um incentivo à prática assistencialista de muitas ONGs, o que por sua vez posterga a formulação de estratégias para provocar mudanças sociais capazes de influenciar na reprodução dessa dinâmica social nociva (Gilmore, 2007).

Essa dupla dinâmica — por um lado, a guinada neoliberal de desregulamentação e desaparelhamento do Estado, calcada no discurso de que o Estado social não tinha mais condições de prestar diretamente determinados serviços à população; por outro, a realidade premente de pobreza estrutural que empurra a atuação das ONGs para um modelo assistencialista — tem como consequência a atenuação do papel do Estado, que passa de provedor a fiscalizador da oferta de serviços na área social.

Esse viés substitutivo ao Estado das ONGs faz com que as demandas que antes, no modelo tipo *welfare state*, se encontravam sob responsabilidade da esfera estatal fiquem agora, dentro do "novo" modelo neoliberal de atendimento, à mercê da caridade, da ajuda mútua e da autoajuda (Lélis, 2010). Longe de assumir o formato de política social, a assistência social acaba por reproduzir a pobreza e a desigualdade na sociedade brasileira, já que opera de forma descontínua em situações pontuais. Sempre direcionada a dificuldades específicas (relativas à criança, à terceira idade, ao portador de necessidades especiais, entre outras), não cumpre a perspectiva cidadã de ruptura da subalternidade. Ao contrário, caracteriza-se como uma política paliativa, por neutralizar demandas e reivindicações (Martins, 2005).

Muito mais complexo e envolvendo mais interesses e objetivos do que aparenta, o assistencialismo que vem sendo promovido pela atuação dessas organizações não governamentais não é mera alternativa desinteressada e generosa da parte de certos setores. Direitos sociais tratados como caridade perdem sua exigibilidade como direitos e passam a ser recebidos como favor, fazendo com que o controle social e a cobrança relativa à sua qualidade e constância sejam drasticamente reduzidos. Essa transmutação forjada pode significar a perpetuação de desigualdades históricas ou, segundo as palavras de Pedro Demo (1990:32), a institucionalização de "uma oferta pobre para pobre, para que o pobre permaneça pobre".

Teme-se, portanto, que as estratégias de enfrentamento/negação ou de demanda/pressão dirigidas *em face do* Estado, que davam a tônica da atuação das ONGs no passado, sejam trocadas pela atuação *substitutiva* ao Estado em atividades-fim da área social, contribuindo para o desmonte do já tão fragilizado projeto de Estado de bem-estar social brasileiro.

Limites: o processo de financiamento

Um dos principais óbices à efetiva promoção de mudanças sociais medinate a atuação de ONGs emerge da análise do processo de financiamento dessas organizações, que não poderia deixar de ser aqui abordado.

Primeiro, ao se adequarem aos requerimentos legais que lhes permitirão iniciar seu trabalho ou dar continuidade a ele, as ONGs acabaram por adotar arranjos administrativos específicos, como, por exemplo, manter uma diretoria, organizar equipes de captação de recursos, desenvolver mecanismos para avaliar os resultados de projetos e manter uma estrutura de contadores e advogados para cumprir com a burocracia de prestação de contas. Como consequência, o tempo e os esforços empregados diretamente na problemática social que em primeiro lugar encorajou a reunião do grupo de ativistas são dramaticamente reduzidos. O pragmatismo da vida diária burocratizada das ONGs torna o objetivo de preservar a organização mais necessitado de dedicação que o desenvolvimento e aplicação de estratégias visando à mudança social (Tang, 2007:216).

Segundo, a limitação de recursos financeiros disponíveis para o financiamento de trabalhos sociais ameaça a integração entre as diversas iniciativas. Em vez de construir coalizões sociais, a lógica das ONGs incentiva a competição entre as diferentes organizações que pleiteiam as escassas linhas de financiamento. Em vez de aproximação e união de esforços, há competição e distância (Tang, 2007:216).

Terceiro, a dinâmica corrente não admite o financiamento de uma causa. Somente projetos específicos de uma organização são considerados no momento em que uma proposta de financiamento está em análise, sob a justificativa de que, dessa forma, será mais fácil avaliar os resultados do emprego do dinheiro. O resultado disso é o estímulo à percepção de que a ONG é um conjunto de diferentes iniciativas, conduzidas por diferentes equipes e através de diferentes estratégias. Menos energias são dedicadas à discussão de planejamentos e objetivos do movimento como um todo, e a noção de unidade de esforços em prol da mesma causa é ameaçada. Além da já mencionada rivalidade entre ONGs por conta da escassez de recursos financeiros, observa-se também a competição interna em cada ONG por esses recursos entre os diferentes projetos. Por fim, essa dinâmica é nociva, uma vez que enfraquece a ideia de que a união de esforços do conjunto de projetos é o que propiciará atingir os objetivos da organização (Gilmore, 2007).

Quarto, considerando a escassez de recursos disponíveis para o financiamento de projetos sociais, muitas organizações distorcem suas visões e missões no momento de concorrer a uma oferta. Ou seja, considerando que a "demanda" por apoio financeiro no "mercado" de ONGs é alta, elas se encontram na situação de, sob o risco de interromperem seu trabalho, não poderem aguardar até que um edital enquadre exatamente seu trabalho ou até encontrarem uma entidade provedora de recursos que esteja completamente afinada com seus ideais. Ao distorcerem seus objetivos e estratégias para estarem compatíveis com a oferta de recursos, as ONGs se distanciam de suas causas.

Além dos pontos negativos descritos, essa dinâmica de financiamento de ONGs restringe o experimentalismo social que poderia estar ocorrendo na ausência de restrições tão definidas por parte das entidades financiadoras. Diante da necessidade de se enquadrarem às possibilidades de financiamento e também aos requisitos legais que lhes são impostos, as ONGs acabam por coibir o desenvolvimento de inusitadas formas de se lidar com os problemas sociais (Rodriguez, 2007:27).

Isso significa que, em última instância, a entidade financiadora é quem de fato decide qual o tipo de trabalho social será desenvolvido pelas ONGs, especialmente num ambiente de escassez de recursos como o brasileiro. Ao delimitarem o espectro de objetivos e estratégias a serem utilizados por aquelas ONGs que forem selecionadas como receptoras de recursos, as grandes fundações e demais entidades financiadoras acabam por interferir na maneira como as organizações conduzirão seus trabalhos (Gilmore, 2007:47). Ampliando a escala dessa crítica, temos que os ativistas diretamente ligados ao trabalho de campo — portanto conscientes das principais necessidades, desafios e dificuldades da comunidade que será atendida pelo projeto social — têm voz extremamente limitada na forma com que seus trabalhos deverão ser conduzidos (Ahn, 2007).

Quinto, o modelo de financiamento das ONGs não admite a sobrevivência de estratégias radicais. Planos capazes de influenciar diretamente o *status quo* não seriam objeto de financiamento por parte de fundações. No máximo seriam aceitas estratégias reformadoras desafiadoras, mas um projeto que almejasse alterar as estruturas da organização social não se enquadraria nas exigências das empresas e organizações doadoras de recursos financeiros. A dinâmica das ONGs está incluída na corrente organização social; reverter o sistema através do suporte de organizações cuja sobrevivência é dependente da permanência do sistema seria improvável e absurdo.

O abandono de estratégias radicais objetivando a transformação social é bastante nítido em ONGs que perfilham estratégias jurídicas como as principais ou fundamentais. Exemplo disso é o movimento em prol da legalização do casamento homossexual. Muitos ativistas homossexuais adotam essa meta como a principal. No entanto, ela não significa um passo em direção à liberação sistêmica. Quando o debate do movimento de *gays* e lésbicas é voltado para a questão do casamento, ele está se limitando a questões que são mais importantes para a agenda dos homossexuais brancos e ricos ou de classe média alta. As prioridades das pessoas negras e/ou pobres do movimento, que enfrentam discriminação social mais severa diariamente e sofrem com a ausência de condições materiais dignas de vida, são tacitamente relegadas a questões de segunda ordem. Garantir a inclusão de *gays* e lésbicas na construção social que a figura do casamento propicia pode representar um reduzido ou nulo avanço para grandes parcelas da população homossexual para as quais o casamento civil não faz parte da realidade ou aspiração social. Ao centrar sua estratégia em assegurar que o casamento civil seja mais um direito formal, o movimento de *gays* e lésbicas maquia e faz desvanecer a necessária luta por condições de vida dignas para aqueles que são discriminados por sua opção sexual (Farrow, 2008).

Uma última crítica ainda pode ser feita: sabe-se que a legislação brasileira permite que pessoas físicas ou jurídicas façam doações a ONGs e deduzam parcela significativa dessa doação, ou mesmo 100% do seu valor, em alguns casos, da quantia do imposto de renda que devem ao fisco. No entanto, ocorre que, ao se fazer isso, a dinâmica implícita é a seguinte: em vez de o poder público definir como será gasto o dinheiro provindo do imposto, é o particular que está efetuando a doação e quem direciona a aplicação dos recursos. O problema é que nem sempre a organização que receberá a doação será aquela que mais beneficiará o público em geral. Quando doações, nesse contexto, são direcionadas a museus e teatros, por exemplo, a população mais necessitada de benefícios sociais e que, de outra forma, seria a destinatária primordial dos recursos fica em segundo plano, enquanto as elites que frequentam casas de arte acabam recebendo mais ganhos. Afinal, os doadores não possuem nenhum estímulo em especial para agir em prol do interesse público (Gilmore, 2007:46).

As ONGs e os movimentos sociais

Como já dito anteriormente, ao surgirem na conjuntura política de regimes ditatoriais, em meados dos anos 1970, as organizações não governamentais latinoamericanas apresentavam, em geral, um forte viés político e transformador. Sua contundente oposição ao autoritarismo estatal conferiu-lhes um caráter crítico e democrático, aliando práticas e discursos contra-hegemônicos a um diversificado ativismo social. Assim, procuravam estabelecer uma íntima relação com movimentos populares e segmentos da população excluídos da arena política.

No Brasil, a atuação dessas organizações, que buscavam criar novas experiências alternativas de associativismo às práticas institucionais tradicionais da esquerda, tinha como meta interferir na condução de questões sociais e abrir canais de participação na esfera pública, rearticulando interesses e demandas populares sob a perspectiva da transformação social. Através de sua vinculação a movimentos sociais urbanos e rurais, as entidades da sociedade civil organizada — forma ainda embrionária das atuais ONGs —, a despeito de seu posicionamento político, ideológico e religioso, assumiram relevância política e social.

A militância em defesa dos direitos fundamentais e da promoção da cidadania, os projetos educacionais e trabalhos de base (como os núcleos de educação popular, de inspiração freireana), as práticas de cogestão democrática e a formulação de projetos sociais emancipatórios conferiram-lhes papel de destaque no âmbito dos movimentos de massas e em grande parte lhes reservaram atribuições de planejamento, articulação e gestão desses atores coletivos. Dessa forma, tiveram inserção na luta política nacional e internacional, integrando redes organizacionais juntamente com agências de cooperação internacionais que lhes forneciam assessoria, apoio, troca de experiências e paradigmas de ação.

Devido a seu distanciamento e oposição em relação ao Estado e a sua desconfiança para com as empresas privadas, suas fontes de recursos permaneciam limitadas e seus quadros restritos. Sendo assim, compunham-se basicamente de grupos oriundos dos setores mais radicalizados das classes médias, abrangendo, por exemplo, acadêmicos, estudantes universitários, sindicalistas, assistentes sociais, profissionais liberais e membros de igrejas.

Todavia, a partir das mudanças sociais e políticas promovidas na década de 1980, com a reabertura da arena política aos atores tradicionais (partidos e sindicatos), essas organizações passaram por uma profunda rearticulação. O novo desenho político-institucional traçado pela Constituição de 1988 conferiu novos contornos às ONGs e instigou a redefinição de seus papéis. A institucionalização desses organismos, sob a égide do novo regime jurídico-constitucional, proporcionou uma significativa mudança em várias dimensões, seja na formulação de seus objetivos e estratégias, na composição interna de seus quadros, nas formas de captação de recursos e seu gerenciamento, na sua interlocução com o Estado e com os demais atores sociais, seja na sua própria definição identitária.

Esse reposicionamento estratégico, produto da adaptação à nova identidade institucionalizada, conduziu a uma considerável expansão desse novo fenômeno organizacional. A proliferação de ONGs foi, então, acompanhada da ressignificação e ampliação dos campos de atuação desses organismos, agora direcionados à prestação de serviços e ao assistencialismo. Em consonância com a orientação neoliberal, predominante a partir da década de 1990, o associativismo civil do chamado "terceiro setor" deveria concentrar suas forças na ação voluntária, solidária, filantrópica e assistencial, de modo a retirar do Estado a responsabilidade pela resolução dos problemas sociais. As ONGs assumiriam, portanto, um papel funcional no sistema socioeconômico.

Paralelamente a esse processo de valorização social das ONGs engajadas no fornecimento de serviços de caráter público, ocorreu a tentativa de deslegitimação dos movimentos sociais, ou mesmo sua criminalização por setores do governo, da academia e da imprensa. A clara diferenciação entre a atuação "dentro" e "fora" da ordem sela a quebra do vínculo entre ONGs e movimentos sociais.

Movimentando-se nos limites da prática institucional, as ONGs adotariam também os critérios de eficiência, razoabilidade (na relação custo-benefício) e concorrência. A lógica pragmática que governa o mercado guiaria também as ações das organizações, ditando as formas de execução de metas e prestação de contas e criando estratégias de marketing que as impulsionem na disputa por recursos, visibilidade e influência política. Além de incorporarem os critérios, metodologias e formas organizacionais de tipo empresarial, as ONGs promoveriam uma modificação dos seus quadros, substituindo em inúmeras funções a presença dos ativistas-militantes por técnicos-especialistas, vistos como capacitados para formular os objetivos, princípios, estratégias e formas de gestão de seus programas sociais. Esse aparato burocrático, decorrente de sua institucionalização, fez surgir novos cargos (gestores, captadores de recursos, gerentes financeiros, de recursos humanos etc.), exigindo a profissionalização de seus membros.

Todas essas transformações produziram um efeito decisivo também sobre as ONGs "cívicas" (Oliveira, 2002) ou "cidadãs" (Gohn, 2003), ou seja, aquelas cuja trajetória está diretamente conectada ao movimento pela redemocratização do país. Seu desenvolvimento foi acompanhado de uma tendência à perda de sua radicalização. Embora muitas mantivessem sua função de assessoria e apoio a movimentos sociais plurais — como os movimentos negro, indígena, de gênero, pelo meio ambiente, de defesa dos direitos humanos, de trabalhadores urbanos e rurais, isto é, dos grupos sociais "marginalizados" —, sua ênfase na transformação social teria enfraquecido ou mesmo se extinguido por completo.

Assim, como aponta Francisco de Oliveira (2002), a institucionalização daria ensejo ao processo de cooptação de organizações não governamentais outrora comprometidas com a crítica sistêmica e com projetos de renovação social. O apoio conferido a movimentos sociais passaria a seguir a lógica da mediação pacífica de conflitos e da consecução de reformas graduais. Outrossim, não haveria mais espaço para a atividade radical, inovadora e crítica, de modo que as ONGs inscreveriam-se no paradigma da continuidade, e não da ruptura, tratando da "administração do possível".

Assim, na atualidade, as ONGs seriam caracterizadas por sua limitação institucional, isto é, por operarem dentro do sistema e restringem-se à formulação de projetos reformistas, carecendo de criatividade e ousadia. Contudo, convém salientar igualmente a importância da atuação das ONGs, principalmente quando em parceria com movimentos sociais. Sua intervenção demonstra ser de extremo valor e utilidade no que tange ao fornecimento de apoio técnico, material, logístico e jurídico, à formação, treinamento e aperfeiçoamento de quadros e lideranças, à difusão de informação, à proposição de políticas públicas e mecanismos de controle e fiscalização das ações governamentais e econômicas.

Ademais, constituindo espaços de participação e mediação, ainda é possível encontrar lugar para a militância política em defesa de direitos sociais e para a construção ou resgate da cidadania. Ao associarem-se a redes de solidariedade e de assessoria a movimentos populares, dão origem a novos sujeitos coletivos, mais amplos e plurais. A constituição de redes, por movimentos sociais, entidades e organizações de nível local, regional, nacional ou internacional, em espaços públicos como o Fórum Social Mundial, permite o intercâmbio, articulação e potencialização de demandas e reivindicações fragmentárias e setoriais, combinando a dimensão socioeconômica, o reconhecimento cultural e a defesa dos direitos coletivos. Exemplo significativo da constituição de redes pode ser constatado em relação ao Movimento dos Sem-Terra, que reúne em torno de si uma extensa gama de entidades e organizações que dão suporte e conferem legitimidade à sua causa.[6]

---

[6] Entre as organizações com quem mantém relações estão o Instituto Brasileiro de Análises Sociais e Econômicas (Ibase), a CUT, a Comissão Brasileira de Justiça e Paz, a Comissão Pastoral da Terra (CPT), o Conselho Indigenista Missionário, a Coordinadoria Latinoamericana de Organizaciones del Campo (Cloc), a Fase (Federação de Entidades Assistenciais), a Federação dos Estudantes de Agronomia do Brasil (Feab), o Instituto de Defesa do Consumidor (Idec), o Instituto Técnico de Capacitação e Pesquisa da Reforma Agrária (Iterra), a Marcha Mundial de Mulheres, o Movimento de Mulheres Camponesas (MMC), o Movimento dos Atingidos por Barragem (MAB), o Movimento dos Pequenos Agricultores (MPA), o Movimento dos

Destarte, o apoio às ações comunitárias e aos movimentos de promoção social que almejem o desenvolvimento rural e de comunidades, o fomento à participação no poder local, à economia solidária e ao microcrédito, a difusão da educação e cultura, a implementação de políticas de habitação e urbanismo, segurança alimentar, saúde e meio ambiente, entre outras questões, torna as ONGs potenciais agentes de mudança pela via institucional.

Conclusão: ONGs podem ou não ser consideradas atores sociais de transformação?

Grande parte das críticas atualmente dirigidas às ONGs as insere no cenário político-econômico da globalização neoliberal e questiona seu compromisso com os ideais que elas aparentam pleitear. A crítica, assim, afirma que, ao se analisar o papel das ONGs quando inseridas na dinâmica neoliberal, elas podem não apresentar alternativas reais ao *status quo*.

Quando a lógica de movimentos sociais foi deixada de lado e em seu lugar as organizações não governamentais passaram a atuar como conglomerados de ativistas estimulados a promover mudança social, o formato em que esse entusiasmo foi enquadrado o inseriu no rol de instituições e práticas definidas através da lógica neoliberal. Isso significa que, paradoxalmente, a lógica contemporânea de uma ONG busca a mudança social através de ferramentas atreladas ao quadro que deve ser transformado. Em resumo, em nome da justiça social e da democracia, as ONGs relegam a um segundo plano estratégias de luta radicais e aquiescem ao modelo político, econômico e social que autocontém o empobrecimento de seres humanos com base em preconceitos de cor, gênero, raça e etnia.

Ao mesmo tempo, mesmo que seja indispensável a sustentação de uma visão crítica e realista em relação à atuação das "ONGs-cidadãs", fugindo de concepções afeitas à idealização e à romantização de seu papel, não convém desprezar o papel relevante que podem assumir no âmbito das lutas sociais. Trata-se, portanto, de reconhecer os limites de sua atuação enquanto agentes de transformação, atentando para a contradição latente inscrita em sua condição de entidade "institucionalizada" e, frequentemente, dependente do Estado.

Assim, torna-se evidente que para contribuir para a criação de estratégias de ação coletivas, penetrar campos de ação variados e conceder amparo legal e

---

Trabalhadores sem Teto (MTST), a Pastoral da Juventude Rural (PJR), a Via Campesina e a Rede Nacional de Advogados e Advogadas Populares (Renap).

institucional que legitimem e possibilitem a participação de amplos setores da sociedade, as "ONGs-cidadãs" devem permanecer à margem do financiamento de agências e fundações privadas (Ford, Rockefeller, Kellogg, McCarthur etc.) ou de governos estrangeiros que procuram eleger "projetos" segundo critérios supostamente neutros e científicos — de viabilidade, relevância, exequibilidade, calculabilidade, eficiência, otimização de resultados, retorno seguro de seus investimentos — e acabam por ditar temas, prioridades e metas integrantes de suas agendas políticas particulares.

Na medida em que as ONGs procurem impedir que a lógica do mercado penetre em suas formas organizacionais, será mais fácil criar as condições para a transformação social. No entanto, um mínimo de institucionalização da dinâmica neoliberal será sempre necessário para que o relacionamento com as agências financiadoras se dê, ou seja, as ONGs precisam se mostrar minimamente eficientes e ser capazes de traçar expectativas de resultados palpáveis para os patrocinadores, competindo entre si pelos escassos fundos. Esse mínimo de incorporação da lógica neoliberal pode ser equilibrado, no entanto, através de uma aproximação saudável entre as ONGs e os movimentos sociais, que seguem os parâmetros organizacionais tradicionais e não são capazes de obter recursos financeiros para suas causas.

Além disso, é preciso lembrar que o risco de incorporação da lógica do mercado no dia a dia das ONGs não se dá apenas como requisito dos financiadores. Por exemplo, ao contratar um técnico gabaritado para coordenar um projeto numa vizinhança, em vez do líder comunitário que possui boas relações com a população local, uma ONG, mesmo sem perceber, está se rendendo à lógica do mercado. A dinâmica neoliberal não apenas permeia as questões relativas ao orçamento, mas também penetra inconscientemente nos pequenos afazeres e propósitos da organizações. É preciso atenção permanente das mesmas para que isso seja combatido.

Desse modo, a colaboração, cooperação e parceria entre ONGs e movimentos sociais, ao preservarem a esfera de atuação de cada ator social, serão capazes de preservar a autonomia de segmentos populares para que possam formular projetos alternativos de sociedade e uma crítica social independente e radical.

Nesse cenário, acreditamos que as ONGs podem desempenhar um papel transformador na sociedade brasileira; contudo, precisam superar os condicionamentos inerentes à busca de recursos financeiros, aproximando-se dos setores populares e orientando-se para a valorização do público. Sua efetividade depende de ações orgânicas, comunitárias, ações que conjuguem propostas a partir da interação com aqueles grupos sociais para os quais a atenção das organizações públicas não governamentais está voltada, num jogo dialógico em que também se permite que a lógica do "social" resista/seja reintegrada aos trabalhos das ONGs.

Referências

AHN, Christine E. Democratizing American philanthropy. In: INCITE! *The revolution will not be funded*: beyond the non-profit industrial complex. Cambridge: South End, 2007. p. 63-68.

CORNWALL, Andréa; COELHO, Vera S. *Spaces for change?* The politics of citizen participation in the democratic arenas. London: ZED, 2004.

DEMO, P. *Participação comunitária e Constituição*: avanços e ambiguidades. Brasília: UnB, 1990. (Série Política Social em Debate n. 2.)

ECONOMIDES, Kim. Lendo as ondas do movimento de acesso à Justiça: epistemologia versus metodologia? In: PANDOLFI, Dulce C. et al. *Cidadania, justiça e violência*. Rio de Janeiro: FGV, 1999.

FARROW, Kenyon. *Is gay marriage anti-black?* Disponível em: <www.nathanielturner.com/isgaymarriageantiblack.htm>. Acesso em: maio 2008.

FERNANDES, Rubens César. *Privado porém público*: o terceiro setor na América Latina. Rio de Janeiro: Relume-Dumará, 1994.

FONSECA. Luzia Viana da. O Estado, o terceiro setor e o mercado — uma tríade complexa. In: CONGRESSO BRASILEIRO DE CONTABILIDADE, 16. Anais... Goiânia, 2000. Disponível em: <www.milenio.com.br/siqueira/Trabalhos.htm>. Acesso em: abr. 2008.

FRAGA, Paulo Cesar Pontes. *As ONGs e o espaço público no Brasil*. Disponível em: <http://64.233.167.104/search?q=cache:4XCByhDSW5kJ>. Acesso em: maio 2008.

GILMORE, Ruth Wilson. The shadow of the shadow state. In: INCITE! *The revolution will not be funded*: beyond the non-profit industrial complex. Cambridge: South End, 2007. p. 41-47.

GOHN, Maria da Glória. *Os sem-terra, ONGs e cidadania*. São Paulo: Cortez, 2003.

GONÇALVES, Hebe Signorini (Org.). *Organizações não governamentais*: solução ou problema? São Paulo: Estação Liberdade, 1996.

GOUVEIA, Taciana. Movimentos sociais e ONGs: dos lugares e dos sujeitos. *Política & Sociedade. Revista de Sociologia Política*, Florianópolis, UFSC, 2004.

HADDAD, Sérgio (Org.). *ONGs e universidades*: desafios para a cooperação na América Latina. São Paulo: Abong, 2002.

INCITE! WOMEN OF COLOR AGAINST VIOLENCE. *The revolution will not be funded*: Beyond the non-profit industrial complex. Cambridge: South End, 2007.

LANDIM, Leilah. *Para além do mercado e do Estado*: filantropia e cidadania no Brasil. Rio de Janeiro: Iser, 1993.

_____. Múltiplas identidades das ONGs. In: HADDAD, Sérgio (Org.). *ONGs e universidades*: desafios para a cooperação na América Latina. São Paulo: Abong, 2002. p. 17-50.

LÉLIS, Úrsula Adelaide de. *Políticas e práticas do terceiro setor para a educação no contexto de (contra)reforma do Estado*. Disponível em: <www.anped.org.br/reunioes/28/textos/gt05/GT05-1231-Int.rtf>. Acesso em: abr. 2010.

MARTINS, Margarete Garcia. *Uma breve reflexão sobre o terceiro setor na cidade de São Carlos*. 2005. Disponível em: <www.urutagua.uem.br/009/09martins.htm>. Acesso em: abr. 2008.

MENESCAL, Andréa Koury. História e gênese das organizações não governamentais. In: GONÇALVES, Hebe (Org.). *Organizações não governamentais*: solução ou problema? São Paulo: Estação Liberdade, 1996.

MESSNER, Dirk. Organizaciones no governamentales: nueva esperanza o actores sobreestimados? Processos de búsqueda en América Latina y experiencias de los países industrializados. In: HENGSTENBERG, Peter; KOHUT, Günther. *Sociedad civil en América Latina*: representación de intereses y governabilidad. Caracas: Nueva Sociedad, 1999.

MONTAÑO, Carlos. *Terceiro setor e a questão social*: crítica ao padrão emergente de intervenção. São Paulo: Cortez, 2002.

NAVARRO, Juan Carlos. *Las ONGs y la prestación de servicios sociales en América Latina*: el aprendizaje ha comenzado. Disponível em: <http://unpan1.un.org/intradoc/groups/public/documents/CLAD/UNPAN000166.pdf>. Acesso em: maio 2008.

NOVAES, Regina Reyes. *Pobreza e trabalho voluntário*: estudos sobre a ação social católica no Rio de Janeiro. Rio de Janeiro: Iser, 1995.

OLIVEIRA, Francisco de. Entre a complexidade e o reducionismo: para onde vão as ONGs da democratização. In: HADDAD, Sérgio (Org.). *ONGs e universidades*: desafios para a cooperação na América Latina. São Paulo: Abong, 2002.

PAIM, Eugenia. Organizações da sociedade civil, filantropia e exclusão social: repensando o papel dos projetos de assistência a crianças e jovens pobres no Brasil. In: ENCONTRO DE REDE DE PESQUISAS SOBRE O TERCEIRO SETOR NA AMÉRICA LATINA E

CARIBE, 1. São Paulo, 1998. Disponível em: < http://www.rits.org.br/acervo-d/epaim.doc>. Acesso em: set. 2009.

PEARCE, Jenny. El desarrollo, las ONG y la sociedad civil: el debate e su futuro. In: *Desarrollo, organizaciones no gubernamentales y sociedad civil.* Barcelona: Fundación Intermón, 2002.

PETRAS, James. *Duro alegato de James Petras contra el accionar de las ONGs.* 2001. Disponível em: <www.eurosur.org/somosmundo/informacion/varios/petras.html>. Acesso em: abr. 2008.

_____. *Imperialismo e ONGs en América Latina.* Disponível em: <www.filopol.canadianwebs.com/petrasongal.htm>. Acesso em: maio 2008.

RODRIGUEZ, Dylan. The political logic of the non-profit industrial complex. In: INCITE! *The revolution will not be funded*: beyond the non-profit industrial complex. Cambridge: South End, 2007.

SPADE, Dean; MANANZALA, Rickke. *The nonprofit industrial complex and trans resistance.* Disponível em: <http://nsrc.sfsu.edu>. Acesso em: abr. 2008.

TANG, Eric. Non-profits and the autonomous grassroots. In: INCITE! *The revolution will not be funded*: Beyond the non-profit industrial complex. Cambridge: South End, 2007.

VIEIRA, Liszt. *Os argonautas da cidadania*: a sociedade civil na globalização. Rio de Janeiro: Record, 2001.

5 Direitos humanos, (não) realização do estado de direito e o problema da exclusão

José Ricardo Cunha • Nadine Borges

A garantia dos direitos humanos no Brasil e no continente latino-americano como um todo é uma realidade ainda recente, pelo menos no que concerne a dois aspectos importantes: a incorporação normativa ao direito interno dos tratados e pactos do direito internacional dos direitos humanos; e a constituição de uma cultura de utilização de tais normativas tanto pelas instituições de defesa dos direitos humanos como, principalmente, pelo Poder Judiciário brasileiro. Para entender o quão difícil é a garantia desses direitos, principalmente para aqueles que de fato não os possuem, é necessário que se tenha em mente um panorama histórico do processo de afirmação dos direitos humanos. A ideia aqui é buscar uma reflexão crítica sobre os obstáculos que circundam essa temática desde as primeiras declarações de direitos. Isso, por si só, já demonstra tal dificuldade, embora não justifique as falências de realização dessas garantias num estado que se pretenda de direito.

Diga-se logo que a hipótese em curso é que a não garantia dos direitos humanos historicamente consagrados e a inexistência ou existência ineficaz de um sistema de proteção dos direitos humanos fere de morte qualquer pretensão político-jurídica de constituição de um *estado de direito*. Isso significa que, de acordo com a tradição jurídica e moral das sociedades ocidentais, um estado que possa ser considerado de direito não se realiza apenas pela existência de um sistema formal de regras jurídicas e pela substituição da discricionariedade da vontade do soberano pela discricionariedade da vontade do legislador. Além disso, é preciso que existam, ao menos, outros dois elementos fundamentais: um conjunto de normas garantidoras de direitos fundamentais de natureza civil, política, econômica e social; e um sistema efetivo de promoção e garantia desses direitos que alcance toda a população. Portanto, um estado de direito apenas se realiza quando é capaz de proteger os direitos humanos e concretizá-los nas diversas realidades particulares de um país ou nação. Essa realização é, com efeito, incompatível com qualquer forma de exclusão civil, política, econômica e social. Um estado de direito deve ser para todos ou não será um estado de direito, e sim apenas um arremedo que pretende sustentar o que apenas pode ser tolerado por aqueles que não são vitimados pelas diversas formas de violência que resultam da violação de direitos fundamentais.

Das primeiras garantias dos direitos humanos a um estado de direito universal

O que chamamos hoje de estado de direito e que nos é tão caro na cultura política e jurídica mundial não é uma invenção milagrosa do mundo hodierno, mas o resultado de sucessivas conquistas históricas que afirmaram a importância e o valor dos direitos humanos. Contudo, muitos desses direitos, como veremos, surgiram para proteger apenas grupos específicos e só ulteriormente alcançaram (pretenderam alcançar) a característica de universalidade ao definirem, por exemplo, que *todos* teriam os direitos iguais, ainda que vivessem num sistema desigual de classes sociais.

Um dos expoentes modernos mais relevantes, seguramente, é a Declaração de Virgínia, proclamada em 1776, nos Estados Unidos, seguida das declarações francesas do período das revoluções, em especial a *déclaration des droits de l'homme et du citoyen*, em 1789, e a *déclaration des droits de l'homme*, em 1795. Esses documentos, em maior ou menor escala, são os alicerces de uma concepção moral e jurídica dos direitos humanos preservados nos mais diversos tratados e pactos internacionais sobre essa temática.

Entre esses estudos sobre o "histórico dos direitos humanos", há uma tendência a afirmar que a consciência clara e universal de tais direitos é própria dos tempos modernos (Serra, 1977). Seguramente, a Revolução Francesa trouxe à tona essa discussão, mas no campo jurídico-positivo a história constitucional da Inglaterra sugere alguns instrumentos claramente vinculados à história de formação do estado de direito. Esse debate de cunho constitucionalista não será tratado aqui, mas, para demonstrar a longevidade da discussão dos direitos humanos, pode-se aludir à Magna Carta de 1215, conhecida como a Carta de João Sem-Terra. Uma de suas cláusulas previa que os homens livres devem ser julgados por seus pares, conforme a lei da terra. Esse dispositivo, em sua essência, pode ser considerado a semente do devido processo legal, o qual também está expresso na Constituição Federal do Brasil de 1988, em seu art. 5º, LIV: "ninguém será privado da liberdade ou de seus bens sem o devido processo legal". Segundo Fábio Konder Comparato (2007:46), a Magna Carta, na Inglaterra, pode, sim, ser considerada o embrião dos direitos humanos pelo fato de buscar o valor da liberdade. Para o autor, não se tratava de uma liberdade em benefício de todos, sem distinção de condição social, pois esses direitos só seriam declarados no final do século XVIII — no período das revoluções —, mas de liberdades específicas. Importante lembrar que a Magna Carta foi uma declaração solene em que o rei João da Inglaterra logrou deixar implícito, pela primeira vez na história política medieval, a possibilidade de o rei submeter-se às suas leis. Além disso, inaugurou a existência de direitos próprios, na linha dos atuais direitos subjetivos, permitindo aos nobres e à Igreja alguns direitos que, além de não dependerem do consentimento do rei, também não poderiam ser modificados por ele.

Entre outros documentos e declarações históricas incipientes dos direitos humanos, destacam-se também a Lei de *Habeas Corpus* de 1679, seguida 10 anos depois por outra declaração de direitos (*Bill of Rights*), em 1689, ambas promulgadas na Inglaterra. Essas cartas também não eram voltadas igualmente para todos os súditos. Obviamente priorizavam e elencavam benefícios e direitos do clero e da nobreza. O que difere essas declarações da carta de João Sem-Terra, datada de 1215, são os pontos referentes às garantias das liberdades individuais. Isso, em certa medida, contribuiu para firmar o "novo estatuto das liberdades civis e políticas" (Comparato, 2007:49). A Lei de 1679 teve grande importância enquanto matriz histórica de garantia judicial voltada para proteger o direito de ir e vir. Sobretudo no que concerne à possibilidade de utilizá-lo em caso de prisão efetiva e garantir ao paciente o direito de impetrar um *writ* (*habeas corpus*) contra a autoridade coatora. Já a *Bill of Rights* era um documento que previa, entre outras normas, a participação do Parlamento na condição de órgão competente para legislar e instituir impostos. Essa carta, além de fortalecer a instituição do júri, lançou as bases de direitos fundamentais atuais que estão expressos nas constituições modernas, como, por exemplo, o direito de peticionar e a proibição de penas cruéis e degradantes (Comparato, 2007:96).

Nesse cenário, mesmo sendo otimistas, não deve nos faltar discernimento para perceber que os direitos em oposição ao Estado, no caso da *Bill of Rights*, eram direitos de alguns homens, não de todos. Por isso, o domínio formal da lei muitas vezes pode mascarar o domínio de uma classe. Sendo assim, é necessário que os direitos humanos transcendam as desigualdades do poder de classe e sirvam para todas as pessoas (sejam inclusivos), sob pena de perpetuarem a violência que mantém jugos e nega tanto a liberdade como a igualdade. O *rule of law* dos ingleses não foi um estado de plena liberdade para todos, mas um processo histórico em que o direito se afirmou como um conjunto de normas, valores e procedimentos para legitimar o poder das classes dominantes. Por outro lado, é forçoso reconhecer que esse mesmo direito, elevado à condição de regra máxima da sociedade, ganhou autonomia suficiente para prestar-se também ao papel de salvaguarda da cidadania, impondo limites ao poder dessas mesmas classes dominantes. Como afirma Emilio Santoro (2006:209) com base nos estudos de Edward Thompson, "para poder desempenhar uma função legitimadora, o direito, entendido como normas, procedimentos e estruturas, deveria estar isento da manipulação grosseira, deveria parecer substancialmente justo". Ora, estamos claramente diante de um processo dialético em que o direito moderno se apresenta como resultado de um movimento concomitante de legitimação e limitação do poder das classes e grupos dominantes. Exatamente por isso, e na outra ponta desse movimento dialético, o direito atuou também tanto para acomodar como para emancipar as classes e grupos dominados. Como dito anteriormente, o estado de direito não nasceu pronto e acabado, mas foi sendo paulatinamente construído como resultado das lutas concretas tanto pela liberdade e igualdade como pela efetivação dessa liberdade e igualdade para todos e não apenas para alguns.[1]

Veja-se agora outro instrumento que, seguramente, é mais um dos alicerces históricos dos direitos humanos: a Declaração de Independência dos Estados Unidos, de 4 de julho de 1776. Para Comparato (2007), sua principal característica foi ser o primeiro documento a afirmar os princípios democráticos na história da política moderna. Além disso, reconheceu a legitimidade da soberania popular e a existência de direitos inerentes a todos os seres humanos, independentemente de sexo, raça, religião, cultura ou posição social. Juntamente com esses ideais de igualdade e legitimidade democrática nascia, em 1776, a sociedade mais individualista que o mundo já conheceu, e seguramente as declarações norte-americanas eram o paraíso dos direitos individuais, o que, por si só, pode explicar o fato de até hoje não haver muita aproximação — em alguns casos conceitual e em outros

---

[1] Ver a interessante reflexão sobre o papel dialético da lei e do direito em Thompson (1987:331-361).

casos prática — com os direitos sociais e, menos ainda, com o direito internacional dos direitos humanos. Os Estados Unidos — ainda vale lembrar — foram pioneiros nas declarações de direitos individuais, e, conforme já aludimos, isso não deve causar estranhamento. Os norte-americanos, ao promulgarem a Declaração de Virgínia em 1776, foram de certa forma os responsáveis pelo enraizamento da constituição moderna como ato supremo da vontade política de um povo — *we the people*. A Declaração de Virgínia diferenciava-se da *Bill of Rights* inglesa de 1689 e, segundo Comparato, deu o tom de todas as declarações de direitos humanos do futuro, particularmente a francesa, de 1789, e a Declaração Universal da Organização das Nações Unidas, de 1948, por assegurar que todos os seres humanos são livres e independentes.

Com diferente coloração ideológica, a Declaração dos Direitos dos Homens e dos Cidadãos surgiu na França em 1789 alicerçada sobre ideais de igualdade, liberdade e fraternidade; nesse sentido, o âmago dessa declaração possui caráter mais social — relacional — do que individual. Em outras palavras, diferentemente da Declaração de Virgínia, a questão de fundo central não eram as liberdades individuais, mas, sobretudo, a eliminação das desigualdades entre os estamentos.

A partir do século XIX, as transformações sociais no campo econômico, sobretudo, acarretaram uma ampliação na gramática dos direitos humanos, de forma que os direitos de igualdade foram incorporados à ideia de estado de direito. Alguns interpretam essa mudança como a passagem do paradigma do estado de direito para o paradigma do estado democrático de direito, sendo este uma concepção ampliada tanto pela ideia dos direitos econômicos e sociais como pela ideia do alargamento das formas de participação política. Nessa esteira estão a Constituição mexicana de 1917 e a Constituição alemã de 1919. No Brasil, a Constituição de 1934 é um bom exemplo desse movimento; embora curta sua vigência, ela expressou de forma eloquente importantes direitos econômicos e sociais.

Mas esse novo ideário de estado de direito coerente com essa ampliação da gramática dos direitos humanos não se deixou revelar apenas por meio de constituições nacionais. Também na esfera internacional houve sua consagração por intermédio de importantes documentos, tais como a Declaração Universal dos Direitos Humanos, de 1948, a Convenção Europeia dos Direitos Humanos, de 1950, os Pactos Internacionais dos Direitos Econômicos, Sociais e Culturais, de 1966, a Convenção Americana sobre os Direitos Humanos, de 1969, a Carta Africana dos Direitos Humanos e dos Direitos dos Povos, de 1981, e o Estatuto do Tribunal Penal Internacional, de 1998. Todas essas normativas, das mais antigas às mais recentes, além de outras não citadas, serviram de base para consolidar o que se chama hoje em dia de direito internacional dos direitos humanos, datado do último período pós-guerra. Com o direito internacional dos direitos humanos, o ideal do estado de direito foi elevado ao plano internacional, transformando o cidadão nacional em cidadão do mundo. As exigências morais e jurídicas decorrentes do reconhecimento da dignidade intrínseca dos sujeitos passaram a incorporar um acervo moral e jurídico de todo o planeta. Prova isso o fato de que, apesar das diversidades culturais, nenhuma pessoa razoável cogite a possibilidade de que alguém se pronuncie numa assembleia das Nações Unidas defendendo algo como a restituição da escravidão. Da mesma forma, não vingaria um discurso insensível à fome e à miséria que assolam centenas de milhões de pessoas no mundo inteiro. Ainda que de fato a ordem política e econômica internacional não tenha revertido vários processos de dominação e espoliação, o paradigma da hierarquização biológica da humanidade foi oficialmente superado, dando espaço ao reconhecimento de amplos direitos morais e jurídicos.

De forma historicamente inédita, a pessoa humana passou a ser protagonista e sujeito de direitos até mesmo na esfera internacional, sendo-lhe conferida a capacidade de denunciar as violações de direitos humanos nos sistemas internacionais de proteção.[2] Com isso o estado de direito alcança a máxima pretensão inclusiva, isto é, reconhece e assume que somente se realizará na medida em que incluir toda e qualquer pessoa sob sua esfera de proteção, tanto na ordem nacional como na ordem internacional. Trata-se, com efeito, de uma reação a distintas maneiras de violência que vão desde a fome até a apatridia. O que era direito de alguns passa agora a ser proclamado como direito de todos. Como os direitos em geral se realizam por meio do cumprimento de obrigações por outrem, é possível também dizer que agora, de outro lado, o que era obrigação apenas de alguns passa a ser obrigação de todos. Em outras palavras, pessoas, grupos, instituições, Estados nacionais e organismos internacionais também passam a ser enredados nos deveres e obrigações relativos à proteção e garantia dos direitos humanos. Tudo isso em tese, claro.

Concepções de estado de direito e mais ou menos direitos humanos

O cenário histórico apresentado buscou uma correlação entre a paulatina afirmação dos direitos humanos e a progressiva realização do ideário de estado de

---

[2] Zaffaroni et al., 2006:336.

direito. Todavia, é possível, também, fazer o caminho inverso, isto é, apresentar o processo histórico de concretização do estado de direito e sua relação com a afirmação dos direitos humanos.[3]

O direito pré-moderno, como se sabe, estava baseado num conjunto de costumes e tradições transferido oralmente de geração a geração e sempre compatível com uma estrutura estratificada de sociedade. A *lei da terra*, embora conhecida por todos, não se aplicava a todos da mesma maneira. Oferecia, assim, suporte para a imposição de encargos desiguais e para a garantia de privilégios e imunidades. Da mesma forma, o direito pré-moderno não possuía um critério objetivo e público quanto ao reconhecimento da validade de uma norma jurídica. Por isso a incorporação de uma norma ao repertório jurídico consuetudinário dava-se, basicamente, em função da força ou do poder de determinado grupo ou estrato social em relação aos demais. Para preservar a unidade de identidade, cada grupo social procurava manter sua ordem jurídica tanto quanto possível isolada dos demais grupos, de forma a preservar sua própria estrutura de poder e costumes. Existia, portanto, uma pluralidade de ordens jurídicas. O fundamento de legitimidade dessas ordens jurídicas era assente em categorias metafísicas, como a natureza das coisas ou a vontade divina.

Nessa perspectiva, o direito pré-moderno era ao mesmo tempo causa e consequência da imposição da força e do arbítrio dos mais fortes sobre os mais fracos. Claro que se poderiam invocar seus próprios fundamentos para que houvesse a proteção desses indivíduos ou grupos mais fracos, ou seja, invocar direitos naturais a favor dos mais fracos. Porém, essa pretensão certamente seria facilmente destroçada diante do poder concreto dos grupos dominantes, tais como reis, senhores feudais e clérigos. Como visto anteriormente, ao se falar sobre a Magna Carta, foi numa disputa entre poderosos — reis e barões da terra — que surgiu um primeiro conjunto de normas tendo em vista estabelecer direitos para os mais fracos entre os mais fortes. Contudo, esse movimento foi importante para lançar os primeiros fundamentos para o ideal de regulamentação pública e objetiva do poder dominante ou, ao menos, de parte dele.

Foi mesmo com o estado moderno que surgiu o estado de direito como um "estado legal", isto é, com a afirmação do princípio da legalidade como fonte exclusiva do direito válido. Nessa concepção de validade as normas jurídicas são

---

[3] Aqui não será considerado o processo histórico antigo de reformas políticas na Grécia, que poderiam ser apontadas como base ou até mesmo exemplos de arranjos próximos ao que chamamos hoje estado de direito, como, por exemplo, as reformas introduzidas por Sólon, Péricles e Clístenes.

dissociadas formalmente das tradições e de seus conceitos de verdade e justiça. A norma vale porque produzida pela autoridade competente. O poder legiferante representa o clímax desse estado legal de direito ou estado legislativo de direito (Ferrajoli, 2006). O direito é tomado como uma questão de autoridade, por oposição à arbitrariedade. Todos os poderes públicos devem ser exercidos em nome da lei. Böckenförde (2000:25), ao estudar a origem e evolução do conceito de estado de direito, explica que a concepção formal deste se conecta com a necessidade de adequação de procedimentos, especialmente em relação à administração pública, isto é, como um tipo de estado administrativo de direito a vincular não só o administrado, mas principalmente a própria administração. Essa restrição formal ao arbítrio do governante, típica desse *estado legislativo de direito*, decerto representa uma importante conquista para os direitos humanos, como visto ao se comentar o *rule of law* dos ingleses. A mera contenção do arbítrio do soberano já é em si uma forma de proteção dos mais fracos. Além disso, a substituição do "viva o rei" pelo "viva a lei" ou pelo "viva a república" é uma forma de transferência simbólica do próprio poder ou, ao menos, do sentimento de onde nasce o poder. Claro que essa transferência simbólica não é em si suficiente para romper com a ideologia do poder dominante e suas manifestações concretas, mas é mais uma ferramenta que se agrega ao trabalho de resistência dos oprimidos.

Há nesse estado legislativo de direito uma espécie de autonomização do próprio conceito de direito, que se separa de outras esferas morais para buscar em si mesmo sua fonte de legitimidade. A linguagem e os procedimentos jurídicos são reconduzidos à sua própria técnica de maneira isolada e independente em relação a outras formas de saber. Aqui o estado de direito é sinônimo do direito do Estado, afirmando o monismo jurídico em detrimento das práticas consuetudinárias. Para os países da *common law*, a conciliação entre o direito costumeiro e o direito estatal veio por meio das cortes de justiça. Coube ao Poder Judiciário redizer o direito aceito como válido, travestindo-lhe da necessária autoridade e, portanto, legitimidade. Dessa ideia aparente de imparcialidade do estado legislativo de direito resulta o direito humano às diversas liberdades que são próprias da vida civil e política. Por exemplo, as liberdades de consciência, crença e culto; ou as liberdades de pensamento, expressão e imprensa; ou, ainda, as liberdades de reunião, associação e voto. Direitos estes que podem ser exercidos contra o próprio Estado, caso este exceda seus novos e claros limites.

Contudo, o processo desencadeado na II Guerra Mundial colocou em crise esse modelo de estado de direito centrado na vontade do legislador. Seria necessário a subordinação do próprio legislador e mesmo da lei a uma lei superior: a

Constituição. Para os que imaginam ser óbvio esse raciocínio, é importante ter em conta que, no modelo do estado legislativo de direito, a Constituição, embora existente, ocupava papel meramente ilustrativo. Ferrajoli (2006:435) lembra que, "até 50 anos atrás, não existia, no senso comum dos juristas, a ideia de uma lei sobre as leis e de um direito sobre o direito". O Brasil é um caso emblemático dessa afirmação, na medida em que a jurisprudência de nossas cortes, até o início da década de 1990, sempre esteve baseada na legislação infraconstitucional até mesmo quando esta conflitava com a Constituição em vigor.

Com essa mudança entra em cena um novo modelo de estado de direito que pode ser chamado de *estado constitucional de direito*. De acordo com esse modelo, não é a vontade do legislador que deve prevalecer para conter o arbítrio do governante, mas sim a vontade da Constituição que deve se impor tanto para o governante como para o legislador. Isso vale não apenas no sentido formal, mas também no sentido material. Com efeito, mesmo que uma norma seja formalmente válida, ela ainda assim será inválida caso substancialmente viole diretriz, princípio ou regra constitucional. Aqui a Constituição não se restringe a fixar os parâmetros da organização do Estado ou os limites da formação pública de vontades, mas confere poder normativo efetivo aos valores que estruturam a ordem social (Böckenförde, 2000:40). Isso implica significativa mudança nas esferas política e jurídica da sociedade. Do ponto de vista político, a legitimidade não se reduz mais ao cálculo das maiorias, mas decorre também da consonância do discurso e da prática com os valores e princípios constitucionais. O estatuto do jogo político não pode mais desconsiderar a gramática constitucional e, por conseguinte, dos direitos humanos que ela preconiza. Do ponto de vista jurídico, a autonomia técnica do direito precisa igualmente se render aos valores e princípios constitucionais, de sorte que passa a ser inaceitável o raciocínio jurídico que, embora aparente ser tecnicamente adequado, não se conforme à axiologia constitucional. Esse impacto pode ser mais claramente percebido no papel da jurisdição, que passa a transcender a mera relação juiz e legislação infraconstitucional (Ferrajoli, 2006:425).

O estado constitucional de direito se configura como um sistema jurídico complexo. Lacunas e antinomias não são negadas nem vistas como defeitos necessariamente, mas como a inevitável decorrência da interconexão dinâmica de diversas normas e fontes normativas. Isso coloca como tarefa permanente para o próprio estado de direito, seja por meio de Executivo, Legislativo ou Judiciário, equacionar as antinomias e integrar as lacunas a partir da Constituição, isto é, de seus fins, valores e princípios, como uma forma de corrigir-se a si mesmo. Nesse sentido, o estado de direito não é um dado pronto e acabado, mas um projeto em permanente construção. No que diz respeito à articulação desse raciocínio com os direitos humanos, Ferrajoli (2006:436) afirma ser tarefa da ciência do direito "examinar as antinomias geradas pela presença de normas que violam os direitos de liberdade, como as lacunas geradas pela ausência de normas que satisfaçam os direitos sociais e, por outro lado, solicitar a anulação das primeiras porque inválidas e a introdução das segundas porque devidas".

Assim, em síntese, é possível falar em dois modelos de estado de direito: antes e depois da II Guerra Mundial. No primeiro modelo — anterior à II Guerra — prepondera o princípio da mera legalidade, em que os poderes públicos são exercidos conforme a lei e existe, portanto, uma limitação formal aos poderes de Estado. Já no segundo modelo — posterior à II Guerra Mundial — os poderes de Estado estão vinculados a princípios jurídicos e morais substantivos, reconhecidos na forma de direitos humanos inscritos na Constituição, sendo esta Constituição reconhecida como um direito para o próprio direito (Ferrajoli, 2006:417). Vale frisar que poderia ser analiticamente frágil o raciocínio que partisse de imediato para a compreensão direta e isolada do segundo modelo de estado de direito, na medida em que este surge num processo de superação dialética em relação ao primeiro modelo (Böckenförde, 2000:17-45).

Não obstante o processo histórico de concretização do estado de direito, com ênfase no estado constitucional de direito, e sua relação com a afirmação dos direitos humanos, é imprescindível que seja levado em conta o problema da *exclusão* de pessoas e grupos sociais da égide do estado de direito. É importante que se diga que tal exclusão não se apresenta como um defeito aparente do estado de direito, isto é, não parece ser um problema interno, mas externo. Por que tantas pessoas admitem viver e conviver tranquilamente numa sociedade na qual a organização das instituições não é capaz de açambarcar a plenitude das pessoas? Reformulando e simplificando a pergunta: por que tantas pessoas convivem tranquilamente com uma ordem excludente? Bem, indubitavelmente são muitas as respostas possíveis. Certamente a primeira e mais óbvia é: porque não são elas as excluídas. Quando se está minimamente confortável numa situação, há mais tolerância para os problemas que se apresentam. Mas o ponto aqui é que parece haver certa resiliência com o processo de exclusão, na medida em que ele não é identificado como um problema intrínseco do sistema, mas como uma questão de alcance. Por essa lógica, caso o sistema fosse estendido até os excluídos, tudo estaria resolvido. Visto dessa maneira, tudo parece ser uma questão de paciência, ou seja, dar tempo ao tempo para que, aos poucos, o estado de direito seja paulatinamente ampliado até que alcance todas as pessoas. Contudo, o problema maior é que, na medida em que estamos falando do próprio estado de direito, o fato de haver pessoas e grupos que dele se excluem ou são excluídos representa uma falha estrutural, e não uma limitação do seu alcance. Essa ideia de exclusão do estado de direito como uma falha estrutural do mesmo será vista em dois aspectos: dos que estão acima do estado de direito; e dos que estão abaixo do estado de direito.

O fenômeno da exclusão e a (não) vigência do estado de direito

Em geral, quando se pensa nos limites do estado de direito imagina-se a situação dos menos favorecidos. Contudo, uma das graves falhas do estado de direito é a situação de muitas pessoas entre os mais favorecidos. Tais pessoas, por questões econômicas, políticas, culturais, corporativas ou burocráticas, são colocadas "acima da lei" ou "acima da Constituição". Para elas não vale nem o princípio da mera legalidade, muito menos a vigência do estado constitucional de direito. Elas são detentoras de imunidades e privilégios que protegem a elas mesmas e seus respectivos sistemas de vantagens. A ordem das coisas parece voltar-se para tais pessoas de modo a sempre preservar seus interesses. Mas, ainda que essa ordem institucional não lhes assegure lucros materiais e imateriais e queira enquadrar suas pretensões, essas pessoas conseguem driblar ou corromper a própria institucionalidade para assegurar suas vantagens. O que há de curioso e mais perverso nesse movimento é que ele é conhecido e sabido por todos na sociedade, e a reação primeira que muitas vezes desperta no senso comum não é a de indignação, mas de inveja. Para alguns, estar "acima da lei" é a maior conquista social que se pode almejar e ter. Há certa passividade diante de tal situação, como se ela fosse inevitável. Algo que o senso comum exprime por frases como "rico não vai para a cadeia" ou "político sempre mente". É quase como uma integração cultural dessas perniciosas contradições à vida social e ao cotidiano. Aliás, diga-se que é exatamente dessa integração cultural que surgem bravatas do tipo "você sabe com quem está falando?". Essa ameaçadora pergunta se sustenta sobre a existência cínica de um grupo de imunes ou privilegiados que não encontram limites para o seu sistema de vantagens e são, por isso mesmo, efetivamente capazes de se impor aos demais. Em 1976, no Brasil, ficou famosa uma campanha publicitária do cigarro Vila Rica estrelada por Gerson, jogador de futebol tricampeão do mundo, em que este dizia: "gosto de levar vantagem em tudo; leve vantagem você também...". Essa afirmação ficou conhecida durante muito tempo como "lei de Gerson", isto é, levar vantagem em tudo. Os que estão acima do estado de direito são exatamente esses que conseguiram realizar e levar às últimas consequências essa máxima de levar vantagem em tudo. Para esses há apenas vantagens, não deveres. Eles estão acima do art. 29 da Declaração Universal dos Direitos Humanos, que preconiza no item I que "todo ser humano tem deveres para com a comunidade, na qual o livre e pleno desenvolvimento de sua personalidade é possível".

A situação de ricos e poderosos que se situam acima da lei e da Constituição é, como já dito, uma forma de exclusão que acontece dentro do estado de direito. Pode ser chamada de uma *exclusão para cima*. Esse tipo de exclusão pode ser percebido de diferentes maneiras, mas não há dúvida de que o sentimento de impunidade é a ponta mais visível desse processo. O cidadão médio é constantemente assoberbado de informações que dão conta da dificuldade e, no mais das vezes, da inviabilidade do sistema repressivo do Estado para atuar eficazmente contra esses que são mais favorecidos. Ao mesmo tempo que todos sabem dos indícios cristalinos, e algumas vezes das provas concretas, que pesam sobre os poderosos, não é comum que alguém alimente a convicção de que tais poderosos serão efetivamente punidos. Quase ninguém espera seguramente que banqueiros, empreiteiros, grandes empresários, políticos do alto escalão, desembargadores, juízes, artistas famosos e outras celebridades sejam mesmo punidos por seus crimes. É bem verdade que existe uma espécie de "sentimento de revanche" do cidadão médio em relação a esses mais favorecidos que faz com que as ações investigativas da Polícia Federal e as eventuais condenações pelo Poder Judiciário sejam recebidas com entusiasmo. Mas o sentimento predominante quando acontece ocasional punição dos poderosos é de "exceção que confirma a regra". A regra se mantém como a existência de um grupo de pessoas que sempre leva vantagem nas suas relações, inclusive nas relações ilícitas, estando, por isso, acima da lei. Há uma frase muito conhecida no folclore nacional, ora atribuída a Getúlio Vargas, ora atribuída a Pinheiro Machado, que expressa eloquentemente a relação entre aparato institucional e privilégios e imunidades: "aos amigos, tudo; aos inimigos, a lei".

Se o fenômeno da exclusão no estado de direito já se evidencia por meio da situação dos que estão acima da lei e da Constituição, ele também se manifesta de forma igualmente ou mais perversa na situação dos que estão abaixo da lei e da Constituição. Se aquela é uma exclusão para cima, esta é uma *exclusão para baixo*. O art. 25 da Declaração Universal dos Direitos Humanos assevera:

> Todo ser humano tem direito a um padrão de vida capaz de assegurar-lhe, e a sua família, saúde e bem-estar, inclusive alimentação, vestuário, habitação, cuidados médicos e os serviços sociais indispensáveis, e direito à segurança em caso de desemprego,

doença, invalidez, viuvez, velhice ou outros casos de perda dos meios de subsistência em circunstâncias fora de seu controle.

Em contraste com essa norma, dados do Programa das Nações Unidas para o Desenvolvimento (Pnud) dão conta de cerca de um bilhão de pessoas no mundo sem a nutrição adequada e sem acesso a água potável.[4] Ainda segundo o Pnud, o Brasil ocupava em 2008 a 70ª colocação no relatório de desenvolvimento humano, numa lista com 179 países.[5] É bem verdade que a política econômica, a política de seguridade social e as políticas de transferência de renda têm levado a uma consistente redução das taxas de pobreza no Brasil, segundo dados da Pesquisa Nacional por Amostra de Domicílios 2007.[6] O chamado índice de Gini, que mede a desigualdade na concentração de renda, vem mostrando algumas melhoras progressivas, passando de 0,593 em 2001 para 0,552 em 2007 e correspondendo, portanto, a uma taxa de redução média anual de 1,2%.[7] Contudo, ainda há uma pobreza estrutural e sistêmica que assola o Brasil e o mundo, gerando uma desigualdade radical e níveis intoleráveis de vida. Alguns aspectos dramáticos desse quadro de desigualdade radical podem ser sintetizados da seguinte forma:

- é praticamente impossível para quem está em estado de pobreza absoluta mudar a própria situação por vias lícitas;
- a maioria das pessoas que está em situação melhor de vida não consegue se colocar na situação daquelas que estão em piores condições e não possui a mínima ideia do que é viver de forma totalmente degradante;
- essa desigualdade radical não diz respeito apenas a renda e consumo, mas a todos os aspectos da vida social, como acesso às belezas naturais ou produções culturais e artísticas;
- a desigualdade radical acarreta diferentes formas de violência que se manifestam difusamente na sociedade, mas atingem com mais crueldade exatamente os mais empobrecidos, que são duplamente penalizados.[8]

---

[4] Disponível em: <http://hdr.undp.org/en/statistics/>. Acesso em: abr. 2009.
[5] Disponível em: <http://hdrstats.undp.org/es/2008/countries/country_fact_sheets/cty_fs_BRA.html>. Acesso em: abr. 2009.
[6] Disponível em: <www.ibge.gov.br/home/estatistica/populacao/trabalhoerendimento/pnad2007/comentarios2007.pdf>. Acesso em: abr. 2009.
[7] Ipea (2008:4). Cabe esclarecer que quanto mais próximo de zero estiver o índice de Gini (ou coeficiente de Gini) menor será a desigualdade de renda.
[8] Parte dessa lista pode ser encontrada em Pogge (2007).

É importante que se diga que o próprio conceito de pobreza é em si mesmo complexo, admitindo uma significativa gama de interpretações. Possivelmente os professores indianos Armatya Sen (1970, 2000, 2002) e Arjun Sengupta (2007) estejam entre os principais estudiosos da matéria. Com base em algumas reflexões desenvolvidas por esses autores, é possível falar-se em pobreza em pelo menos três perspectivas: pobreza com base na renda; pobreza como privação de capacidades; e pobreza como exclusão social (Costa, 2008:91-92).

O conceito de pobreza com *base na renda* é bastante utilizado por órgãos e organismos oficiais nacionais e internacionais por permitir mensurações objetivas das condições de vida das pessoas. Dentro desse conceito, é comum se falar em pobreza extrema e pobreza moderada. As Nações Unidas — por exemplo, o Pnud — consideram pobreza extrema a situação daquela pessoa que ganha menos de um dólar PPC (dólar por *paridade de poder de compra*, isto é, aquele que elimina a diferença de custo de vida entre os países, permitindo, assim, uma análise global). Já o IBGE considera estar em pobreza extrema aquele indivíduo que possui renda mensal inferior a um quarto do salário mínimo. No mais das vezes, as políticas econômicas e as políticas distributivas são pensadas tendo em vista esse conceito de pobreza.

Já o conceito de pobreza como *privação de capacidades* leva em consideração o quadro mais amplo de bem-estar da pessoa. Nessa linha, pobres seriam as pessoas privadas de suas capacidades, ou seja, privadas das liberdades básicas de que podem (e devem) desfrutar para uma vida digna. Aqui a liberdade não deve ser encarada como valor individualístico nem reduzir-se apenas à vida civil ou política. Entenda-se, por exemplo, liberdade para obter uma nutrição saudável, para acessar um bom sistema de ensino e saúde, para ler e escrever e conhecer lugares novos. O pleno exercício de liberdades plenas é o que coloca o sujeito em condição de exercer uma vida com qualidade. Já a limitação dessas liberdades impede que o sujeito exerça suas capacidades e possa desfrutar com autonomia sua própria vida. A pobreza aqui não é uma questão meramente quantitativa, mas qualitativa. Leva em consideração as condições de vida da pessoa e as possibilidades efetivas que ela tem de acessar e desfrutar tanto o mercado como as próprias políticas de bem-estar.

Por fim, o conceito de pobreza como *exclusão social* leva em consideração não apenas os números da renda e as condições particulares do sujeito para o exercício das suas capacidades, mas também o lugar social da pessoa e a maior ou menor vulnerabilidade que ela pode ter no momento de se relacionar com grupos sociais e com a sociedade como um todo. Os excluídos são aqueles que por diversas razões são impedidos de participar da sociedade em geral, ou que, ao menos, têm bastante dificultada essa participação. A exclusão pode resultar de razões econômicas, como tradicionalmente acontece, ou de outros fatores que transcendem o aspecto meramente monetário. Esse é o quadro de determinados grupos que são socialmente marginalizados, tais como mulheres, crianças, deficientes, negros, índios e homossexuais. Se, por um lado, é bem verdade que muitas vezes a privação dos recursos financeiros gera a exclusão social, é igualmente verdade, por outro lado, que muitas vezes é a exclusão social que gera privação de recursos financeiros.

Em qualquer uma das três definições de pobreza, é possível falar que existe uma visceral ligação entre a pobreza mesma e a violação de direitos humanos. A pobreza pode ser considerada ao mesmo tempo causa e consequência da violação de direitos humanos, na medida em que é razoável presumir que, caso tais direitos fossem assegurados, as pessoas teriam acesso a uma renda adequada, poderiam exercer suas capacidades e seriam socialmente incluídas. Há, também, os que afirmam que ser livre da pobreza seria em si mesmo um direito humano (Costa, 2008:95-104). De certa forma isso está presente na orientação de organismos internacionais, como o Pnud e seu conceito de *desenvolvimento humano*,[9] e na orientação dada pela própria Constituição brasileira, não só ao elencar direitos civis, políticos, econômicos e sociais, mas também ao estabelecer como fundamento da República a dignidade da pessoa humana e como objetivo fundamental erradicar a pobreza e a marginalização e reduzir as desigualdades sociais e regionais. Esse arcabouço moral e jurídico não deve ser entendido apenas como uma promessa hipócrita, mas como o fundamento do estado de direito na maneira pela qual ele foi historicamente construído na realidade brasileira. Por isso, a *exclusão para baixo* consubstanciada na pobreza é incompatível e contraditória com o estado de direito, que é tanto um sistema jurídico-político como um ideal regulador ético-moral. Aqui nos reencontramos com o aspecto principal de nossa reflexão, que é também a hipótese sustentada: a não garantia dos direitos humanos historicamente consagrados e a inexistência ou existência ineficaz de um sistema de proteção dos direitos humanos fere de morte qualquer pretensão político-jurídica de constituição do *estado de direito*.

Uma visão semelhante do que estamos chamando de *exclusão do estado de direito* é apresentada Marcelo Neves (2006:248) em sua obra *Entre Têmis e Leviatã: uma relação difícil*. O contexto para a reflexão desenvolvida pelo autor é o de total

---

[9] Disponível em: <http://hdr.undp.org/en/humandev/>. Acesso em: abr. 2009.

assimetria no sistema de direitos e deveres, uma vez que estes não são partilhados reciprocamente na sociedade. Nessa assimétrica relação, para alguns sobram direitos e faltam deveres, enquanto para outros sobram deveres e faltam direitos. No interior desse sistema, os que têm mais tendem a ter cada vez mais, e os que têm menos tendem a ter cada vez menos. Fazem parte desse cenário os "subcidadãos" referidos por Neves. Essas pessoas não estão completamente excluídas, uma vez que não estão livres das imposições — leia-se deveres e responsabilidades — impostas pelo Estado. Para os "subintegrados", a totalidade dos direitos fundamentais só os afeta em relação ao efeito restritivo da liberdade, e por isso são integrados ao sistema jurídico como "devedores, indiciados, denunciados, condenados etc., não como detentores de direitos, credores ou autores" (Neves, 2006:248). Assim como existem os subintegrados, existem também os sobreintegrados, mas para Neves (2006:250) a subintegração é o que sustenta a sobreintegração, e por isso são os sobreintegrados os reais titulares de direitos, mas sem qualquer subordinação à "atividade punitiva do Estado no que se refere aos deveres e responsabilidades". No mesmo sentido em que se falou aqui de exclusão, Marcelo Neves (2006:250) lembra que não apenas o subintegrado estaria "excluído", mas também o sobreintegrado: este estaria "acima" do direito; aquele, "abaixo".

Para além da infinidade de ideias e exemplos que povoam nossos pensamentos quando falamos em garantia dos direitos humanos, certamente alguns acontecimentos mais significativos em nosso país também nos instigam a refletir sobre o significado dessa exclusão. Vejam-se apenas dois exemplos que corroboram essa assertiva: o tratamento dispensado a milhares de famílias que estão acampadas à beira das estradas, esperando que lhes seja garantido o direito à terra, à moradia, à educação e à saúde;[10] e a decisão, em 6 de maio de 2008, do júri popular que absolveu o fazendeiro Vitalmiro Bastos de Moura. Ele era um dos acusados da morte da missionária Dorothy Stang, assassinada em 12 de fevereiro de 2005 no estado do Pará. É sabido e notório que centenas de trabalhadores rurais foram assassinados no Pará e que, até a absolvição de Bida, como é conhecido aquele fazendeiro, ele era o único mandante que estava preso. Essa decisão não será discutida aqui,

---

[10] O Ministério Público do Rio Grande do Sul determinou em 2008 o fechamento das escolas itinerantes em acampamentos do Movimento dos Trabalhadores Rurais Sem-Terra. Em que pese qualquer boa intenção dos promotores de justiça, deve-se considerar aqui uma dupla punição às crianças e aos familiares. É preciso ter sensibilidade para perceber que essas famílias estão num grande processo social de resistência à pobreza e que, por estarem acampadas, isto é, em situação provisória, as crianças não podem frequentar escolas regulares. Determinar a matrícula em escolas regulares significa, na melhor das hipóteses, de duas uma: negar o direito à educação ou negar o direito à convivência familiar e comunitária.

mas certamente aponta para o fato de que o instituto da federalização dos crimes contra os direitos humanos[11] é um instrumento que pode e deve ser seriamente considerado como forma de se combater a exclusão no estado de direito.

O grave problema da exclusão conduz a uma corrosão paulatina do estado de direito. A democracia, que é seu principal pilar, fica atingida, na medida em que a população se sente comprimida entre os excluídos para cima e os excluídos para baixo. O cidadão médio é tomado, muitas vezes, por um sentimento de ameaça ante a possibilidade de vir a ser confrontado pelos interesses e sistema de vantagens de alguém que esteja acima da lei e da Constituição e, assim, violado nos seus direitos e achacado nos seus planos pessoais. Como se não bastasse, o sentimento de ameaça também ocorre ante a possibilidade de encontro desse cidadão médio com alguém que esteja abaixo da lei e da Constituição e que, não tendo mais nada a perder, comporte-se para com ele de forma agressiva ou lesiva. Tudo isso conduz a um individualismo crescente e a um movimento de fechamento social como forma de autoproteção. Nesse compasso a intolerância tende a crescer, e o medo, que é sempre o pior conselheiro, passa a ditar as regras no convívio social. Assistimos assim a um duplo movimento: de um lado, o ceticismo que renuncia a qualquer esperança de que os mais favorecidos sejam, um dia, enquadrados pelo sistema jurídico e moral; de outro lado, a insensibilidade que torna invisível os menos favorecidos com suas respectivas dores e clamores. Tanto o ceticismo como a insensibilidade inviabilizam qualquer tipo de reação moral e política da sociedade. Esta vai lentamente se acostumando com essa situação, o que faz com que cada pessoa crie seus mecanismos próprios de sobrevivência (Vilhena, 2007:42-43).

Esse quadro geral só parece modificar-se quando agudizado diante das situações mais drásticas de conflito, especialmente quando elas acontecem entre os excluídos para cima e os excluídos para baixo, embora isso seja muito raro. Nessas circunstâncias, em geral violentas e sangrentas, a corda tende a arrebentar, obviamente, do lado mais fraco. Assim, os empobrecidos e socialmente excluídos são estigmatizados e rotulados como obstáculos à ordem e à convivência. Oscar Vilhena (2007:44) sugere a expressão *demonização* para aludir a tal circunstância, explicando que se trata do "processo pelo qual a sociedade desconstrói a imagem humana de seus inimigos, que a partir desse momento não merecem ser incluídos sob o domínio do direito". A partir daí os demonizados passam a ser execrados social e juridicamente. Por isso mesmo a sociedade, de maneira geral, não opõe

---

[11] Justiça Global, 2005.

resistência àqueles que queiram eliminar os demonizados. Na verdade, isso é de alguma forma estimulado, seja pelo incentivo retórico, seja pela certeza da imunidade jurídica a ser dada a quem eliminá-los. Os inúmeros casos de extermínio são provas desse fenômeno.

Para esses que são demonizados, o estado de direito não fracassa apenas, ele se converte perversamente em estado de não direito,[12] e a soberania da lei atua desaplicando-se a si, *abandonado* por completo os demonizados. Estes são convertidos em *bando* da lei. Nesse sentido, Giorgio Agamben (2004:66) cita as reflexões de Jean-Luc Nancy sobre a lei:

> Abandonar é remeter, confiar ou entregar a um poder soberano, e remeter, confiar ou entregar ao seu bando, isto é, à sua proclamação, à sua convocação e à sua sentença. Abandona-se sempre a uma lei. A privação do ser abandonado mede-se com o rigor sem limites da lei à qual se encontra exposto. O abandono não constitui uma intimação a comparecer sob esta ou aquela imputação da lei. É constrangimento a comparecer absolutamente diante da lei, diante da lei como tal na sua totalidade. Do mesmo modo, ser banido não significa estar submetido a uma certa disposição da lei, mas estar submetido à lei como um todo. Entregue ao absoluto da lei, o banido é também abandonado fora de qualquer jurisdição.

O abandono diante da lei é, por assim dizer, o abandono diante do poder de uma lei que não prescreve nada além de si mesma, além de sua própria vigência vazia e sem sentido. O abandono remete, portanto, ao poder da soberania acima da lei, isto é, ao poder político que atua por meio da lei aplicando e desaplicando a lei conforme a conveniência. É uma espécie de lei sem lei — ou sem jurisdição, como afirmou Nancy — que submete aqueles que a ela foram abandonados, ou seja, aqueles que não têm mais a quem ou a que recorrer. Estes formam o *bando* da lei. O bando é a consequência imediata do ato de *bandir*, isto é, banir quem não pertence àquela facção. Esses que foram *abandonados, banidos* são sempre vistos com maus olhos e chamados de *bandoleiros* porque pertencem ao *bando* da lei. São considerados *bandidos* porque seu próprio abandono diante da lei é visto como um crime em si mesmo. Como bandidos, são culpados e, com efeito, tornam-se vidas matáveis. Esses são os que Giorgio Agamben (2004:79-117) chama de *homo sacer*.

---

[12] Agamben (2004) defende a tese do *estado de exceção* como aquele em que a força de lei transcende a própria lei para repousar na autoridade decisória daquele que aplica (ou não) a lei. Trata-se, assim, de uma força de lei sem necessariamente lei, isto é, um espaço aparentemente legal, mas verdadeiramente anômico.

A classificação como *homo sacer* remete a uma situação pior do que aquela sugerida pela classificação como *demonizado*. Isso porque, se o demonizado estava, segundo afirmou Oscar Vilhena (2004:44), excluído do domínio do direito, o *homo sacer* está abandonado ao domínio de uma legalidade que vige apenas para reproduzir-se e perpetuar-se como forma de exercício de seu próprio poder. Ao demonizado resta sempre a esperança de ser incluído no sistema, mas ao *homo sacer* nem isso resta, pois ele já está incluído no sistema, ainda que na forma de uma exceção, isto é, por meio de uma exclusão inclusiva. Para Giorgio Agamben, o elemento-chave de compreensão do *homo sacer* é a estrutura da *sacratio*, conforme estabelecida no direito romano. Esta era constituída por dois elementos: o veto do sacrifício e a impunidade de sua morte. O *homo sacer* era aquela pessoa condenada por cometer determinado delito que por sua natureza o transformava em pessoa impura ou ser pertencente aos deuses. Curiosa contradição é essa que fazia da pessoa ao mesmo tempo impura e ser dos deuses, algo como maldito e anjo ao mesmo tempo. Por ser anjo — santificado, sacralizado — ou pertencente aos deuses, ele não podia ser sacrificado ou executado; mas, por ser impuro ou maldito, ele era abandonado à própria sorte, e qualquer do povo que o sacrificasse não estaria cometendo um delito, não poderia ser punido. O *homo sacer* quebra o princípio da não contradição e se apresenta a um só tempo como puro e impuro, como fasto e nefasto. Pelo crime cometido, o *homo sacer* é abandonado pela lei, sendo exilado do humano sem, contudo, passar ao divino. Portanto, apesar de puro, ele é não purificado, não há como expiar a culpa; por isso ele entra na comunidade humana pela sua desumanização, pela sua própria matabilidade. Afirma Agamben (2004:90):

> Aquilo que define a condição de *homo sacer*, então, não é tanto a pretensa ambivalência originária da sacralidade que lhe é inerente, quanto, sobretudo, o caráter particular da dupla exclusão em que se encontra preso e da violência à qual se encontra exposto. Esta violência — a morte insancionável que qualquer um pode cometer em relação a ele — não é classificável nem como sacrifício e nem como homicídio, nem como execução de uma condenação e nem como sacrilégio.

O *homo sacer* representa, portanto, o processo mais radical de exclusão do estado de direito, não porque ele esteja circunstancialmente fora de sua égide, mas porque para ele o estado de direito é apenas um estado formal de direito que se apresenta como abandono da lei diante da violência de uma lei que se aplica ao não aplicar-se. Esse paradoxo, definido por Agamben como paradoxo da soberania, coloca a cru o aspecto mais cruel do fenômeno da exclusão: pôr em questão qual vida vale ser vivida. Nesse nível admite-se que podem existir vidas que chegaram ao ponto de perder a qualidade de bem jurídico e moral e, assim, já perderam totalmente o valor tanto para seu próprio portador como para a sociedade. Como vida, permanece insacrificável pelo Estado, mas como vida sem valor fica sujeita à matança impune. De um ponto de vista mais pessoal e particular, esse debate nos remete a problemas como o da eutanásia, mas de um ponto de vista mais social e geral nos remete às diferentes formas de exclusão que recaem sobre distintos grupos sociais, como, por exemplo, crianças em situação de rua ou homossexuais. Quando estes são convertidos em *homo sacer*, a sociedade acaba por decidir sobre o valor de suas vidas e se elas valem ou não ser vividas. É o mais absoluto abandono que se dá sob o manto da lei que assegura a ordem para a impunidade.

São vários os exemplos que comprovam esse processo. De tempos em tempos vêm à tona casos de brutalidade cometidos e justificados sobre o biopoder, isto é, o poder da vida sobre a vida. No Rio de Janeiro, crianças foram assassinadas enquanto dormiam na porta de uma igreja, e o senso comum achou aceitável por se tratar "apenas" de "menores de rua"... Em Brasília, jovens atearam fogo a um índio que dormia no ponto de ônibus e justificaram-se dizendo não saber se tratar de um índio, acharam que era "apenas" um mendigo... Em São Paulo, rapazes que andavam pelo parque de mãos dadas foram espancados até que um deles foi morto; os autores explicaram que o fizeram porque eles eram *gays*... No Rio de Janeiro, dois jovens espancaram uma empregada doméstica e justificaram-se dizendo que só o fizeram porque pensaram ser "apenas" uma prostituta... Aqui o advérbio "apenas" representa a vida do *homo sacer*, a vida sem valor: apenas crianças, apenas mulheres, apenas negros, apenas favelados, apenas mendigos, apenas doentes, apenas loucos etc. Do ponto de vista da ordem jurídico-política, o mais inquietante é que é possível dizer que, de certa forma, o estado de direito funciona, sim, para o *homo sacer*, funciona como uma espécie de estado de não direito; funciona porque não funciona, pois, afinal, o que foi feito para não funcionar e não funciona, então funciona...

Sistema de garantia dos direitos humanos como uma das formas de reconstrução do estado de direito

O dilema que se nos é posto não é da ordem do trivial, e seria um equívoco assim considerá-lo. O problema da exclusão, notadamente na situação mais dramática do *homo sacer*, coloca o estado de direito como o *paradoxo do estado de direito*, isto é, como algo que quanto mais funciona menos parece funcionar, ao menos para os excluídos. Por isso foi dito não se tratar apenas de um problema de alcance, mas de uma falha estrutural que precisa ser combatida. É necessário recuperar os fundamentos ético-morais do estado de direito para que ele seja verdadeiramente inclusivo. O imperativo ético preconiza, antes e acima de tudo, a consideração do outro e o respeito não apenas pela vida em abstrato, mas pela vida particular naquilo que ela tem de singular. A tolerância é uma exigência de primeira ordem. Tudo deve ser tolerado, menos a intolerância. Nessa esteira, tanto o que foi chamado de *exclusão para cima* como de *exclusão para baixo* representam situações e práticas intoleráveis, pois conduzem à própria intolerância.

Há muitas formas pelas quais pode se dar o bom combate da reconstrução do estado de direito. Cada uma delas com seus méritos e riscos. Uma dessas formas é a constituição e efetivação de um *sistema de garantia dos direitos humanos*. Esse caminho implica, ao menos, os seguintes pontos:

❏ adesão, ainda que crítica, à gramática dos direitos humanos;
❏ conhecer e concordar com a proposta dos sistemas internacionais de proteção dos direitos humanos (direito internacional dos direitos humanos);
❏ um Poder Judiciário atento e compromissado com a intenção moral e jurídica do sistema de garantia dos direitos humanos;
❏ uma sociedade civil independente e proativa que utilize e fortaleça esse sistema de garantia dos direitos humanos.

A relação entre direitos humanos e estado de direito, como visto, é de recíproca condição de possibilidade, de modo que um não pode sustentar-se sem o outro. O próprio Agamben (2004:133), nas suas reflexões sobre o *homo sacer*, ao dialogar com Hannah Arendt, lembra que, "no sistema do Estado-nação, os ditos direitos sagrados e inalienáveis do homem mostram-se desprovidos de qualquer tutela e de qualquer realidade no mesmo instante em que não seja possível configurá-los como direitos dos cidadãos de um Estado". Eis por que Hannah Arendt (1979) preocupava-se tanto com a situação de refugiados e apátridas, pois estes estão deslocados da estrutura do poder político-jurídico e, portanto, abandonados à própria existência. Sem a proteção do estado de direito perde-se a cidadania, e sem a cidadania perde-se a possibilidade de vez e voz, não há o que se fazer e nem a quem recorrer. Por isso Hannah Arendt conclui que o primeiro direito humano é o direito a ter direitos, ou seja, o direito a não ser abandonado e ter uma ordem jurídica à qual se possa recorrer em busca de proteção, ou, nas palavras de Celso

Lafer (1988:148), o direito a "pertencer, pelo vínculo da cidadania, a algum tipo de comunidade juridicamente organizada e viver numa estrutura onde se é julgado por ações e opiniões, por obra do princípio da legalidade". Com o nascimento, que é um evento da vida comum antes de ser da vida jurídica, a existência confunde-se com a nacionalidade e com a cidadania. Assim, existência, nacionalidade e cidadania deveriam fluir harmonicamente no fluxo da vida para que cada um pudesse construir sua história e sua identidade. Talvez por essa razão a Declaração dos Direitos Humanos de 1948 afirme no seu art. 15: "1. Todo homem tem direito a uma nacionalidade. 2. Ninguém será arbitrariamente privado de sua nacionalidade, nem do direito de mudar de nacionalidade". Nessa mesma perspectiva, e com mais densidade, vão o Estatuto dos Apátridas, de 1954, e a Convenção para a Redução dos Casos de Apatridia, de 1961.

Assim como os direitos humanos ficam desprovidos de efetividade sem a possibilidade de tutela do estado de direito, um estado não poderá ser considerado "de direito" se não respeitar os direitos humanos, a começar pelo direito a ter direitos. Por isso é vedado ao estado de direito a sanção de banimento. Delicado é o problema da perda da nacionalidade. É inadmissível que se dê brecha para novas situações de apatridia no mundo contemporâneo. No caso da Constituição brasileira, o art. 12 prevê a existência de brasileiros natos e naturalizados e no seu § 4º admite a possibilidade da cassação da nacionalidade, o que já é em si questionável tanto do ponto de vista moral como jurídico. Todavia, vale notar que a perda da nacionalidade se dará na hipótese de cancelamento da naturalização do estrangeiro, por sentença judicial, e na hipótese da imposição de naturalização, por norma estrangeira, ao brasileiro residente em país estrangeiro. É de se supor que em ambos os casos, *prima facie*, a pessoa que teve a nacionalidade cassada não se tornaria apátrida, pois contaria com outra nacionalidade. Sobre essa imbricação entre existência, nacionalidade e cidadania como direito a ter direitos e a obrigação de proteção pelo estado de direito, é paradigmático o posicionamento do *chief justice* Warren da Suprema Corte Americana no final da década de 1950. No caso Perez *versus* Brownell (1958), Warren afirma (apud Lafer, 1988:162).

> A cidadania é o direito básico do homem, uma vez que é nada menos do que o direito a ter direitos. Tire este bem inestimável e restará um apátrida, humilhado e degradado aos olhos de seus compatriotas. Ele não tem direito à proteção jurídica de nenhuma nação, e nenhuma nação asseverará direitos em seu nome. Sua própria existência está na dependência do Estado em cujas fronteiras ele estiver. Nesse país o expatriado irá presumivelmente gozar, quando muito, apenas direitos limitados e

privilégios de estrangeiros e, como estrangeiro, estará inclusive sujeito à deportação e, desse modo, privado do direito de afirmar quaisquer direitos.

Seguindo o mesmo raciocínio, no caso Trop *versus* Dulles (1958), Warren (apud Lafer, 1988:162) diz que

> a cidadania não é uma licença que expira com a má conduta (...) a cidadania não se perde cada vez que um dever de cidadania é esquivado. E a privação da cidadania não é uma arma que o governo pode usar para expressar seu descontentamento com a conduta de um cidadão, por mais represível que essa conduta possa ser.

Nessa mesma linha decidiu a Corte Interamericana de Justiça, conforme podemos ver no caso Las Ninas Yean y Bosico *versus* República Dominicana, com sentença em 8 de setembro de 2005. Nessa decisão os juízes não apenas reconhecem a ligação entre existência, nacionalidade e cidadania, como também reforçam a proteção da nacionalidade no âmbito das normas internacionais dos direitos humanos, bem como da jurisprudência da Corte Internacional de Justiça. Destacam, também, os juízes da Corte Interamericana o fato de a proteção do direito à nacionalidade significar tanto a possibilidade de a pessoa recorrer a um sistema de tutela estatal quanto o dever do Estado de buscar formas de combate a qualquer discriminação que impeça o igual exercício da cidadania. Apesar de relativamente longa, vale a transcrição de parte da sentença:[13]

> *Respecto al derecho consagrado en el artículo 20 de la Convención, la Corte entiende que la nacionalidad es la expresión jurídica de un hecho social de conexión de un individuo con un Estado.*[14] *La nacionalidad es un derecho fundamental de la persona humana que está consagrado en la Convención Americana, así como en otros instrumentos internacionales*[15]*, y es inderogable de conformidad con el artículo 27 de la Convención.*

---

[13] Agradecemos a Cecília Perlingeiro pela indicação da jurisprudência da Corte Interamericana de Direitos Humanos.
[14] *Caso Nottebohm* (Liechtenstein *vs.* Guatemala), segunda fase. Sentencia de 6 de abril de 1955. Corte Internacional de Justicia, ICJ Reports, 1955, p. 23.
[15] Declaración Americana de Derechos Humanos, artículo XIX; Declaración Universal de Derechos Humanos, artículo 15; Pacto Internacional de Derechos Civiles y Políticos, artículo 24.3; Convención sobre los Derechos del Niño, artículo 7.1; Convención Internacional sobre la Protección de los Derechos de Todos los Trabajadores Migratorios y de sus Familiares, artículo 29; y Convención para Reducir los Casos de Apatridia, artículo 1.1.

La importancia de la nacionalidad reside en que ella, como vínculo jurídico político que liga una persona a un Estado determinado,[16] permite que el individuo adquiera y ejerza los derechos y responsabilidades propias de la pertenencia a una comunidad política. Como tal, la nacionalidad es un prerrequisito para el ejercicio de determinados derechos.

La Corte ha establecido que la nacionalidad, conforme se acepta mayoritariamente, debe ser considerada como un estado natural del ser humano. Tal estado es no sólo el fundamento mismo de su capacidad política sino también de parte de su capacidad civil. De allí que, no obstante que tradicionalmente se ha aceptado que la determinación y regulación de la nacionalidad son competencia de cada Estado, la evolución cumplida en esta materia nos demuestra que el derecho internacional impone ciertos límites a la discrecionalidad de los Estados y que, en su estado actual, en la reglamentación de la nacionalidad no sólo concurren competencias de los Estados sino también las exigencias de la protección integral de los derechos humanos. (...) En efecto, de la perspectiva doctrinaria clásica en que la nacionalidad se podía concebir como un atributo que el Estado otorgaba a sus súbditos, se va evolucionando hacia un concepto de nacionalidad en que, junto al de ser competencia del Estado, reviste el carácter de un derecho de la persona humana.[17]

La Convención Americana recoge el derecho a la nacionalidad en un doble aspecto: el derecho a tener una nacionalidad desde la perspectiva de dotar al individuo de un mínimo de amparo jurídico en el conjunto de relaciones, al establecer su vinculación con un Estado determinado, y el de proteger al individuo contra la privación de su nacionalidad en forma arbitraria, porque de ese modo se le estaría privando de la totalidad de sus derechos políticos y de aquellos derechos civiles que se sustentan en la nacionalidad del individuo.[18]

La determinación de quienes son nacionales sigue siendo competencia interna de los Estados. Sin embargo, su discrecionalidad en esa materia sufre un constante proceso de restricción conforme a la evolución del derecho internacional, con vistas a una mayor protección de la persona frente a la arbitrariedad de los Estados. Así que en la actual etapa de desarrollo del derecho internacional de los derechos humanos, dicha facultad

---

[16] *Propuesta de modificación a la Constitución política de Costa Rica relacionada con la naturalización.* Opinión Consultiva OC-4/84 del 19 de enero de 1984. Serie A n. 4, párr. 35.

[17] *Propuesta de modificación a la Constitución política de Costa Rica relacionada con la naturalización.* Opinión Consultiva OC-4/84 del 19 de enero de 1984. Serie A n. 4, *supra* nota 91, párrs. 32 y 33.

[18] *Propuesta de modificación a la Constitución política de Costa Rica relacionada con la naturalización.* Opinión Consultiva OC-4/84 del 19 de enero de 1984. Serie A n. 4, *supra* nota 91, párrs. 34.

> *de los Estados está limitada, por un lado, por su deber de brindar a los individuos una protección igualitaria y efectiva de la ley y sin discriminación y, por otro lado, por su deber de prevenir, evitar y reducir la apatridia.*[19]
>
> *La Corte considera que el principio de derecho imperativo de protección igualitaria y efectiva de la ley y no discriminación determina que los Estados, al regular los mecanismos de otorgamiento de la nacionalidad, deben abstenerse de producir regulaciones discriminatorias o que tengan efectos discriminatorios en los diferentes grupos de una población al momento de ejercer sus derechos.*[20] *Además, los Estados deben combatir las prácticas discriminatorias en todos sus niveles, en especial en los órganos públicos, y finalmente debe adoptar las medidas afirmativas necesarias para asegurar una efectiva igualdad ante la ley de todas las personas.*
>
> *Los Estados tienen la obligación de no adoptar prácticas o legislación, respecto al otorgamiento de la nacionalidad, cuya aplicación favorezca el incremento del número de personas apátridas, condición que es derivada de la falta de nacionalidad, cuando un individuo no califica bajo las leyes de un Estado para recibirla, como consecuencia de su privación arbitraria, o bien por el otorgamiento de una nacionalidad que no es efectiva en la práctica. La apatridia tiene como consecuencia imposibilitar el goce de los derechos civiles y políticos de una persona, y ocasionarle una condición de extrema vulnerabilidad.*[21]

Contudo, o quadro das mudanças sociais, políticas, econômicas e jurídicas se acentuou muito desde as reflexões de Hannah Arendt após a II Guerra até os dias de hoje. Não que muitos dos problemas por ela apontados já não existam. Aliás, a ideia de pessoas sem lugar no mundo (*displaced persons*) parece tão atual hoje como no pós-guerra, seja em função de altercações étnicas, seja em função do conflito entre potências capitalistas e parte do mundo islâmico, seja ainda em função da miséria que mata milhões de pessoas em países empobrecidos ou emergentes. Todos esses problemas também tornam presente a questão da banalidade

---

[19] Convención para Reducir los Casos de Apatridia, artículo 1.1; Convención Internacional sobre la Protección de los Derechos de Todos los Trabajadores Migratorios y de sus Familiares, artículo 29; Convención sobre los Derechos del Niño, artículo 7.1; y Pacto Internacional de Derechos Civiles y Políticos, artículo 24.3.
[20] *Caso Yatama, supra* nota 13, párr. 185; *Condición Jurídica y Derechos de los Migrantes Indocumentados.* Opinión Consultiva OC-18/03 de 17 de septiembre de 2003, Serie A n. 18, párr. 88; y *Condición Jurídica y Derechos Humanos del Niño, supra* nota 84, párr. 44.
[21] Corte IDH. *Caso de las Niñas Yean y Bosico vs. República Dominicana.* Sentencia de 8 de sept. 2005, párr. 136 a 143.

do mal (Arendt, 1999). Com efeito, parece adequado dizer que as mudanças atuais representam mais uma sofisticação dos problemas do que sua superação. O fato é que importantes mudanças ocorreram tanto em relação ao processo de afirmação dos direitos humanos como em relação à ideia de Estado nacional.

A virada do século XX para o século XXI foi acompanhada do fenômeno conhecido como *globalização*. Em regra, a globalização foi pensada como globalização econômica, isto é, pela forma como o fluxo de capitais se desloca entre diferentes bases geopolíticas, sempre em busca de maior remuneração. Essa globalização econômica interligou as economias nacionais de forma nunca vista, fazendo com que as políticas econômicas, as ações das grandes empresas e o sistema financeiro fossem pautados cada vez mais por uma agenda supranacional. Esse processo e essa agenda acabaram inevitavelmente por enfraquecer, de certa forma, a autonomia e a soberania dos Estados nacionais. Suas decisões internas passaram a vincular-se não apenas aos interesses internos, mas também às exigências externas. Trata-se de uma dinâmica supraestatal absorvida tanto na gramática da economia como no entendimento comum do cidadão médio.

Contudo, a globalização não é um processo apenas econômico. Ela possui outras dimensões, entre as quais será aqui tratada a dimensão jurídica na medida em que afeta diretamente o paradigma do estado de direito. Veja-se, por exemplo, o paulatino processo de elaboração e implantação da Constituição europeia e de como o direito comunitário vem-se superpondo às fontes estatais europeias (Ferrajoli, 2006:457-458). Note-se que esse é um fato que se dá não tanto pela ação do legislador que recepciona e regulamenta o direito comunitário, mas, sobretudo, pelo "papel desempenhado pela Corte de Justiça, que, graças também ao envolvimento das jurisdições estatais provocado pelo ingresso imediato das normas comunitárias nos ordenamentos dos Estados, está produzindo a formação de um direito europeu de caráter tendencialmente jurisprudencial" (Ferrajoli, 2006:457-458). A atuação jurisdicional tem sido fundamental tanto na constituição de um novo *common law* supranacional como na legitimação interna desse direito pelos judiciários nacionais.

O sistema normativo supranacional existe como um tipo de constitucionalismo sem Estado, isto é, como um conjunto de valores, princípios e regras afirmados na esfera internacional na forma de direitos de indivíduos, grupos e povos, bem como na forma de obrigações de Estados e instituições. Estamos, portanto, diante de um novo paradigma de estado de direito. Se antes foi falado em *estado legislativo de direito* e *estado constitucional de direito*, estamos agora diante de um *estado de direito supranacional* que não nega o caráter formal do primeiro nem o caráter material do segundo. Explica Ferrajoli (2006:41):

> *Tratar-se-ia, evidentemente, de uma terceira mudança de paradigma: depois do direito jurisprudencial, o estado legislativo de direito e o estado constitucional de direito, o estado de direito ampliado em nível supranacional, que não tem mais nada da antiga forma do Estado e todavia conserva a sua estrutura constitucional articulada, no plano formal e no plano substancial, nos dois princípios acima mencionados, a saber, da mera e da estrita legalidade.*

Esse novo estado de direito supranacional radicaliza sua esfera de abrangência e pretende ser para *todos*, inclusive para aqueles que são excluídos no processo de funcionamento do estado de direito nacional. Para diminuir a situação de impunidade de alguns excluídos para cima, foi criado o Estatuto de Roma, de 17 de julho de 1998, que instituiu o Tribunal Penal Internacional como um tribunal permanente responsável por julgar pessoas que tenham cometido crimes de guerra, crimes contra a humanidade, crimes de agressão e genocídio. Por força do art. 128 do estatuto, seria necessária a adesão de, ao menos, 60 países para que o tribunal fosse instalado, o que aconteceu em 1º de julho de 2002 com a inauguração da Corte em 11 de março de 2003 em Haia, Holanda. Ainda que existam muitas questões jurídicas e políticas a serem enfrentadas para uma plena vigência da jurisdição do TPI, ele é, em si mesmo, uma prova inequívoca desse estado de direito supranacional.

Da mesma forma, para diminuir o sofrimento dos excluídos para baixo, foram criados diversos tratados e convenções dispondo direitos gerais e direitos específicos de grupos em situação de risco, como mulheres, crianças, negros, deficientes etc. Foi lançado um manto protetor sobre pessoas, grupos sociais e povos para que qualquer indivíduo pudesse contar com um sistema de garantia de seus direitos sem ficar à mercê do abandono de estruturas meramente formais e aparentes de estados de direitos não efetivos. Claro, deve-se registrar, que esse aparato normativo e institucional supranacional não pode ser entendido como uma resolução milagrosa para o problema dos excluídos, inclusive porque ainda está muito distante do cotidiano das pessoas, mas é uma realidade que deve ser invocada a favor dos mais vulneráveis. Melhor dizendo, é uma realidade que ainda deve ser construída e fortalecida nacional e internacionalmente, tendo em vista o combate ao processo de exclusão. Nessa linha, ao refletir sobre os 60 anos da Declaração Universal dos Direitos Humanos, Paulo Sérgio Pinheiro asseverou que é um dever da sociedade internacional e dos Estados nacionais dar efetividade à rede global de proteção dos direitos humanos para que tais direitos sejam, de fato, aplicáveis a todas as pessoas. Continua o professor, que também é comissionário e relator da ONU:

> O sistema global ou os sistemas regionais de proteção dos direitos humanos nos hemisférios Sul e Norte nunca serão eficazes por completo para os excluídos, se os países não solucionarem a deficiência da legislação interna, a ineficácia do Poder Judiciário, a inoperância do aparato repressivo do Estado e a implementação precária dos direitos no âmbito nacional. A proteção dos direitos humanos continuará a ser obstaculizada se o direito ao desenvolvimento, a eliminação da pobreza extrema, o direito à alimentação e à saúde não forem seriamente considerados questões cruciais não somente para quatro bilhões de necessitados, mas também para o mundo desenvolvido, o qual, juntamente com o Terceiro Mundo, frequentemente se omite por medo, discriminação e racismo. A privação social e a exploração econômica devem ser consideradas graves violações de direitos humanos, no mesmo patamar da opressão política, tortura e discriminação racial (Pinheiro, 2008:8).

O fundamento ético-moral do estado de direito supranacional é o valor da pessoa humana como expressado na fórmula do segundo imperativo categórico kantiano: "age de tal maneira que uses a humanidade, tanto na tua pessoa como na pessoa de qualquer outro, sempre e simultaneamente como fim e nunca simplesmente como meio" (Kant, 1980:135). É a pessoa entendida tanto na sua condição humana geral como na sua condição histórica particular que sustenta e legitima o estado de direito supranacional. Não se espera que haja com isso uma homogeneidade cultural e política na sociedade global, o que seria total absurdo. É importante entender que esse estado de direito supranacional não funciona como a expressão de um *demos* comum entre os povos por meio do qual se erigiria o constitucionalismo global. Em outras palavras, não se trata de representação de uma vontade popular transnacional, mas sim da proteção de pessoas, com base na sua dignidade intrínseca — imperativo categórico kantiano —, em face de qualquer poder opressor e excludente, inclusive o da vontade popular e o dos Estados nacionais, seja pela sua ação, seja pela sua omissão. Novamente Ferrajoli (2006:462):

> o seu fundamento de legitimidade, diversamente daquele das leis ordinárias e das escolhas de governo, não reside no consenso da maioria, mas, ao contrário, em um valor ainda mais importante prévio: a igualdade de todos nas liberdades fundamentais e nos

direitos sociais, isto é, em direitos vitais conferidos a todos como limites e vínculos precisamente contra as leis e os atos de governo expressos pelas maiorias contingentes.

Dessa forma, o indivíduo passa a ser titular de direitos nacionais e internacionais que devem contar com a proteção institucional e jurídica tanto na ordem nacional como na ordem internacional. Se a primeira perspectiva é comum, a segunda é uma novidade histórica na teoria e na técnica do direito. Como é sabido, no campo do direito internacional são os Estados, e não os indivíduos, os agentes e titulares de direitos e deveres. Contudo, em matéria de direitos humanos, esse complexo estado de direito supranacional admite a tutela de direitos de indivíduos como indivíduos, e não como nacionais de qualquer Estado.[22] Essa é a característica de importantes convenções, tais como o Pacto Internacional sobre os Direitos Civis e Políticos, a Convenção sobre a Eliminação de todas as Formas de Discriminação Racial, a Convenção Internacional sobre a Eliminação de todas as Formas de Discriminação contra a Mulher e a Convenção Internacional contra a Tortura. Todas essas instituem *comitês* de monitoramento e admitem a possibilidade de encaminhamento de *petições individuais* em casos de violação dos direitos previstos.[23]

No entanto, a condição de sujeito internacional de direitos humanos perante o estado de direito supranacional parece alcançar seu momento maior diante da atuação das cortes internacionais de direitos humanos. No sistema europeu, a base normativa é dada pela Convenção Europeia sobre Direitos Humanos de 1950, que foi complementada em 1961 pela Carta Social Europeia.[24] Já em 1983 essa convenção foi emendada pelo Protocolo nº 11, que trouxe inovações fundamentais ao funcionamento do sistema, quais sejam: a substituição dos originais três órgãos de decisão — Comissão, Corte e Comitê de Ministros do Conselho da Europa — por um só órgão: a Corte Europeia de Direitos Humanos; o funcionamento da Corte em tempo integral;[25] e a possibilidade de acesso direto dos indivíduos à Corte, isto é, direito de *jus postulandi* para as pessoas. Com essas mudanças, a Comissão de Direitos Humanos foi extinta, e o Comitê de Ministros, embora não seja mais órgão de decisão, continua a fiscalizar a execução das decisões da Corte.

---

[22] Celso Lafer (1988:154) destaca que essa era uma preocupação que acompanhava Hannah Arendt desde o fim da II Guerra Mundial, tendo em vista a situação de apátridas e refugiados.
[23] A atuação dos comitês em face dos Estados depende de declaração em separado do Estado, no momento da ratificação da convenção, aceitando a atuação desses comitês.
[24] Cabe esclarecer que a Convenção de 1950 dispunha apenas sobre direitos civis e políticos.
[25] Essa nova Corte Europeia de Direitos Humanos passou a operar em 1º de novembro de 1998.

No sistema interamericano, a base normativa é dada pela Convenção Americana sobre Direitos Humanos, ou Pacto de São José da Costa Rica, como é mais conhecida. O pacto é de 1969, mas entrou em vigor somente em 1978, quando obteve as adesões necessárias. Contudo, antes mesmo do pacto já havia no âmbito da Organização dos Estados Americanos (OEA) a preocupação fundamental com uma sistemática de proteção dos direitos humanos. Por isso, já em 1959, durante a quinta reunião de consultas dos ministros de Relações Exteriores, realizada em Santiago do Chile, foi aprovada a proposta de criação de um órgão destinado à promoção dos direitos humanos (que viria a ser a Comissão Interamericana de Direitos Humanos), até a adoção de uma Convenção Interamericana de Direitos Humanos. Em 1960, foi aprovado pelo Conselho da OEA o Estatuto da Comissão, que confirmou ser a promoção dos direitos humanos a função dessa comissão. Com o Pacto de São José foi criada a Corte Interamericana de Direitos Humanos, ao mesmo tempo que a Comissão passou a ser dotada de novas atribuições. Vale notar que, de forma semelhante à Convenção Europeia, a Convenção Americana reconhece um catálogo de direitos civis e políticos, ao passo que restringe os direitos econômicos e sociais a um único artigo que se limita a prever o desenvolvimento progressivo dos mesmos.[26] Por essa razão foi elaborado o Protocolo Adicional à Convenção Americana em Matéria de Direitos Econômicos, Sociais e Culturais, também conhecido como Protocolo de San Salvador, em 1988, começando a vigorar em 1999. Por seu turno, o segundo Protocolo Adicional à Convenção Americana, de 1990, é relativo à abolição da pena de morte. Esse protocolo estabelece que os Estados-partes não podem aplicar em seu território a pena de morte a nenhuma pessoa sujeita a sua jurisdição, não admitindo reservas, salvo em tempo de guerra. Isso, sem dúvida, representou importante avanço na tendência a favor da abolição da pena de morte.

No conjunto do sistema interamericano de garantia dos direitos humanos, não há dúvida de que a Comissão é o principal órgão tanto do Pacto de São José como da própria OEA, de modo que sua competência, seu estatuto e seu regulamento são aplicáveis a todos os Estados-membros da OEA, seja por terem ratificado o pacto, seja pelo simples fato de serem membros da OEA. Cabe à Comissão

---

[26] "Art 26 — Desenvolvimento progressivo: os Estados-partes comprometem-se a adotar as providências, tanto no âmbito interno, como mediante cooperação internacional, especialmente econômica e técnica, a fim de conseguir progressivamente a plena efetividade dos direitos que decorrem das normas econômicas, sociais e sobre educação, ciência e cultura, constantes da Carta da Organização dos Estados Americanos, reformada pelo Protocolo de Buenos Aires, na medida dos recursos disponíveis, por via legislativa ou por outros meios apropriados.

agir como conciliadora, assessora, crítica, legitimadora, promotora e protetora em relação aos direitos humanos. Para tanto, possui três maneiras específicas de atuação: pelo sistema de petições individuais; pelo sistema de relatórios; e pelo sistema de investigação, por meio de visitas *in loco*. Em relação ao primeiro sistema, é possível que a Comissão inicie um caso de ofício; já em relação aos dois últimos sistemas, ela possui função preventiva. Por isso mesmo, pode a Comissão adotar *medidas cautelares* em casos de gravidade e urgência para evitar danos pessoais irreparáveis. Na mesma linha, pode, ainda, a Comissão requerer que a Corte Interamericana adote *medidas provisórias* com o mesmo fim. Particularmente para os países que não ratificaram o Pacto de São José da Costa Rica, a Corte ainda é competente para apreciar comunicações individuais que contenham violações de direitos humanos contidos na Carta da OEA ou na Declaração Americana sobre os Direitos e Deveres do Homem. Também é competente para emitir opinião sobre interpretação das normas de direitos humanos do sistema interamericano sempre que consultada por qualquer Estado-membro da OEA.

Ao se pensar a proteção jurídica de todas as pessoas perante um estado de direito supranacional, ganha mais destaque a competência da Comissão Interamericana de Direitos Humanos para apreciar as comunicações, encaminhadas por indivíduo ou grupo de indivíduos, ou, ainda, por organizações não governamentais, que contenham denúncia de violação, por algum dos Estados-partes, de direito consagrado pela Convenção Americana sobre Direitos humanos. Vale lembrar que basta a ratificação da Convenção para que o Estado esteja sujeito à competência da Comissão para receber e examinar petições individuais. O procedimento de uma petição perante a Comissão deve obedecer a quatro fases da tramitação: fase de admissibilidade; fase de conciliação; fase do primeiro informe; e fase do segundo informe ou do envio do caso à Corte Interamericana. São os seguintes os requisitos de admissibilidade de uma petição: prévio esgotamento dos recursos na jurisdição nacional; apresentação da petição no prazo de seis meses a contar da data da decisão definitiva; e inexistência de litispendência no âmbito internacional. No entanto, já vimos que é possível que no âmbito do estado de direito nacional ocorram diferentes formas de exclusão que impeçam ou inviabilizem a proteção dos direitos humanos, ao menos para os excluídos. Daí que a Convenção, ao tratar dos requisitos de admissibilidade no seu artigo 46, também considere no § 2º as hipóteses de exceção aos requisitos, quais sejam: não existência do devido processo legal; quando o indivíduo não teve acesso aos recursos da jurisdição interna; e demora injustificada na decisão sobre os recursos. Uma vez analisado o caso e condenado o Estado por ação ou omissão causadora da violação de direitos, a Comissão determinará ao Estado suas proposições e recomendações. Tais proposições e recomendações não se limitam apenas à esfera pecuniária ou indenizatória, podem recair também sobre outros aspectos, tais como a imposição de reforma da legislação nacional e a adoção de políticas públicas ou até mesmo de medidas simbólicas que reforcem na cultura nacional a importância da proteção dos direitos humanos.

Caso o Estado condenado não cumpra as determinações da Comissão, esta poderá propor uma ação de responsabilidade internacional perante a Corte Interamericana de Direitos Humanos.[27] Relativamente à jurisdição da Corte, são legitimados para submeter um caso apenas a Comissão e os Estados-partes. O objetivo geral da Corte é a aplicação e interpretação do Pacto de São José, podendo, para tanto, condenar judicialmente o Estado que violar os direitos humanos previstos nessa Convenção. Note-se que apenas os Estados podem ser objeto de uma condenação da Corte, mas não indivíduos, o que não impede que haja condenação subsequente por tribunais nacionais. Para dar consecução aos seus objetivos, são duas as competências da Corte: consultiva e contenciosa. No que diz respeito à competência consultiva, qualquer membro da OEA pode fazer consultas sobre a interpretação da Convenção ou de qualquer instrumento de proteção dos direitos humanos nos Estados americanos, bem como requerer que a mesma emita parecer acerca da compatibilidade entre suas leis internas e os instrumentos internacionais. Já em relação à competência contenciosa, a Corte só poderá exercê-la em relação a um Estado que tenha ratificado a Convenção e declarado expressamente que reconhece sua competência.[28] O processo contencioso da Corte tramita conforme as seguintes fases: fase da propositura e exceção preliminar; fase da conciliação; fase probatória; fase decisória; fase das reparações; e fase de execução da sentença. Ainda se tratando da competência contenciosa, a Corte pode adotar *medidas provisórias* em casos de extrema gravidade e urgência, mesmo que o caso não esteja tramitando na própria Corte; para tanto, se a Corte não estiver reunida, poderá seu presidente determinar tais medidas.

---

[27] Para que isso aconteça é necessário que o Estado tenha aceitado a jurisdição da Corte. Na hipótese disso não ter acontecido, a Comissão poderá divulgar um segundo informe com suas determinações e os inadimplementos do Estado violador, dando publicidade a esse segundo informe como maneira de criar um constrangimento moral que conduza ao cumprimento das determinações.
[28] Segundo o art. 62 da Convenção Americana, "todo Estado-parte pode, no momento do depósito do seu instrumento de ratificação desta Convenção ou de adesão a ela, ou em qualquer momento posterior, declarar que reconhece como obrigatória, de pleno direito e sem convenção especial, a competência da Corte em todos os casos relativos à interpretação ou aplicação desta Convenção".

Quando examinamos mais detidamente todo esse aparato jurídico e institucional que conforma o sistema global e os sistemas regionais de garantia dos direitos humanos e a maneira pela qual eles protegem indivíduos, grupos e povos numa escala internacional, impondo, inclusive, obrigações aos Estados nacionais, parece ficar evidente a existência, ainda que incipiente, de um estado de direito supranacional fundamentado moral e juridicamente na proteção dos direitos humanos. Para que essa proteção seja realmente efetiva, ou o mais próximo possível disso, esse sistema de garantia de direitos é estruturado em três eixos: *promoção*, *defesa*, e *controle* dos direitos humanos.[29] Por *promoção* pode-se entender o conjunto das ações orientadas para que os diversos Estados nacionais introduzam e aperfeiçoem constantemente formas de acesso dos indivíduos a bens e serviços considerados como direitos fundamentais, assegurando a todos uma efetiva cidadania. Por *defesa*, entenda-se a criação de níveis internacionais de tutela dos direitos humanos, tornando possível que cada indivíduo, sujeito de direito, possa recorrer às comissões e cortes internacionais de justiça para salvaguardar seus direitos. Por fim, deve-se entender por *controle* os procedimentos que os organismos internacionais adotam para verificar em que medida as convenções estão sendo respeitadas no âmbito de um país ou região e, no mesmo passo, pressionar o Estado para que os direitos sejam respeitados.

Contudo, para que esse sistema de garantia de direitos humanos seja uma estratégia adequada de reconstrução do estado de direito sem o vício da exclusão e, com efeito, assegurando a responsabilização pelos seus respectivos deveres dos que hoje são *excluídos para cima* e a proteção dos direitos dos que hoje são *excluídos para baixo*, é indispensável a atuação eficaz de dois agentes sociais estratégicos: o Poder Judiciário e a sociedade civil.

É preciso que juízes e desembargadores estejam atentos ao conjunto normativo — declarações, pactos e convenções — que constitui o sistema de garantia de direitos para que eles sejam não apenas formalmente, mas também operacionalmente integrados ao arcabouço jurídico nacional. É bem verdade que, por vezes, se alega que as constituições nacionais, como é o caso da Constituição brasileira, e as legislações infraconstitucionais são, por si só, suficientes para a garantia dos direitos. Bem, esse é um argumento válido, mas não suficiente. Sejam consideradas, ao menos, quatro razões:

---

[29] Esses eixos do sistema de garantia de direitos são apresentados por Bobbio (1992:39), que enfatiza tratar-se muito mais de uma classificação didática, já que, na prática, todas as ações devem acontecer de maneira articulada.

- a utilização das normas do sistema global e regional de garantia dos direitos humanos nas decisões judiciais, de saída, fortalece simbolicamente a gramática dos direitos humanos e os aproxima mais dos jurisdicionados e dos operadores do direito;
- em eventuais lacunas do direito pátrio haverá ainda um arcabouço normativo capaz de assegurar os direitos sem que para isso seja necessário um grande esforço argumentativo ou ginástica hermenêutica;
- em casos de antinomia entre o direito pátrio e o direito internacional dos direitos humanos, deverá prevalecer a norma mais favorável à vítima, fortalecendo o movimento de inclusão;
- a utilização jurisprudencial das normas internacionais favorece simbólica e concretamente a integração efetiva do país nesse estado de direito supranacional. Agindo assim, o Poder Judiciário estará atuando não apenas para compor conflitos, mas para reduzir os espaços de exclusão no estado de direito e construir uma sociedade mais democrática e inclusiva.

Da mesma forma, é preciso que as organizações não governamentais e os movimentos sociais que atuam na promoção, defesa e controle dos direitos humanos incorporem ao repertório de suas ações o direito internacional dos direitos humanos. Com isso haverá uma ampliação do espectro de proteção dos menos favorecidos, principalmente pela possibilidade de se recorrer às comissões e cortes internacionais de direitos humanos. Na esfera nacional, a utilização das normas internacionais de direitos humanos pela sociedade civil também reforça simbolicamente o ideário ético-jurídico desses direitos e coloca as lutas da sociedade civil nacional em consonância com as lutas da sociedade civil de outros países. Essa unidade pode fortalecer estrategicamente a constituição de uma sociedade civil orgânica em nível internacional pautada por uma mesma gramática de proteção dos direitos humanos, a despeito de todas as diferenças culturais. Em certa medida, é exatamente isso que pudemos assistir nas sucessivas edições do Fórum Social Mundial. Assim como a globalização do capital reorganiza a concentração dos lucros econômicos, é preciso que a globalização dos direitos humanos reorganize a difusão dos lucros sociais. Além disso, é importante levar em conta que certas lutas apenas fazem sentido quando integradas internacionalmente em face de um estado de direito supranacional, como é o caso da luta pelo meio ambiente equilibrado, pela utilização racional dos recursos naturais, pela integridade genética das gerações futuras, ou pela partilha dos dividendos do capital transnacional. Além disso, deve-se estar atento ao fato de que a integração internacional da sociedade civil fortalece a atuação nacional de ONGs e movimentos sociais. Mas para que isso aconteça é necessário um vocabulário e uma linguagem comuns; esse vocabulário e essa linguagem podem muito bem ser o direito internacional dos direitos humanos.

De certo modo, esse foi o movimento realizado na Conferência Mundial sobre Direitos Humanos celebrada em Viena em 1993. Nessa conferência foi reforçada a obrigação comum dos Estados para com a proteção dos direitos humanos considerados na sua universalidade, indivisibilidade e interdependência. A esse respeito comenta Lindgren Alves (2005:208) que Viena contribuiu para o estabelecimento de uma inter-relação indissolúvel entre a *democracia*, o *desenvolvimento* e os *direitos humanos*, especialmente porque sua Declaração também define a democracia como uma estrutura baseada na vontade livremente expressa pelo povo de determinar seus próprios sistemas políticos, econômicos, sociais e culturais e em sua plena participação em todos os aspectos de sua vida. Ainda segundo Lindgren Alves, essa tríade perpassa todo o documento, significando que, diante da ausência de qualquer um desses elementos, torna-se inviável ou até mesmo sem valor a existência dos demais. É claro que essa relação necessária entre democracia, desenvolvimento e direitos humanos existe para a proteção de todos, porém principalmente dos mais vulneráveis, pois estes são os excluídos da tutela protetiva básica dos Estados e, por isso, os que mais necessitam de salvaguardas. Trata-se de uma *proteção especial equalizadora*, sem a qual a convivência coletiva se torna cada vez mais insuportável, tanto no plano nacional como no plano internacional. Nessa linha, Celso Lafer (1988:166) defende que os direitos humanos devem estar alicerçados como "invenção para convivência coletiva" em um espaço público. Não obstante, esse espaço coletivo às vezes não é suficiente para suplantar a ideia burguesa de que a mera liberdade de mercado levaria à liberdade política e, consequentemente, à democracia e à garantia dos direitos humanos. Por isso mesmo, é preciso reafirmar constantemente a garantia dos direitos humanos como finalidade precípua de um estado de direito, nacional ou supranacional, que garanta mecanismos permanentes de inclusão. Sem que todos os direitos humanos — considerados indivisivelmente — sejam garantidos à população de maneira plena, incluindo-se as prestações positivas referentes a direitos básicos, o estado de direito será uma falácia, e a convivência pública será insuportavelmente opressora.

Buscando algumas conclusões

Como vimos, a luta pela afirmação dos direitos humanos não se iniciou nos nossos dias, mas já vem de séculos, por meio de movimentos que buscaram estabelecer parâmetros de coexistência baseados na liberdade, na limitação do poder, na igualdade democrática e na convivência solidária. Nessa exata medida, foram sendo construídos tanto o ideário como o aparato institucional do que chamamos estado de direito. Contudo, nem sempre esse processo logrou estabelecer-se para todas as pessoas, permanecendo algumas excluídas da sua órbita jurídica e política. Tal exclusão opera tanto em relação aos que possuem privilégios e imunidades para a proteção de suas vantagens, isentando-os, portanto, da responsabilidade pelos seus deveres, como em relação aos que são abandonados da proteção pública, impedindo-os, portanto, de acessar direitos fundamentais sem, contudo, isentá-los de seus deveres. Os primeiros foram chamados de *excluídos para cima*, e os segundos, de *excluídos para baixo*. A palavra *excluídos* foi utilizada pela força simbólica de sua carga semântica, já que, a rigor, o primeiro grupo não é excluído em relação aos direitos, e o segundo não o é em relação aos deveres.

Embora o estado de direito seja comumente pensado em relação à questão da previsibilidade e da segurança jurídica (Maccormick, 2008:21-23), aqui a vinculação estabelecida transcende esse aspecto e recai sobre os direitos humanos como um todo, especialmente na sua articulação com desenvolvimento e democracia. A hipótese sustentada por esse raciocínio é que um estado que não assegura a todas as pessoas tais direitos não pode ser considerado um estado de direito; por isso o fenômeno da exclusão, nas suas diferentes facetas, deve ser permanentemente combatido em nome da própria tradição moral e jurídica que sustenta tanto os direitos humanos como o estado de direito.

Nesse processo, é imprescindível considerar algumas importantes transformações históricas e conceituais em torno da concepção de estado de direito. É possível, ao menos, se falar em três aspectos:

❑ um estado de direito sem Constituição e que prioriza as ideias de liberdade e propriedade por intermédio da ação do Poder Legislativo contendo o arbítrio da administração pública e lhe oferecendo seus limites (Böckenförde, 2000:29);
❑ um estado de direito com Constituição e que visa à realização dos direitos também em sentido material, preocupado não apenas com os limites da administração pública, mas também com a realização da justiça social (Böckenförde, 2000:40);
❑ um estado de direito com Constituição e amparado por um sistema supranacional de garantia dos direitos humanos (Ferrajoli, 2006:460). Essa terceira concepção não é excludente em relação às anteriores; ao contrário, pretende lhes aumentar o potencial de sua própria realização. Por isso mesmo ela foi identificada e

priorizada estrategicamente como forma de combate à exclusão e de inclusão dos excluídos. Trata-se de uma maneira de se buscar a paz e a estabilidade ancoradas na justiça social, de modo que essa, sim, seja considerada uma situação de normalidade que sustente a validade das normas (Böckenförde, 2000:44-45).

Estamos diante de um cenário ainda recente. O sistema global — sistema ONU — ainda é pouco utilizado e carece de maior apoio, embora já esteja em funcionamento. O sistema africano está paulatinamente sendo implantado, e o sistema asiático está amadurecendo ao seu tempo. Os sistemas europeu e interamericano estão mais consolidados, mas este último ainda está muito distante do cidadão comum dos países das Américas. De qualquer maneira, há importantes institutos nesses sistemas e que são historicamente recentes, como o reconhecimento da condição de sujeito de direito do indivíduo na esfera internacional e a possibilidade de responsabilização internacional do Estado por violações cometidas em função de sua ação ou omissão. Trata-se do direito internacional dos direitos humanos, que busca aproximar cada vez mais pessoas e povos, respeitando as diversidades culturais, mas estruturando uma comunidade humana global, até porque muitas das violações de direitos possuem causas também globais. Cidadãos e Estados aproximam-se numa relação cada vez mais imbricada. Conforme Rojas (2006:11), *"podemos afirmar que existe una relación triangular, donde se relacionan el Estado obligado, los súbditos y todos los demás Estados como garantes del respeto a los derechos humanos".* Por tudo isso, a não realização dos direitos humanos é um problema não apenas moral e político, mas também jurídico, uma vez que pode ensejar denúncia num tribunal internacional abrindo um caso contra o Estado. Para o Estado que não cumpra as determinações das comissões e cortes, pode haver desde o constrangimento moral (*power of embarrassment*) até a imposição de sanções na ordem econômica. Claro que essas possibilidades ainda estão sujeitas às correlações de força na ordem internacional. Contudo, ao mesmo tempo que não se deve ser ingênuo a ponto de ignorar as assimetrias entre países, igualmente não se deve ser cético a ponto de desprezar o sistema de garantia de direitos como estratégia de luta democrática.

Para que esse movimento democrático e inclusivo de reconstrução do estado de direito seja efetivo, é imprescindível a atuação de um Poder Judiciário independente, sensível e imbuído de sua missão republicana. É preciso que juízes e desembargadores conheçam as normas e institutos jurídicos do direito internacional dos direitos humanos para poderem utilizá-los na fundamentação de suas sentenças e acórdãos. É preciso conhecer as decisões das comissões internacionais de direitos humanos e a jurisprudência das cortes internacionais de justiça para poder integrar cada vez mais o Brasil, tanto simbólica como materialmente, na lógica do sistema de garantia dos direitos humanos. Mas não basta um Judiciário consciente se não houver uma sociedade civil igualmente consciente e participativa que atue provocando o Poder Judiciário em demandas de garantia dos direitos humanos. Movimentos sociais e ONGs devem utilizar cada vez mais as normas do sistema ONU e OEA e, quando cabível, recorrer à Comissão Interamericana de Direitos Humanos ou peticionar às outras comissões criadas pelas convenções que o país tenha ratificado. Trata-se da constituição crescente de uma cidadania global.

Vale ponderar que a ideia de um estado de direito supranacional pode ser estratégica não apenas para incluir os excluídos nas esferas nacionais, mas também como meio de combater as disparidades e exclusões na relação entre os Estados na esfera internacional. Nesse diapasão, todos devemos estar atentos quando nos deparamos com as denúncias de violações de direitos humanos em países periféricos, uma vez que isso necessariamente não significa que elas sejam mais frequentes do que em países centrais do sistema econômico mundial. Basta lembrar que Estados Unidos e Canadá, até 2009, não reconheceram a jurisdição da Corte Interamericana, e não há sinais de que pretendam fazê-lo.

Por fim, o aspecto mais importante dessas reflexões é a compreensão do fenômeno da exclusão e de como tal fenômeno inviabiliza, na essência, a realização do estado de direito. Numa importante pesquisa, Giorgio Agamben (2004) conclui que o exercício da soberania moderna faz com que o paradigma do exercício de governo para algumas pessoas seja o *estado de exceção*, e não o estado de direito. Agamben está certo, mas o aspecto mais drástico desse processo é que, para os *excluídos para baixo* e os oprimidos em geral, o *estado de exceção* não é uma exceção, e sim a regra de um estado de não direito que oprime pela sua violência formal e pelo abandono em geral. Não há motivos para que acreditemos que exista um "curso natural" da história que por si só nos conduza a todos a uma sociedade ideal. Isso é tarefa permanente daqueles que ainda são capazes de se sensibilizar com a dor do outro e de se indignar diante da opressão. Isso é o que nos ensina Walter Benjamin (apud Löwy, 2005:83) ao refletir sobre o fascismo:

> A tradição dos oprimidos nos ensina que o "estado de exceção" no qual vivemos é a regra. Precisamos chegar a um conceito de história que dê conta disso. Então surgirá diante de nós nossa tarefa, a de instaurar o real estado de exceção; e, graças a isso, nossa posição na luta contra o fascismo tornar-se-á melhor. A chance deste consiste, não por último, em que seus adversários o afrontem em nome do progresso como se

este fosse uma norma histórica. O espanto em constatar que os acontecimentos que vivemos "ainda" sejam possíveis no século XX não é nenhum espanto filosófico. Ele não está no início de um conhecimento, a menos que seja o de mostrar que a representação da história donde provém aquele espanto é insustentável.

Referências

AGAMBEN, Giorgio. *Homo sacer*: o poder soberano e a vida nua. Belo Horizonte: UFMG, 2004.

ALVES, José Augusto Lindgren. *Os direitos humanos como tema global*. São Paulo: Perspectiva, 1994.

_____. *Os direitos humanos na pós-modernidade*. Rio de Janeiro: Perspectiva, 2005.

ARENDT, Hannah. *As origens do totalitarismo*: antissemitismo, instrumento de poder. Rio de Janeiro: Documentário, 1979.

_____. *Eichmann em Jerusalém*: um relato sobre a banalidade do mal. São Paulo: Companhia das Letras, 1999.

BOBBIO, Norberto. *A era dos direitos*. Rio de Janeiro: Campus, 1992.

BÖCKENFÖRDE, Ernst Wolfagang. *Estudios sobre el estado de derecho y la democracia*. Madrid: Trotta, 2000.

BORGES, Nadine. Em defesa da política e da humanidade: contribuições de Karl Marx para as reflexões jurídicas contemporâneas acerca dos direitos humanos. *Revista Sociologia Jurídica*, v. 4, n. 4, 2007.

COMPARATO, Fábio Konder. *A afirmação histórica dos direitos humanos*. São Paulo: Saraiva, 2007.

COSTA, Fernanda Doz. Pobreza e direitos humanos: da mera retórica às obrigações jurídicas — um estudo crítico sobre diferentes modelos conceituais. *SUR — Revista Internacional de Direitos Humanos*, São Paulo, v. 5, n. 9, 2008.

COSTA, Pietro; ZOLO, Danilo (Orgs.). *Estado de direito*: história, teoria e crítica. São Paulo: Martins Fontes, 2006.

CUNHA, José Ricard; MELO, Carolina Campos; SPIELER, Paula. *Material didático de direitos humanos*. Rio de Janeiro: Escola de Direito do Rio de Janeiro da Fundação Getulio Vargas, 2004.

FERRAJOLI, Luigi. O estado de direito entre o passado e o futuro. In: COSTA, Pietro; ZOLO, Danilo. *O Estado de direito*: história, teoria e crítica. São Paulo: Martins Fontes, 2006.

IPEA. *PNAD 2007*: primeiras análises. Pobreza e mudança social. Brasília: Ipea, 2008. v. 1.

JUSTIÇA GLOBAL. *Violação dos direitos humanos na Amazônia*: conflito e violência na fronteira paraense. 2005.

KANT, Immanuel. Fundamentação da metafísica dos costumes. In: *Os pensadores*. São Paulo: Abril Cultural, 1980.

LAFER, Celso. *A reconstrução dos direitos humanos*: um diálogo com o pensamento de Hannah Arendt. São Paulo: Companhia das Letras, 1988.

LÖWY, Michael. *Walter Benjamin:* aviso de incêndio. Uma leitura das teses "sobre o conceito de história". São Paulo: Boitempo, 2005.

MACCORMICK, Neil. *Retórica e o estado de direito*. Rio de Janeiro: Elsevier, 2008.

NEVES, Marcelo. *Entre Têmis e Leviatã:* uma relação difícil. O estado democrático de direito a partir e além de Luhmann e Habermas. São Paulo: Martins Fontes, 2006.

PINHEIRO, Paulo Sergio. Os sessenta anos da Declaração Universal: atravessando um mar de contradições. *SUR — Revista Internacional de Direitos Humanos*, São Paulo, v. 5, n. 9, 2008.

POGGE. Thomas. Para erradicar a pobreza sistêmica: em defesa de um dividendo dos recursos globais. *SUR — Revista Internacional de Direitos Humanos*, São Paulo, v. 4, n. 6, 2007.

ROJAS, Cláudio Nash. *Las reparaciones ante la Corte Interamericana de Direitos Humanos*. Universidad de Chile/Facultad de Derecho/Centro de Derechos Humanos, 2006.

SANTORO, Emilio. *Rule of law* e a "liberdade dos ingleses". A interpretação de Albert Venn Dicey. In: COSTA, Pietro; ZOLO, Danilo. *O Estado de direito*: história, teoria e crítica. São Paulo: Martins Fontes, 2006.

SEN, Amartya. *Collective choice and social welfare*. San Francisco: Holden-Day, 1970.

_____. *Desenvolvimento como liberdade*. São Paulo: Companhia das Letras, 2000.

_____. *Desigualdade reexaminada*. Rio de Janeiro: Record, 2001.

SENGUPTA, Arjun. *Poverty eradication and human rights*. In: POGGE, Thomas. *Freedon from poverty as a human right*: who owes what to the very poor? Oxford: Oxford University Press, 2007.

SERRA, Antonio Truyol y. *Los derechos humanos*. 2. ed. Madrid: Tecnos, 1977.

THOMPSON, Edward. *Senhores e caçadores*. Rio de Janeiro: Paz e Terra, 1987.

VILHENA, Oscar. A desigualdade e a subversão do estado de direito. *SUR — Revista Internacional de Direitos Humanos*, São Paulo, v. 4, n. 6, 2007.

ZAFFARONI, Eugênio Raul et al. *Direito penal brasileiro*. Rio de Janeiro: Revan, 2006. v. 1: Teoria geral do direito penal.

6 Possibilidades e limites da criatividade judicial: a relação entre estado de direito e argumentação jurídica razoável (e o problema do desconhecimento dos direitos humanos)

*Alexandre Garrido da Silva • Ana Carolina Cerqueira Vargas •
Ana Claudia da Silva Frade • Andréa da Silva Frade •
Bruno Gazzaneo Belsito • Cecília Maria Barcellos Zerbini •
Diana Felgueiras das Neves • Diego Werneck Arguelhes •
Joaquim Cerqueira Neto • José Ricardo Cunha • Priscila de Santana •
Tamara Moreira Vaz de Melo*

A questão da definição, da extensão ou do grau de "criatividade" judicial certamente constitui, ao lado da clássica querela entre o jusnaturalismo e o juspositivismo, um dos temas mais debatidos no âmbito da filosofia e da metodologia do direito. Todas as perspectivas metodológicas e filosóficas no âmbito do direito — por exemplo, as diferentes modalidades de realismo e positivismo jurídicos, bem como as inúmeras correntes pós-positivistas —, sem exceção, dedicaram extensas páginas com reflexões sobre a temática.

Este capítulo pretende, inicialmente, delimitar teoricamente o conceito de "criatividade" judicial e discuti-lo à luz dos ideais inscritos no princípio do estado de direito e dos argumentos da incompetência técnica, da legitimidade democrática e da imprevisibilidade que dizem respeito ao debate sobre a legitimação da atividade jurisdicional.

Num segundo momento, procurar-se-á construir uma interpretação acerca da criatividade judicial em consonância com os conteúdos normativos do estado de direito e da ideia de razão pública, mas que, ao mesmo tempo, não seja positivista. Isto é, que reconheça que há direito para além das normas legais, condicionando a sua validade, no entanto, ao cumprimento das exigências normativas inscritas nos ideais supramencionados que conformam as nossas intuições básicas sobre o funcionamento das instituições numa sociedade pluralista e democrática.

Por último, com fundamento em pesquisa empírica desenvolvida junto ao TJRJ, discutir-se-á o desconhecimento, pelos magistrados, das normativas internacionais sobre direitos humanos e sua contribuição para a reduzida efetividade de tais direitos no âmbito da prestação jurisdicional, bem como para o elevado, porém desnecessário, grau de "criatividade" das decisões judiciais sobre questões envolvendo bens jurídicos protegidos por normas de direitos humanos.

Assim, pretende-se fundamentar, teórica e empiricamente, a seguinte assertiva: quanto maior for o desconhecimento das normas sobre direitos humanos pelos magistrados, tanto maior será o grau de "criatividade" das motivações das decisões judiciais sobre tais direitos. O desconhecimento conduz, nesse diapasão, à elaboração de motivações judiciais "criativas", porém desnecessárias, pois a mesma decisão poderia ser mais bem fundamentada recorrendo à força imperativa e positiva das normas internacionais de direitos humanos regularmente incorporadas ao ordenamento jurídico pátrio.

Em torno da "criatividade judicial"

O ponto de partida: conceituação e análise do fenômeno da "criatividade" segundo Mauro Cappelletti

A "criatividade" dos juízes tem sido objeto de polêmica entre juristas e filósofos do direito. Vasta literatura já foi produzida a respeito do papel desempenhado pelo magistrado no julgamento de um caso concreto. Para alguns, o juiz seria mero intérprete-aplicador do direito; para outros, participaria, *lato sensu*, da atividade legislativa — vale dizer, da criação do direito. Mauro Cappelletti (1993) afirma que o problema da criatividade da função jurisdicional — ou seja, da produção do direito por obra dos juízes — deriva de outra discussão, referente ao nexo entre processo e direito substancial. Quais as origens da impressionante expansão, ao longo do século XX, do papel criativo dos juízes? Segundo o autor, o crescimento do "direito judiciário" ou "jurisprudencial" nesse período está intimamente relacionado com o aumento da produção legislativa, ocorrido tanto nos países de *common law* quanto nos de *civil law*. Assim, o engrandecimento do Judiciário representaria o necessário contrapeso, num sistema democrático de *checks and balances*, à paralela expansão dos ramos políticos do Estado moderno, isto é, do Legislativo e do Executivo.

Nessa linha de raciocínio, pode-se afirmar que inexiste qualquer antítese entre a interpretação judiciária da lei e a criatividade dos juízes. Mais do que isto, Cappelletti defende a ideia de que em toda e qualquer interpretação judiciária do direito legislativo está ínsito certo grau de criatividade, de modo que o cerne da questão não se encontra na alternativa criatividade/não criatividade dos juízes. Se partirmos da ideia de que em toda interpretação de norma jurídica há sempre certa dose de criatividade, a verdadeira problemática está no *grau* de criatividade e nos *modos, limites* e *legitimidade* da criatividade judicial. Nas palavras do autor,

> interpretação significa penetrar os pensamentos, inspirações e linguagem de outras pessoas com vistas a compreendê-los e — no caso do juiz, não menos que no do musicista, por exemplo — reproduzi-los, "aplicá-los" e "realizá-los" em novo e diverso contexto, de tempo e lugar. É óbvio que toda reprodução e execução variam profundamente, entre outras influências, segundo a capacidade do intelecto e estado de alma do intérprete. (...) Por mais que o intérprete se esforce para permanecer fiel ao seu "texto", ele será sempre, por assim dizer, forçado a ser livre — porque não há texto musical ou poético, nem tampouco legislativo, que não deixe espaço para variações e nuances, para a criatividade interpretativa (Cappelletti, 1993:21-22).

O ato de interpretar, então, não se contraporia ao ato de criar; muito pelo contrário, o primeiro abrangeria necessariamente o segundo. Cappelletti admite, porém, que o reconhecimento da inevitabilidade de algum grau de criatividade em todo ato de interpretação — ou seja, de um elemento de discricionariedade e, portanto, de escolha — não deve ser confundido com a afirmação de *total* liberdade do intérprete. O juiz, embora inevitavelmente criador do direito, não estaria completamente livre de vínculos, devendo obedecer a limites processuais e substanciais estabelecidos pelo sistema jurídico; a discricionariedade há pouco mencionada não deve ser confundida com arbitrariedade.

São os juízes "legisladores"?

Os limites substanciais não podem constituir o elemento *sine qua non* da atividade jurisdicional, já que variam profundamente de época para época e de sociedade para sociedade, e até no âmbito da mesma época e sociedade. Como exemplos de tais limites, Mauro Cappelletti cita os precedentes judiciários, opiniões de jurisconsultos, ordenanças de monarcas, decisões de assembleias, leis de parlamentos, entre outros. Esses elementos funcionam como limites na medida em que o juiz tem como dever mínimo apoiar sua própria argumentação no direito judiciário ou legislativo, e não apenas em conceitos vagos. Por isso, apesar de sua variabilidade ao longo do tempo e entre sociedades distintas, os limites substanciais não seriam completamente privados de eficácia.

Criatividade jurisprudencial, mesmo em sua forma mais acentuada, não significa necessariamente "direito livre", no sentido de direito arbitrariamente criado pelo juiz do caso concreto. Em grau maior ou menor, esses limites substanciais vinculam o juiz, mesmo que nunca possam vinculá-lo de forma completa e absoluta (Cappelletti, 1993:26).

Assim, os limites substanciais, diversamente do que Cappelletti chama de "processuais" ou "formais", não podem funcionar como elemento distintivo da jurisdição em face da legislação ou da administração. A única diferença material entre essas duas atividades se encontraria na frequência ou quantidade de tais limites. O legislador se depara com limites substanciais usualmente menos frequentes e menos precisos do que aqueles com os quais, em regra, depara-se o juiz, donde Cappelletti (1993:26-27) conclui que, do ponto de vista substancial, a criatividade do legislador pode ser quantitativamente — mas não qualitativamente — diversa da do juiz. Tanto o processo legislativo quanto o jurisdicional constituiriam processos de criação do direito, não havendo diferença de natureza entre eles, sob o prisma dos limites substanciais. Mas o autor destaca que a questão se põe em termos totalmente diversos, se examinada do ponto de vista processual.

"Virtudes passivas" e a especificidade do papel do juiz

Alguns autores mais radicais, como lorde Diplock, acreditam que, em razão de sua própria função, os tribunais estão constrangidos a agir como legisladores. No entanto, outros, como o próprio Cappelletti, sustentam que os juízes criam, sim, direitos, uma vez que têm a função de interpretar e esclarecer o direito, mas que isso não significa que sejam legisladores, visto que há diferenças entre os processos legislativo e jurisdicional quanto ao modo de formação do direito. Para Cappelletti, (1993:74), ambos os processos, judiciário e legislativo, resultam em criação do direito; entretanto, há diferenças quanto ao modo ou estruturas desses processos. Somente um juiz ruim agiria com os procedimentos típicos do legislador.[1]

Nessa linha de pensamento, o elemento distintivo da atividade jurisdicional não estaria relacionado com a falta de criatividade, mas sim com a sua passividade no plano processual. Haveria, portanto, limites processuais que determinam a

---

[1] "O bom juiz pode bem ser criativo, dinâmico e 'ativista' e como tal manifestar-se; no entanto, apenas o juiz ruim agiria com as formas e as modalidades do legislador, pois, no meu entender, se assim agisse deixaria simplesmente de ser juiz" (Cappelletti, 1993: 80).

natureza da função jurisdicional e constituem uma fonte de legitimação diversa dos poderes políticos (fazem o processo jurisdicional de criação do direito ser diferente do legislativo), quais sejam:

- a conexão da atividade decisória com as partes dos casos concretos;
- a imparcialidade (o juiz deve estar livre de pressões externas);
- princípio do contraditório (oportunidade de defesa das partes, isto é, oportunidade de serem ouvidas por um juiz imparcial);
- a independência em relação às pressões externas, principalmente de ordem política;
- princípio da inércia (o juiz precisa ser provocado para realizar suas atividades); ou, em palavras diversas, *nemo judex sine actore* (Cappelletti, 1993:76).

É justamente o respeito a essas ancestrais "virtudes" — e não alguma preferência por decisões deste ou daquele teor — que constitui a própria identidade funcional do juiz. Nas palavras de Cappelletti (1993:89),

> O juiz que decidisse a controvérsia sem pedido das partes, não oferecesse à parte contrária razoável oportunidade de defesa, ou se pronunciasse sobre o seu próprio litígio, embora vestindo a toga de magistrado e a si mesmo se chamando de juiz, teria na realidade deixado de sê-lo.

Tais características são tão próprias do processo judiciário de criação do direito que, hoje em dia, em alguns países ocidentais, fala-se na "jurisdicionalização" dos processos legislativo e administrativo. Isso porque foram adotados alguns instrumentos e regras vinculantes aos legisladores e administradores para que eles concedessem audiência aos grupos interessados nas matérias que por eles fossem reguladas, protegendo, assim, certas maiorias ou minorias mal representadas ou organizadas.

Assim sendo, aquelas características acima mencionadas, quando trazidas para os processos legislativo e administrativo, não se apresentariam da mesma forma que no processo jurisdicional, visto que eles não precisam de "impulso" — devem agir por si mesmos. Assim, a "jurisdicionalização" se daria de maneira incompleta.

Vale notar que existe certa relatividade na separação funcional dos poderes, ou seja, o Judiciário, em alguns poucos casos, pratica atividades legislativas ou administrativas propriamente ditas. Por exemplo, os tribunais, quando editam regras técnicas do processo, com as quais vão trabalhar, realizam nada mais do que uma função legislativa; ou quando exercem o poder de emanar "diretivas" gerais em tema de interpretação, vinculantes aos tribunais inferiores e emitidas sem qualquer conexão com determinado caso concreto, como no caso das cortes supremas dos países da Europa oriental.

Principais problemas e limites da criação judicial do direito

De volta aos juízes "legisladores"

Como discutimos no tópico anterior, tanto a atividade legislativa quanto a jurisdicional são em alguma medida substancialmente "criativas".[2] Mas como pode esse dado inevitável ser compatibilizado com nossas intuições básicas acerca de ideias como "separação de poderes" e "democracia"? A discussão em torno da *distinção* entre as diferentes funções estatais — especialmente entre legislação e jurisdição —, bem como das *fronteiras* entre elas, tem sido um importante e permanente tópico de debate entre teóricos e operadores do direito.[3] Neste texto, na esteira de Mauro Cappelletti, parte-se da premissa de que o esforço de diferenciação entre o ato de legislar e o ato de julgar é possível e, mais do que isso, necessário.

Se nenhuma dessas duas atividades — legislação e jurisdição — é puramente mecânica, não podemos fundamentar uma distinção segura com base apenas no critério da "criatividade". Ao menos não levando em conta o *conteúdo* do ato criador de direito. Para retomar a argumentação de Cappelletti nesse sentido, já anteriormente exposta, pode-se dizer que o que diferencia o juiz do legislador é sua *passividade no plano processual*, e não no plano substancial. Assim, legislação e jurisdição são dois processos cujos conteúdos por vezes parecem se sobrepor, sem que, no entanto, suas *estruturas* ou *procedimentos* possam ser minimamente confundidas. Segundo o autor, as chamadas *virtudes passivas* da função judicial — entre as quais a inércia jurisdicional, o respeito ao contraditório e a imparcialidade do julgador — a diferenciam profundamente da função legislativa.

---

[2] Roberto Guastini (2005:221-222) elenca nada menos do que quatro significados diferentes para a assertiva de que os juízes "criam direito". Para os fins deste tópico, basta enfatizar a ideia de que os juízes "criam direito", pois a norma individual a ser aplicada no caso é resultado da interpretação de disposições preexistentes — um trabalho de "tradução" que dificilmente pode ser encarado como mecânico.

[3] Mesmo autores que negam qualquer distinção qualitativa forte entre "aplicação" e "criação" do direito, como Hans Kelsen (1998), acabam adotando alguma espécie de critério para diferenciar essas funções. No caso da teoria pura do direito, a distinção afirmada é tão somente de *grau*: a atividade do juiz que *põe* (cria) a norma individual, a partir da moldura da norma geral posta pelo legislador, é análoga à do legislador que *põe* normas gerais dentro da moldura constitucional posta pelo poder constituinte. Concepções que nivelam ou identificam completamente a atividade do legislador e a do juiz, se é que existem, parecem estar fora da área de atuação da teoria do direito, podendo ser excluídas da presente análise.

A argumentação parece ser persuasiva e relativamente próxima de nossas intuições sobre os deveres inerentes ao ofício judicante: juízes atuam dentro de trâmites processuais específicos, que sedimentam a sua posição de *imparcialidade*, necessária à tomada de decisão. Mas será mesmo que os únicos deveres decisivos do juiz são *processuais*? Poderíamos considerar completa a tese de Cappelletti acerca da natureza específica da função judicial sem uma adequada ênfase nos limites *materiais* às decisões dos juízes? Se o julgador ouvir as partes envolvidas, só agir mediante provocação, mantiver uma atitude de imparcialidade e honrar todas as virtudes processuais, poderão todos os problemas em torno da "criatividade" da função judicial no plano material ser afastados como irrelevantes? Como já observado, a resposta do próprio Cappelletti é negativa. Se, por um lado, o autor reconhece e adota como premissa o caráter inevitavelmente criativo de toda decisão judicial, por outro, identifica a questão central como sendo de *níveis de criatividade* ou, mais especificamente, do estabelecimento do *nível de criatividade* que se deve esperar dos juízes (ou até mesmo incentivá-los a adotar) numa dada sociedade.[4]

Nesse ponto, porém, é preciso reconhecer que a fixação desse *grau de criatividade* está longe de ser pacífica. Há um crescente movimento de crítica à divulgação da ideia de "criação judicial do direito", mesmo entre quem reconhece — como Cappelletti — que a atividade desenvolvida pelos juízes não é mecânica, nem imune a elementos externos (e muitas vezes contrários) ao direito positivo. Para os fins deste capítulo, essas críticas podem ser agrupadas em três grandes categorias, que passamos a analisar.

O argumento da incompetência técnica

Independentemente da qualidade de sua formação jurídica, os juízes em geral não têm capacidade de desenvolver por conta própria as investigações que a

---

[4] Ou, *contrario sensu*, do grau de "formalismo" a ser esperado dos juízes, já que posições mais radicais sobre o papel das normas positivadas na decisão judicial dificilmente são encontráveis na realidade. Nas palavras de Cass Sunstein (1999a: 5): "*it is hard to find anyone who believes that canons of construction have no legitimate place in interpretation, or who thinks that literal language should always be followed, no matter how absurd and palpably unintended the outcome. No antiformalist thinks that judges interpreting statutes should engage in ad hoc balancing of all relevant considerations. The real division is along a continuum. One pole is represented by those who aspire to textually driven, rule-bound, rule-announcing judgments; the other is represented by those who are quite willing to reject the text when it would produce an unreasonable outcome, or when it is inconsistent with the legislative history, or when it conflicts with policy judgments of certain kinds or substantive canons of construction*".

"criação" da melhor norma para o caso concreto pode demandar. Quando estiverem em jogo problemas sociais, econômicos e políticos de alta complexidade — o que é particularmente agravado num contexto de jurisdição de massa, no qual a mesma decisão tenderá a ser reproduzida para inúmeros titulares de idênticos direitos —, o conhecimento da doutrina e da jurisprudência é largamente insuficiente para o bom exercício da função jurisdicional. Isso é especialmente válido se entendermos que o juiz deve *sempre* construir a melhor decisão possível (isto é, a mais "justa") para cada caso. Além disso, os integrantes do Poder Judiciário muitas vezes não dispõem sequer da estrutura e dos recursos (humanos e financeiros) por meio dos quais os poderes Legislativo e Executivo, suas comissões e ministérios produzem ou solicitam a produção de pesquisa e levantamentos sofisticados.[5]

Pense-se, por exemplo, no que aconteceria se a determinação do salário mínimo em todo o território nacional ficasse a cargo única e exclusivamente de um juízo judicial sobre qual quantia é necessária para cumprir o art.7º da Constituição. O impacto sobre a realidade socioeconômica de cada aumento ou diminuição de centavos é impossível de ser previsto pelo juiz. Em problemas sociais como esse — que Lon Fuller (1958:395) chama de "policêntricos" —, o julgador tem diante de si algo como uma "teia de aranha": puxar um fio numa direção alterará toda a dinâmica da estrutura; se o puxar com força redobrada, o resto da teia não será duplamente tensionado, e sim alterado de uma forma difícil ou até mesmo impossível de prever.

Cappelletti procura relativizar a força desse argumento por meio da constatação de que os poderes eleitos também já demonstram altos níveis de "incompetência institucional".[6] No próprio caso do salário mínimo, antes exposto, não é difícil perceber que, no Brasil, *nem mesmo o Poder Executivo ou o Poder Legislativo* tem boas condições de tomar uma decisão bem fundamentada e adequada sobre a fixação desse valor.

Contudo, os críticos da "criação judicial do direito" podem apresentar a seguinte versão mais sofisticada do argumento da incompetência: não se trata apenas de qual poder ou órgão está mais qualificado tecnicamente para tomar as decisões, mas sim de qual poder ou órgão está mais *legitimado* para tomar essa decisão específica, ainda que errada. É nesse ponto que entra em cena o problema da *legitimação democrática* das decisões judiciais "criativas".

---

[5] Cappelletti, 1993:87.
[6] Cappelletti (1993:89). Dialogando — e discordando — de Lon Fuller, Owen Fiss (2004) observa que há mecanismos institucionais para diminuir a chance de erro na apreciação judicial de questões socioeconômicas complexas, como, por exemplo, a designação de peritos e a utilização de pareceres de grupos na função de *amicus curiae*.

O argumento da legitimidade democrática

O insulamento político do Judiciário tem sido apontado por muitos autores como uma razão para permitir que os juízes — e não os legisladores — decidam questões polêmicas, cuja solução se encontra muito além da mera compreensão do significado da linguagem que o legislativo escolheu para veicular suas decisões. Num fórum estritamente político, como o da deliberação nas casas legislativas, certas minorias ou mesmo indivíduos podem não encontrar a devida consideração para seus interesses. Os motivos para essa dificuldade podem variar.

Na melhor das hipóteses, o motivo será sobretudo a tendência do Legislativo de olhar primordialmente para a coletividade, para os problemas gerais, não sendo sua função compatível com uma análise detalhada de *todos* os argumentos de *todos* os possíveis interessados ou afetados por cada decisão. Além disso, mesmo que a minoria tenha representantes conscientes em meio ao grupo de legisladores, como regra geral o critério decisivo na tomada de decisões nessa esfera continua sendo a regra da maioria. Se a regra da maioria significa algo de "democrático", é justamente porque se espera dos legisladores que sejam em alguma medida sensíveis às demandas populares e à pressão da opinião pública.

Na pior das hipóteses, por outro lado, afirma-se que o Poder Legislativo nada seria além de instrumento nas mãos de *lobbies* e grupos de interesse que se organizam para pressionar a atividade legiferante na direção de seus interesses específicos. Em ambos os casos, contudo, estamos diante de *imperfeições* inevitáveis da democracia, que justificam uma atuação mais *ativa* por parte do juiz.[7] Se por trás da democracia e da técnica da separação de poderes existe algum ideal, é justamente o da distribuição equitativa de poder político, com vistas à preservação da liberdade dos cidadãos. Nessa linha de raciocínio, autores como Ronald Dworkin argumentam que a democracia não apenas permite, mas *exige* que os juízes se afastem das normas postas pelo Legislativo em prol da proteção dos direitos de minorias que, de outra forma, teriam o seu valor político diminuído em face da sua pouca capacidade de organização ou de mobilização da opinião pública (Cappelletti, 1993:74-75). A imparcialidade dos juízes e a natureza pecu-

---

[7] Uma eloquente formulação dessa posição pode ser encontrada na obra de Ronald Dworkin (2001:31): "sem dúvida, é verdade, como descrição geral, que numa democracia o poder está nas mãos do povo. Mas é por demais evidente que nenhuma democracia proporciona a igualdade genuína de poder político. (...) O poder econômico dos grandes negócios garante poder político especial a quem os gere. Grupos de interesse, como sindicatos e organizações profissionais, elegem funcionários que também têm poder especial. (...) Essas imperfeições no caráter igualitário da democracia são bem conhecidas e, talvez, parcialmente irremediáveis".

liar da função jurisdicional instauram um "fórum de princípio", afirma Dworkin (2001:38), onde cada indivíduo terá seus interesses e argumentos analisados em seus próprios méritos, independentemente da opinião social a seu respeito. Esse tipo de atuação judicial tem no exercício do controle de constitucionalidade o seu momento mais nítido.

Em linhas gerais, o problema do déficit de legitimidade democrática do controle de constitucionalidade se explicita em duas perspectivas distintas: por um lado, os integrantes do Judiciário, quer sejam os juízes de instâncias inferiores, quer sejam os integrantes dos tribunais, não são eleitos, e por conta disso não encontram sua legitimidade diretamente fincada na escolha popular. Assim, ao decidirem contra decisões tomadas pelos poderes eleitos, sofrem do chamado *déficit contra-majoritário*.[8] Se a decisão de uma corte com poderes de controle de constitucionalidade prolatada em última instância não for passível de recurso, os juízes terão nas mãos a possibilidade de afastar normas criadas por agentes regularmente eleitos — mas a sua legitimidade para tanto é questionável. Além da falta de sujeitabilidade jurídica das decisões judiciais (em última instância, não são recorríveis por meios políticos), um segundo fator deve ser considerado: geralmente, os membros de um tribunal constitucional não são politicamente responsáveis — não podem ser destituídos por meios políticos.[9]

Ronald Dworkin, porém, bem como outros autores contemporâneos, afirma que, cabendo a decisão final a um grupo de indivíduos que não recebe sua autoridade da vontade popular direta, o resguardo dos direitos das minorias estaria mais bem assegurado. Assim, o insulamento político dos juízes pode ser descrito como uma das vantagens da atuação judicial sobre certo tipo de problemas, impedindo que a palavra final sobre os mesmos fique com o Legislativo (Cappelletti, 1993: 89).[10] Mas o argumento de Dworkin pode ser voltado contra si mesmo. Pois, em certo sentido, é compreensível que os poderes democraticamente eleitos estejam profundamente envolvidos nas matérias submetidas à sua apreciação. Por mais

---

[8] A expressão foi cunhada por Alexander Bickel (1986).
[9] Para relativizar esse problema, afirma-se que, em relação às instâncias superiores, a legitimação decorreria do fato da escolha de seus integrantes ser submetida ao crivo de agentes políticos. Dessa forma, haveria uma espécie de legitimação indireta, como no caso dos ministros do Supremo Tribunal, que, sendo escolhidos pelo presidente da República e submetidos ao crivo do Senado, estariam indiretamente sendo escolhidos pela própria sociedade. Segundo esse argumento, essa seria uma escolha política cuja essência não é diferente da de muitas outras que se processam ordinariamente por entes eleitos diretamente pela população.
[10] Cappelletti (1993:89). O próprio Cappelletti (1993:87), porém, afirma: "visto que os juízes tratam todos os casos como entidades isoladas, também os problemas que os envolvem – problemas que podem ser de amplo interesse, como a reforma das prisões – são tratados fora do mais amplo contexto de escolhas políticas, no qual deveriam se inserir".

que atualmente seja recomendável que o Poder Legislativo e o Poder Executivo, antes de tomarem uma medida qualquer, escutem o maior número possível de setores e grupos sociais potencialmente afetados pela medida, seria inadequado afirmar, por exemplo, que o legislador *desrespeitou os limites de sua função* ao aprovar uma lei no interesse de uma eventual maioria legislativa, ou de um *lobby* atuante no processo de deliberação (Cappelletti, 1993:77). Em alguma medida, o legislativo *precisa* ser parcial — caso contrário, a própria ideia de "representação" ficaria comprometida.

Há um aspecto do problema que Dworkin e Cappelletti não enfatizam como deveriam. Parece plausível supor que tanto o Legislativo quanto o Judiciário são capazes de tomar decisões *erradas* — incoerentes, embasadas em interpretações equivocadas de fatos, injustas etc. O problema é que, se qualquer tomador de decisão pode cometer um erro, muitas vezes é preferível deixar que certas questões sejam resolvidas por órgãos eleitos, especialmente problemas políticos e morais delicados (como o aborto, por exemplo, ou a eutanásia), pelo simples fato de que o erro numa decisão política pode ser alterado pela mobilização da opinião pública e do Congresso no sentido contrário, enquanto um erro na decisão judicial (de um tribunal superior, por exemplo) é em geral muito mais difícil de ser alterado e pode gerar consequências nefastas.[11] Em questões espinhosas, sobre as quais a sociedade está profundamente dividida, o insulamento político dos juízes é um problema, na medida em que traz consigo a *irresponsabilidade política*: por não temerem a opinião pública, os juízes simplesmente a ignoram em casos nos quais *deveriam* levá-la em consideração, ainda que sem lhe conferir peso decisivo.

O argumento da imprevisibilidade

Independentemente do problema da legitimidade do Judiciário para a atuação "criativa", argumenta-se que as decisões desviantes das fontes formais do direito são não apenas *prejudiciais* à sociedade como um todo, como também *injustas*.

Primeiro, a injustiça de tais decisões estaria vinculada à sua *imprevisibilidade*. Como afirma Canotilho (1999), só podemos considerar como instituinte de um "estado de direito" um regime que forneça segurança às pessoas, aqui entendida não no sentido físico (isto é, como garantia de integridade pessoal), mas sim como *possibilidade de planejamento*. Segundo, as decisões que se afastem

---

[11] Ver, nesse sentido, os exemplos trazidos por Sunstein (1999b, esp. cap. 3).

do direito vigente são injustas porque, em última instância, funcionam de forma verdadeiramente *retroativa*: a norma utilizada para decidir o caso não existia no momento em que o conflito surgiu. Assim, pelo menos uma das partes pode estar sendo prejudicada pela aplicação de uma norma *com base na qual não teria nenhuma possibilidade de se planejar*; pratica-se um ato de boa-fé imaginando ser o mesmo conforme o direito, para então descobrir no momento da sentença que, de acordo com um critério extrajurídico empregado pelo juiz, a conduta passou a não ser permitida.

Em síntese, a "criatividade" do juiz entra em conflito com os valores da certeza e da previsibilidade e, dessa forma, se afigura como "iníqua", porque "colhe a parte de surpresa" (Cappelletti, 1993:85). É impossível para os cidadãos se informarem de antemão acerca de uma "norma judicial", se ela na prática foi criada (ou completamente reconstruída) *ad hoc* pelo juiz para resolver o caso. Por mais justa que a aplicação dessas regras possa ser diante de um caso concreto, o direito precisa cumprir uma relevante função de *fornecimento de pautas de conduta* com base nas quais o cidadão tomará as decisões em seu cotidiano (Hart, 1994). A generalização de decisões imprevisíveis prejudicará o cumprimento dessa função. Nas palavras de Canotilho (1999:73-74),

> Das regras da experiência derivou-se um *princípio geral da segurança jurídica* cujo conteúdo é aproximadamente este: as pessoas — os indivíduos e as pessoas coletivas — têm o direito de poder confiar que aos seus atos ou às decisões públicas incidentes sobre os seus direitos, posições ou relações jurídicas alicerçadas em normas jurídicas vigentes e válidas ou em atos jurídicos vigentes e válidos ou em atos jurídicos editados pelas autoridades com base nessas normas se ligam os efeitos jurídicos previstos e prescritos no ordenamento jurídico.

Não se pode simplesmente ignorar o papel de estabilização de expectativas que o direito cumpre nas sociedades contemporâneas; mesmo que os juízes fossem dotados de sabedoria e conhecimento infinitos, o resto da população — sem essa sabedoria e esse conhecimento — não teria como se planejar, por não ter os meios necessários a uma mínima previsão de como os conflitos seriam decididos.

Vale notar que esse não é apenas um problema de eficiência do sistema como um todo, mas igualmente uma questão de justiça: uma decisão que *inove* completamente no repertório de normas jurídicas vigentes é, em última instância, um *comando* com eficácia retroativa, o que se afigura intolerável num estado de direito (Neumann, 1969:39).

Júpiter e Hércules: duas matrizes para avaliar o problema da "criatividade"

A análise dos argumentos que usa Cappelletti para confiar na "criatividade judicial", bem como a análise dos problemas apontados, deixa transparecer que esse debate muitas vezes parece se dar a partir de *concepções distintas da atividade judicial*. Para esclarecer esse ponto, utilizaremos a descrição que o belga François Ost (1993) faz das *matrizes* a partir das quais o ato de julgar é enfocado, cada uma com preocupações, finalidades e compromissos distintos. Na verdade, o autor imagina um "modelo de juiz" em correspondência com cada uma das três matrizes propostas: Júpiter, Hércules e Hermes. Para os fins deste capítulo, enfocaremos apenas os dois primeiros paradigmas, na medida em que, por serem os mais comuns (Hermes é, na verdade, o modelo que Ost julga mais adequado para os desafios que o futuro começa a impor à magistratura e ao próprio direito), funcionam mais adequadamente como chave explicativa para compreender as preocupações por trás de críticos e defensores da criatividade judicial.

Em linhas gerais, o direito jupiteriano adota a forma de lei, expressão da vontade do legislador. Do foco supremo de juridicidade — a norma fundamental do ordenamento jurídico positivo, isto é, a Constituição — emana o resto do direito, em forma de decisões particulares. O modelo de Hércules, por sua vez, faz do homem, mais concretamente o juiz, a fonte do único direito válido; ele não reconhece outro direito que não aquele criado pela e na decisão, que, portanto, possui uma autoridade que independe da lei. A singularidade e o concreto do caso se sobrepõem à generalidade e abstração da lei.

Podemos relacionar diversos institutos jurídicos contemporâneos com cada um desses modelos — a sistematização de normas jurídicas em códigos e a supremacia da Constituição, por exemplo, ligadas ao modelo jupiteriano, e os procedimentos de urgência, que refletem uma racionalidade do tipo "hercúleo", voltada para a resolução mais adequada dos problemas dos indivíduos que recorrem ao Judiciário (Ost, 1993:169-172).

Aprofundando a análise, Ost observa que o modelo Júpiter de juiz se constitui simbolicamente através da representação de um código ou uma pirâmide. Relaciona-se ao modelo jurídico clássico, que traduz as exigências do Estado liberal do século XIX, isto é, o modelo do direito codificado, articulado de forma hierárquica e piramidal. A relação com a concepção kelseniana do ordenamento jurídico como pirâmide é aqui evidente. O movimento da construção dessas cadeias hierárquicas é sempre linear e unidirecional: para apreciar o fundamento de validade das normas, ascender-se-á da norma inferior à norma superior, para chegar à norma fundamental que habilita a autoridade suprema a criar direito válido; por outro lado, para prever a criação de uma nova norma jurídica, toma-se o caminho inverso.

A racionalização última desse modelo jurídico chega às constituições modernas. Impõe-se a ideia de reunir todo o material jurídico num código unitário que apresente as qualidades de coerência, completude, clareza, não redundância e simplicidade. Não se limita a uma simples justaposição dos conceitos e princípios estritamente derivados de alguns axiomas iniciais. Esse modelo do código envolve quatro colorários (Ost, 1993:174-175).

Primeiro, o *monismo jurídico*: por oposição à dispersão dos focos do direito, o material jurídico adota a forma dominante da lei, e esta se acopla em códigos, reforçando ainda mais a sistemática e a autoridade. Segundo, *monismo político* ou *soberania estatal*: a codificação pressupõe o resultado de um processo de identificação nacional e de centralização administrativa que culmina na figura do soberano. A multiplicidade de instituições, estados e corpos intermediários do Antigo Regime e os múltiplos consensos setoriais são, respectivamente, substituídos pelo espaço da vontade nacional e pelo consenso nacional (real ou imposto), cujo código traduz as principais opções. Terceiro, *primazia da racionalidade dedutiva e linear*: as soluções particulares são deduzidas de regras gerais, derivadas estas de princípios mais gerais, seguindo interferências lineares e hierarquizadas. Por último, a *concepção do tempo orientado em direção a um futuro controlado*: trata-se da crença, eminentemente moderna, do progresso da história, isto é, a ideia de que a lei — antecipando um estado de coisas possível e considerado preferível — pode fazer chegar a um porvir melhor.

Segundo Ost, no direito jupiteriano a única e legítima fonte é lei fundamental. Dela derivam todas as outras regras, construindo um sistema jurídico hierarquizado e ordenado, proferido de cima para baixo. A legalidade é condição necessária e suficiente para a validade da regra, sendo então suficiente que a norma tenha sido editada pela autoridade competente e segundo os procedimentos adequados. Nessa linha, derivação e fundamentação são as operações necessárias e suficientes para a efetiva validade da regra que será aplicada na decisão proferida aos casos particulares; a solução do caso concreto e singular se encontra deduzida de uma regra geral e abstrata.

Assim, o direito determina o que a regra geral ou superior prescreve, não havendo, portanto, qualquer possibilidade de o juiz se abster de sua fiel observância, porquanto se revela como ato de vontade do Estado-legislador. Resta apenas segui-la e aplicá-la no caso concreto.

O modelo de Hércules, por sua vez, expressa uma perspectiva completamente distinta. A figura do profissional encarregado de aplicar o direito — o juiz — ganha o primeiro plano, como reflexo do crescimento das funções judiciais ligado às exigências do Estado social do século XX. Em contraposição ao juiz jupiteriano ("homem de lei"), Hércules atua como um engenheiro social. Tal evolução, sobretudo no que diz respeito às jurisdições constitucionais habilitadas para apreciar a constitucionalidade das leis, conduz à relativização do mito da supremacia do legislador.

Nessa perspectiva, o direito não é um simples conjunto de regras, mas um fenômeno fático complexo, formado pelos comportamentos das autoridades judiciais. Muda-se, assim, radicalmente a perspectiva do direito, agora visto simbolicamente sob a forma de uma pirâmide invertida ou de um funil — a criação do direito se dá através do juiz, o qual faz imperar a singularidade do caso particular em face das regras gerais e abstratas. Aquelas regras apenas ganham consistência quando o juiz aprecia o fato e formula sua decisão, não passando as mesmas de mera justificação *a posteriori*. A regra não constitui mais do que uma justificativa da decisão (na medida em que ela não se impõe *a priori*), mas apenas uma previsão da futura decisão. É a regra que deriva da decisão, e não o inverso.

Aqui, a efetividade é condição necessária e suficiente para a validade; a legalidade da regra não é mais levada em consideração. O direito se reduz ao fato, à indiscutível materialidade da decisão. Essa exortação da criatividade judicial tem como resultado a proliferação de decisões particulares e específicas; a generalidade e a abstração da lei deixam lugar à singularidade dos casos concretos. A própria racionalidade jurídica perde espaço para os saberes oriundos de campos ligados à análise da realidade social, como a economia, a contabilidade, a medicina, a psicologia (Ost, 1993:178).

Em última instância, o próprio juiz é a única fonte válida do direito, cabendo a ele dar consistência às simples possibilidades jurídicas, ao tomar decisões particulares. As decisões judiciais passam, então, ao coração do sistema.

De que forma essas duas matrizes podem nos ajudar a compreender o debate acerca da criatividade judicial? Júpiter e Hércules são úteis como *chaves explicativas* para decifrar os compromissos básicos que estão por trás dos críticos e dos defensores da criatividade judicial. De fato, por trás dos argumentos favoráveis à criação do direito pelos juízes, encontramos uma concepção "Hércules" da decisão judicial, comprometida basicamente com a melhor solução para cada caso.

O valor básico é a equidade, que se torna o critério da responsabilidade social do Judiciário: os juízes devem tomar para si a tarefa de resolver os problemas da sociedade, ainda que de forma pontual. Cada decisão é uma oportunidade de dar soluções adequadas e justas para problemas sociais. Para tanto, Hércules procura ser *contextualista*.

Por sua vez, os argumentos contrários à criatividade judicial podem ser reconduzidos a uma concepção "jupiteriana" da jurisdição. Na definição do papel do direito, enfatiza-se a segurança, a previsibilidade, a estabilidade; procura-se uma resposta *geral*, não contextual, para o problema da atividade dos juízes. Por questões de segurança, a justiça no caso concreto é aqui afastada, pois a possível decisão mais justa não seria necessariamente *generalizável*.

Criatividade judicial e estado de direito: a possível conciliação

Atravessando Hércules e Júpiter, porém, encontramos um fio condutor: a ideia de *vinculação ao direito* (geralmente veiculada na expressão "estado de direito"). Essa ideia — que, apesar de antiga, vem sofrendo importantes reformulações nas últimas décadas (Canotilho, 1999:63) — consagra, em última instância, a exigência de que a atividade jurisdicional seja baseada *no direito*, identificável a partir das fontes apropriadas numa dada sociedade, mais do que em considerações e critérios como a própria justiça ou a "eficiência econômica", ou a "felicidade da nação" etc. (Cappelletti, 1993:102). Tanto o juiz "Júpiter" quanto o juiz "Hércules", de quem nos fala François Ost, reconheceriam algum valor nesse ideal, ainda que, no modelo de Hércules, o direito seja visto como uma ferramenta, um instrumento para atingir fins sociais relevantes.

É evidente que, se o juiz embasar sua decisão *no direito vigente* (mesmo que ele não se identifique única e completamente com o *texto das normas*), por mais que certos grupos e interesses possam ser prejudicados com esse resultado, o conteúdo específico dessa decisão não pode ser criticado como "criativo" (Guastini, 2005:22).

De fato, nenhuma das críticas acima delineadas pode prosperar se se reconhece que o juiz simplesmente *aplicou o direito*.[12] Quem se preocupa com a *incompetência* terá todos os motivos para levantar suas objeções, já que a atividade típica para a qual os juízes são selecionados envolve justamente a aplicação do direito.

---

[12] É importante ressaltar que a definição do que seja "o direito" a ser aplicado já é em si uma questão controversa.

Do mesmo modo, seguindo a forma clássica da técnica de separação de poderes, se um caso foi decidido por meio da aplicação das decisões tomadas num momento anterior pela sociedade ou por seus representantes (e mesmo que essa aplicação não seja um ato mecânico ou puramente cognoscitivo), então não cabe dizer que o julgador errou por ter sido "criativo" sem que possuísse legitimidade para tanto. Os juízes estão plenamente legitimados para interpretar e aplicar as normas jurídicas. Pelos mesmos motivos, não haveria aqui que se falar em *frustração de expectativas, imprevisibilidade* e *retroatividade das decisões*.

Criticar a "criatividade" judicial é, em última instância, apontar que o juiz está se *desviando de sua função* — a aplicação do direito. Não basta respeitar as "virtudes passivas" procedimentais: é necessário fundamentar — de forma que satisfaça os critérios daquele auditório específico, daquela comunidade — cada decisão em decisões anteriores. Se uma decisão específica foi *fundamentada* no direito, todas as possíveis críticas e acusações normalmente ligadas ao rótulo de "criatividade" perdem sua força, deixando possivelmente exposto o seu teor ideológico (isto é, critica-se a decisão como "criativa" pelo simples fato de que não se concorda com o seu conteúdo).

Criatividade, argumentação jurídica e justificação do direito

As teorias jurídicas contemporâneas trabalham com três importantes distinções conceituais no âmbito da teoria da argumentação jurídica que são fundamentais para o propósito de delimitação analítica do conceito de criatividade judicial e para a sua compatibilização com a ideia de estado de direito: em primeiro lugar, há a relevante distinção teórica entre a perspectiva do observador e a do participante numa argumentação jurídica, ou entre o direito percebido de um ponto de vista externo ou de um ponto de vista interno (*external or internal point of view*); em segundo lugar, aquela que extrema analiticamente o "contexto de descobrimento" do "contexto de justificação" das decisões judiciais; e, por último, a distinção teórica, intimamente relacionada à anterior, que divide as razões em explicativas e justificativas.

A análise das três distinções conceituais supracitadas será importante para fundamentar a assertiva de que a justificação das decisões judiciais, ao apelar para a ideia de razão pública, constitui uma espécie de "filtro" que retém motivos ou interesses não passíveis de publicização em sociedades pluralistas e democráticas e, nesse sentido, representaria uma limitação à criatividade e, sobretudo, à discricionariedade judicial.

As perspectivas do observador e do participante

Essa distinção vem sendo debatida com intensidade pela doutrina jurídica contemporânea, porém há tempos constitui um importante recurso analítico no âmbito da sociologia, sobretudo em sua vertente fenomenológica,[13] e da filosofia moral de inspiração analítica (Strawson, 1992).

Adota a perspectiva de um *observador*, que identifica e descreve o sistema jurídico como um fato social, o cientista do direito que "não pergunta qual é a decisão correta em determinado sistema jurídico, e sim como se decide de fato em determinado sistema jurídico" (Alexy, 2004:31). Pertence ao direito, segundo a aludida perspectiva, aquilo que os tribunais e as autoridades estabelecem com fundamento em normas corretamente promulgadas de acordo com os critérios de validade formal estipulados pelo ordenamento jurídico. O observador do direito não se diferencia muito daquele estudante estrangeiro que apenas identifica e reporta empiricamente a vigência das leis do país que visita, com base em suas fontes jurídicas. A postura de um observador, isto é, a perspectiva em "terceira pessoa", é adotada pelos estudiosos do direito filiados ao positivismo metodológico.

Por outro lado, a perspectiva do *participante* é assumida por quem efetivamente "participa de uma argumentação acerca do que neste sistema jurídico está ordenado, proibido e permitido ou autorizado" (Alexy, 2004:31). Ao adotar tal perspectiva, eminentemente crítica, estar-se-ia assumindo a perspectiva de um *juiz* interessado em expor argumentos favoráveis ou contrários ao conteúdo de determinadas normas ou decisões jurídicas. Em síntese, a perspectiva do participante, identificada com a posição do juiz, formula necessariamente uma pretensão de correção, pois, "os juízes intentam, [inclusive] em casos difíceis, decidir com base em motivos jurídicos e dar uma fundamentação jurídica racional, ou ao menos devem fazê-lo assim" (Alexy, 1995:39). Por sua vez, a pretensão de correção implica a pretensão de justificação ou de fundamentação de um enunciado normativo por quem o emite. No entanto, a pretensão de correção não implica necessariamente a comprovação ou não de uma única resposta correta para um determinado caso (Alexy, 1993:23-25), mas tão somente uma *ideia regulativa*, inscrita de modo necessário na *práxis* de justificação do direito, de que tal resposta correta pode ser alcançada com os melhores argumentos. Nesse sentido, conclui Alexy (1993:22):

---

[13] Por exemplo, a distinção entre a perspectiva do observador e a perspectiva do participante é desenvolvida na teoria sociológica por Alfred Schutz (1974).

O ponto decisivo aqui é que os respectivos participantes de um discurso jurídico, se suas afirmações e fundamentações hão de ter um pleno sentido, devem, independentemente de se existe ou não uma única resposta correta, elevar a pretensão de que sua resposta é a única correta. (...) As respostas que se encontrem, no marco deste intento, sobre a base do nível de regras e princípios, de acordo com os critérios da argumentação jurídica racional, que incluem os da argumentação prática geral, também respondem então, embora não sejam as únicas respostas corretas, às exigências da razão prática e, neste sentido, são ao menos relativamente corretas.

Enquanto o observador preocupa-se principalmente com a efetividade das normas jurídicas, a perspectiva do participante destaca a dimensão da legitimação dos direitos e dos princípios ou, consoante Joseph Isensee (1999:267) ao relembrar Kant, "lança o Estado no processo diante do tribunal da razão". A perspectiva do participante é importante para a compreensão do contexto de justificação e do papel assumido pelas justificativas na argumentação jurídica e na motivação das decisões judiciais.

Os contextos de descobrimento e de justificação e a distinção entre razões explicativas e justificativas

As teorias jurídicas contemporâneas trabalham com outras duas importantes distinções no âmbito da teoria da argumentação que são relevantes para o intento de delimitar analiticamente o espaço de criatividade judicial: em primeiro lugar, a que distingue o "contexto de descobrimento" do "contexto de justificação"; em segundo lugar, a que divide as razões em explicativas e justificativas.[14] A distinção entre os contextos de descobrimento e de justificação tem sua origem na filosofia da ciência, sendo recepcionada posteriormente pela teoria da argumentação jurídica.

O contexto de descobrimento refere-se ao procedimento mediante o qual se estabelece uma determinada premissa ou conclusão de uma decisão, tendo em vista as causas psicológicas, o contexto social e as convicções ideológicas que motivaram o juiz a proferi-la. A "descoberta" de uma premissa ou de uma decisão pode ser motivada por causas de diferentes ordens, inclusive emocionais ou irracionais: por exemplo, as opções políticas do magistrado, suas crenças religiosas, as posturas ideológicas, seus preconceitos injustificáveis etc. Com relação ao descobrimen-

---

[14] Atienza, 2003:20-23; Aguiló, 1997:71-79.

to de uma decisão, o estudioso do direito somente pode aduzir razões explicativas que explicitem a relação causal entre os condicionamentos empíricos de diferentes ordens, acima exemplificados, e a decisão efetivamente adotada pelo magistrado.

Nos *hard cases*, onde os positivistas normativistas postulam um amplo espaço de discricionariedade do intérprete, as decisões judiciais somente poderiam ser explicadas com a elucidação dos móbiles empíricos que condicionaram o ato de vontade do julgador, mas não justificadas em conformidade com o direito, ou seja, com fundamento em suas regras ou princípios jurídicos.

O contexto de justificação, por sua vez, refere-se "ao processo ou atividade de validar, justificar, uma teoria ou descobrimento científico" (Aguiló, 1997:72). A dimensão da justificação preocupa-se principalmente com a correção das razões aduzidas pelo juiz na fundamentação de sua decisão, isto é, apela para a aceitabilidade racional do conteúdo da mesma. A justificação de uma decisão pressupõe alguns requisitos, sistematizados por Neil MacCormick (1996), tais como:

- o requisito de universalidade, ou seja, é necessário que a partir da decisão *d* adotada seja possível extrair um enunciado normativo geral que preceitue que, em presença das mesmas circunstâncias relevantes (*a*, *b* e *c*), deve-se sempre tomar a mesma decisão *d*;
- os requisitos de coerência e de consistência, que dizem respeito à relação lógico-sistemática de uma decisão com o ordenamento jurídico;
- e, por último, o requisito de adequação aos argumentos consequencialistas, segundo o qual o jurista, ao justificar sua decisão, deve sopesar também os efeitos prejudiciais ou benéficos por ela produzidos no mundo (Atienza, 2003:126 e segs.).

A primeira perspectiva — a que se refere ao contexto de descobrimento — é adotada, por exemplo, no âmbito das análises sociológica e psicológica que investigam as causas sociais ou psíquicas que levaram o magistrado a tomar determinada decisão jurídica. Nesse sentido, identifica-se com a postura do observador anteriormente estudada. A segunda perspectiva — referente ao contexto de justificação — é adotada pelas disciplinas que se preocupam em estudar as condições necessárias para a justificação de um argumento num discurso jurídico e, nesse sentido, podemos citar a teoria e a filosofia do direito, bem como a teoria da argumentação jurídica. Essa perspectiva identifica-se, por sua vez, com a postura do participante interessado em expor bons argumentos a favor de ou contra determinada tese ou norma jurídica. A distinção entre os contextos de descobrimento e de justificação é particularmente relevante para a delimitação do conceito de criatividade judicial, pois, consoante o esclarecimento de Manuel Atienza (2003:26),

É possível que, de fato, as decisões sejam tomadas, pelo menos em parte, como eles [o autores filiados ao realismo americano] sugerem, isto é, que o processo mental do juiz vá da conclusão às premissas, e inclusive que a decisão seja, sobretudo, fruto de preconceitos; mas isso não anula a necessidade de justificar a decisão e tampouco converte essa tarefa em algo impossível.

Com fundamento nas distinções precedentes, passaremos à análise do conceito de criatividade judicial com o objetivo de circunscrevê-lo aos limites institucionais impostos pela tarefa do intérprete de justificar suas decisões em reverência ao princípio do estado de direito, bem como aos ideais de imparcialidade, independência e publicidade nele inscritos.

A justificação como limite à criatividade judicial

No decorrer do processo de tomada de uma decisão, em muitos casos a passagem do contexto de descoberta para o contexto de justificação dá-se com muita dificuldade; em outros, porém, ela é completamente impossível. A necessidade de motivar ou fundamentar as decisões judiciais e os atos administrativos faz com que os motivos ideológicos, psicológicos, políticos ou religiosos que presidiram empiricamente a tomada de uma decisão em muitos casos não possam ser tornados públicos, pelo menos sem gerar críticas severas aos mesmos pela comunidade aberta dos intérpretes da Constituição (Häberle, 1997).

Kant (2002:165) esclarece-nos sobre essa relevante questão: sua fórmula transcendental do direito público estatui que "são injustas todas as ações que se referem ao direito de outros homens, cujas máximas não se harmonizam com a publicidade". Toda pretensão jurídica, quando justa, deve ter a possibilidade de ser tornada pública, e isso somente ocorre quando ela se baseia em normas ou razões que podem encontrar uma aprovação generalizada com fundamento em regras ou princípios jurídicos expressamente positivados ou implícitos no texto constitucional. Porém, quando a motivação de uma decisão dá-se com fundamento exclusivo em concepções particulares de bem — crenças religiosas, posições políticas ou contexto sociocultural específico —, dificilmente torna-se pública ou, quando é explicitada, provoca de modo inevitável a sua crítica. Nesse sentido, a necessidade de justificar as decisões, isto é, de torná-las públicas — podemos citar, neste diapasão, o art. 93, IX e X, da CF —, constitui um "filtro" que impede motivações que não podem ser tornadas públicas, pois violariam valores, princípios e regras do ordenamento jurídico. Assim, o caráter imprescindível, sob pena de nulidade, da fundamentação das decisões judiciais *limita* o grau de criatividade dos magistrados, que devem buscar razões — fundadas em princípios ou regras jurídicos — para a motivação de suas decisões.

A dificuldade de passagem de um contexto para outro ocorre, sobretudo, em sociedades democráticas marcadas pelo fato do pluralismo. Nestas, as decisões judiciais devem buscar a sua fundamentação na concepção política de justiça representada por um consenso sobreposto (*overlapping consensus*), aceito pelas diferentes doutrinas abrangentes — morais, religiosas ou filosóficas — que perduram ao longo do tempo em tais sociedades, isto é, devem buscar o seu fundamento na ideia de razão pública (Rawls, 2000:262 e segs.). O conteúdo desse consenso fundamental deve integrar o texto constitucional de uma determinada comunidade jurídica, cuja principal característica consiste, consoante Gustavo Zagrebelsky (1995:16-17), no pluralismo de valores e de princípios que impedem que uma particular concepção de bem termine por impor-se de modo unilateral a todos os cidadãos. A atividade jurisdicional encontra-se, assim, intimamente relacionada à ideia de razão pública. John Rawls (2000:286), ao definir a Corte Constitucional como um exemplo de razão pública, assevera:

> Dizer que a Suprema Corte é a instituição exemplar da razão pública significa também que é função dos juízes procurar desenvolver e expressar, em suas opiniões refletidas, as melhores interpretações que puderem fazer da Constituição, usando seu conhecimento daquilo que esta e os precedentes constitucionais requerem. Aqui, a melhor interpretação é aquela que melhor se articula com o corpo pertinente daqueles materiais constitucionais [isto é, elementos constitucionais essenciais], e que se justifica nos termos da concepção pública de justiça ou de uma de suas variantes razoáveis. Ao fazer isso, espera-se que os juízes possam apelar, e apelem de fato, para os valores políticos da concepção pública, sempre que a própria Constituição invoque expressamente ou implicitamente esses valores, como o faz, por exemplo, numa carta de direitos que garante o livre exercício da religião ou a igual proteção das leis. O papel do tribunal aqui é parte da publicidade da razão e um aspecto do papel amplo ou educativo da razão pública.

Ainda segundo John Rawls (2000:287), os magistrados não podem numa sociedade pluralista e democrática invocar a sua própria moralidade particular, posturas religiosas ou ideológicas para justificar a tomada de uma decisão judicial. Por mais que tais elementos presidam invariavelmente a "descoberta" da decisão e possam, de fato, presidir a criatividade judicial, o processo de justificação de tais decisões exige necessariamente a observância da publicidade, da imparcialidade e da independência dos juízes, requisitos inscritos no princípio estrutural do estado de direito. Uma vez afastados tais princípios fundamentais que presidem a atividade jurisdicional, ter-se-ia um estado de não direito, em síntese, um estado arbitrário.

Josep Aguiló (1997:75) atenta para o fato de que a posição institucional do juiz num estado de direito pressupõe os ideais de independência e de imparcialidade na fundamentação de suas decisões, pois "no ideal do estado de direito há a ideia de submissão dos poderes públicos à razão". Essa afirmação é incompatível com a assertiva feita por diversos autores de matriz kelseniana de que, nos casos difíceis, a decisão judicial, enquanto manifestação também de ato de vontade, somente pode ser explicada a partir de seus móbiles empíricos. Com fundamento na ideia de estado de direito há o direito dos destinatários das normas jurídicas de não serem julgados a partir de convicções ideológicas, crenças religiosas ou posicionamentos políticos estranhos ao direito. Nenhum desses motivos empíricos é passível de universalização e, portanto, apto a conquistar de modo *ideal* o consentimento de todos os cidadãos com fundamento em valores, princípios ou regras constitucionais.

Com fundamento na exposição precedente, podemos concluir que a compreensão ordinária que temos do conceito de estado de direito e de interpretação jurídica enquanto partícipes de uma argumentação jurídica *realmente* levada a termo pressupõe uma série de *idealizações* inevitáveis (imparcialidade, independência e publicidade) sem as quais, por exemplo, a ideia de estado de direito restaria absolutamente sem sentido. Nesses moldes, a "criatividade judicial" só pode ser compreendida como *inovação justificada a partir das fontes do direito* aceitas pela sociedade.[15] Uma decisão "criativa" que se justifique com argumentos fundados no direito vigente não pode ser criticada por ser "ilegítima" ou "imprevisível" — pois o juiz não teria feito nada além do que exatamente se espera dele num regime de estado de direito.

Direitos humanos: fonte (ainda) desconhecida do direito?

A partir do marco teórico desenvolvido até aqui, apresenta-se a hipótese de que certas decisões criticadas e/ou louvadas como "criativas" podem ser *justifica-*

---

[15] Que, vale notar, não se reduzem necessariamente ao direito positivo.

das com base no direito vigente. Para tanto, é preciso abandonar a concepção reducionista que entende o ordenamento jurídico centrado nos códigos e nas grandes leis. Também é preciso lembrar que os tratados e convenções internacionais são fontes de direitos, como ocorre no direito internacional dos direitos humanos.

Ao se trabalhar com categorias fulcrais como *estado de direito* ou *razão pública*, não se pode seriamente aprofundar o debate sem que se tenha em conta a importância dos direitos humanos. Na sociedade atual, estes consistem no principal instrumento de defesa, garantia e promoção das liberdades públicas e das condições materiais essenciais para uma vida digna. Por isso, os poderes Executivo e Legislativo são sempre solicitados a atuar conforme esses direitos. Contudo, o último guardião e esperança de proteção de tais direitos é o Poder Judiciário. Com efeito, faz-se imperioso lutar pela efetividade de sua tutela jurisdicional.

Mas será que os juízes conhecem (e reconhecem) os direitos humanos já aplicáveis no território nacional?

Aplicação das normas de direitos humanos pelos juízes do Tribunal de Justiça do Estado do Rio de Janeiro [16]

No Tribunal de Justiça do Rio de Janeiro, na comarca da capital, ao serem questionados sobre qual seria a natureza dos direitos humanos, 7,6% dos juízes afirmaram serem os direitos humanos "valores sem aplicabilidade efetiva". Para outros 34,3% constituiriam "princípios aplicados na falta de regra específica", e para 54,3% configurariam "regras plenamente aplicáveis". É importante ressaltar que cerca de 7% dos juízes concebem os direitos humanos apenas como valores sem nenhuma força jurídica, mesmo após todos os esforços jurídicos e políticos de afirmação de tais direitos. Com entendimento relativamente semelhante encontram-se os 34,3% dos juízes que acreditam que os direitos humanos são princípios de caráter meramente subsidiário, podendo ser aplicados apenas diante da ausência de norma específica. Para esses juízes, qualquer ponderação com norma mais específica, inclusive com conteúdo antagônico, levaria à não aplicação das normas de direitos humanos. Porém, a posição majoritária revelou uma concepção forte

---

[16] Os dados aqui apresentados resultam da investigação empírica acerca da justiciabilidade dos direitos humanos no Tribunal de Justiça do Rio de Janeiro, por meio de Grupo de Pesquisa coordenado pelo prof. dr. José Ricardo Cunha. Um relatório preliminar da pesquisa foi publicado no n. 3 da *SUR – Revista Internacional de Direitos Humanos* (disponível em: <www.surjournal.org>).

de direitos humanos, pois mais de 50% dos juízes os concebem como regras plenamente aplicáveis.

Uma minoria também de magistrados acredita que o Poder Judiciário não deve interferir no sentido da promoção da efetivação dos direitos de segunda geração (econômicos, sociais e culturais), alegando não caber ao Judiciário a implementação de políticas públicas. Outros, ainda, acreditam que a tutela desses direitos é de competência dos demais poderes da República, ou que tal aplicação resultaria no fenômeno do juiz-legislador. Porém, a ampla maioria dos magistrados (79%) defende a aplicação complementar dos direitos econômicos e sociais e dos direitos civis e políticos. Além disso, consideram que mesmo aqueles direitos que impõem uma atuação estatal devem ser judicialmente tutelados. Portanto, essa ampla parcela da magistratura entrevistada, aproximadamente 80%, delega aos direitos humanos, pelo menos teoricamente, a condição de normas plenamente aplicáveis e considera que mesmo aquelas que venham a interferir no orçamento estatal devem ser garantidas por meio das decisões judiciais.

Na pesquisa empreendida, uma das questões mais expressivas foi a indagação acerca da justiciabilidade dos direitos humanos, revelada através da atuação do magistrado em processos cujo desate dependesse de normas de tal natureza. Visou-se à averiguação do reconhecimento, por parte dos magistrados entrevistados, da presença, nos casos sob seu exame, de normas de direitos humanos, já que estas se evidenciam de múltiplas formas no ordenamento jurídico brasileiro, configurando-se como verdadeiros desdobramentos normativos da tutela jurídica da dignidade.

Assim, interrogados sobre a atuação em processos nos quais incidissem normas de direitos humanos, 24% dos juízes responderam negativamente, enquanto outros 25% revelaram haver atuado em vários feitos com aplicabilidade de normas dessa natureza. Por sua vez, 30% informaram ter atuado em alguns processos em que normas de direitos humanos eram aplicáveis, enquanto 22% afirmaram ter atuado em poucos casos.

Observa-se, então, que 52% dos magistrados entrevistados atuaram esporadicamente no julgamento de demandas em que eram suscitadas normas de direitos humanos. Assim, totalizam 76% os que apenas ocasionalmente atuaram em tais feitos ou que nestes nunca exerceram seu mister. Por outro lado, paradoxalmente, a maioria dos juízes entrevistados declarou que os direitos humanos são normas plenamente aplicáveis no ordenamento jurídico brasileiro, entendendo que não são aplicadas efetivamente, no entanto, por não serem imanentes aos casos judiciais que lhes foram submetidos. Destaque-se, contudo, como é duvidosa tal inferência, pois, como é notório, grande parte das controvérsias submetidas à apreciação do Poder Judiciário versa sobre conflitos cujo cerne é exatamente situado na seara dos direitos humanos e, muitas vezes, envolve mais precisamente os direitos fundamentais.

Desse modo, aventa-se a hipótese de desconhecimento dos direitos humanos, pelo que os entrevistados, em razão da pouca intimidade com o conceito geral e as normas de direitos humanos, teriam velada sua percepção, o que dificultaria seu reconhecimento no que tange aos casos afeitos à matéria em menção.

Por outro lado, em qualquer caso concreto submetido ao Poder Judiciário, deverá o julgador levar em consideração todo o ordenamento jurídico, promovendo uma interpretação sistemática. Isso porque as normas jurídicas não são os textos nem o conjunto deles, mas os sentidos construídos a partir da interpretação sistemática de textos normativos (Ávila, 2005). Consequentemente, em qualquer demanda submetida ao magistrado, deve este ter em conta a dignidade da pessoa humana, verdadeiro valor fundamental do Estado democrático brasileiro, consignado no inciso III do art. 1º da Carta Constitucional de 1988. Assim, afigura-se razoável que, quando uma situação subjetiva existencial estiver em questão, a norma jurídica seja construída em função dos direitos humanos, sejam estes oriundos da Constituição ou mesmo de normas internacionais, ainda que possam ser considerados aí diferentes níveis de intensidade dessa vinculação (Sarlet, 2002:85). Não reconhecer tal aplicabilidade pode estar, portanto, relacionado a um conhecimento precário do tema, ou mesmo ao seu desconhecimento.

Vale notar que, segundo dados obtidos na mesma pesquisa, os juízes parecem desconhecer não apenas os direitos em si, mas também a arquitetura institucional criada para a sua proteção e promoção. Com o advento da Declaração Universal dos Direitos Humanos (em dezembro de 1948) e da Declaração Americana de Direitos e Deveres do Homem (em abril de 1948), iniciou-se o desenvolvimento dos sistemas de proteção internacional dos direitos humanos da ONU e da OEA. O sistema de proteção da ONU é constituído tanto de normas de alcance geral, que visam a todos os indivíduos de forma genérica e abstrata, como de normas de alcance especial, destinadas a sujeitos específicos e a violações que necessitam de resposta diferenciada. O Brasil ratificou a maior parte desses instrumentos de proteção, tais como a Convenção Internacional sobre a Eliminação de todas as Formas de Discriminação Racial (27 de março de 1968); a Convenção sobre a Eliminação de todas as Formas de Discriminação contra a Mulher (1º de fevereiro de 1984); a Convenção sobre os Direitos da Criança (24 de setembro de 1990); o Pacto Internacional sobre os Direitos Civis e Políticos (24 de fevereiro de 1992); e o Pacto Internacional sobre os

Direitos Econômicos Sociais e Culturais (24 de janeiro de 1992). No entanto, o Brasil não reconhece a competência de alguns de seus órgãos de supervisão e monitoramento no caso de apreciação de denúncias individuais, como o Comitê de Direitos Humanos e o Comitê contra a Tortura. Juntamente com o sistema de proteção da ONU, existe outro no plano regional, que é o sistema de proteção interamericano da OEA. Os sistemas de proteção da ONU e da OEA tutelam os mesmos direitos, sendo a escolha do instrumento mais propício de competência da vítima. Esses sistemas se complementam, visando uma garantia adicional e maior promoção e efetivação dos direitos fundamentais. No campo dos sistemas regionais de proteção, temos, além do sistema interamericano, os sistemas europeu e africano.

Indagados os juízes se sabem como funcionam os sistemas de proteção da ONU e da OEA, obtivemos os seguintes percentuais: 59% conhecem superficialmente como funcionam os sistemas de proteção internacional, e 20% não sabem como eles funcionam. Considerando-se os percentuais mais altos, em que o primeiro corresponde a um conhecimento superficial, e o segundo, ao desconhecimento dos sistemas, temos que 79% dos magistrados não estão informados sobre os sistemas internacionais de proteção dos direitos humanos.

O desconhecimento de tais sistemas se apresenta como obstáculo à plena efetivação dos direitos dessa natureza no cotidiano do Poder Judiciário. E isso porque esse desconhecimento se mostra intimamente ligado à não aplicação das normativas relativas aos direitos humanos.

Perguntados se tinham conhecimento das decisões das cortes internacionais de proteção dos direitos humanos, obtivemos o seguinte percentual: 56% responderam que eventualmente possuem tais informações; 21% responderam que raramente; 13% responderam que frequentemente; e 10% disseram que nunca obtiveram informações acerca de tais decisões.

Não há dúvida de que um percentual de apenas 13% para os juízes que frequentemente têm acesso a tais decisões é muito reduzido para uma profusão real de uma cultura dos direitos humanos. Quando questionados sobre o auxílio e enriquecimento que essas decisões poderiam produzir nas suas sentenças, obteve-se o seguinte resultado: 50% disseram que sim; 41% disseram que talvez; e 9% responderam que não. Assim, poucos conhecem o conteúdo dessas decisões, mas a maioria acredita que seria relevante esse conhecimento. Acredita-se que seria importante a institucionalização de canais de divulgação, no âmbito do Tribunal de Justiça, das decisões das cortes internacionais de direitos humanos, inclusive como parte de um processo que busque maior efetividade e aplicabilidade de tais direitos.

Conclusão: *iura novit curia?*

Um dos mais conhecidos brocardos ou aforismos no meio jurídico é o *iura novit curia*, que significa que o juiz sempre conhece o direito abstrato. Em linguagem processual aparece na expressão *da mihi factum, dabo tibi ius*. A mensagem simbólica transmitida por esses brocardos é que o juiz sempre conhece todo o ordenamento jurídico, e por isso suas decisões estão sempre amparadas por esse ordenamento. Bem, a consolidação do estado de direito já assentou que não basta a presunção da juridicidade da sentença pelo fato de ela emanar da autoridade judiciária. Como anteriormente visto, é exigência desse mesmo estado de direito que a sentença seja pública para que sua fundamentação possa ser não apenas conhecida, mas também submetida a uma pretensão de correção, tanto por parte do segundo grau de jurisdição como também de outros atores sociais na qualidade de intérpretes da Constituição aberta.

Com efeito, a função simbólica de resguardar a intocabilidade do conhecimento jurídico do magistrado, presente no brocardo *iura novit curia*, cedeu espaço ao debate próprio da democracia, como é de se esperar em sociedades plurais e pós-convencionais, onde não é a força da tradição, mas, sobretudo, da argumentação no âmbito do debate público que estabelece o sentido do certo e do errado, do justo e do injusto, do aceitável e do inaceitável. Nessa esteira, os juízes atuam como mais um *player* no jogo democrático e, como os demais atores, estão submetidos às regras do jogo e à necessidade de justificar publicamente suas ações, sua judicatura. É claro que os juízes, por outro lado, ocupam um lugar fundamental e estratégico, pois lhes cabe a tarefa última de guardiões do próprio estado de direito, não sendo outra a finalidade da jurisdição senão a de garantir direitos dos cidadãos, sejam direitos subjetivos, coletivos ou difusos. É nessa perspectiva que devem ser reconhecidos os limites para a exposição pública do Poder Judiciário e de seus integrantes. Não porque estejam acima do debate público, mas porque no âmbito da jurisdição sua ação se destina à garantia dos direitos morais dos indivíduos, e não ao atendimento de interesses específicos de grupos de pressão. Quando, por ventura, a garantia dos direitos morais coincidirem com as demandas dos grupos de pressão, então, muito bem; estaremos num daqueles momentos luminosos e gratificantes da democracia, da ordem pública e do direito.

Nesse contexto, o *iura novit curia* não resguarda um lugar simbólico, mas uma necessidade concreta que se impõe ao julgador para que sua decisão atenda um dos requisitos essenciais da justificação razoável, que é o da coerência e consistência na relação lógico-sistemática com o ordenamento jurídico, ainda que comporte certo grau de "criatividade". Portanto, não se deve entender o *iura novit curia* de forma descritiva, pois de fato nenhum juiz conhece sempre todo o direito positivo, e sim de forma prescritiva, isto é, como uma vontade constante e perpétua de conhecer os direitos que tem por finalidade assegurar ao jurisdicionado. Desse ponto de vista, é preocupante o que nos foi revelado pela pesquisa no TJ do Rio de Janeiro (primeiro grau da comarca da capital): 79% dos magistrados não estão informados sobre os sistemas internacionais de proteção dos direitos humanos. Não que os direitos humanos somente possam ser assegurados pelos sistemas ONU e OEA, mas porque estes sistemas são complementares aos mecanismos jurídicos nacionais de efetivação dos direitos humanos, inclusive as normativas que lhes são constitutivas, como os pactos e convenções.

O conhecimento dessas normas de direitos humanos, plenamente válidas e em vigor no ordenamento jurídico pátrio (como nas dezenas e dezenas de países que também a subscreveram, revelando sua verdadeira vocação universal), é imprescindível para o "empoderamento" (*empowerment*) das decisões judiciais comprometidas com a garantia dos direitos fundamentais e dos direitos morais das pessoas. Tal conhecimento atenderia, na verdade, a uma dupla finalidade: garantir os direitos; e apresentar uma justificativa mais aceitável do que aquelas que decorrem de graus mais elevados de criatividade judicial, possibilitando que o contexto da justificação se sobreponha ao contexto da descoberta.

Para exemplificar a tese que sustentamos ao longo deste capítulo e concluí-lo no terreno da empiria, seguem-se alguns exemplos. Os exemplos foram recortados dentro da temática geral do direito à moradia. Como é sabido, tal direito está inscrito no art. 6º da Constituição Federal, *in verbis*: "art. 6º — são direitos sociais a educação, a saúde, o trabalho, *a moradia*, o lazer, a segurança, a previdência social, a proteção à maternidade e à infância, a assistência aos desamparados, na forma desta Constituição". Contudo, não se trata de redação original, pois esse direito somente foi acrescentado em fevereiro de 2000, por meio da Emenda Constitucional nº 26. Antes dessa data, o direito à moradia repousava no ordenamento jurídico pátrio apenas por meio das normativas internacionais de direitos humanos. Veja-se:

❏ Art. 25 da Declaração Universal dos Direitos Humanos: todo o homem tem direito a um padrão de vida capaz de assegurar a si e a sua família saúde e bem-estar, inclusive alimentação, vestuário, *habitação*, cuidados médicos e os serviços sociais indispensáveis, e direito à segurança em caso de desemprego, doença, invalidez, viuvez, velhice ou outros casos de perda de meios de subsistência em circunstâncias fora de seu controle;

❑ Art. 11 do Pacto Internacional sobre os Direitos Econômicos, Sociais e Culturais: os Estados-partes no presente pacto reconhecem o direito de todas as pessoas a um nível de vida suficiente para si e para as suas famílias, incluindo alimentação, vestuário e *alojamento* suficientes, bem como a um melhoramento constante das suas condições de existência. Os Estados-partes tomarão medidas apropriadas destinadas a assegurar a realização deste direito reconhecendo para este efeito a importância essencial de uma cooperação internacional livremente consentida;

❑ Art. 31 da Declaração e Programa de Ação de Viena: a Conferência Mundial sobre Direitos Humanos apela aos Estados para que não tomem medidas unilaterais contrárias ao direito internacional e à Carta das Nações Unidas que criem obstáculos às relações comerciais entre os Estados e impeçam a plena realização dos direitos humanos enunciados na Declaração Universal dos Direitos Humanos e nos instrumentos internacionais de direitos humanos, particularmente o direito de todas as pessoas a um nível de vida adequado à sua saúde e bem-estar, que inclui alimentação e acesso a assistência de saúde, *moradia* e serviços sociais necessários. A Conferência Mundial sobre Direitos Humanos afirma que a alimentação não deve ser usada como instrumento de pressão política.

Além disso, ainda podemos citar a Resolução nº 1.993/77a da Comissão de Direitos Humanos da ONU, que *proibiu despejos forçados por constituírem violação ao direito à moradia*, determinando aos governos a imediata eliminação da prática do despejo forçado.

Ainda que se alegue que a Declaração Universal dos Direitos Humanos e o Programa de Ação de Viena não foram formalmente incorporados ao ordenamento jurídico brasileiro, vale lembrar que o Pacto Internacional sobre os Direitos Econômicos, Sociais e Culturais foi formalmente incorporado pelo Decreto Legislativo nº 226 de 1991, tendo sido promulgado pelo Decreto Presidencial nº 592 de 1992. Quanto à Comissão de Direitos Humanos, trata-se de órgão do Sistema de Garantia de Direitos Humanos da ONU reconhecido pelo Brasil, menos quanto à sua competência para receber petições individuais de cidadãos dos Estados-membros. Portanto, estamos diante de normas jurídicas válidas e em vigor que já asseguravam o direito à moradia mesmo antes da Emenda Constitucional nº 26 de 2000. Esclarecido o marco normativo, vamos aos casos concretos.

Caso 1

Classe/Origem AI 167363 / SP. Agravo de instrumento. Relator(a): min. Celso de Mello DJ. Data-20-02-95 P — 03083. Julgamento: 7-2-1995. Partes — Agte.: Instituto Nacional do Seguro Social — INSS. Agto.: Silvia Maria Barbosa Belleza,

Despacho: O ato decisório que inadmitiu o apelo extremo interposto pela parte agravante foi assim motivado (fls. 55), verbis: "O Instituto Nacional do Seguro Social interpõe Recurso Extraordinário, com fundamento no artigo 102, inciso III, letra 'a', da Constituição Federal, contra acórdão unânime desta Corte, do seguinte teor:
"Processo civil. Executivo fiscal. Embargos de terceiro. 1. O terceiro que venha a sofrer constrição incidente sobre bem de que seja legítimo possuidor tem o direito de valer-se de embargos de terceiro, a fim de defender sua posse. 2. Se o ato constritivo recai sobre bem de família, a teor do que reza a Lei nº 8.009/90, configura-se a nulidade absoluta, reconhecível em qualquer fase do processo, independentemente da iniciativa da parte. 3. Recurso a que se dá provimento. 'Alega ter a decisão afrontado ao artigo 5º, inciso XXXVI, por ferir o ato jurídico perfeito. As razões do recurso não ensejam a abertura da via extraordinária, eis que não prequestionada a alegada contrariedade a dispositivo constitucional. Incidente na espécie a hipótese da Súmula nº 282 do E. Supremo Tribunal Federal.' Mesmo que assim não se entendesse, melhor sorte não assistiria ao ora agravante, eis que a decisão ora questionada ajusta-se à orientação jurisprudencial desta Suprema Corte sobre o tema, verbis: 'A Lei nº 8.009/90, ao tornar impenhorável o bem pertencente à entidade familiar, levou à invalidação de qualquer ato executório constringente do bem. Inocorrência de maltrato ao direito adquirido'. Precedentes da Corte. Agravo Regimental improvido." (Ag 159812-4 (AgRg), Rel. Min. Ilmar Galvão, julg. em 9-8-94). *Pelas razões expostas, nego provimento ao presente agravo. Publique-se. Brasília, 7 de fevereiro de 1995. Ministro Celso de Mello. Relator*

Resultado: improvido. Veja AGRAG-159812.

Deve-se registrar nesse caso simplesmente a ausência absoluta da referência ao direito humano à moradia. Baseia-se a decisão na Lei nº 8.009/90, que trata da proteção do bem de família, em que pese que a Lei nº 8.245/90 tenha restringido dramaticamente suas hipóteses de proteção. Veja-se como de modo diverso posiciona-se o ministro Vicente Leal, do STJ.

Caso 2

AgRg no Ag 296475/RS. Agravo regimental no agravo de instrumento 2000/0027112-8. Relator(a): min. Vicente Leal (1103). Órgão julgador: T6 — Sexta Turma. Data do julgamento: 27-11-2000. Data da publicação/fonte: DJ 18.12.2000, p. 283; REPDJ 05.02.2001, p. 151; RJTJRS vol. 205, p. 49.

Ementa: Processual civil. Agravo de instrumento. Peça tida como essencial à formação do instrumento. Existência. Locação. Fiança. Bem de família. Penhora. Exclusão da Lei nº 8.245/91.

Existindo nos autos a peça essencial à formação do instrumento, é de se reconsiderar a decisão que não conheceu do recurso. A nova Lei do Inquilinato restringiu o alcance do regime de impenhorabilidade dos bens patrimoniais residenciais consagrado no bojo da Lei nº 8.009/90, considerando passível de constrição judicial o bem familiar dado em garantia por obrigação decorrente da fiança concedida em contrato locatício. Tratando-se de norma eminentemente de caráter processual, incide de imediato, inobstante ter sido o contrato de fiança locatícia celebrado antes de sua vigência, excetuando, por força do comando contido em seu artigo 76, os processos em curso.

Agravo regimental provido. Agravo de instrumento desprovido.

Resumo: cabimento, penhora, imóvel, bem de família, fiador, hipótese, realização, penhora, momento, vigência, Lei do Inquilinato, irrelevância, celebração, contrato, locação, fiança, anterioridade, Lei Federal, 1991, caracterização, norma jurídica, aplicação imediata.

Nessa decisão prevalece a ideia de despejo forçado por meio da constrição judicial a recair sobre o bem de família por força de dívida decorrente de contrato de fiança. Novamente não aparece, dessa vez em socorro de quem está prestes a perder sua moradia, nenhum sinal de normas asseguradoras do direito humano à moradia.

Por fim, vejamos o voto em sentido contrário, dado em outro julgamento pelo ministro Hamilton Carvalhido em semelhante caso de dívida decorrente de contrato de fiança.

Caso 3

Recurso especial nº 532.564 — SE (2003/0035696-7). Relator: ministro Hamilton Carvalhido.

Decisão: Recurso especial interposto por Aurília Santos da Costa, locadora em contrato de locação, com fundamento no artigo 105, inciso III, alíneas "a" e "c", da Constituição Federal, contra acórdão do Quarto Grupo da Câmara Cível do Tribunal de Justiça do Estado de Sergipe, assim ementado:

"Agravo de instrumento. Execução. Decisão que reconheceu a impenhorabilidade dos bens móveis do fiador e indeferiu a penhora do imóvel residencial. Supremacia do Princípio Fundamental consagrado na Carta Magna. Recurso conhecido e

improvido. Tratando-se de imóvel residencial da família e dos bens que o guarnecem, há que ser indeferida a penhora incidente sobre ele, mesmo em se tratando de fiança decorrente de Contrato de Locação. Fere o direito à dignidade do ser humano e de sua família a penhora que incide sobre bens imprescindíveis à moradia, bem como ao imóvel residencial" (fl. 36).

Além de divergência jurisprudencial, a insurgência está fundada na violação dos artigos 82 da Lei nº 8.245/91 e 3º, inciso VII, da Lei nº 8.009/90, cujos termos são os seguintes: "Art. 82. O art. 3º da Lei nº 8.009, de 29 de março de 1990, passa a vigorar acrescido do seguinte inciso VII: VII — por obrigação decorrente de fiança concedida em contrato de locação." "Art. 3º. A impenhorabilidade é oponível em qualquer processo de execução civil, fiscal, previdenciária, trabalhista ou de outra natureza, salvo se movido: VII — por obrigação decorrente de fiança concedida em contrato de locação." E os teria violado porque, como se recolhe nas próprias razões recursais: "(...) É perfeitamente cabível o presente recurso porque se enquadra nas disposições contidas no artigo 105 III letras a e c da Constituição Federal, por ter a decisão recorrida negado vigência aos artigos 82 da Lei nº 8.245/91 e 3º, inciso VII da Lei nº 8.009/90, que excluíram da impenhorabilidade os bens dos fiadores que como garantes respondem pelos débitos locatícios de seu afiançado. (...) Vê-se pois que a divergência jurisprudencial é clara e palpável e enquanto a decisão recorrida não aceita a aplicação do artigo 3º inciso VII da Lei nº 9.009/90, todas as demais decisões mandam que se aplique as regras contidas no artigo 82 da Lei nº 8.245/91 que acrescentou o pré-falado inciso VII ao artigo 3º da Lei nº 8.009/90. (...)" (fls. 44/48).

Recurso tempestivo (fl. 42), não respondido e admitido (fls. 98/102). Tudo visto e examinado, decido. É esta, na sua essencialidade, a motivação do acórdão recorrido: "(...) Entendo que em casos como este, sem querer estimular o não adimplemento das obrigações assumidas pelo garantidor, ser de bom alvitre preservar o mínimo, que é a dignidade da pessoa humana, por ser Princípio Fundamental consagrado pela Carta Magna de 1988. A dignidade humana, nos dizeres do constitucionalista Alexandre de Morais, in Direito Constitucional, 4ª edição, Ed. Atlas, 'afasta a ideia de predomínio das concepções transpessoalistas de Estado de Nação em detrimento da liberdade. A dignidade é um valor espiritual e moral inerente à pessoa, que se manifesta singularmente na autodeterminação consciente e responsável da própria vida e que traz consigo a pretensão ao respeito por parte das demais pessoas, constituindo-se um mínimo invulnerável que todo estatuto jurídico deve assegurar, de modo que, somente excepcionalmente, possam ser feitas limitações ao exercício dos direitos fundamentais, mas sempre sem menosprezar a necessária estima que merecem todas as pessoas enquanto seres humanos."

Como não menosprezar então o ser humano quando lhe é retirado seu imóvel residencial e os únicos e poucos bens que o guarnecem? (...) Portanto, embora a Lei do Inquilinato exclua a impenhorabilidade do bem de família quando o débito for decorrente de Contrato de Locação, em casos que tais, é preferível julgar com justa benevolência, que acatar a excessiva rigorosidade de dispositivo legal que massacra a dignidade da pessoa humana. (...) Tem-se, assim, que a impenhorabilidade do bem de família do fiador, ora recorrido, foi estabelecida, in casu, *na dignidade da pessoa humana, enquanto princípio consagrado na Constituição da República, tratando-se de razão jurídica de decidir de natureza constitucional, exclusiva. É esta, contudo, a letra do artigo 105, inciso III, da Constituição Federal: "Art. 105. Compete ao Superior Tribunal de Justiça: (...) III — julgar, em recurso especial, as causas decididas, em única ou última instância, pelos Tribunais Regionais Federais ou pelos tribunais dos Estados, do Distrito Federal e Territórios, quando a decisão recorrida: a) contrariar tratado ou lei federal, ou negar-lhes vigência; b) julgar válida lei ou ato de governo local contestado em face de lei federal; c) der a lei federal interpretação divergente da que lhe haja atribuído outro tribunal."*

São, pois, estranhas ao âmbito de cabimento do recurso especial as questões de natureza constitucional. A propósito, os seguintes precedentes de Corte Superior de Justiça: "AgRg(Ag) Agravo regimental. Administrativo. Reexame de provas. Impossibilidade. Matéria constitucional. Inviabilidade. 1. É inviável em sede de recurso especial a apreciação de matéria envolvendo o reexame de provas, a teor da Súmula 07/STJ, que assim dispõe: 'A pretensão de simples reexame de prova não enseja recurso especial.' 2. É vedado em sede de recurso especial o exame de matéria de índole constitucional, cuja a competência está adstrita ao âmbito do recurso extraordinário. 3. Agravo regimental desprovido" (AgRgAg 242.076/GO, Relator Ministro Gilson Dipp, in DJ *20/3/2000).*

"Processual civil e previdenciário. Servidores inativos. Contribuições previdenciárias. MP 1415/96, Art. 7º Restituição de valores cobrados antes do advento da Lei nº 9.630/98. Constitucionalidade. Recurso especial. 1. Não comporta exame, em Recurso Especial, controvérsia cujo deslinde depende da apreciação de matéria constitucional. 2. Recurso Especial não conhecido" (REsp 282.288/SC, Relator Ministro Edson Vidigal, in DJ *18/12/2000).*

"Processual civil e administrativo. Servidor público ativo. Quintos incorporados. Redução. Afronta aos princípios do direito adquirido e da irredutibilidade de vencimentos. Matéria constitucional. Recurso especial. Dissídio jurisprudencial Não demonstrado. Não conhecimento. 1. Não se presta o Recurso Especial à reforma de Acórdão baseado exclusivamente em fundamentos constitucionais. Questão que

deve ser apreciada pelo STF, no Recurso Extraordinário já interposto. 2. A teor do Regimento Interno do STJ, art. 255, §2º, para a configuração do dissídio é imprescindível a demonstração das circunstâncias que identifiquem ou assemelhem os casos confrontados. 3. Recurso Especial não conhecido" (REsp 229.650/DF, Relator Ministro Edson Vidigal, in DJ 9/10/2000).

"Processual civil. Recurso especial. Inadmissibilidade. Matéria constitucional. Servidor público. Cargo em comissão. Irredutibilidade de vencimentos. Não se conhece de recurso especial se a matéria abordada, acerca da aplicação também aos ocupantes de cargos em comissão da irredutibilidade de vencimentos prevista no art. 7º, VI, da CF, foi apreciada sob o aspecto exclusivamente constitucional. Precedentes. Recurso não conhecido" (REsp 232.734/PE, Relator Ministro Felix Fischer, in DJ 26/3/2001).

Pelo exposto, com fundamento no artigo 557 do Código de Processo Civil, nego seguimento ao recurso. Publique-se. Intime-se. Brasília, 13 de abril de 2005. Ministro Hamilton Carvalhido, Relator.

Apesar do desfecho processual dado ao caso, o que chama a atenção é a construção criativa do ministro a partir do princípio constitucional da dignidade humana. Em que pese o meritório esforço do relator em demonstrar a supremacia da dignidade humana sobre o contrato de fiança firmado entre as partes, não há como se olvidar que muito mais forte estaria o contexto da justificação se houvesse invocação às normas jurídicas específicas que tratam do direito à moradia. Com isso, poder-se-ia pacificar com muito mais agilidade e eloquência tanto o debate jurídico como o social.

Referências

AGUILÓ, Josep. Independencia e imparcialidad de los jueces y argumentación jurídica. *Isonomía*, n. 6, abr. 1997.

ALEXY, Robert. Derechos, razonamiento jurídico y discurso racional. In: _____. *Derecho y razón práctica*. México, DF: Fontamara, 1993.

_____. Interpretación jurídica y discurso racional. In: _____. *Teoría del discurso y derechos humanos*. Bogotá: Universidad Externado de Colombia, 1995.

_____. *El concepto y la validez del derecho*. 2. ed. Barcelona: Gedisa, 2004.

ATIENZA, Manuel. *As razões do direito*: teorias da argumentação jurídica. Tradução de Maria Cristina Guimarães Cupertino. 3. ed. São Paulo: Landy, 2003.

ÁVILA, Humberto. *Teoria dos princípios*: da definição à aplicação de princípios jurídicos. São Paulo: Malheiros, 2005.

BICKEL, Alexander. *The least dangerous branch*. The Supreme Court at the bar of politics. New Haven: Yale University Press, 1986.

CANOTILHO, José Joaquim Gomes. *Estado de direito*. Lisboa: Gradiva, 1999.

CAPPELLETTI, Mauro. *Juízes legisladores?* Porto Alegre: Sergio Antonio Fabris, 1993.

DWORKIN, Ronald. *Uma questão de princípio*. São Paulo: Martins Fontes, 2001.

FISS, Owen. *Um novo processo civil*: estudos norte-americanos sobre jurisdição, constituição e sociedade. São Paulo: Revista dos Tribunais, 2004.

FULLER, Lon L. The forms and limits of adjudication. *Harvard Law Review*, v. 92, 1958.

GUASTINI, Riccardo. *Das fontes às normas*. São Paulo: Quartier Latin, 2005.

HÄBERLE, Peter. *Hermenêutica constitucional:* a sociedade aberta dos intérpretes da Constituição. Contribuição para a interpretação pluralista e procedimental da Constituição. Porto Alegre: Sérgio Antônio Fabris, 1997.

HART, Herbert L. A. *O conceito de direito*. Tradução de Armindo Ribeiro Mendes. 2. ed. Lisboa: Fundação Calouste Gulbenkian, 1994.

ISENSEE, Josef. Die alte Frage nach der Rechtfertigung des Staats. *Juristen Zeitung*, p. 265-278, 1999.

KANT, Immanuel. À paz perpétua. In: _____. *À paz perpétua e outros opúsculos*. Tradução de Artur Morão. Lisboa: Edições 70, 2002.

KELSEN, Hans. A interpretação. In: _____. *Teoria pura do direito*. São Paulo: Martins Fontes, 1998.

MACCORMICK, Neil. *Raisonnement juridique et théorie du droit*. Paris: PUF, 1996.

NEUMANN, Franz. *Estado democrático e Estado autoritário*. Rio de Janeiro: Zahar, 1969.

OST, François. *O tempo do direito*. São Paulo: Instituto Piaget, 1993.

RAWLS, John. *O liberalismo político*. Tradução de Dinah de Abreu Azevedo. 2. ed. São Paulo: Ática, 2000.

SARLET, Ingo Wolfgang. *Dignidade da pessoa humana e direitos fundamentais na Constituição Federal de 1988*. Porto Alegre: Livraria do Advogado, 2002.

SCHUTZ, Alfred. El mundo social y la teoría de la acción social. In: _____. *Estudios sobre teoría social*. Buenos Aires: Amorrortu, 1974.

STRAWSON, Peter F. *Libertad y resentimiento*. México, DF: Universidad Nacional Autônoma de México, 1992.

SUNSTEIN, Cass. Must formalism be defended empirically? *University of Chicago Law Review*, v. 636, p. 662-666, 1999a.

_____. *One case at a time*: judicial minimalism on the Supreme Court. Cambridge (MA): Harvard University Press, 1999b.

TORRES, Ricardo Lobo. A legitimação dos direitos humanos e os princípios da ponderação e da razoabilidade. In: _____ (Org.). *Legitimação dos direitos humanos*. Rio de Janeiro: Renovar, 2002.

ZAGREBELSKY, Gustavo. *El derecho dúctil*: ley, derechos y justicia. Valladoilid: Trotta, 1995.

Sobre os autores

Alexandre Garrido da Silva

Doutorando e mestre em direito público pela Universidade do Estado do Rio de Janeiro (Uerj). Professor assistente da Faculdade de Direito da Universidade Federal de Uberlândia (UFU). Coordenador do Núcleo de Fundamentos do Direito da Faculdade de Direito da UFU. Coordenador e editor da *Revista da Faculdade de Direito* da UFU. Líder dos grupos de pesquisa "Poder Judiciário e teorias contemporâneas do direito" (CNPq) e "Democracia e transição política" (CNPq).

Ana Carolina Cerqueira Vargas

Bacharel em direito pela Universidade Candido Mendes (Ucam). Integrante do projeto de pesquisa "Direitos humanos, Poder Judiciário e sociedade" (Faperj).

Ana Claudia da Silva Frade

Master em "*droit de l'entreprise, droit de la consommation*", pela Université de Pau et des Pays de l'Adour (Uppa), França. Bacharel em direito pela Uerj.

Ana Maria Esteves de Souza

Mestre em relações internacionais pela Universidade Federal Fluminense (UFF), atualmente é doutoranda em direito internacional público pela Uerj, onde também concluiu o bacharelado em direito.

Andréa da Silva Frade

Master em *"droit de l'entreprise, droit de la consommation"*, pela Université de Pau et des Pays de l'Adour (Uppa), França. Integrante do projeto de pesquisa "Direitos humanos, Poder Judiciário e sociedade" (Faperj). Bacharel em direito pela Uerj.

Andréa Diniz

Mestre em estudos populacionais e pesquisas sociais pela Escola Nacional de Ciências Estatísticas (Ence) e bacharel em estatística pela Uerj. Estatística do Instituto Brasileiro de Geografia e Estatística (IBGE). Professora do Mestrado Profissional em Poder Judiciário da FGV Direito Rio. Trabalhou na Divisão de Estatística da ONU.

Bruno Gazzaneo Belsito

Bacharel em direito pela Uerj. Advogado do Banco Nacional de Desenvolvimento Econômico e Social (BNDES), atuando na Área de Estruturação de Projetos (AEP).

Carolina Alves Vestena

Cursa o Mestrado Profissional em Poder Judiciário na Escola de Direito do Rio de Janeiro da Fundação Getulio Vargas. Bacharel em ciências jurídicas e sociais pela Universidade Federal do Rio Grande do Sul (UFRGS).

Cecília Maria Barcellos Zerbini

Pós-graduada em direito público pela Universidade Gama Filho. Bacharel em direito pela Uerj.

Diana Felgueiras das Neves

Servidora do Tribunal Regional do Trabalho da 1ª Região. Integrante do projeto de pesquisa "Direitos humanos, Poder Judiciário e sociedade" (Faperj). Bacharel em direito pela Uerj.

Diego Werneck Arguelhes

Master of Laws (LL.M.) e doutorando pela Yale Law School, EUA. Mestre em direito público pela Uerj. Professor assistente de direito constitucional na Escola de Direito do Rio de Janeiro da Fundação Getulio Vargas.

Francisco Ubiratan Conde Barreto Júnior

Mestre em sociologia e direito pela UFF. Professor substituto de direito da Uerj e professor de direito da Universidade Estácio de Sá (Unesa).

Isolda Abreu de Carvalho Mattos Sant'Anna

Mestre em direito da cidade pela Uerj, onde também concluiu o bacharelado em direito. Bacharel em arquitetura e urbanismo pela Universidade Santa Úrsula, no Rio de Janeiro.

Joana El-Jaick Andrade

Doutoranda e mestre em sociologia pela Universidade de São Paulo (FFLCH/USP). Professora do Instituto Federal do Triângulo Mineiro (IFTM) e da Faculdade Católica de Uberlândia (MG).

Joaquim Cerqueira Neto

Mestre em ciências sociais pela Pontifícia Universidade Católica do Rio de Janeiro (PUC-Rio). Participou de pesquisa institucional na área de direitos humanos com apoio financeiro da Faperj e do curso de extensão promovido pela Secretaria Especial de Direitos Humanos da Presidência da República.

José Ricardo Cunha

Doutor em direito pela Universidade Federal de Santa Catarina (UFSC). Professor adjunto da Uerj, da Escola de Direito do Rio de Janeiro da Fundação Getulio Vargas e da Universidade Federal do Rio de Janeiro (UFRJ). Coordena o projeto de pesquisa "Direitos humanos, Poder Judiciário e sociedade" (Faperj) desde 2004.

Organizou, entre outros livros, *Poder Judiciário: novos olhares sobre gestão e jurisdição* (FGV, 2010) e *Direitos humanos e Poder Judiciário no Brasil* (FGV Direito Rio, 2009).

Lia Motta Gould

Bacharel em direito pela PUC-Rio.

Lívia Fernandes França

Mestre em teoria do Estado e direito constitucional pela PUC-Rio e mestre em direito pela Universidade de Harvard, EUA. Atualmente é supervisora da Clínica de Direitos Humanos da FGV Direito Rio.

Luz Nelcy Martínez Laguna

Mestre em direito internacional e integração econômica pela Uerj. Professora da Universidade Cooperativa de Colombia. Bacharel em ciências contábeis pela Universidad Surcolombiana (Usco), Colômbia.

Marcela Munch de Oliveira e Silva

Bacharel em direito pela Uerj.

Maria Lúcia Navarro Lins Brzezinski

Doutoranda em direito internacional e integração econômica na Uerj. Mestre em direito na área de relações internacionais pela UFSC. Autora do livro *Água doce no século XXI: serviço público ou mercadoria internacional?* (Lawbook, 2009), foi integrante do projeto de pesquisa "Direitos humanos, Poder Judiciário e sociedade" (Faperj).

Nadine Borges

Doutoranda e mestre em sociologia e direito do Programa de Pós-Graduação em Sociologia e Direito da UFF. Autora do livro *Damião Ximenes: primeira condenação do Brasil na Corte Interamericana de Direitos Humanos* (Revan, 2009).

Pedro Antônio Sarno Bomfim

Bacharel em direito pela Uerj.

Priscila de Santana

Cursa o mestrado em teoria do Estado e direito constitucional na PUC-Rio. Possui pós-graduação em direito administrativo empresarial pela Ucam. Bacharel em direito pela PUC-Rio.

Rafael Barcelos Tristão

Bacharel em direito pela Uerj. Assessor jurídico do Instituto de Defensores de Direitos Humanos (IDDH).

Rafael Almeida Jatahy Ferreira

Mestre em ciências jurídicas e sociais pela UFF, onde atualmente cursa o doutorado. Professor substituto de direito da UFRJ.

Rodolfo Noronha

Doutorando e mestre em sociologia e direito pela UFF. Bacharel em direito pelo Centro Universitário Bennett, com pós-graduação em gestão de direitos humanos pela Ucam e em políticas públicas de Justiça criminal e segurança pública pela UFF. Assistente acadêmico do Mestrado Profissional em Poder Judiciário da Escola de Direito do Rio de Janeiro da Fundação Getulio Vargas.

Rodrigo da Fonseca Chauvet

Mestrando em direito econômico pela Ucam, cursou pós-graduação em direito administrativo empresarial nessa mesma instituição. Bacharel em direito pela Uerj. Membro do Grupo de Pesquisa "Direitos humanos, Poder Judiciário e sociedade" (Faperj). Advogado do Escritório Trigueiro Fontes Advogados no Rio de Janeiro.

Tamara Moreira Vaz de Melo

Mestranda em teoria do Estado e direito constitucional na PUC-Rio, com pós-graduação em direitos humanos e democracia pela Universidade de Coimbra. Bacharel em direito pela Uerj. É advogada da organização não governamental Justiça Global.

Vinicius da Silva Scarpi

Doutorando em direito na Uerj. Mestre em direito pela PUC-Rio.